Ethikrichtlinien im Arbeitsrecht

Schriften zum Arbeitsrecht und Wirtschaftsrecht

Herausgegeben von Abbo Junker

Band 44

PETER LANG
Frankfurt am Main · Berlin · Bern · Bruxelles · New York · Oxford · Wien

Claudiana Triskatis

Ethikrichtlinien im Arbeitsrecht

PETER LANG
Internationaler Verlag der Wissenschaften

Bibliografische Information der Deutschen Nationalbibliothek
Die Deutsche Nationalbibliothek verzeichnet diese Publikation in der Deutschen Nationalbibliografie; detaillierte bibliografische Daten sind im Internet über <http://www.d-nb.de> abrufbar.

Zugl.: München, Univ., Diss., 2007

D 19
ISSN 1433-4666
ISBN 978-3-631-57509-3

www.peterlang.de

Meinem Vater

Vorwort

Die Arbeit hat der Juristischen Fakultät der Ludwig-Maximilians-Universität München im Sommersemester 2007 als Dissertation vorgelegen. Rechtsprechung und Schrifttum sind bis Mai 2007 berücksichtigt.

Zuvorderst danke ich meinem fördernden und fordernden Lehrer Prof. Dr. Volker Rieble für die Betreuung dieser Arbeit und die Zeit als wissenschaftliche Mitarbeiterin am ZAAR. Darüber hinaus danke ich Prof. Dr. Abbo Junker für die Erstellung des Zweitgutachtens und die Aufnahme meiner Arbeit in die Schriftenreihe.

Besonderer Dank gilt Dr. Ulf Klebeck, der von Beginn der Arbeit an stets als Ansprechpartner mit offenem Ohr und weisem Rat zur Verfügung stand. Ebenfalls danke ich Sebastian Naber für zahlreiche, weiterführende Diskussionen. Für hervorragende Promotionsbedingungen bedanke ich mich bei der ZAAR-Mannschaft. Prof. Dr. Gregor Thüsing verdanke ich mein besonderes Interesse am Arbeitsrecht, das er durch herausragende Veranstaltungen schon während meines Studiums geweckt hat.

Mein herzlicher und nicht in Worte zu fassender Dank gilt meiner Familie und meinen Freunden, die stützend den Rahmen meines Lebens bilden und ohne die ich diese Arbeit nicht hätte schreiben können.

Inhaltsübersicht

Inhaltsverzeichnis

§ 1 Ethikrichtlinie im Unternehmen[1]

A. Entwicklung zu Ethikrichtlinien

I. Ausgangspunkt: Ethik und Recht

Der Begriff „Ethik“ stammt von dem griechischen Wort *éthos*[2]. Die Übersetzung ist uneinheitlich und reicht von Sitte, Gewohnheit über Herkommen bis hin zur Moral[3]. Im Kern geht es bei der Anwendung des Begriffs stets um die Beurteilung eines Handelns oder Verhaltens: Was soll ich tun, wie soll ich handeln[4]? Deshalb wird Ethik auch als Lehre bzw. Wissenschaft des sittlichen oder moralischen Verhaltens[5] definiert – Ethik bedeute, „gutes von schlechtem Handeln zu unterscheiden“[6]. Im Anschluß an den Streit Platons mit den Sophisten über die Frage nach der Lehrbarkeit der Tugend[7] beschäftigte sich Aristoteles in den Jahren 384-322 v. Chr. grundlegend mit der Ethik[8] und wählte Ethik als Titel einer philosophischen Disziplin über die Lehre vom richtigen Handeln des Menschen[9]. Bemerkenswert ist gerade in jüngerer Zeit das immer größer werdende öffentliche Interesse an ethischen Fragen[10].

Das Verhältnis von Recht und Ethik bezeichnete *Rudolf v. Ihering* anschaulich als das „Kap Horn der Rechtsphilosophie“[11]. Die „starken Strömungen“ um

---

1 Diese Arbeit basiert auf dem Rechtsstand von Mai 2007; Abkürzungen richten sich nach *Kirchner/Butz*, Abkürzungsverzeichnis der Rechtssprache.

2 *Kluge*, Etymologisches Wörterbuch der deutschen Sprache, „Ethik“, S. 261; *Schüller*, SchlHA 5/2006, 145; kritisch *Vossenkuhl*, S. 10, der lediglich eine klangliche Anlehnung an das griechische Wort annimmt.

3 *Brockhaus*, Bd. 8 „Ethik“, S. 449 ff.; *Höffe*, Lesebuch zur Ethik, S. 18; *Kluge*, Etymologisches Wörterbuch der deutschen Sprache, „Ethik“, S. 261; *Vossenkuhl*, S. 10 f.

4 *Höffe*, S. 21; *Vossenkuhl*, S. 9.

5 *Duden*, Bd. 3, „Ethik“, S. 1117; *Schäffer*, zfwu 5/1 (2004) 55; *Schneider*, AiB 2006, 10.

6 *Michels*, Personalmagazin 7/2004, 74.

7 *Brockhaus*, Bd. 8 „Ethik“, S. 449.

8 *Horn*, Einführung in die Rechtswissenschaft und Rechtsphilosophie, Rn. 244 f., Rn. 258 ff.; *Schüller*, SchlHA 5/2006, 145.

9 *Höffe*, S. 17; zu verschiedenen Ethiktypen nur *Göbel*, zfwu 4/2 (2003) S. 170, 171 ff.

10 *Vossenkuhl*, S. 9.

11 So zitiert von *Henkel*, Einführung in die Rechtsphilosophie, S. 67; *Taupitz*, Die Standesordnungen der freien Berufe, S. 181.

das juristische Kap Horn können mit dem Widerspruch zwischen Ethik und Recht begründet werden: Das Verständnis von Ethik ist stark subjektiv geprägt, wohingegen Recht im Grundsatz objektiv auszulegen ist[12]. Daraus ergibt sich die Frage, ob objektives Recht die Durchsetzung sittlich-ethischer Vorstellungen gewährleisten muß oder ob die Verpflichtung, sich sittlich korrekt zu verhalten, bereits ausreichend durch die innere Gewissenspflicht gesichert wird. Ist die Moralität als Ausdruck der Autonomie des Einzelnen von der Legalität strikt zu trennen[13]?

1. Konflikt zwischen Recht und Ethik

Ausgehend von dem Konflikt zwischen subjektiver Moralvorstellung und objektiver Rechtsnorm ist zunächst folgender Grundsatz festzuhalten: Dasjenige, was der einzelne Mensch für Moral hält, kann er selbst bestimmen. Nach *Kant* ist eine äußere Gesetzgebung für die innere Pflicht gar nicht möglich: *Kant* unterscheidet insoweit zwischen Rechtspflichten und Tugendpflichten. Dabei sind Rechtspflichten solche, „*für welche eine äußere Gesetzgebung möglich ist*", wohingegen Tugendpflichten keiner äußeren Gesetzgebung unterworfen werden können, weil sie auf einen Zweck gehen, der ein „*innerer Akt des Gemüts ist*"[14]. Die Bindung an die eigene Pflicht ergibt sich aus der eigenen Vernunft und bedarf keiner weiteren Triebfeder, also keines äußeren Gesetzesaktes[15]. Sittlichkeit und sittliches Verständnis wurzeln also in dem autonomen Willen und Verstand des Einzelnen[16]. Demnach ist das Recht des Einzelnen, sein Handeln selbst moralisch zu bewerten, zu trennen von den Moralvorstellungen des Gesetzgebers, die er in seinen Normen zum Ausdruck bringt.

Zudem bewirken die Änderungen der moralischen Vorstellungen in der Gesellschaft eine weitere Distanzierung von Recht und Ethik: Eine Verbindung bestand zunächst darin, daß Recht durch das ethische Verständnis der Bevölkerung bestätigt wurde und Ethik sich somit durch einen breiten Konsens auszeichnete. Sittlichen und ethischen Normen war eine Allgemeingültigkeit zugeschrieben, weil sie den ethischen Anschauungen der breiten Bevölkerung entsprachen[17]. Der

---

12 Zu diesem Konflikt schon *Coing*, Ethik, S. 12 ff.; zur Abgrenzung juristischen Rechts zur moralischen Gerechtigkeit auch *Osterkamp*, Juristische Gerechtigkeit, S. 10 ff.

13 Ausführlich zur Abgrenzung Moralität und Legalität nur *Coing*, Rechtsphilosophie, S. 35; *Führ*, S. 65; *Huber*, S. 63.

14 *Kant*, Metaphysik der Sitten, S. 45.

15 *Eisler*, Kant-Lexikon, „Ethik", S. 149.

16 *Coing*, Rechtsphilosophie, S. 35.

17 Zur Prägung des Privatrechts durch die „in der Gesellschaft vorherrschenden rechtsethischen Mindeststandards" *Neuner*, Privatrecht und Sozialstaat, S. 281.

aufkommende Wertepluralismus hat diese enge Beziehung erweitert: Das Ethikverständnis der Menschen veränderte sich und fächerte sich weiter auf[18]. Recht soll jedoch der Verwirklichung einer einheitlichen gesellschaftlichen Ordnung dienen[19] – sofern Normen die moralischen Einstellungen der Gesellschaft widerspiegeln, werden sie besser befolgt[20]. Diejenigen, deren Ethikverständnis mit dem des aktuellen Gesetzgebers übereinstimmt, befürworten die Durchsetzung der im Recht niedergelegten ethischen Grundsätze. Jedoch wenden sich diejenigen, mit deren ethischen Verständnis das Recht nicht übereinstimmt, gegen das Recht und fordern vielmehr, daß sich auch ihr Verständnis von Sittlichkeit und Ethik in den Normen widerspiegelt[21]. Der Zerfall des einheitlichen Ethikverständnisses führt dazu, daß Teile der Bevölkerung die sittlich-ethischen Aspekte im Recht hinterfragen.

Daher ist es zweifelhaft, ob Recht überhaupt ethische Grundsätze berücksichtigen sollte – besteht die Aufgabe des Rechts nicht vielmehr darin, für alle Bürger sittliche Ordnung zu gewährleisten und nicht nur für diejenigen, deren sittlich-ethische Anschauung im Recht Anklang findet? Zudem besteht die Gefahr einer „Willkür der jeweiligen Machthaber“, wenn Legislative und Judikative dazu subjektive Ansichten verbindlich für die Allgemeinheit im Recht umsetzen[22].

Diese Willkür-Gefahr ist jedoch bereits in der Natur der Gesetzgebung verankert: Die Organe der Legislative und der Judikative sind mit Menschen besetzt, die ihre moralische Vorstellungen bei ihren Entscheidungen berücksichtigen. Rechtsgrundsätze und Rechtsprechung können daher nie den Ansichten aller Bürger entsprechen.

2. *Verbindung zwischen Recht und Ethik*

Dennoch muß das Recht zur Förderung des Gemeinwohls auch ethische Grundsätze berücksichtigen und der Staat das Verhalten auf seine ethische Korrektheit hin überprüfen können. Menschen brauchen zum Leben eine Gemeinschaft, und es gehört zur staatlichen Aufgabe, diese Gemeinschaft von verschiedenen Seiten

---

18 *Ryffel*, FS Schelsky, S. 507, 515; zur Änderung des Ethik-Verständnisses auch *Vossenkuhl*, S. 10.

19 Es soll sich an der „herrschenden Gerechtigkeitsauffassung“ orientieren, *Osterkamp*, S. 99 ff.

20 *Homann*, Ethik, S. 55; aA *Huber*, S. 63, nachdem es die Rechtsordnung „nicht kümmern“ solle, ob die Rechtsunterworfenen das Recht aus innerer Überzeugung oder aus Angst vor Sanktionen befolgen.

21 *Ryffel*, FS Schelsky, S. 507, 515.

22 *Weischedel*, Recht und Ethik, S. 5.

her zu stärken[23]. Beispielsweise sichert daher das Strafrecht die Einhaltung eines ethischen Minimums[24].

Die Verfassung gibt vor, welches Maß an ethischen Vorstellungen der Staat durch einfaches Gesetz und Rechtsprechung schützen muß. Daher fließen ethische Vorstellungen an zahlreichen Stellen ins geltende Recht ein: Einige Normen verkörpern unmittelbar ethische Grundsätze, etwa der Schutz des allgemeinen Persönlichkeitsrechts oder Verbote von Sittenverstößen. Daneben fließen ethische Grundsätze auch bei Ermessensentscheidungen ein[25]. Der Jurist muß daher das Recht immer wieder neu gewichten und bewerten.

a. Gesetzgebung

Schon im römischen Recht haben Religion und Moral auf das Recht eingewirkt, und die Vertragsparteien mußten sich im Sinne einer *bona fides* verhalten und Handlungen unterlassen, die als *dolus malus* galten[26]. Gesetze sind Ausdruck eines vorgegebenen Gerechtigkeitsgebotes an den Gesetzgeber[27]. Nur vereinzelt normiert der moderne Gesetzgeber ausdrückliche Vorgaben zum ethischen Handeln:

Seit 2002 fordert er beispielsweise in § 6 Abs. 4 Nr. 3 StZG[28] ausdrücklich, daß eine Genehmigung zu erteilen ist, wenn [...] *„das Forschungsvorhaben in diesem Sinne ethisch vertretbar ist"*. Das Gesetz sieht in den §§ 8, 9 StZG die Einrichtung einer Ethik-Kommission für Stammzellenforschung vor, die die ethische Vertretbarkeit der Forschungsvorhaben prüft, vgl. § 5 StZG. Die Zustimmung einer Ethikkommission ist etwa auch für die klinische Prüfung eines Arzneimittels (§§ 40 Abs. 1 S. 2, 42 AMG) oder Medizinprodukts (§ 20 Abs. 7, 8 MPG) bei Menschen erforderlich. Zudem hält § 1 Nr. 1 GenTechG[29] als Gesetzeszweck fest, daß *„unter Berücksichtigung ethischer Werte, Leben und Gesundheit von Menschen [und] die Umwelt [...] zu schützen"* sind.

So ausdrücklich fordert der Gesetzgeber allerdings nur in seltenen Einzelfällen die Beachtung ethischer Grundsätze. Vielmehr schafft er Generalklauseln als

---

23 *Lenk/Maring*, FS Kühne, S. 35 ff.

24 BVerfG vom 15.5.1995 – 2 BvL 19/91, 2 BvR 1206/91, 2 BvR 1584/91, 2 BvR 2601/93 – BVerfGE 92, 277 = NJW 1995, 1811 = MDR 1995, 1047.

25 *Lendi*, FS Kühne, S. 19, 26.

26 *Coing*, Ethik, S. 13.

27 *Horn*, Rn. 423.

28 „Gesetz zur Sicherstellung des Embryonenschutzes im Zusammenhang mit Einfuhr und Verwendung menschlicher embryonaler Stammzellen" vom 28.6.2002, BGBl. I 2002, 2277.

29 „Gesetz zur Regelung der Gentechnik" vom 20.6.1990, BGBl. I 1990, 1080 i. d. F. Bek. vom 16.12.1993, BGBl. I 1993, 2066.

Schnittstellen, bei deren Auslegung die Rechtsprechung ethische Erwägungen einfließen lassen soll. Neben einer höheren Einzelfallgerechtigkeit können ethische Grundsätze so auch besser an aktuelle Veränderungen der ethischen Ansichten angepaßt werden.

b. Rechtsprechung

Ethische Grundsätze berücksichtigt aber nicht nur der Gesetzgeber. Auch die Rechtsprechung bezieht ethische Aspekte in ihre Abwägung ein. Etwa betont das Bundesverfassungsgericht in seinem „Schächten-Urteil"[30] den „ethisch ausgerichteten Tierschutz", der im Sinne einer Mitverantwortung des Menschen für die Lebewesen in seiner Obhut zu verstehen sei[31]. Außerdem enthält auch jede strafgerichtliche Verurteilung ein „*sozial-ethisches Unwerturteil, das den in der Menschenwürde wurzelnden Wert- und Achtungsanspruch des Verurteilten berührt*"[32]. Zum „Kernbereich der Ethik" gehört in diesem Zusammenhang insbesondere das Tötungsverbot[33]. Der Staat ahndet mit dem Strafrecht Handlungen, die einem ethischen Minimum widersprechen[34]. Daneben werden rechtsethische Erwägungen für die Beurteilung der Gleichwertigkeit zweier Handlungen bei einer strafrechtlichen Wahlfeststellung herangezogen[35] und auch bei der Notwehrprovokation darf das Vorverhalten des Provozierenden nicht sozial-ethisch-wertwidrig sein[36].

Im Zivilrecht hat der Bundesgerichtshof zum Schadensersatz im Falle eines ungewollten Kindes sittliche, ethische Aspekte berücksichtigt[37], und auch das BAG stellt ethische Erwägungen im Zusammenhang mit dem subjektiven Gewissensbegriff an: Eine Ärztin darf beispielsweise nukleare Tests verweigern, wenn die Testergebnisse für militärische Zwecke eingesetzt werden sollen und sie diese Arbeit als unethisch ansieht und nicht mit ihrem Gewissen vereinbaren kann[38].

---

30 BVerfG vom 15.1.2002 – 1 BvR 1783/99 – AP Nr. 2 zu Art. 4 GG Gewissensfreiheit = BVerfGE 104, 337 = NJW 2002, 663.

31 BVerfG vom 6.7.1999 -2 BvF 3/90 – BVerfGE 101, 1 = NJW 1999, 3253.

32 BVerfG vom 7.12.1999 – 2 BvR 1533/94 – NJW 2000, 418 = BVerfGE 101, 275; BVerfG vom 9.7.1997 – 2 BvR 1371/96 – NJW 1998, 443 = BVerfGE 96, 245.

33 BGH vom 25.3.1993 – 5 StR 418/92 – BGHSt 39, 168 = NJW 1993, 1932 = MDR 1993, 275.

34 BVerfG vom 15.5.1995 (Fn.24).

35 BGH vom 6.10.1988 – 1 StR 564/88 – BGHR StGB vor § 1/Wahlfeststellung Vergleichbarkeit 1 = NStE Nr. 5 zu § 258 StGB.

36 BGH vom 21.3.1996 – 5 StR 432/95 – BGHSt 42, 97 = NJW 1996, 2315 = MDR 1996, 835.

37 BGH vom 19.6.1984 – VI ZR 76/83 – NJW 1984, 2625 = MDR 1985, 133.

38 BAG vom 24.5.1989 – 2 AZR 283/88 – n.v.

Das subjektive Ethikverständnis der Arbeitnehmerin kann somit das Direktionsrecht des Arbeitgebers beschränken.

3. Autonomie versus Moral-Sicherung

Dem Staat kommt eine schwierige Doppelfunktion zu: Zum einen ist er der Wahrer des Rechts, zum anderen ist er der Wahrer der Freiheit[39].

Auf der einen Seite steht also der Anspruch auf Freiheitssicherung des Einzelnen: Ihm steht das Recht zu, selbst zu entscheiden, ob und wie sein Handeln seinen moralisch-ethischen Vorstellungen entspricht. Diese freie Moralität ist im Grundsatz von der Legalität zu trennen.

Auf der anderen Seite ist es Aufgabe des Staates, diese Freiheit auch zu gewährleisten. So sichern die Grundrechte als Abwehrrechte des Bürgers gegenüber dem Staat ein gewisses Maß an Freiheit. Diese rechtliche Sicherung durch die Wahrung und Durchsetzung ethischer Grundsätze ist für eine funktionierende demokratische Gesellschaft notwendig. Der Staat setzt die Vorgaben des Grundgesetzes um.

Bei der Bewältigung dieser schwierigen Aufgabe kommt es also vor allem darauf an, die Grenze zwischen Autonomie und Moral-Sicherung richtig zu setzen: Gibt die Verfassung den Schutz des Lebens vor, so bestimmt der Gesetzgeber etwa in § 218 StGB dessen Grenzen. Als weiteres Beispiel sichert Art. 1 Abs.1 GG die Menschenwürde, und der Gesetzgeber kann über die Generalklausel des § 138 BGB die sittlichen Vorstellungen durch den Gesetzesanwender ausgestalten lassen. Wann immer der Gesetzgeber ethische Vorgaben sichert, muß jedoch der Autonomie-Gedanke erhalten bleiben, so daß der Bürger stets in ausreichendem Maße frei entscheiden kann.

Kritisch wurde diese Grenzziehung bei der Entstehung des AGG hinterfragt: Hat der deutsche Gesetzgeber die europäischen Vorgaben ordnungsgemäß umgesetzt, oder stellt das Übertreffen des übrigen Europas, was Moral anbelangt, einen zu intensiven Eingriff in die Autonomie des Bürgers dar[40]? Maßgeblich ist stets die Beachtung des Grundsatzes, in einer freiheitlich organisierten Gesellschaft nicht ungesetzlich, da übermäßig oder unverhältnismäßig, in die jeweiligen Ansprüche des Bürgers einzugreifen.

Im Ergebnis sollte daher nur die Einhaltung des von der Verfassung vorgegebenen ethischen Minimums tatsächlich durch das Recht geschützt werden. Für diesen Bereich ist die gesetzliche Sicherung sogar erforderlich, da eine unterschiedliche Verbindlichkeit besteht: Während sittliche Gebote nur aufgrund frei-

---

39 *Picker*, ZFA 2005, 167, 176.

40 Ausführlich zu dieser Frage nur *Picker*, ZFA 2005, 167, 168.

williger Anerkennung beachtet werden und daher leicht änderbar sind[41], kommt Gesetzesnormen eine langfristigere Bestandskraft zu.

Allein die innere Pflicht[42] zur Beachtung moralischer Grundwerte schließt eine Verletzung dieser Werte nicht aus. Zwar kann ein gesetzlich festgehaltener Moralmaßstab überschritten werden, aber das Gesetz kann im Falle eines Verstoßes Sanktionen vorsehen, die über ein „schlechtes Gewissen" oder eine „gesellschaftliche Mißbilligung" hinausgehen[43]. Gesetzlicher Zwang sichert ethisches Handeln also in einem höheren Maß[44].

Recht bildet damit quasi einen Ordnungsrahmen für moralische Handlungsmöglichkeiten[45]. Nur wenn das Recht ein „*ethisches Minimum*"[46] normiert und dessen Einhaltung der rechtlichen Kontrolle durch die Organe des Staates (Legislative und Judikative) unterliegt, können ethische Grundsätze innerhalb eines Vertragsverhältnisses verbindlich Wirksamkeit erlangen. Die dafür gewählte „weiche Verbindung", also der Einfluß ethischer Grundsätze über Schnittstellen, überzeugt im Ergebnis, da das Recht nur so aktuell bleibt: Was „Menschenwürde" im 22. Jahrhundert bedeuten mag, kann heute niemand genau sagen[47].

II. Ethik und Wirtschaft

Neben dem Verhältnis von Ethik und Recht bedarf auch der Zusammenhang zwischen Ethik und Ökonomie einer näheren Betrachtung. Kann ein gewinnorientiertes Unternehmen erfolgreich wirtschaftlich handeln und gleichzeitig ethische Normen einhalten[48]?

Ausführlich setzt *Homann* sich mit dem Verhältnis von Ethik und Wirtschaft auseinander[49]. Er wendet sich gegen alle bisherigen Versuche, das Verhältnis einzuordnen, etwa dagegen, ein unverbundenes Nebeneinander von Ökonomik und Ethik anzunehmen oder gegen eine Hierarchie, in der entweder die Ethik die Ökonomik dominiert oder umgekehrt. Vielmehr schlägt er vor „*Ökonomik und Ethik [als] zwei Seiten derselben Medaille*" anzusehen[50]. Beispielhaft verdeut-

---

41 *Weischedel*, S. 19.
42 *Schüller*, SchlHA 5/2006, 145, 147.
43 Zum Gerechtigkeitsgefühl *Osterkamp*, S. 94 ff.
44 *Schapp*, Freiheit, Moral und Recht, S. 225 f.
45 *Homann*, Ethik, S. 45; *ders.*, Globalisierung, S. 7.
46 *Bork*, Allgemeiner Teil des Bürgerlichen Rechts, Rn. 7.
47 So schon fürs 21. Jahrhundert *Ryffel*, FS Schelsky, S. 507, 517.
48 Dazu *Horn*, Rn. 122.
49 *Homann*, Ethik, S. 45 ff.
50 *Homann*, Ethik, S. 56, 62.

licht er diese Verbindung am Umweltschutz, da dieser Konflikt zum einen ethisch für die gegenwärtig lebenden Menschen und deren Natur besteht und sich zum anderen auch auf die Gewinninteressen der Unternehmen auswirkt[51].

Zudem zeigt *Homann*, daß eine Vielzahl der ökonomischen Interessen langfristig auch der Ethik-Vorstellung der Gesellschaft entspricht. Beispielhaft stellt eine langfristige Gewinnmaximierung eine sittliche Pflicht der Unternehmensführung dar, da es dem Wohl aller Konsumenten und damit der Gesellschaft dient[52].

Schließlich fließt in diesem Zusammenhang auch der rechtliche Aspekt erneut ein: Als Ordnungsrahmen sichern Rechtsnormen die Transformation moralischer Intentionen in strategische Handlungsabläufe[53].

Diese Ausführungen zeigen deutlich die enge Verbindung zwischen Ethik und Wirtschaft. Bei der Beurteilung, ob ein rechtlicher Ordnungsrahmen zur Fixierung eines Minimums an sozial-ethischen Vorstellungen erforderlich ist, muß jedoch stets die Freiheit des Einzelnen als autonomer Grundgedanke beachtet werden.

III. Ethik in Unternehmen

Dennoch belastet das Ansehen der Unternehmen der „Ruch des Unmoralischen", der durch das Vorurteil skrupellosen unternehmerischen Handelns entsteht[54]. Ihm sollte durch ein gutes Ethikmanagement entgegen gewirkt werden[55]. Immer mehr Kunden achten bei der Produktwahl auch auf den Ruf des Unternehmens und darauf, daß das Unternehmen nach ethischen Grundsätzen wirtschaftet[56]. So stellte die Bertelsmann Stiftung als Ergebnis einer Unternehmensbefragung eine Abhängigkeit unternehmerischen Handelns von der Akzeptanz des gesellschaftlichen Umfelds, also den Konsumenten und den Mitarbeitern, fest[57]. Daher taucht

---

51 *Homann*, Ethik, S. 54.

52 *Homann*, Ethik, S. 51.

53 *Homann*, Ethik, S. 59.

54 *Kohtes*, Unternehmenskultur zwischen Ethik und Ökonomie, FAZ vom 10.10.2005, Nr. 235, S. 22; *Horn*, Rn. 122; *Homann*, Ethik, S. 45, 46.

55 *Pohl*, Die unterschätzte Unternehmenskultur, FAZ vom 8.8.2005, Nr. 182, S. 12.

56 Dazu Interview mit Ulrich Tilmanns „Mit Wohltaten den Firmenwert steigern", im Internet unter: http://www.focus.de/jobs/management_nid_42026.html [zuletzt abgerufen am 21.3.2007].

57 *Bertelsmann*, Verantwortung, S. 2.

immer häufig neben dem Begriff „Wirtschaftsethik“[58] auch der Begriff „Unternehmensethik“ auf, der ethische oder moralische Unternehmensführung erfaßt[59].

1. Marktorientierung der Ethikgrundsätze

Unternehmen müssen daher ihre ethischen Grundsätze an den Vorstellungen des Marktes, also vor allem der Kunden, aber auch der Anleger orientieren[60]. Das Unternehmen erreicht das Ziel einer guten Marktposition und damit eines wirtschaftlichen Erfolgs nur, wenn die Kunden und Mitarbeiter zufrieden sind[61]. Die Ausdrucks- und Einflußmöglichkeiten der öffentlichen Meinung können am Beispiel der Ölplattform „Brent Spar“ gezeigt werden[62]:

Die unternehmerische Entscheidung der Shell AG, die Ölplattform Brent Spar im Meer zu versenken, stand im Widerspruch zur öffentlichen Meinung – die Bevölkerung empfand das Versenken als ethisch inkorrekt. Diese öffentliche Meinung drückte sich in Form von Gegenaktionen wie Anti-Tank-Aufrufen aus. Shell entschied sich gegen das Versenken der Plattform. Die Öffentlichkeit kann durch die Medien, vor allem das Internet, unternehmerisches Handeln mehr denn je beobachten[63]. Dieses Interesse erhöht den Druck auf die Unternehmen, ihr Handeln am öffentlichen Interesse auszurichten. Zudem wird „der Wirtschaft“ häufig eine Mitverantwortung für gesellschaftliche Probleme und Krisen vorgeworfen[64].

2. Historische Entwicklung

Vorreiter für die Berücksichtigung ethischer Vorstellung im unternehmerischen Handeln sind die USA. Die meisten inzwischen auch in Deutschland geläufigen Begriffe stammen aus dem angloamerikanischen, wie etwa „Corporate Social Re-

---

58 Schon 1988 wurde mit dem Titel „Wirtschaftsethik“ ein Symposium an der Universität Kiel veranstaltet, dazu *Pappi*, Wirtschaftsethik, S. 5 ff.

59 *Bassen/Jastram/Meyer*, zfwu 6/2 (2005) 231; *Schäffer*, zfwu 5/1 (2004) 55, 56.

60 Für Kunden: *Bertelsmann*, Verantwortung, S. 10; zur Bedeutung der „good corporate governance“ auf dem Kapitalmarkt *Steger/Brellochs/Amann*, Der Aufsichtsrat 2/2006, 4; *Trommer*, Mitbestimmung 10/2006, 22, 23; Interview mit Ulrich Tilmanns (Fn. 56); siehe dazu auch unten § 3D.II.1.c.

61 Zum Einfluß gesellschaftlichen Engagements auf den Gewinn nur *Weber*, Gesellschaftliches Engagement erhöht den Gewinn, FAZ vom 18.8.2005, Nr. 187, S. 12; *Mohn*, Die neuen Aufgaben heißen Führung und Geleit, FAZ vom 8.10.2005, Nr. 234, S. 45; *Bertelsmann*, Verantwortung, S. 2.

62 Dazu anschaulich *Endres*, Personalführung 1999, 30, 31.

63 *Trommer*, Mitbestimmung 10/2006, 22.

64 *Grabner-Kräuter*, zfwu 1/3 (2000) S. 290.

sponsibility"[65] oder „Code of Conduct". Schon Ende des 19. und Anfang des 20. Jahrhunderts übernahmen Unternehmen in den USA durch Gesundheitsprogramme für Mitarbeiter soziale Verantwortung[66]. 1915 führte die Harvard Business School den Kurs „*Social Factors in Business Enterprise*" in ihr MBA-Programm ein[67]. Später gab es etwa 1977 die „*Sullivan Principles*", die als Verhaltenskodex für den Handel und Investitionen in Südafrika als Vorbild für weitere Richtlinien dienten[68].

In Deutschland versuchten zunächst die inhabergeführten Unternehmen, ethische Wertvorstellungen zur Verbesserung des Unternehmensimages einzubeziehen. Das Erfordernis, ethisch-korrekt zu handeln, erkannte schon 1972 *Konrad Henkel* – Enkel des Firmengründers Fritz Henkel senior der Henkel KGaA – und hielt fest:

> „*Unternehmen, die nur in Gewinnen denken, werden bald viel zu verlieren haben*"[69].

Trotz einer Steigerung bei allen Unternehmen[70] besteht immer noch Nachholbedarf in diesem Bereich: Deutsche Unternehmer sollten weiter an dem Ruf ihrer Unternehmen in der Öffentlichkeit arbeiten[71]. Dabei ist die steigende Zahl der Berücksichtigungen ethischer Grundsätze, hervorgerufen auch durch die Entstehung gesetzlicher Pflichten, etwa des Sarbanes-Oxley Act[72], als Schritt in die richtige Richtung zu bewerten.

Schon 1994 spricht *Wendeling-Schröder* von einem „Ethik-Boom" in den Unternehmen[73]. Neben Lehrstühlen für Wirtschaftsethik[74], Netzwerken für Un-

---

65 Erstmalig wurde dieser Begriff schon 1953 von *Bowen* in seinem Werk „Social Responsibility for Businessman" verwendet, darauf verweist *Bassen/Jastram/Meyer*, zfwu 6/2 (2005) 231.

66 *Bassen/Jastram/Meyer*, zfwu 6/2 (2005) 231.

67 Im Internet unter: http://www.hbs.edu/about/history.html [zuletzt abgerufen am 21.3.2007].

68 *Köpke/Röhr*, Codes of Conduct, S. 23.

69 Dazu *Kröher*, „Good Company Ranking", Manager Magazin 2/2007, S. 78, 82.

70 *Meyer*, NJW 2006, 3605, 3606.

71 *Quinkert*, Auf die eigenen Stärken besinnen, FAZ vom 6.9.2005, Nr. 207, S. 19.

72 Dazu unten mehr § 1C.IV.

73 *Wendeling-Schröder*, Autonomie im Arbeitsrecht, S. 42.

74 Etwa der Ingolstadt School of Management, im Internet unter: http://www-edit.ku-eichstaett.de/Fakultaeten/WWF/Lehrstuehle/ETHIK.de; der Martin-Luther-Universität Halle-Wittenberg, im Internet unter: http://ethik.wiwi.uni-halle.de/; der Universität St.Gallen, im Internet unter: http://www.iwe.unisg.ch/org/iwe/web.nsf/wwwPubhomepage/webhomepageger?opendocument [alle zuletzt abgerufen am 21.3.2007].

ternehmensethik[75], ethischen Unternehmensberatungen[76] und Ethikfonds[77] gibt es zahlreiche Ethik-Kommissionen in verschiedenen Bereichen[78]. Die Berücksichtigung ethischer Vorstellungen findet in unterschiedlichster Form Anklang im alltäglichen Leben und ihre Bedeutung in der Wirtschaft ist immens[79]: Eine Wirtschaft ohne Ethik ist kaum vorstellbar[80].

Der großen betriebswirtschaftlichen Diskussion um „Unternehmensethik"[81] folgt die rechtliche Diskussion – die Zahl der Veröffentlichungen zu den Themen „Corporate Social Responsibility" und „Corporate Governance" steigt weiter[82].

IV. Einführungsmöglichkeiten ethischer Grundsätze

Entscheidet sich ein Unternehmen zur Stärkung seines ethischen Handelns, kann es dies auf verschiedenem Wege erreichen. Verschiedene Institutionen helfen bei der Einführung ethischer Grundsätze: Etwa bietet das Institut „Persönlichkeit +

---

75 So etwa sneep, Studentisches Netzwerk für Wirtschafts- und Unternehmensethik, www.sneep.info.

76 Zu den Beratungsangeboten dieser Beratungen *J. Badura*, zfwu 3/3 (2002) S. 337 ff.; beispielhaft biete eine Beratung speziell zur CSR an www.stakeholder-reporting.com.

77 Ethikfonds werden definiert als "*Investmentfonds, deren Anlagegrundsätze sich nicht allein nach Renditegesichtspunkten richten. Aufgrund von Werturteilen werden Investments in bestimmten Branchen oder Kategorien von Unternehmen unterlassen bzw. bevorzugt.*", im Internet unter: http://boersenlexikon.faz.net/ethikfon.htm; Gründung des „pax world fund" im Jahre 1971, im Internet unter: http://www.paxworld.com/; dazu auch *Yang*, Fortune 2007, No.2, S. 63 ff.; weitere beispielhafte Anlagemöglichkeiten mit sozial-ethischem Hintergrund im Internet unter http://www.oekovision.lu/, http://www.oekobank.de/, http://www.umweltbank.de/ [alle abgerufen am 21.3.2007].

78 Etwa die Zentrale Kommission zur Wahrung ethischer Grundsätze in der Medizin und ihren Grenzgebieten, im Internet unter: http://www.zentrale-ethikkommission.de/; Ethikkommission der Fakultät für Medizin der Technischen Universität München, im Internet unter: http://www.ek.med.tum.de/ [beide zuletzt abgerufen am 21.3.2007].

79 Eine Internetrecherche unter http://www.google.de/ zu „Ethik" ergibt mehr als 9.500.000 Einträge [zuletzt abgerufen am 21.3.2007].

80 *Wendeling-Schröder*, S. 42.

81 *Schäffer*, zfwu 5/1 (2004) 55 verweist auf die zahlreichen Konferenzen, Buchpublikationen und Zeitschriften.

82 *Berndt/Hoppler*, BB 2005, 2623; *Brocker*, Unternehmensmitbestimmung und Corporate Governance, S. 19 ff.; *Hefendehl*, JZ 2006, 119; *Hirsch/Sandt*, zfwu 6/2 (2005) 179 ff. m. w. N.; *Hopt*, Globalisierung der Corporate Governance, S. 81, 82 m. w. N.; *Steger/Brellochs/Amann*, Der Aufsichtsrat 2/2006, 4; *Weber-Rey*, AG 2006, 406.

Ethik" Hilfe bei der Leitbildentwicklung an[83]. Der Ethikverband der deutschen Wirtschaft e.V. informiert Unternehmen nicht nur über die Vorteile eines ethischen Konzepts, sondern wird auch beratend tätig[84]. Daneben gibt es Unternehmensberatungen, die sich auf eine „ethische Beratung" spezialisiert haben[85]. Welchen Weg ein Unternehmen zur Einführung wählt, hängt von seinem Ziel und den Umsetzungsmöglichkeiten ab, da nicht jeder Weg für alle Unternehmen gleichermaßen geeignet und gangbar ist.

1. Mitgliedschaften in Organisationen

Zunächst kann sich ein Unternehmen durch die Mitgliedschaft in einer Organisation verpflichten, deren ethische Grundsätze einzuhalten. Als teilnehmendes Unternehmen erscheint es auf den veröffentlichten Listen der Organisation und kann seine Mitgliedschaft im Rahmen der Unternehmenspräsentation zeigen[86].

Zudem fördert etwa das Zentrum für Wirtschaftsethik (ZfW) als wissenschaftliches Institut des Deutschen Netzwerks Wirtschaftsethik (EBEN Deutschland e.V.) die Anwendungsorientierung der Wirtschafts- und Unternehmensethik[87]. Die dort freiwillig zusammengeschlossenen Unternehmen nutzen das Forum zum Erfahrungsaustausch bzw. zur Beratung und sind auf der Homepage des ZfW gelistet.

Als nicht rein-unternehmerische Organisation verbindet der „Runde Tisch Verhaltenskodizes" Unternehmen, Wirtschaftsverbände, Gewerkschaften, Nichtregierungsorganisationen und Bundesministerien[88]. Der „Runde Tisches" zielt auf einen Erfahrungsaustausch aus unterschiedlichen Perspektiven, wobei die Kernarbeitsnormen (Core Labor Standards) der Internationalen Arbeitsorganisation (ILO)[89] die Hauptelemente der Verhaltenskodizes darstellen. Gerade durch die fortschreitende Globalisierung und den damit verbundenen Wettbewerbsanstieg gewinnen diese Organisationen an Bedeutung[90].

83 Im Internet unter: http://www.persoenlichkeitundethik.de [zuletzt abgerufen am 21.3.2007].

84 Im Internet unter: http://www.ethikverband.de [zuletzt abgerufen am 21.3.2007].

85 *J. Badura*, zfwu 3/3 (2002) S. 337 ff.

86 Etwa gibt Otto eine Reihe von Mitgliedschaften in sozialen Organisationen an, im Internet unter: http://www.otto.com/Mitgliedschaften.99.0.html; eine beispielhafte Organisation ist etwa die „Ethical Trading Initative", dazu im Internet unter: http://www.ethicaltrade.org/ [beide zuletzt abgerufen am 21.3.2007].

87 Im Internet unter: http://www.dnwe.de [zuletzt abgerufen am 21.3.2007].

88 Im Internet unter: http://www.coc-runder-tisch.de [zuletzt abgerufen am 21.3.2007]; dazu auch *Köpke/Röhr*, S. 90 ff.

89 Im Internet unter: http://www.ilo.org [zuletzt abgerufen am 21.3.2007].

90 *Homann*, Globalisierung, S. 7 f.

2. Projekte mit sozialen Organisationen

Eine Mitgliedschaft in einer dieser Organisationen ist nicht zwingend erforderlich, da auch durch gemeinsame Projekte die ethischen Vorstellungen der Organisation in das Unternehmen einfließen können[91]. Auf diesem Wege kann das Unternehmen die ethischen und sozialen Ansichten dieser Organisation unterstützen.

3. Global Compact

Seit Juli 2000 können sich Unternehmen zum „Global Compact"[92] bekennen[93]. Diese weltweite Initiative soll die Unternehmen mit den Vereinten Nationen zusammenbringen, um gemeinsam die Globalisierung sozialer und ökologischer zu gestalten.

„Unternehmen [sollen] Verantwortungsbewußtsein gegenüber den Ländern entwickeln, in denen sie investieren und tätig sind. Sie sollen sich dort sozialen Zielen verpflichten."[94]

Um am „Global Compact" teilzunehmen, muß das Unternehmen schriftlich dem UN-Generalsekretär mitteilen, daß es den Standards des Global Compacts in Zukunft entsprechen will. Zu den Prinzipien des Global Compacts gehören etwa der Ausschluß von Zwangs- und Kinderarbeit, die Achtung der Menschenrechte, die Förderung des Umweltbewußtseins und die Vermeidung von Korruptionen. Inhaltlich verfolgt der Global Compact daher eher soziale als ethische Ziele. Mit Blick auf die uneinheitliche Definition der Ethik[95] und die in diesem Zusammenhang bestehende Schwierigkeit, „ethische" Ziele festzulegen, kann im Grundsatz

91 So gibt etwa Fritz Varenholt, Vorstandsmitglied der Deutschen Shell AG, in einem Interview an, daß Shell in intensivem Kontakt mit Amnesty International, Pax Christi, Brot für die Welt und dem Weltkirchenrat steht; *Endres*, Personalführung 1999, 30, 32.

92 Dazu etwa *Homann*, Globalisierung, S. 7, 9; *Rieth*, zfwu 4/3 (2003) S. 372 ff.; *Schlachter*, FS Richardi, S. 1067, 1068.

93 Etwa DaimlerChrysler, Verhaltensrichtlinie, S. 16, im Internet unter www.daimlerchrysler.com/Projects/c2c/channel/documents/211697_CGI_IC_d.pdf -; Code of Conduct der Deutschen Telekom AG, S. 9, im Internet unter: http://www.download-telekom.de/dt/StaticPage/22/99/Code_of_Conduct_dtag.pdf_22996.pdf; auch die Robert Bosch GmbH, „Boschheute", S, 14 im Internet unter http://www.bosch-career.de/content/language1/downloads/Boschheute2004_DE.pdf; ausführliche Informationen zum Global Compact im Internet unter: http://www.unglobalcompact.org/ [alle zuletzt abgerufen am 21.3.2007].

94 *Kulick*, Langfristiges Denken ist noch nicht ausgereift, SPIEGEL-ONLINE – 13.12.2002.

95 Siehe schon oben unter § 1A.I.

auch die Verfolgung sozialer Ziele als im weitesten Sinne ethisches Handeln begriffen werden.

Teilnehmende Unternehmen sollen in ihrem Jahresbericht festhalten, wie sie den Global Compact und dessen Prinzipien unterstützen.

81 der rund 3000 Teilnehmer, die auf der Homepage des Global Compacts Anfang 2007 aufgelistet waren, sind deutsche Unternehmen[96]. Daneben beteiligten sich Organisationen der UNO, aber auch Wirtschaftsverbände, Arbeitnehmervertretungen, Städte und nichtstaatliche Organisationen.

An dieser Einführung ethischer Grundsätze wird vor allem kritisiert, daß die Teilnahme freiwillig ist und keine Sanktionen für Verstöße vorgesehen sind[97]. Einzige Kontrolle ist die Veröffentlichung der Jahresberichte der Unternehmen auf der Homepage des Global Compacts[98].

4. Auszeichnung durch „labels"

Darüber hinaus können Unternehmen ihr Image steigern, indem sie für besondere Leistungen Zertifikate und Gütesiegel erlangen, etwa das „Rugmark-Label" für kinderarbeitfreie Teppichproduktion oder das „Flower-Label" für Blumen, die aus umweltgerechter und menschenwürdiger Produktion stammen[99]. Beide Labels wurden von einem Zusammenschluß von Unternehmensverbänden, Nicht-Regierungsorganisationen und der Gewerkschaft IGBau entwickelt. Daneben gibt es aber auch private Organisationen, die Zertifikate vergeben, wie z.B. das Zertifikat SA (Social Accountability)[100], das als Auszeichnung für die Beachtung der Menschenrechte der Arbeitnehmer gilt, und das Zertifikat FLA (Fair Labor Association), das Unternehmen erhalten, die sich zur Einhaltung der FLA-Standards verpflichtet haben[101].

---

96 im Internet unter: http://www.unglobalcompact.org/ [zuletzt abgerufen am 21.3.2007]; zum stetigen Zuwachs deutscher Großunternehmen *Rieth*, zfwu 4/3 (2003) S. 372, 389.

97 *Knop*, Wertevorrat für die Globlaisierung, FAZ vom 6.12.2006, Nr. 284, S. 22.

98 *Kulick*, Langfristiges Denken ist noch nicht ausgereift, SPIEGEL-ONLINE – 13.12.2002.

99 Im Internet unter: http://www.rugmark.de/navi/frnauest.htm und http://www.fairflowers.de [zuletzt abgerufen am 21.3.2007]; dazu auch *Köpke/Röhr*, S. 113 ff., 143; ausführlicher zu den Labels *Kocher*, RdA 2004, 27, 28 m. w. N.

100 Im Internet unter: http://www.sa-intl.org/ [zuletzt abgerufen am 21.3.2007].

101 Eine Liste der teilnehmenden Unternehmen findet sich im Internet unter: http://www.fairlabor.org/all/companies/index.html [zuletzt abgerufen am 21.3.2007]; dazu auch *Köpke/Röhr*, S. 76 ff.

5. Branchenrichtlinien

Mehrere Unternehmen einer Branche können sich überdies zusammenschließen, um eine Ethikrichtlinie zu erlassen. Entsprechende „Branchenvereinbarungen" oder „Branchenkodizes" können für sich bestehen oder eine unternehmensinterne Richtlinie ergänzen[102]. Anders als die Richtlinie einer branchenübergreifenden Organisation kann eine bracheninterne Richtlinie Regelungen umfassen, die sich konkret auf die jeweilige Branche beziehen. Damit ist sie spezieller und spiegelt die Interessen der beteiligten Unternehmen besser wieder.

Eine solche Richtlinie eignet sich besonders zur Einführung gemeinsamer Grundsätze, deren Durchsetzung von einzelnen Unternehmen nicht gesichert werden könnte[103]. Außerdem können damit ethische Standards einzelner Unternehmen zu Standards aller Unternehmen erhoben werden, so daß „ethisch wertvolle Innovationen vor der Ausbeutung durch Konkurrenten mit niedrigeren Standards" geschützt werden[104].

Aber nicht nur Unternehmen können als Zusammenschluß Branchenrichtlinien erlassen. Auch die Sozialpartner können Vereinbarungen mit sozialethischen Inhalten treffen. Solche nichttariflichen Übereinkommen können als bloße Empfehlungen oder Hinweise an die Unternehmen ausgestaltet sein oder sogar rechtsverbindlichen Charakter erhalten[105]. Derartige Vereinbarungen bestehen vor allem unter den Chemie-Sozialpartnern[106] und regeln beispielsweise Themen des Umweltschutzes, der Frauenförderung oder Chancengleichheit[107].

---

102 *Strobel*, Der Schweizer Treuhänder 2001, 413, 414.

103 *Strobel*, Der Schweizer Treuhänder 2001, 413, 414.

104 *Ulrich*, Integrative Wirtschaftsethik, S. 435.

105 *Eich*, NZA 1995, 149, 154; zum Rechtscharakter auch Schack, NZA 1996, 923 f.; *Molitor*, FS Stahlhacke, S. 339, 341; ausführlich zu der Möglichkeit eine Sozialpartnervereinbarung als Geltungsgrundlage einer Ethikrichtlinie zu wählen unten § 3A.III.2.

106 Einen Überblick zu Sozialpartnervereinbarungen im Bereich der chemischen Industrie bietet etwa *Eich*, NZA 1995, 149, 153 f.; dazu auch *Molitor*, FS Stahlhacke, S. 339 ff.

107 Etwa Umweltschutzübereinkunft vom 20.8.1987, im Internet unter: http://www.sozialpartnernetz.de/german/vereinbarungen/umweltschutz responsible care/umweltschutz_Ubereinkunft.html?dnp=ysprw; oder Gemeinsame Grundsätze des Bundesarbeitgerberverbands Chemie und der IG Bergbau, Chemie, Energie für eine chancengleiche und familienbewusste Personalpolitik vom 11.5.2006, im Internet unter: http://www.igbce.de/portal/binary/com.epicentric.contentmanagement.servlet.ContentDeliveryServlet/site_www.igbce.de/static_files/PDF-Dokumente/Gruppen%2520in%2520der%2520IG%2520BCE/Frauen/720fe8c75823346d39de0facc5bf21ca.pdf [zuletzt recherchiert am: 26.4.2007]; dazu auch *Löwisch/Rieble*, TVG, § 1 Rn. 372; *Zachert*, FS P. Hanau, S. 137, 138.

Zum Teil werden wettbewerbsrechtliche Bedenken gegen die Zulässigkeit der Unternehmenszusammenschlüsse und der Sozialpartnervereinbarungen erhoben:

§ 1 GWB verbietet bestimmte Vereinbarungen von *„miteinander im Wettbewerb stehenden Unternehmen“*. Der funktional zu verstehende Unternehmensbegriff des GWB erfordert ein Handeln im geschäftlichen Verkehr[108]. Da das GWB somit keinen Wettbewerb auf dem Arbeitsmarkt bezweckt, sondern vielmehr Regelungen des Gütermarkts umfaßt[109], müssen lediglich die Sozialvereinbarungen, die das Marktverhalten der Unternehmen beeinflussen, den kartellrechtlichen Normen standhalten[110]. Für ethische Verhaltensvorgaben im Arbeitsverhältnis gilt es indes nicht.

Bezüglich der ehemaligen Art. 85 und 86 EGV hat die europäische Kommission festgehalten, daß diese sich ebenfalls nicht mit arbeitsrechtlichen Angelegenheiten befassen, sondern die Ordnung des Arbeitsmarkts vielmehr in den Regelungsbereich der Mitgliedstaaten fällt[111]. Die „neuen“ Art. 81 ff. EGV erfassen ebenso keine Regelungen der Ordnung auf dem Arbeitsmarkt, da auch hier der Begriff des Unternehmens im funktionalen Sinne zu verstehen ist und eine wirtschaftliche Betätigung erfordert[112].

Für den Bereich des Arbeitsmarkts bleibt das UWG, das keinen Vorbehalt zugunsten des Arbeitsmarkts enthält[113]. Hier wird jedoch regelmäßig kein Gesetzesverstoß vorliegen, da ethische Branchenrichtlinien im Gegensatz zu unzulässigen Kartellabsprachen die Handlungsmaßstäbe im Interesse Dritter höher legen als es das Gesetz vorsieht[114] und somit der Schutzzweck des § 1 UWG erfüllt wird. Derartige freiwillige kollektiv-autonome Selbstbindungen eines Wirtschaftszweiges sind demnach zulässig[115].

6. Unternehmensinterne Ethikrichtlinien

Noch spezieller auf das einzelne Unternehmen ausgerichtet sind unternehmensintern individuell ausgearbeitete Richtlinien, die Grundsätze für das Verhalten

---

108 BGH vom 22.7.1999 – KZR 48/97 – MDR 2000, 468 = DB 1999, 2410 = WM 1999, 2377; BGH GS vom 22.3.1976 – GSZ 2/75 – BGHZ 67, 81 = NJW 1976, 1941 = MDR 1977, 117; Immenga/Mestmäcker/*Zimmer*, § 1 Rn. 30.

109 Dazu *Rieble*, Arbeitsmarkt und Wettbewerb, Rn. 457 ff.; *ders.*, ZTR 2000, 1, 8.

110 *Rieble*, ZTR 2000, 1, 9.

111 Kommission, Antwort auf die schriftliche Anfrage Nr. 777/89, Abl. EG 1990 C 328/3; *Rieble*, Arbeitsmarkt und Wettbewerb, Rn. 461.

112 EUGH vom 28.2.1991 – C-234/89 – Slg. 1991, I-935; Calliess/Ruffert/*Weiß*, EGV, Art. 81 Rn. 25.

113 *Rieble*, Arbeitsmarkt und Wettbewerb, Rn. 488.

114 *Ulrich*, S. 435.

115 *Ulrich*, S. 435.

oder konkrete Handlungspflichten für die Beschäftigten festlegen. Sie stellen den Gegenstand dieser Arbeit dar.

Für unternehmensinterne Ethikrichtlinien nimmt Amerika erneut eine Vorreiter-Position ein[116]. In der Literatur tauchten die ersten „Codes of Conduct" Anfang der 90er Jahre auf, wobei sie inhaltlich zunächst nur grundsätzliche Vorgaben, wie etwa ein Verbot von Kinder- und Zwangsarbeit, vorsahen. Dem folgten Regelungen zu Pausen und Arbeitszeitstandards; später orientierten sich die Codes häufig an Regelungen des Global Compacts[117].

Weltweit nehmen unternehmensinterne Ethikrichtlinien mehr und mehr zu: Während 1990 knapp 18 % der 500 größten britischen Unternehmen internationale Verhaltensrichtlinien hatten, waren es 2003 schon 60 %. Ohne einen Prozentsatz zu nennen, verweisen *Köpke/Röhr* auf den deutlichen Anstieg der Anzahl der Verhaltenskodizes in Deutschland[118]. In einzelnen Branchen lag der Prozentsatz der Unternehmen mit Ethikrichtlinien schon Anfang der 90er höher, etwa bei Wirtschaftsredaktionen[119].

In der bekannten Wal-Mart-Entscheidung taucht dieses Problem zum ersten Mal in der deutschen Rechtsprechung auf[120]. Sowohl das ArbG Wuppertal als auch das LAG Düsseldorf hielten Grundsätze für Mitbestimmungspflichten des Betriebsrats bei der Einführung einer Ethikrichtlinie fest. Über die rechtliche Verbindlichkeit der einzelnen Richtlinien, zulässige Inhalte und rechtliche Einführungsmöglichkeiten sagen die Gerichte indes wenig[121].

Die inhaltliche Ausgestaltung der unternehmensinternen Ethikrichtlinien kann ebenso stark differieren wie die Art ihrer Veröffentlichung. Typischerweise verteilt die Unternehmensleitung an alle Mitarbeiter Handbücher oder stellt die Grundsätze auf die Homepage oder in das Intranet. Darüber hinaus fordern einige Unternehmen ihre Mitarbeiter jährlich zur Unterzeichnung der jeweiligen Ethik-

---

116 *Eisenbeis/Nießen*, FS Leinemann, S. 697; *Köpke/Röhr*, S. 10; auch in dem vom ArbG Offenbach zu entscheidenden Fall liegt der Ethikrichtlinie ein Verhaltenskodex des US-Mutterkonzerns zugrunde, ArbG Offenbach vom 24.11.2005 – 3 BV 44/04 – AE 2006, 126.

117 *Stelzl*, AiB 2004, 149, 152.

118 *Köpke/Röhr*, S. 10.

119 Zu einer Umfrage, bei der zwei Drittel der 21 befragten Unternehmen einen Kodex hatten, nur *Matzick*, Arbeitsrechtliche Maßnahmen zur Vermeidung bzw. Sanktionierung von Interessenkollisionen bei Wirtschaftsjournalisten, S. 43 ff.

120 ArbG Wuppertal vom 15.6.2005 – 5 BV 20/05 – NZA-RR 2005, 476; nachfolgend LAG Düsseldorf vom 14.11.2005 – 10 TaBV 46/05 – DB 2006, 162; nachgehend BAG – 1 ABR 1/06, juris: sonstige Erledigung [zuletzt abgerufen am 21.3.2007].

121 Lediglich zur Zulässigkeit der Liebesbeziehungsverbote LAG Düsseldorf vom 14.11.2005 (Fn. 120); dazu unten unter § 4C.III.

richtlinie auf, oder die Unternehmen veranstalten Seminare, in denen die Mitarbeiter über die Beachtung des Kodexes informiert werden[122].

Die Bezeichnungen dieser Richtlinien variieren von Codes of Conduct[123] bzw. Verhaltensrichtlinie[124], Codes of Labour Practice, Business Conduct Guidelines[125], Handlungsgrundsätze, Personalleitlinien[126], Unternehmensrichtlinien, Sozialcharta über Verhaltensrichtlinien bis zur Ethikrichtlinie. Jedoch verbirgt sich hinter den einzelnen Begriffen keine feste Definition, sondern auch gleich bezeichnete Regelwerke können unterschiedliche Inhalte und Wirkungen haben.

Im Folgenden wird daher einheitlich ein weiter Begriff der Ethikrichtlinie verwendet, der dem praktischen Erfordernis entspricht, daß die Ethikrichtlinie auf die „ethischen Wünsche" des jeweiligen Unternehmens abgestimmt wird. Aufgrund der aufgezeigten Definitions-Probleme des Begriffs der „Ethik" erfasst der Begriff „Ethikrichtlinie" auch soziale oder moralische Verhaltensvorgaben.

Eine Ethikrichtlinie ist ein Regelwerk, das konkret für das jeweilige Unternehmen oder den Betrieb erstellt wurde und inhaltlich Rechte und Pflichten für alle Personen, die einen Bezug zum jeweiligen Betrieb oder Unternehmen aufweisen, festhält.

Urheber von Ethikrichtlinien – im Sinne eines Verantwortlichen für deren Inhalt – ist die Konzern-, Unternehmens- oder Betriebsleitung. Bei der Implementierung einer Ethikrichtlinie in einem multinationalen Unternehmen müssen sie die in dem jeweiligen Staat geltenden Gesetze beachten. Die möglichen Probleme einer Eins-zu-Eins-Umsetzung amerikanischer Richtlinien in deutsche Unternehmen offenbart der Fall Wal-Mart: Werden nationale Gesetze bei der Einführung

---

122 So erhält etwa bei „United Technologies Corporation" jeder neue Mitarbeiter den Code of Ethics und muß an einem Orientierungskurs teilnehmen, dazu: o. V., „Verhaltensregeln für 150.000 Mitarbeiter, Personalmagazin 1/2002, 18; zur Möglichkeit durch eine Schulung die Einführung des Codes zu stärken *Michels*, Personalmagazin 7/2004, 74.

123 Deutsche Telekom AG (Fn. 93); Code of Conduct der Deutschen Bank, S. 7; im Internet unter: http://www.deutsche-bank.de/ir/pdfs/Code_of_Conduct_Okt2005 DE.pdf [zuletzt abgerufen am 21.3.2007].

124 So etwa die DaimlerChrysler-Verhaltensrichtlinie (Fn. 93).

125 Infineon Business Conduct Guidelines, im Internet unter: http://www.infineon.com/cgi-bin/ifx/portal/ep/channelView.do?channelId=-66986&channelPage=%2Fep%2Fchannel%2FinformationPage.jsp&pageTypeId=17225 [zuletzt abgerufen am 21.3.2007].

126 Zu unterschiedlichen Bezeichnungen auch *Rieth*, zfwu 4/3 (2003) S. 372, 378.

nicht beachtet, kann das zur Unwirksamkeit einzelner Teile oder sogar der ganzen Richtlinie führen[127].

Neben dem inhaltlich Verantwortlichen gibt es den tatsächlichen Urheber, der für die Erstellung und Einführung der Richtlinie zuständig ist. Regelmäßig können neben einer unternehmensinternen Rechtsabteilung auch externe Berater helfen. Beispielhaft kann erneut auf das „Institut Persönlichkeit + Ethik“[128] bzw. auf den „Ethikverband der deutschen Wirtschaft e.V.“[129] verwiesen werden.

Stellungnahmen oder Beratungen von Arbeitgeberverbänden oder Gewerkschaften sind bislang nicht ersichtlich – es bleibt abzuwarten, in wie weit in der Zukunft eine Beratung der Verbandsmitglieder erfolgen wird.

B. Funktionen und Bewertungen von Ethikrichtlinien

Ethikrichtlinien werden teilweise eingeführt, um gesetzliche oder berufsethische Vorgaben zu erfüllen[130]. Daneben bieten Ethikrichtlinien weitere Vorteile für das Unternehmen.

I. Vorteile

1. Vorteile gegenüber anderen Einführungsformen

Anders als etwa globale Richtlinien einer Organisation ist eine unternehmensinterne Ethikrichtlinie speziell auf die jeweiligen Unternehmensinteressen abgestimmt. Der maßgebliche Vorteil besteht darin, daß die Ethikrichtlinie veränderten Umstände angepaßt werden kann: Stellt die Unternehmensleitung fest, daß bestimmte Regeln nicht „funktionieren“, kann sie diese Regeln entsprechend ändern.

2. Fixierung der Unternehmenskultur

Eine Ethikrichtlinie kann zudem die Unternehmenskultur konkretisieren: Sie ist Ausdruck der ethischen Vorstellungen der Unternehmensleitung und der Arbeit-

---

127 ArbG Wuppertal vom 15.6.2005 (Fn. 120) und LAG Düsseldorf vom 14.11.2005 (Fn. 120).

128 Im Internet unter: http://www.persoenlichkeitundethik.de/ [zuletzt abgerufen am 21.3.2007].

129 Im Internet unter: http://www.ethikverband.de [zuletzt abgerufen am 21.3.2007].

130 *Borgmann*, NZA 2003, 352; *Meyer*, NJW 2006, 3605, 3606; *Schuster/Darsow*, NZA 2005, 273; dazu unten § 1C.II.2.

nehmervertretung, soweit diese bei der inhaltlichen Ausgestaltung einbezogen wird. Derartig konkrete Regelungen werden regelmäßig besser eingehalten als nicht-fixierte Grundsätze einer Unternehmenskultur[131].

Eine Ethikrichtlinie soll zudem das Betriebsklima stärken. Unternehmen erhoffen sich eine Leistungssteigerung durch motivierte und zufriedene Arbeitnehmer: Klare Unternehmensziele, mit denen sich die Mitarbeiter identifizieren können, erhöhen die Bereitschaft der Arbeitnehmer, sich für das Voranschreiten des Unternehmens mit aller Kraft einzusetzen[132]: *„Ethisches Handeln als Erfolgsfaktor"*[133].

Ein besseres Betriebsklima soll außerdem die Funktionsfähigkeit des Betriebes sichern: Klarer Verhaltensvorgaben erleichtern nicht nur deren Überwachung und Durchsetzung, sondern beugen insgesamt Fehlverhalten im Betrieb vor. Damit wird ein ordnungsgemäßes Funktionieren des Betriebes gesichert.

Regelmäßig streben multinationale Unternehmen mit einer Ethikrichtlinie eine weltweite Vereinheitlichung der Arbeitsbedingungen und Wertsetzungen im Unternehmen an[134]. Durch die Globalisierung der Wirtschaft, also die Internationalisierung der Märkte und das weltweite Handeln der Unternehmen, wächst das Bedürfnis nach einheitlichen Regelungen für alle Arbeitnehmer[135]. Zudem hoffen Unternehmen, daß sie durch die Übertragung der ethischen Grundsätze, die sich im Heimatland bewährt haben, das Funktionieren und den Erfolg des Unternehmens auch im Ausland sichern können[136].

3. Verhaltensvorgaben als Korruptionsprävention

Arbeitnehmer eines Unternehmens erfahren durch eine Ethikrichtlinie, welche konkreten Regeln an ihrem Arbeitsplatz gelten und können ihr Verhalten danach ausrichten[137]. Insbesondere in Situationen unübersichtlicher Gesetzeslage helfen klare Verhaltensvorgaben[138].

---

131 Zu Vorteilen schriftlich fixierter Leitsätze der Unternehmenskultur auch *Paul*, DB 2005, 1581, 1582; so auch *Quinkert*, Auf die eigenen Stärken besinnen, FAZ vom 6.9.2005, Nr. 207, S. 19, nach dem schriftlich dokumentierte Wertesysteme grundsätzlich besser berücksichtigt werden.

132 *Endres*, Personalführung 1999, 30, 32.

133 *Wickert*, Ethics in Business 2006, S. 109.

134 *Meyer*, NJW 2006, 3605, 3606.

135 *Eisenbeis/Nießen*, FS Leinemann, S. 697; *Meyer*, NJW 2006, 3605, 3609.

136 *Eisenbeis/Nießen*, FS Leinemann, S. 697.

137 *Bachner/Lerch*, AiB 2005, 229; *Borgmann*, NZA 2003, 352; zu Ethik-Kodizes im Rundfunkbereich *Seiwert-Fauti*, Journalist 2005, 34, 38.

138 *Matzick*, S. 160 f.; zur Information über Insiderhandelsverbote *Mahnhold*, S. 70.

Klare Verhaltensvorgaben in einer Ethikrichtlinie können zudem einem möglichen Korruptionsverhalten der Arbeitnehmer vorbeugen[139]: Wenn Arbeitnehmer wissen, wie sie sich im Falle eines Bestechungsversuches zu verhalten haben, minimiert sich das Risiko des Unternehmers, Opfer von Wirtschaftskriminalität zu werden[140]. Daneben können Ethikrichtlinien vor deliktischen Handlungen im Unternehmen schützen[141].

4. Verbesserung des Unternehmensimages

In externer Hinsicht kann die Richtlinie das Unternehmensimage in der Öffentlichkeit bei Konsumenten, Aktionären und potentiellen Investoren verbessern[142]. Dabei kann sie sogar in Zeiten negativer Schlagzeilen in der Presse das Image des Unternehmens retten[143]. Fällt beispielsweise das Unternehmen durch schlechtes Mitarbeiterverhalten auf, kann die Unternehmensleitung zumindest versuchen, ihre Verantwortung für das Mitarbeiterverhalten durch einen Verweis auf die umgesetzte Ethikrichtlinie zu minimieren.

Zudem entsprechen Arbeitgeber durch die Einführung der Ethikrichtlinie auch dem Wunsch der Öffentlichkeit, dem unternehmerischen Handeln ethische Maßstäbe zugrunde zu legen. Die Öffentlichkeit kann dabei durch die Medien, vor allem das Internet, unternehmerisches Handeln besser kontrollieren[144] – durch öffentlichkeitswirksame Aktionen kann „die Gesellschaft" ihre Meinung ausdrücken[145]. Dieser öffentliche Druck, der auch durch eine transparente Marktüblichkeit gesteigert werden kann, stellt einen häufigen Beweggrund für Ethikrichtlinien dar. Er ist vor allem bei Verwendung des Begriffs der „freiwilligen" Ethikrichtlinie stets zu bedenken.

Um das Unternehmensimage zu verbessern, sollte die Richtlinie nicht nur schriftlich fixiert sein, sondern auch tatsächlich umgesetzt werden. Die Glaubwürdigkeit kann dabei steigen, wenn Unternehmen etwa eine Verbesserung des Betriebsklimas als Beweggrund für den Erlaß erwähnen: Eine eigennützige Ethikrichtlinie ist glaubwürdiger als ein „Handeln aus reiner Nächstenliebe".

---

139 *Pichler*, W & W 9/2005, 8, 9; zur Bekämpfung der Wirtschaftskriminalität durch Business Ethics *Hefendehl*, JZ 2006, 119.

140 *Strobel*, Der Schweizer Treuhänder 2001, 413; zur Zunahme der Wirtschaftskriminalität nur *Maulshagen/Höner*, AuA 2007, 82.

141 *Berndt/Hoppler*, BB 2005, 2623.

142 *Eisenbeis/Nießen*, FS Leinemann, S. 697, 698; *Fitting*, BetrVG, § 87 Rn. 71; *Kocher*, Rechtliche Instrumente, S. 150, 173; *Trommer*, Mitbestimmung 10/2006, 22, 23.

143 *Mahnhold*, Compliance und Arbeitsrecht, S. 69; *Schuster/Darsow*, NZA 2005, 273.

144 *Trommer*, Mitbestimmung 10/2006, 22.

145 Dazu schon oben unter § 1A.III.1.

5. Ökonomischer Eigennutz

Letztlich kann ökonomischer Eigennutz des Unternehmens als maßgeblicher Beweggrund für eine Ethikrichtlinie bewertet werden. Eine Verbesserung des Betriebsklima und des Unternehmensimage sollte sich letztlich im Gewinn des Unternehmens niederschlagen. *„Ein Mehr an Moral geht vornehmlich mit einem Mehr an Wert einher*"[146].

II. Nachteile

Nachteile jeder Ethikrichtlinie sind der Aufwand und die Kosten, die ihre Einführung und Durchführung verursachen[147]. Außerdem erfordert die Durchsetzung der Ethikrichtlinie fortwährend Aufwand in zeitlicher und finanzieller Hinsicht.

Kritisch kann Ethikrichtlinien zudem vorgeworfen werden, daß damit westliche Unternehmen ihre „westlichen Sozialstandards" der ganzen Welt aufdrücken: Deutsche Maßstäbe zur sozial-ethischen Korrektheit können mit religiös-traditionelle Sitten in der Dritten Welt im Widerspruch stehen. Ein Verbot von Kinderarbeit kann in einigen Ländern ganze Familien in den Ruin führen, die auf die Einkünfte der Kinder angewiesen sind. Zudem kann es für Unternehmen eine besondere finanzielle Last bedeuten, nur von „nach westlicher Ansicht ethisch-korrekt-produzierenden Unternehmen" Ware zu beziehen.

III. Gesamtbewertung

Obgleich die Vorteile einer unternehmensinternen Ethikrichtlinie von starkem Gewicht sind, besteht neben den aufgezeigten Nachteilen ein weiterer Kritikpunkt: Es ist schwierig bis unmöglich, den ökonomischen Nutzen konkret zu beziffern.

Im Grundsatz kann aber die Annahme, daß die Öffentlichkeit einen hohen Druck auf die Unternehmen zur Einführung von Ethikrichtlinien ausübt, wohl berechtigt vermuten lassen, daß eine eingeführte Ethikrichtlinie das Ansehen des Unternehmens in der Öffentlichkeit steigert – dies sollte sich im Erfolg des Unternehmens am Markt widerspiegeln.

---

146 *Trommer*, Mitbestimmung 10/2006, 22, 25.
147 *Berndt/Hoppler*, BB 2005, 2623, 2627.

In der Literatur wird in diesem Sinne von einer „meßbaren ökonomischen Wertsteigerung" gesprochen[148] und auch eine Studie von *McKinsey & Company* spricht Corporate Governance nahezu die gleiche Bedeutung wie Finanzkennzahlen zu[149]. Dennoch kann diesem „ökonomischen Erfolg" kritisch vorgehalten werden, daß stets eine Vielzahl von Faktoren Einfluß auf den Erfolg eines Unternehmens haben – das erschwert die Festlegung eines signifikanten Einflusses einer Ethikrichtlinie auf den Unternehmenserfolg. Die tatsächliche Bedeutung, die eine Ethikrichtlinie auf den Unternehmenserfolg ausübt, bleibt somit offen.

Trotz dieser Zweifel an dem ökonomischen Nutzen überzeugen die betriebsinternen Vorteile: Klare Verhaltensvorgaben verbessern das Betriebsklima und beugen potentiellem Korruptionsverhalten vor.

C. Gemeinwohlverpflichtung

Nicht nur das Europarecht und die Verfassung, sondern auch einfache Gesetze umfassen konkrete Verhaltensvorgaben oder liefern Anhaltspunkte für das Verhalten im Geschäftsleben. Im Folgenden wird geprüft, ob diese Gesetze zum Ethikrichtlinienerlaß verpflichten.

I. Verpflichtung aus „Europarecht"

Eine Pflicht zum Erlaß von Ethikrichtlinien könnte sich aus arbeitsrechtlichen europäischen Vorschriften ergeben[150]. Im Primärrecht regeln die Art. 39 ff. EGV die Freizügigkeit der Arbeitnehmer[151], wobei insbesondere Art. 40 EGV eine Ermächtigungsgrundlage zur näheren Ausgestaltung der Arbeitnehmerfreizügigkeit darstellt[152]. Für den Bereich des „arbeitsrechtlichen Sekundärrechts" kommen vor allem Verordnungen und Richtlinien in Betracht[153] und dabei insbesondere der Bereich des Diskriminierungsschutzes. Zunächst wird eine Verpflichtung aus Richtlinien als dem „Hauptinstrument im EG-Arbeitsrecht"[154] überprüft.

---

148 *Strenger*, Corporate Governance und Anteilseigner, insbesondere institutionelle Anleger, S. 697, 698 f.

149 *McKinsey&Company*, Global Investor Opinion.

150 Ausführlich zu Primär- und Sekundärrecht *Streinz*, Europarecht, § 5 Rn. 1 ff.

151 *Fuchs/Marhold*, Europäisches Arbeitsrecht, S. 26; zu weiteren arbeitsrechtlich relevanten Artt. des EG nur *Schiek*, EU, Teil 1 B. Rn. 48.

152 Dazu nur *Fuchs/Marhold*, S. 27.

153 *Fuchs/Marhold*, S. 47 ff.

154 *Schiek*, EU, Teil 1 B. Rn. 83

Gem. Art. 249 Abs. 3 EGV entfalten europäische Richtlinien unmittelbare Wirkung für alle Mitgliedstaaten[155]. Sie sind verpflichtet, die Richtlinien innerhalb der vorgegebenen Frist umzusetzen. Ab dem Zeitpunkt der Umsetzung entfalten Richtlinien – in Form innerstaatlichen Rechts – unmittelbare Wirkung gegenüber Privaten.

Der EuGH hält jedoch wiederholt fest, daß sich ausnahmsweise auch Private gegenüber dem Staat auf eine noch nicht umgesetzte Richtlinie berufen können, etwa in Form eines Schadenersatzanspruchs, wenn der Staat seiner Umsetzungspflicht innerhalb der Frist nicht ausreichend nachgekommen ist und die Richtlinien inhaltlich unbedingt und hinreichend genau ist („vertikale Direktwirkung")[156]. Zumindest seit dem Pfeiffer-Urteil des EuGH vom 5.10.2004[157] wird in der Literatur die unmittelbare Wirkung nicht fristgemäß umgesetzter Richtlinien auch auf horizontaler Ebene zwischen Privaten diskutiert[158] („horizontale Direktwirkung").

Als Verpflichtungsgrundlage zum Erlaß von Ethikrichtlinien kann beispielhaft die Diskriminierungsrichtlinie RL 2000/78/EG[159] herangezogen werden: Sie verpflichtete alle Mitgliedstaaten, bis zum 2.12.2003 Maßnahmen zum Schutz vor Diskriminierungen wegen eines der darin genannten Merkmale einzuführen. Da die Erwägungsgründe etwa die Förderung der „sozialen Eingliederung" (8) oder die entscheidende Bedeutung der Beschäftigung für die Teilhabe der Bürger am kulturellen und sozialen Leben sowie für die individuelle Entfaltung (9) festhalten, können der Richtlinie Gedanken der Gemeinwohlverpflichtung entnom-

155 *Schiek*, EU, Teil 1 B. Rn. 83; Streinz/*Schroeder*, EGV, Art. 249 Rn. 72 ff.

156 EuGH vom 11.7.2002 – C-62/00 [Marks & Spencer] – EuGHE I 2002, 6325 = DB 2002, 1486; EuGH vom 19.11.1991 – C-6/90 und C-9/90 [Francovich] – EuGHE I 1991, 5357 = NJW 1992, 165 = ZIP 1991, 1610; grundlegend EuGH vom 4.12.1974 – C-41/74 [van Duyn/Home Office] – EuGHE I 1974, 1337; *Bauer/Arnold*, NZA 2006, 6, 9; Calliess/Ruffert/*Ruffert*, EGV, Art. 249 Rn. 77 ff.; *Rieble/Zedler*, ZfA 2006, 273, 275; Streinz/*Schroeder*, EGV, Art. 249 Rn. 101 ff.

157 EuGH vom 5.10.2004 – C-397/01 bis C-403/01 [Pfeiffer] – AP Nr. 12 zu EWG-Richtlinie Nr. 93/104 = NZA 2004, 1145 = NJW 2004, 3547; dazu auch *Schiek*, NZA 2004, 873, 883.

158 Die unmittelbare Wirkung als Folge dieses Urteils sieht etwa *Meinel*, Anm. zu EuGH vom 5.10.2004 (Fn.157); zur Diskussion etwa *Klumpp*, NZA 2005, 848; *Streinz*, § 5 Rn. 447 ff.; *Thüsing*, ZIP 2004, 2301; kritisch *Annuß*, BB 2006, 325, 327; *Bauer*, NZA 2005, 800, 802 f.; dagegen Calliess/Ruffert/*Ruffert*, EGV, Art. 249 Rn. 83.

159 Richtlinie 2000/78/EG des Rates vom 27. November 2000 zur Festlegung eines allgemeinen Rahmens für die Verwirklichung der Gleichbehandlung in Beschäftigung und Beruf.

men werden. Deutschland war dieser Umsetzungspflicht zunächst nicht vollständig nachgekommen[160]. Als Folge dessen wäre ein Anspruch einzelner Arbeitnehmer gegen den Arbeitgeber dahingehend denkbar gewesen, daß der Arbeitgeber als Diskriminierungsschutz eine Ethikregel oder innerhalb einer bestehenden Ethikrichtlinie bestimmte Inhalte festlegen muß. Für den konkreten Fall der RL 2000/78/EG stellt sich diese Frage nach Inkrafttreten des AGG, das auch der Umsetzung dieser Richtlinie dient, nicht mehr.

Dennoch kommt eine unmittelbare Wirkung von Richtlinien zwischen Privaten und daher eine Verpflichtung des Arbeitgebers zum Ethikrichtlinienerlaß auch in Zukunft für andere Richtlinien mit Gemeinwohlbezug in Betracht. Dafür müßte die Frage nach einer unmittelbaren horizontalen Drittwirkung zwischen Privaten zu bejahen sein. Sie wird – erneut angeregt durch das Mangold/Helm-Urteil des EuGH[161] – in der Literatur unterschiedlich beantwortet[162].

Den Ausgangspunkt bildet das Gebot der richtlinienkonformen Auslegung, das sich für alle nationalen Gerichte aus Art. 249 Abs. 3 EGV ergibt[163]. Auch wenn eine Richtlinie noch nicht umgesetzt ist und nicht hinreichend genau ist, müssen die Gerichte bei der Auslegung nationalen Rechts die Ziele der Richtlinie verfolgen[164]. Das Gericht soll alles, was in seiner Zuständigkeit steht, unternehmen, damit der Richtlinie zur Geltung verholfen wird[165]. Damit gilt auch für Streitigkeiten zwischen Privaten der Grundsatz der gemeinschaftsrechtskonformen Auslegung, was teilweise als Annäherung des EuGH an eine unmittelbare horizontale Wirkung zwischen Privaten angesehen wird[166]. Zumindest wird durch die Entscheidung die Grenze zwischen dieser richtlinienkonformen Auslegung und einer unmittelbaren Drittwirkung der Richtlinie zwischen Privaten unklar[167].

---

160 EuGH vom 28.4.2005 – C-329/04 – EuZW 2005, 444 = BetrAV 2005, 494; zur nicht-fristgerechten Umsetzung auch *Rieble/Zedler*, ZfA 2006, 273, 274; *Schiek*, NZA 2004, 873, 883.

161 EuGH vom 22.11.2005 – C-144/04 [Mangold] – AP Nr. 1 zu Richtlinie 2000/78/EG = EzA § 14 TzBfG Nr. 21 = NZA 2005, 1345 = NJW 2005, 3695.

162 Dazu etwa *Annuß*, BB 2006, 325, 327 m. w. N.; *Bauer/Arnold*, NZA 2006, 6, 9; Calliess/Ruffert/*Ruffert*, EGV, Art. 249 Rn. 86.

163 Teilweise wird dies auch mit Art. 10 EGV begründet – dazu nur Streinz/*Schroeder*, EGV, Art. 249 Rn.125 m. w. N.

164 Streinz/*Schroeder*, EGV, Art. 249 Rn. 127; *Klumpp*, NZA 2005, 848, 849; zum Frustrationsverbot auch *Rieble/Zedler*, ZfA 2006, 273, 274 f.; *Zedler*, GPR 2006, 151, 153.

165 EuGH vom 5.10.2004 (Fn.157).

166 *Abig*, Anm. zu EuGH vom 5.10.2004 (Fn. 157) ZESAR 2005, 93, 96.

167 So nur *Klumpp*, NZA 2005, 848, 850; *Thüsing*, ZIP 2004, 2301, 2305.

Soweit geht das Urteil des EuGH vom 5.10.2004[168] indessen nicht, und auch in seinem Mangold/Helm-Urteil läßt der EuGH diese Frage offen[169]. Er hat den relevanten Teil der Richtlinie 2000/78/EG als allgemeinen Rechtsgrundsatz des Europarechts qualifiziert[170] und ihm so zur erforderlichen Verbindlichkeit verholfen. Somit entfaltet der Richtlinieninhalt mittelbar – in Form eines allgemeinen Grundsatzes – horizontale Direktwirkung bezüglich entgegenstehenden nationalen Rechts. Die Frage der horizontalen Drittwirkung der Richtlinie zwischen Privaten bleibt indes offen, und es ist zweifelhaft, ob der EuGH langfristig eine unmittelbare horizontale Drittwirkung zulassen wird[171].

Gegen eine unmittelbare horizontale Drittwirkung spricht der insoweit eindeutige Wortlaut des Art. 249 Abs. 3 EGV, der die Verbindlichkeit der Richtlinie „für jeden Mitgliedstaat" festhält. Bestätigt wird dies durch einen systematischen Vergleich mit Verordnungen, die gem. Art. 249 Abs. 2 EGV „in jedem Mitgliedsaat" gelten und damit auch Rechte und Pflichten für Bürger begründen können[172]. Eine Verpflichtung Privater aus Richtlinien führte zudem zu Rechtsunsicherheit, da diese nicht nur den Inhalt der Richtlinien kennen, sondern zudem über deren unmittelbare Anwendbarkeit entscheiden müßten[173].

Auf nationaler Ebene wendet sich das BAG gegen eine unmittelbare horizontale Wirkung von Richtlinien:

„Hat der nationale Gesetzgeber eine europäische Richtlinie nicht ordnungsgemäß umgesetzt, kommt eine unmittelbare Geltung und ein darauf beruhender Anwendungsvorrang der Richtlinie nur vertikal im Verhältnis zwischen Bürgern und öffentlichen Stellen, nicht auch horizontal im Verhältnis Privater untereinander in Betracht."[174].

Der Bürger soll nicht – in Form einer Verpflichtung aus der Richtlinie – für die Nichtumsetzung durch den Mitgliedstaat bestraft werden[175]. Zwar kann dieser Rechtsprechung entgegengehalten werden, daß die Höhe der anerkannten Schadensersatzansprüche gegen den Staat im Falle einer nicht fristgemäß umgesetzten Richtlinie nur schwer zu bestimmen ist und somit eine horizontale Wirkung zwi-

---

168 EuGH vom 5.10.2004 (Fn. 157).

169 EuGH vom 22.11.2005 (Fn. 161); dazu *Preis*, NZA 2006, 401, 402; *Zedler*, GPR 2006, 151, 153 f.; aA *Bauer/Arnold*, NZA 2006, 6, 9, die das Urteil als Annahme einer unmittelbaren horizontalen Drittwirkung der Richtlinien deuten.

170 Kritisch dazu *Preis*, NZA 2006, 401, 404.

171 Dazu *Preis*, NZA 2006, 401, 402; Calliess/Ruffert/*Ruffert*, EGV, Art. 249 Rn. 88 stellen eine Änderung der EuGH-Rechtsprechung in diesem Punkt in Frage.

172 *Schiek*, EU, Teil 1 B. Rn. 81; *Streinz*, § 5 Rn. 429.

173 *Rieble/Zedler*, ZfA 2006, 273, 276.

174 BAG vom 18.2.2003 – 1 ABR 2/02 – AP Nr. 12 zu § 611 BGB Arbeitsbereitschaft = EzA § 7 ArbZG Nr. 4 = NZA 2003, 742.

175 *Klumpp*, NZA 2005, 848, 849.

schen Privaten im Einzelfall effektiver sei[176]. Dennoch enthält das Urteil keine endgültige Anerkennung der horizontalen Wirkung zwischen Privaten.

Somit entfalten EG-Richtlinien zwischen Privaten einzig in Form der richtlinienkonformen Auslegung Wirkung und begründen keine unmittelbaren Pflichten für Private. Folglich können EG-Richtlinien Arbeitgeber nicht zum Erlaß von Ethikrichtlinien verpflichten.

Etwas anderes könnte sich allenfalls für öffentliche Arbeitgeber ergeben, da zumindest der „Staat" an nicht fristgemäß umgesetzte Richtlinien, die dem Bestimmtheitserfordernis entsprechen, gebunden ist[177]. Dabei ist „Staat" weit zu verstehen und umfaßt alle Unternehmen, die dem Staat oder dessen Aufsicht unterstehen, also auch öffentliche Arbeitgeber[178]. Eine Pflicht zur Einführung von Ethikrichtlinien hängt demnach vom Inhalt und der hinreichenden Bestimmtheit der Richtlinie ab.

2. Europäische Sozialcharta

Lediglich der Name „Europäische Sozialcharta"[179] deutet auf eine Pflicht zum sozial-ethisch-korrekten Handeln europäischer Unternehmen hin. Indes ergibt sich aus diesem völkerrechtlichen Abkommen vom 18. Oktober 1961, das am 3.5.1996 revidiert wurde[180], keine Pflicht für die Unternehmen, Ethikrichtlinien zu erlassen. Vielmehr wirkt die europäische Sozialcharta nur für die Mitgliedstaaten und verpflichtet sie, „mit allen zweckdienlichen Mitteln staatlicher und zwischenstaatlicher Art" auf die Ziele der Charta hinzuwirken. Eine darüber hinaus gehende Pflicht für Unternehmen besteht nicht.

II. Verpflichtung aus dem Grundgesetz

1. Sozialpflicht des Eigentums

Art. 14 Abs. 2 GG statuiert den Gedanken der Allgemeinwohlverpflichtung:

> „Eigentum verpflichtet. Sein Gebrauch soll zugleich dem Wohle der Allgemeinheit dienen."

---

176 *Abig*, Anm. zu EuGH vom 5.10.2004 (Fn.157) ZESAR 2005, 93, 100.

177 *Schiek*, NZA 2004, 873, 883.

178 Calliess/Ruffert/*Ruffert*, EGV, Art. 249 Rn. 85; *Klumpp*, NZA 2005, 848, 849.

179 Volltexte im Internet unter: http://conventions.coe.int/Treaty/ger/Treaties/Html/035.htm [zuletzt abgerufen am 21.3.2007].

180 *Streinz*, § 18 Rn. 1088.

Dieser Sozialpflicht des Eigentums und dem sozialen Rechtsstaatsprinzip, Art. 20 Abs. 1 GG, wird teilweise eine Pflicht der Unternehmensleitung entnommen, auf die Interessen der Allgemeinheit und der Belegschaft Rücksicht zu nehmen und somit „allgemeinwohlfördernd" zu handeln[181]. Die Gewährleistung von Eigentum durch die Verfassung solle nicht nur individuellen, sondern auch kollektiven Wohlstand schaffen und fördern[182]. Demnach könnte es gerade die Aufgabe wohlhabender Großunternehmen sein, sich zum Wohle der Allgemeinheit für soziale Zwecke einzusetzen, etwa indem sie sich durch eine Ethikrichtlinie zu sozial-ethisch-korrektem Verhalten gegenüber Mitarbeitern und gegebenenfalls auch Dritten verpflichten.

Die Allgemeinwohlbindung beschränkt sich indes nicht auf Großunternehmen, da auch kleinere Unternehmen, etwa im Dienstleistungsbereich, die nahezu ohne Eigentum an Betriebsmitteln auskommen, einer Sozialbindung unterliegen. Insoweit ergibt sich die Allgemeinwohlbindung dann weniger aus Art. 14 GG, als vielmehr aus dem Sozialstaatsprinzip, Art. 20 Abs. 1 GG.

Für eine Handlungspflicht im Allgemeinwohlsinn könnte sprechen, daß Grundrechte als Begrenzung der Handlungsmöglichkeiten der Unternehmensleitung angesehen werden. Art. 14 GG umfaßt nicht nur das Eigentum natürlicher Personen, sondern auch das Eigentum der Unternehmensträger[183]. Sozialbindung des Eigentums begrenzt die Handlungsmöglichkeiten des Vorstandes einer AG: Alle Aktionäre sollen ihre erwerbswirtschaftlichen Ziele nur unter Beachtung der Interessen der Allgemeinheit verfolgen. Wenn die Rechte der Aktionäre derart beschränkt sind, so ist auch der Vorstand bei der Unternehmensleitung an diese Einschränkungen gebunden: *„Das Unternehmen ist Teil einer gesamtwirtschaftlichen Ordnung und den durch diese Ordnung gebotenen sozialen Pflichten unterworfen."*[184]. Werden die Handlungsmöglichkeiten der Unternehmen durch Grundrechte begrenzt, könnte sich als Folge dessen eine Handlungspflicht zur Beachtung des Allgemeinwohls aus den Grundrechten ergeben.

Ob diese Folge ein gangbarer Weg ist oder vielmehr zu weit geht, kann dahinstehen, da weitere Gründe gegen eine derartige Verpflichtung sprechen. Zunächst unterscheidet sich die Ausgestaltung des „Allgemeinwohls" von Fall zu

---

181 „Das Gemeinwohl nach Kräften zu fördern sei Menschenpflicht", halten *Lenk/Maring*, FS Kühne, S. 35, 37 fest; Grundgesetz als Begrenzung des Handlungsspielraums *Lehmann*, FS Ridder, S. 211, 215.

182 V. Mangoldt/*Depenheuer*, GG , Art. 14 Rn. 1.

183 BVerfG vom 1.3.1979 – 1 BvR 532/77, 1 BvR 533/77, 1 BvR 419/78, 1 BvL 21/78 – AP Nr. 1 zu § 1 MitbestG – BVerfGE 50, 290 = NJW 1979, 699 = DB 1979, 593; *Schmidt-Leithoff*, Die Verantwortung der Unternehmensleitung, S. 157.

184 MüKoAktG/*Hefermehl/Spindler*, § 76 Rn. 56.

Fall so stark, daß daraus keine verbindliche Pflicht entnommen werden kann[185]. Vor allem spricht jedoch dagegen, daß sich Grundrechte in ihrer Ursprungsfunktion als Abwehrrechte des Bürgers gegen den Staat richten[186]. Daraus ergibt sich die unbestrittene, unmittelbare Wirkung der Grundrechte für den Staat. In welcher Form Grundrechte dagegen im Rahmen privatrechtlicher Beziehungen wirken, ist umstritten:

Neben vereinzelten Autoren, die eine unmittelbare Wirkung aller Grundrechte auf Rechtsverhältnisse Privater annehmen[187], wird vertreten, daß Grundrechte nur in den Fällen unmittelbar wirken, in denen das hinter dem Grundrecht stehende Menschenbild gefährdet ist[188] oder wenn einfachgesetzliche „Einfalltore" fehlen[189]. Die Fokussierung auf die Gefährdung ist ungenau und gefährdet die Rechtssicherheit. Aufgrund ihrer hohen Flexibilität bieten Generalklauseln nahezu für jeden Sachverhalt einfachgesetzliche Einfallstore für Grundrechte. Zudem ergibt sich schon aus dem insoweit eindeutigen Wortlaut des Art. 1 Abs. 3 GG, daß Grundrechte die Gesetzgebung, die vollziehende Gewalt und die Rechtsprechung binden[190] – vom einzelnen Bürger ist hingegen keine Rede[191]. Schließlich hat schon das Bundesverfassungsgericht in seinem „Lüth-Urteil"[192] die nur mittelbare Drittwirkung angenommen und später auch festgehalten, daß Grundrechte *„sich erst durch das Medium der das jeweilige Rechtsgebiet unmittelbare beherrschenden Vorschriften entfalten"*[193]. Gestützt wird die Lehre der mittelbaren Wirkung durch die Existenz des Art. 9 Abs. 3 GG, der ausdrücklich nach seinem

---

185 *H. Westermann*, FS Reinhardt, S. 359, 365.

186 *Guckelberger*, JuS 2003, 1151, 1152; *Oetker*, RdA 2004, 8, 10.

187 *Krüger*, RdA 1954, 365, 368; *Nipperdey*, RdA 1950, 121, 124; für eine unmittelbare Wirkung der Meinungsfreiheit *Schmittner*, AuR 1968, 353, 355; ausführlich zu den Argumenten nur *Mayer*, Das außerdienstliche Verhalten von Arbeitnehmern, S. 56 f.

188 V. Mangoldt/*Christian Starck*, GG, Art. 1 Rn. 138, Art. 2 Rn. 163, 167.

189 Dazu *Sendler*, NJW 1994, 709, 710.

190 *Guckelberger*, JuS 2003, 1151, 1153.

191 An dieser Stelle kann dabei dahinstehen, ob als einzelnes Grundrecht etwa Art. 48 AbS. 1, 2 GG unmittelbare Wirkung entfaltet, da Regelung in Ethikrichtlinien typischerweise nicht daran zu messen sind, dazu *Guckelberger*, JuS 2003, 1151, 1152 f.

192 BVerfG vom 15.1.1958 – 1 BvR 400/51 (Lüth) – BVerfGE 7, 198 = NJW 1958, 257 = MDR 1958, 146; BVerfG vom 18.7.1972 – 1 BvL 32/70, 1 BvL 25/71 – AP Nr. 46 zu Art. 12 GG = BVerfGE 33, 303 = NJW 1972, 1561.

193 BVerfG vom 11.5.1976 – 1 BvR 671/70 – BVerfGE 42, 148 = NJW 1976, 1677 =MDR 1977, 114.

Satz 2 unmittelbare Drittwirkung auch zwischen Privaten entfaltet[194] – er bildet damit im Umkehrschluß die einzige gesetzliche Ausnahme[195].

Obgleich die unterschiedlichen Theorien zur Wirkung der Grundrechte sich ähneln und häufig zum gleichen Ergebnis führen[196], ist richtigerweise der Lehre der mittelbaren Wirkung der Grundrechte zu folgen, so daß Grundrechte im Ergebnis keine unmittelbare Wirkung zwischen Privaten entfalten, sondern nur über Generalklauseln und unbestimmte Rechtsbegriffe in das privatrechtliche Verhältnis einwirken[197].

Somit kann sich eine Verpflichtung aus dem Grundgesetz nur für „den Staat" ergeben. Er muß daher Gesetze mit einer entsprechenden Verpflichtung zur Allgemeinwohl-Berücksichtigung einführen. Dies entspricht auch dem Bild des Sozialstaates gem. Art. 20 Abs. 1 GG: Der Staat soll im Rahmen seiner „sozialen Aufgabe" einen Ordnungsrahmen schaffen, d.h. durch Entscheidungen, Vorkehrungen, Maßnahmen und vor allem auch durch Normsetzung eine umfassende Verantwortung für die soziale Gerechtigkeit wahrnehmen[198]. Dem Staat obliegt damit die Pflicht zur Ausgestaltung der Vorgaben des Grundgesetzes. Die Entscheidung des Gesetzgebers, keine sozial-verpflichtenden Regelungen zu erlassen, kann nicht umgangen werden, indem die Pflicht unmittelbar aus der Verfassung abgeleitet wird.

Neben einer verbindlichen Pflicht aus dem Grundgesetz wird den Grundrechten aber auch eine „Pflicht ohne Sanktion" entnommen[199]: *Rittner* vergleicht diese Pflicht mit der Verpflichtung der Bundestagsabgeordneten, die bei der Ausübung ihres Mandats „nur ihrem Gewissen" unterworfen sind (Art. 38 Abs. 1 S. 2 GG), und mit der Aufgabe der Tarifvertragsparteien zur „Ordnung und Befriedigung des Arbeitslebens"[200]. Er hält fest, daß die Verpflichtung zur Einhaltung der Grundordnung nicht mit den Individualpflichten der einzelnen Bürger vergleichbar ist: Der Gesetzgeber hat die Durchsetzung der Einzelpflichten durch die Behörden festgelegt, wohingegen eine bürokratische Durchsetzung der Ver-

---

194 Dreier/*Hartmut Bauer*, Art. 9 Rn. 89; *Gamillscheg*, Grundrechte, S. 86; zustimmend, aber differenzierend v. Mangoldt/*Michael Kemper*, GG, Art. 9 Rn. 177.

195 *Oetker*, RdA 2004, 8, 10; *Pfohl*, Arbeitsrecht des öffentlichen Dienstes, Rn. 20.

196 *Mayer*, S. 62; *Sendler*, NJW 1994, 709.

197 Dreier/*Horst Dreier*, Vorb. Rn. 98 bezeichnet diese Ansicht als „herrschend"; *Camastral*, Grundrechte im Arbeitsverhältnis, S. 46; *Gamillscheg*, Grundrechte, S. 79; *Howald*, Das Kommunikationsgrundrecht der Meinungsfreiheit und seine Kollision mit arbeitsvertraglichen Pflichten, S. 16 ff.; *Kolle/Deinert*, AuR 2006, 177, 178 f.; *Preis*, Individualarbeitsrecht, § 15 II. 2. b).

198 *P. Badura*, Schlußfolgerungen, S. 267; Dreier/*Rolf Görschner*, Art. 20 Rn. 50 f.

199 *F. Rittner*, FS Gessler, S. 139, 147.

200 So auch BVerfG vom 6.5.1964 – 1 BvR 79/62 – BVerfGE 18, 18 = BB 1964, 594 = NJW 1964, 1267 = MDR 1964, 569.

pflichtung zur Grundordnung dieselbe zerstören würde. Daher kann man der Verfassung auch keine Pflicht entnehmen, sondern der Gesetzgeber muß vielmehr durch Rechtsnormen erst konkretisieren, was er unter Gemeinwohl versteht[201]. Nur hinreichend bestimmte Vorgaben sind durchsetzbar.

Obgleich Sanktionen fehlen, wirkt der Grundsatz der Gemeinwohlbeachtung bereits durch die freiwillige Umsetzung der Unternehmensträger – das läßt Sanktionen überflüssig erscheinen[202]. Kritisch wird der Pflicht ohne Sanktion vorgehalten, daß die Sozialpflichten des Grundgesetzes in bloßen Ermessenspielraum verwandelt werden[203]. Die fehlenden konkreten Vorgaben können sich erst aus einer Umsetzung in einfaches Gesetz ergeben. Denn schließlich wird auch hier die Adressierung der Grundrechte an den Staat nicht angemessen berücksichtigt. Somit kommt man auch auf diesem Weg nicht zu einer Pflicht aus dem Grundgesetz.

Im Ergebnis kann daher dem Grundgesetz unmittelbar keine Verpflichtung zum Erlaß von Ethikrichtlinien entnommen werden. Dennoch zeigt insbesondere die Existenz des Art. 14 Abs. 2 GG, daß zumindest der in der Verfassung wurzelnde Grundsatz des sozial-ethisch-korrekten Verhaltens ein grundlegender Gedanke des deutschen Rechtssystems ist – er ist bei der Auslegung des einfachen Rechts zu beachten.

2. Besonderheiten öffentlicher Arbeitgeber?

Allenfalls für öffentliche Arbeitgeber könnte sich eine Pflicht zum Erlaß einer Ethikrichtlinie unmittelbar aus der Verfassung ergeben. Zu den öffentlichen Arbeitgebern gehören etwa Behörden, Gerichte, Einrichtungen mit überwiegend öffentlicher Beteiligung sowie Einrichtungen des Bundes, der Länder oder Gemeinden[204]. Soweit ein Arbeitnehmer bei einem öffentlichen Arbeitgeber beschäftigt ist, könnte sich also aus dem Staat-Bürger-Verhältnis eine unmittelbare Wirkung der Grundrechte ergeben. Als Folge dessen könnte der öffentliche Arbeitgeber unmittelbar aus den Grundrechten verpflichtet werden.

Indes spricht gegen die unmittelbare Wirkung, daß Grundrechte nur in den Fällen unmittelbar im Verhältnis Staat-Bürger wirken, in denen der Staat in seiner „Funktion als Staat" tätig wird: Das ist aber bei Arbeitgebern im öffentlichen Dienst gerade nicht der Fall, da der öffentliche Arbeitgeber als Arbeitsvertrags-

---

201 So auch *Schilling*, BB 1997, 373, 378.

202 *F. Rittner*, FS Gessler, S. 139, 147.

203 *Lehmann*, FS Ridder, S. 211, 215.

204 *Pfohl*, Rn. 1; ausführlich zu den Angehörigen des öffentlichen Dienstes, *Müller/Preis*, Arbeitsrecht im öffentlichen Dienst, Rn. 6 ff.

partei des privatrechtlichen Arbeitsvertrages nicht hoheitlich handelt[205] – er nimmt keine gesetzlich zu gewiesenen Kompetenzen wahr[206]. Vielmehr ist das Recht der öffentlichen Arbeitgeber dem Arbeitsrecht zuzuordnen, so daß Grundrechte auch im öffentlichen Dienst nur mittelbar wirken[207].

Gestärkt wird diese Ansicht durch die im Grundgesetz vorgesehenen Ausnahmen der unmittelbaren Grundrechtsgeltung: Neben der für alle Arbeitsverhältnisse geltende Ausnahme des Art. 9 Abs. 3 GG, der ausnahmsweise unmittelbar anwendbar ist, gilt für das öffentliche Arbeitsverhältnis Art. 33 GG unmittelbar[208]. Die Grundgesetz-Systematik spricht also zusätzlich gegen eine unmittelbare Wirkung der Grundrechte im öffentlichen Arbeitsverhältnis.

Somit ergibt sich für den öffentlichen Arbeitgeber keine Pflicht zum Erlaß von Ethikrichtlinien aus dem Grundgesetz.

III. Verpflichtung aus einfachem Gesetz

Wie schon gezeigt, ist es Aufgabe des Staates, die Verfassungsgedanken des Allgemeinwohls in einfaches Gesetz umzusetzen, um so eine Verpflichtung zur Berücksichtigung des Allgemeinwohls zu konkretisieren und damit zum Erlaß von Ethikrichtlinien zu begründen. Vielfach gibt es in einfachen Gesetzen Formulierungen, die auf eine Pflicht zum ordnungsgemäßen Verhalten hinweisen.

1. Generalklauseln im HGB, GmbHG, AktG und BetrVG 1952

Zunächst könnte sich eine Pflicht des Arbeitgebers zum Ethikrichtlinienerlaß aus den Generalklauseln ergeben, auch wenn diese – anders als in der Vergangenheit – nicht mehr ausdrücklich Gemeinwohlpflichten vorsehen.

a. Ursprünglich: Ausdrückliche Gemeinwohlbindung

Sowohl das AktG 1937 als auch das BetrVG 1952 enthielten ausdrückliche gesetzliche Gemeinwohlbindungen[209].

---

205 *Pfohl*, Rn. 20; *Baumgarten*, ZTR 1990, 368, 370.
206 *Depenheuer*, ZTR 1993, 364, 366.
207 *Pfohl*, Rn. 20; wohl auch *Conze*, der Art. 33 Abs. 2 GG als ausnahmsweise unmittelbar geltendes Recht hervorhebt, ZTR 1991, 99, 101; *Berlit*, ZTR 1994, 143, 149; *Depenheuer*, ZTR 1993, 364, 366
208 *Conze*, ZTR 1991, 99, 101.
209 Dazu *Rieble*, ZAAR, Rn. 26.

§ 70 Abs. 1 AktG 1937 lautete:

„Der Vorstand hat unter eigener Verantwortung die Gesellschaft so zu leiten, wie das Wohl des Betriebes und seiner Gefolgschaft und der gemeine Nutzen von Volk und Reich es erfordern.“[210].

Die Berücksichtigung des Wohles der Belegschaft galt 1937 als Neuheit gegenüber der im Schwerpunkt mit Blick auf die Aktionäre ausgerichteten Vorstandstätigkeit[211]. Die Ausrichtung der Vorstandstätigkeit am „gemeinen Nutzen“ wurde als Ausprägung des damals bestehenden allgemeinen Rechtssatzes des nationalsozialistischen Parteiprogramms „Gemeinnutz geht vor Eigennutz“ angesehen[212]. Zudem wurde sie als ethische Forderung des Gesetzes bewertet[213].

Ähnlich lautete § 49 Abs. 1 BetrVG 1952[214]:

„Arbeitgeber und Betriebsrat arbeiten im Rahmen der geltenden Tarifverträge vertrauensvoll und im Zusammenwirken mit den im Betrieb vertretenen Gewerkschaften und Arbeitgebervereinigungen zum Wohl des Betriebs und seiner Arbeitnehmer unter Berücksichtigung des Gemeinwohls zusammen.“

In einer Kommentierung aus dem Jahr 1954 heißt es zum „Gemeinwohl“, daß damit die Rolle des Betriebs in dem gesamten wirtschaftlichen und gesellschaftlichen Leben beschrieben werden soll[215]. In der Literatur wird ebenfalls lediglich umformuliert, daß *„die Belange der Allgemeinheit gebührend mitberücksichtigt“* und eine Schädigung der Volksgesamtheit vermieden werden sollten – die Anwendung des Gemeinwohls im Einzelfall bereitete Schwierigkeiten[216]. Welche konkreten Pflichten sich daraus für den Arbeitgeber ergeben, blieb somit unklar.

b. „Ordentlicher Kaufmann“

Auch aktuelle gesellschaftsrechtlichen Normen verwenden nur generalklauselartig den Begriff der Sorgfalt „eines ordentlichen Kaufmanns“ (vgl. § 86 Abs. 3 HGB), „eines ordentlichen Geschäftsmannes“ (§ 43 Abs. 1 GmbHG) oder „eines ordentlichen und gewissenhaften Geschäftsleiters“ (vgl. § 130a Abs. 2 S. 2 HGB; § 93 Abs. 1 S. 1 AktG). Einen Anknüpfungspunkt für ethische Forderungen könnte dabei „ordentlich“ bilden, wenn etwa unternehmerisches Handeln nur unter Beachtung ethischer Grundsätze und einer Berücksichtigung des Gemeinwohls „ordentlich“ wäre.

---

210 Etwa abgedruckt in *Schlegelberger*, AktG 1937, S. 21.
211 *Danielcik*, AktG (1937), § 70 Rn. 5; *Schlegelberger*, AktG 1937, § 70 Rn. 8.
212 *Schlegelberger*, AktG 1937, § 70 Rn. 5; *Danielcik*, AktG (1937) § 70 Rn. 6.
213 *Danielcik*, AktG (1937), § 70 Rn. 6.
214 „Betriebsverfassungsgesetz“ vom 11.10.1952, BGBl. I 1952, 681.
215 *Küchenhoff*, BetrVG (1954) § 49 Rn. 10.
216 *Bulla*, RdA 1965, 121, 124 f.

Im Rahmen der Auslegung muß dabei jedoch systematisch-historisch berücksichtigt werden, wie der Gesetzgeber Gemeinwohlverpflichtungen insgesamt im deutschen Recht normiert hat. Dabei fällt auf, daß die ausdrücklichen Verpflichtungen des AktG 1937 in den aktuellen Gesetzestexten nicht wiederzufinden sind. 1965 wurde bei der Gesetzesänderung diese Gemeinwohlbindung in der nachfolgenden Norm, § 76 Abs. 1 AktG[217], nicht wieder aufgenommen:

„Der Vorstand hat unter eigener Verantwortung die Gesellschaft zu leiten.“

Die Gesetzesbegründung hielt dazu fest, daß eine Berücksichtigung der Belange der Allgemeinheit selbstverständlich sei[218]. Obgleich dieser Aussage teilweise entnommen wird, daß die Allgemeinwohlberücksichtigung weiterhin als Handlungsmaxime gelten soll[219], spricht doch der insoweit eindeutige Gesetzeswortlaut des § 76 Abs. 1 AktG dagegen. Die gesetzgeberische Entscheidung gegen den Erhalt der Orientierungsvorgabe des § 70 AktG 1937 führt bei konsequenter Betrachtung dazu, daß sich keine Verpflichtung unmittelbar aus dem aktuellen AktG ergibt[220]. Bestätigt wird diese Aussage durch die Ablehnung eines Änderungsantrages der SPD-Fraktion zur Einführung eines § 72a AktG[221], der lauten sollte:

„Die Gesellschaft hat das Unternehmen unter Berücksichtigung des Wohles seiner Arbeitnehmer, Aktionäre und der Allgemeinheit zu betreiben.“[222]

c. „Vertrauensvolle Zusammenarbeit“

Durch die BetrVG-Reform im Jahre 1972 wurde der Grundsatz der vertrauensvollen Zusammenarbeit gem. § 49 BetrVG 1952 wegen seiner grundlegenden Bedeutung an den Gesetzesanfang gestellt[223].

§ 2 Abs. 1 BetrVG lautet noch heute:

„Arbeitgeber und Betriebsrat arbeiten unter Beachtung der geltenden Tarifverträge vertrauensvoll und im Zusammenwirken mit den im Betrieb vertretenen Gewerkschaften und Arbeitgebervereinigungen zum Wohl der Arbeitnehmer und des Betriebes zusammen.“[224]

---

217 „Aktiengesetz“ vom 6.9.1965, BGBl. I 1965, 1089; dazu auch *Schilling*, BB 1997, 373, 377.

218 *H. Westermann*, FS Reinhardt, S. 359, 365 Fn. 11.

219 *Kunze*, ZHR 144 (1980) 100, 120 f.; *Ulmer*, MitbestG, S. 34; *Raiser*, ZHR 144 (1980) 206, 211.

220 *F. Rittner*, FS Gessler, S. 139, 144; *H. Westermann*, FS Reinhardt, S. 359, 365; dazu auch *Lehmann*, FS Ridder, S. 211, 212.

221 *F. Rittner*, FS Gessler, S. 139, 143.

222 Deutscher Bundestag, 4. Wahlperiode, 184. Sitzung, Bonn, den 19.5.1965, S. 9276.

223 *Fitting*, BetrVG, § 2 Rn. 2; Richardi/*Richardi*, BetrVG, § 2 Rn. 1.

224 „Betriebsverfassungsgesetz“ vom 15.1.1972, BGBl. I 1972, 13.

Erneut entschied sich der Gesetzgeber dagegen, die Gemeinwohlbindung in den Gesetzeswortlaut aufzunehmen. Diese Entscheidung des Gesetzgebers muß gewürdigt werden: Hätte er weiterhin eine Bindung des Arbeitgebers ans Gemeinwohl gewollt, hätte er diese ins Gesetz aufnehmen können. Die bewußte Entscheidung dagegen kann nicht dadurch unterlaufen werden, daß diese Pflicht über Generalklauseln wieder aufgenommen wird. Daher sind auch diese Gedanken der Sozialbindung des Grundgesetzes bei der Auslegung der Begriffe wie „ordnungsgemäßes Handeln" heranzuziehen – eine Verpflichtung zum Erlaß von Ethikrichtlinien ergibt sich daraus jedoch nicht.

d. § 161 S. 1 AktG

Gem. § 161 S. 1 AktG müssen Vorstand und Aufsichtsrat jährlich erklären, daß den Empfehlungen des „Deutschen Corporate Governance Kodex" (im folgenden DCGK) entsprochen wurde. Der DCGK wurde am 26.2.2002 zum Schutz des Kapitalmarkts von einer Regierungskommission als neues Regulierungsinstrument für börsennotierte Aktiengesellschaften erlassen[225]. Damit soll das Vertrauen der Anleger, Kunden, Mitarbeiter und der Öffentlichkeit in die Unternehmensführung und deren Überwachung gestärkt werden[226]. Zwar „sollen" die Gesellschaften gem. § 161 S. 1 AktG jährlichen über die Einhaltung des Kodex berichten, jedoch hat der Gesetzgeber keine weiteren Sanktionen für die Nicht-Einhaltung des Kodex vorgesehen[227]. Der „Erwartungsdruck des Kapitalmarkts" soll eine Einhaltung der Grundsätze auch ohne gesetzliche Verpflichtung sicherstellen.

Eine Pflicht zum Erlaß von Ethikrichtlinien aus § 161 S. 1 AktG liegt somit fern. Dennoch könnten Unternehmen die Erklärungen zur Einhaltung des DCGK in ihre Ethikrichtlinie aufnehmen. Jedoch würden die DCGK-Regeln dann – abhängig von der Wahl der rechtstechnischen Geltungsgrundlage[228] – verbindliche Rechtswirkung im Unternehmen entfalten. Unternehmen können der Pflicht aus § 161 S. 1 AktG jedoch durch eine rechtlich unverbindliche Absichtserklärung entsprechen[229]. Eine darüber hinaus reichende Bindung bringt ihnen keine Vor-

---

225 *Becker*, Die Haftung für den deutschen Corporate Governance Kodex, S. 17 f.; *Brocker*, S. 73; *Hopt*, S. 81, 82; im Internet unter: http://www.corporate-governance-code.de/ zuletzt abgerufen am 21.3.2007].

226 *Hirsch/Sandt*, zfwu 6/2 (2005) 179, 180; *Menzies*, SOA 2006, S. 59.

227 *Buck-Heeb*, Kapitalmarktrecht, Rn. 62; *Schüppen*, ZIP 2002, 1269, 1271; lediglich eine falsche Entsprechungserklärung kann strafrechtliche Sanktionen begründen, dazu *Brocker*, S. 237.

228 Zu den unterschiedlichen Einführungsmöglichkeiten siehe unten § 3A.

229 *Hüffer*, AktG, § 161 Rn. 20 f.

teile, sondern sie würden vielmehr für die Zukunft die Veränderungsmöglichkeit der Entsprechenserklärung verlieren.

2. §§ 31 ff. WpHG

Eine Verpflichtung zum Erlaß von Ethikrichtlinien könnte sich zudem aus den §§ 31-35 WpHG ergeben. Diese Pflicht bestünde allerdings nur für „Wertpapierdienstleistungsunternehmen", also *„Kreditinstitute, Finanzdienstleistungsinstitute und nach § 53 Abs. 1 Satz 1 des Kreditwesengesetzes tätige Unternehmen, die Wertpapierdienstleistungen allein oder zusammen mit Wertpapiernebendienstleistungen gewerbsmäßig oder in einem Umfang erbringen, der einen in kaufmännischer Weise eingerichteten Geschäftsbetrieb erfordert*", vgl. § 2 Abs. 4 WpHG[230]. Andere Unternehmen verpflichtet das WpHG nicht[231].

Gem. § 31 Abs. 1 Nr. 2 WpHG müssen diese Unternehmen *„sich um die Vermeidung von Interessenkonflikten [...] bemühen*" und gem. § 33 Abs. 1 WpHG ein Verfahren einführen, um die ordnungsgemäße Durchführung der Wertpapierdienstleistung zu sichern (Nr. 1), und ein internes Kontrollverfahren bereithalten, um Verstößen gegen Verpflichtungen nach diesem Gesetz entgegenzuwirken (Nr. 3).

Die §§ 31 ff. WpHG gehen auf europäische Richtlinien zurück[232]. Die Verhaltensregeln sollen das Vertrauen der Anleger in das ordnungsgemäße Funktionieren der Wertpapiermärkte sichern[233]. Das Unternehmen muß ein angemessenes Risiko-Management sowie eine konfliktminimierende Unternehmensorganisation gewährleisten[234], um potentiellen Interessenkonflikten entgegen zu wirken[235]. Unternehmen sollen daher „Regeln für die persönlichen Transaktionen" einführen und dabei vor allem Verstößen gegen das WpHG selbst vorbeugen[236].

---

230 Dazu nur Schwark/*Schwark*, WpHG, § 2 Rn. 36 ff.

231 Mangels vergleichbarer Interessenlage ist auch keine analoge Anwendung möglich, Schwark/*Schwark*, WpHG, § 33 Rn. 2.

232 Zunächst RL 77/354/EWG, vor allem aber auch die WpDRiL 93/22/EWG, zuletzt geändert durch 2004/39/EG – zur Entstehung insgesamt Assmann/Schneider/*Koller*, WpHG, Vor § 31 Rn. 1 ff.; *Buck-Heeb*, Rn. 31; Schwark/*Schwark*, WpHG, Vor § 31 Rn. 1 ff.

233 BT-DrucksS. 12/7918, S. 107; Assmann/Schneider/*Koller*, WpHG, Vor § 31 Rn. 8 ff.; *Buck-Heeb*, Rn. 23.

234 Assmann/Schneider/*Koller*, WpHG, § 33 Rn. 3; Schwark/*Schwark*, WpHG, § 31 Rn. 32.

235 Assmann/Schneider/*Koller*, WpHG, § 33 Rn. 15; Schwark/*Schwark*, WpHG, § 31 Rn. 31.

236 Assmann/Schneider/*Koller*, WpHG, § 33 Rn. 43.

Wertpapierdienstleistungsunternehmen müssen also Vorkehrungen treffen, um den Vorgaben des WpHG zu entsprechen. Gem. § 15b Abs. 1 S. 3 WpHG müssen sie die in ihrem Insiderverzeichnis aufgeführten Personen über die Pflichten aufgrund des Zugangs zu Insiderinformationen und über die Rechtsfolgen von Verstößen gegen diese Pflichten aufzuklären. Damit sollen die Insiderverbote diesem Personenkreis verdeutlicht und die Abschreckungswirkung des strafrechtlich sanktionierten Verbots gesichert werden. Zur Erfüllung dieser gesetzlichen Pflicht reicht es, daß das Unternehmen einmalig – bei Aufnahme in das Insiderverzeichnis – die Person über die rechtlichen Pflichten und die Rechtsfolgen von Verstößen belehrt[237], zu Beweiszwecken ist die Schriftform empfehlenswert[238]. Daraus ergibt sich indes keine Pflicht, eine Ethikrichtlinie zu erlassen.

Durch eine Ethikrichtlinie, die derartig über Insider-Verbote informiert, können Unternehmen zwar der gesetzlichen Pflicht entsprechen, jedoch verpflichtet das WpHG nicht zum Erlaß einer Ethikrichtlinie[239]. Zudem würden damit nur die Regelungen über Wertpapierbesitz abgedeckt werden und es blieben alle weiteren typischen Richtlinieninhalte.

3. § 130 Abs. 1 S. 1 OWiG

§ 130 Abs. 1 S. 1 OWiG sieht eine Ahndung für den Arbeitgeber vor, der Aufsichtsmaßnahmen unterläßt, um Verstöße der Arbeitnehmer gegen bestimmte strafrechtlich sanktionierte Pflichten des Arbeitgebers zu verhindern. Der Wortlaut des § 130 Abs. 1 S. 1 OWiG umfaßt Pflichten, „*die den Inhaber als solchen treffen und deren Verletzung mit Strafe oder Geldbuße bedroht ist*". Insoweit geht es also nicht darum, daß der Arbeitnehmer sich ethisch-korrekt verhält, sondern vielmehr soll der Arbeitgeber die Beachtung der Rechtstreue im Unternehmen sicherstellen. Dennoch könnte § 130 Abs. 1 S. 1 OWiG im Zusammenhang mit Ethikrichtlinien somit dazu führen, daß der Arbeitgeber als Aufsichtsmaßnahme eine Ethikrichtlinie erlassen muß, um die im Betrieb beschäftigten Arbeitnehmer von bestimmten Pflichtverstößen abzuhalten[240].

---

237 Assmann/Schneider/*Sethe*, WpHG, § 15 b, Rn. 64, 67.

238 Etwa das Musterformular der Bundesanstalt für Finanzdienstleistungsaufsicht, im Internet unter: http://www.bafin.de/merkblaetter/aufklaerungsbogen.doc [zuletzt abgerufen am 21.3.2007].

239 Ohnehin ist die Einhaltung der Organisationspflichten nach § 33 WpHG weder Straf- noch Bußgeldbewehrt, *Buck-Heeb*, Rn. 378; Schwark/*Schwark*, WpHG, § 33 Rn. 2.

240 *Manholdt*, Compliance und Arbeitsrecht, S. 78 ff. untersucht § 130 OWiG im Hinblick auf eine Pflicht zur Einführung von Compliance.

Um seiner Pflicht aus § 130 Abs. 1 S. 1 OWiG nachzukommen, muß der Betriebsinhaber kein „flächendeckendes Kontrollnetz“ aufbauen, sondern es reichen vielmehr erforderliche und zumutbare Aufsichtsmaßnahmen, die Schutz gegen betriebsspezifische Zuwiderhandlungen bieten[241]. Die Pflicht kann sich aus unterschiedlichen Rechtsgebieten ergeben[242] – einzig erforderlich ist der Bezug zum Betrieb[243]. Es sind also grundsätzlich alle gesetzlichen Pflichten davon erfaßt.

Beispielhaft kann § 263 Abs. 1 StGB herangezogen werden. Gem. § 130 Abs. 1 S. 1 OWiG muß der Betriebsinhaber Aufsichtsmaßnahmen erlassen, die Zuwiderhandlungen im Betrieb gegen die Pflicht aus § 263 Abs. 1 StGB verhindern. Die Ethikrichtlinie könnte konkrete Handlungsvorgaben vorsehen, die potentielle Täuschungshandlungen der Mitarbeiter verbieten.

Darüber hinaus sieht eine Ethikrichtlinie häufig ein von § 130 OWiG gefordertes Überwachungskonzept vor[244], da jeder Verstoß gegen die Richtlinie gemeldet werden soll. Damit könnte der Arbeitgeber eine erforderliche Aufsichtsmaßnahme getroffen haben und somit seiner Pflicht aus § 130 Abs. 1 S. 1 OWiG nachgekommen sein.

Entscheidend ist dabei, welcher Maßstab an die Aufsichtsmaßnahme zu stellen ist: Der Gesetzeswortlaut spricht von „Erforderlichkeit“ der Maßnahme, wobei nach herrschender Ansicht die Maßnahme zusätzlich für den Arbeitgeber zumutbar sein muß[245]. Die „erforderliche und zumutbare Aufsichtsmaßnahme“ ist ein unbestimmter Rechtsbegriff, dessen Konkretisierung von den Umständen des Einzelfalls abhängt[246].

Für den oben skizzierten Fall des Erlasses einer Ethikrichtlinie, die „täuschungsfreies Verhalten“ vorschreibt, stellt sich also die Frage, ob der Erlaß „erforderlich und zumutbar“ ist. Als allgemeiner Rechtssatz kann unter Erforderlichkeit die Wahl des mildesten aller geeigneten Mittel verstanden werden. Zur Erfüllung der Pflicht aus § 130 OWiG stehen dem Arbeitgeber typischer Weise einfachere Wege offen: So wird regelmäßig ein Hinweis im Arbeitsvertrag – im

241 KK OWiG – *Rogall*, § 130 Rn. 15.

242 *Tessin*, BB 1987, 984.

243 Lemke/*Mosbacher*, OwiG§ 130 Rn. 16.

244 Zum Überwachungskonzept OLG Hamm vom 4.9.1973 – 2 Ss OWi 1114/73 – NJW 1974, 72, 73; *Hermanns/Kleier*, Grenzen der Aufsichtspflicht in Betrieben und Unternehmen, S. 39; Lemke/*Mosbacher*, OwiG, § 130 Rn. 12; *Tessin*, BB 1987, 984, 987; in Einzelfällen fordert der BGH „Stichproben“ zur Überwachung BGH vom 23.3.1973 – 2 StR 390/72 – NJW 1973, 1511, 1513 = BGHSt 25, 158.

245 KK OWiG – *Rogall*, § 130 Rn. 38; *Hermanns/Kleier*, S. 65; *Otto*, Jura 1998, 409, 414.

246 *Hermanns/Kleier*, S. 37; *Otto*, Jura 1998, 409, 414; *Tessin*, BB 1987, 984, 986.

konkreten Fall auf das Unterlassen von Täuschungen – ausreichen, so daß keine Ethikrichtlinie erforderlich ist.

Folglich verpflichtet auch § 130 Abs. 1 S. 1 OWiG den Arbeitgeber nicht zum Ethikrichtlinienerlaß. Er kann jedoch durch den Erlaß einer Richtlinie seiner Pflicht aus § 130 Abs. 1 S. 1 OWiG nachkommen.

4. § 3 Abs. 1 S. 1 ArbSchG

Ebenfalls als gesetzliche Grundlage für den Erlaß von Ethikrichtlinien kommt § 3 Abs. 1 S. 1 ArbSchG in Betracht. Danach ist der Arbeitgeber verpflichtet, die erforderlichen Maßnahmen des Arbeitsschutzes zu treffen, um die Sicherheit und den Gesundheitsschutz der Beschäftigten zu verbessern. Für den Begriff der „Maßnahmen des Arbeitsschutzes" bietet § 2 Abs. 1 ArbSchG eine Legaldefinition: Darunter sind Maßnahmen zu verstehen, die der Verhütung von Unfällen bei der Arbeit und arbeitsbedingten Gesundheitsgefahren dienen, sowie Maßnahmen zur menschengerechten Gestaltung der Arbeit.

Eine Ethikrichtlinie könnte eine „Maßnahme des Arbeitsschutzes" i.S.d. § 3 Abs. 1 S. 1 ArbSchG sein[247]. Als typische Inhalte kämen dafür etwa Regelungen der Arbeitsplatzbeschaffenheit zum Unfall- und Gesundheitsschutz oder Regeln, die das Verhalten der Mitarbeiter untereinander betreffen, wie ein Belästigungsverbot am Arbeitsplatz, in Betracht. Beispielsweise sehen die „Business Conduct Guidelines von Siemens" Regelungen vor, die mit *„Arbeitssicherheit"* betitelt sind. Sie schreiben *„die bestmögliche Vorsorge gegen Unfallgefahren"* vor und, daß *„das Arbeitsumfeld [...] den Anforderungen einer gesundheitsorientierten Gestaltung entsprechen"* muß[248].

Es bleibt zu klären, ob § 3 Abs. 1 S. 1 ArbSchG zum Erlaß einer Ethikrichtlinie mit diesen Inhalten verpflichtet. § 3 Abs. 1 S. 1 ArbSchG gibt keine inhaltlich konkreten Maßnahmen vor, sondern beschreibt eine allgemeine Handlungspflicht des Arbeitgebers, deren inhaltliche Ausgestaltung sich nur unter Berücksichtigung der jeweiligen Umstände des Einzelfalls herleiten läßt[249]. Um sei-

---

247 Ausführlicher zu „Maßnahmen des Arbeitsschutzes" etwa Hk-ArbSchG/*Aufhauser*, § 2 Rn. 1; Kollmer/*Kohte*, ArbSchG, § 2 Rn. 12 ff. und zu deren Einführung *Faber*, Die arbeitsschutzrechtlichen Grundpflichten des § 3 ArbSchG, S. 86 ff.

248 So etwa unter F 2. der „Conduct Guidelines" der Siemens AG, im Internet unter: http://www.siemens.com/Daten/siecom/HQ/CC/Internet/About_Us/WORKAREA/about_ed/templatedata/Deutsch/file/binary/bcg_de_1032824.pdf [zuletzt abgerufen am 21.3.2007].

249 LAG Berlin vom 10.3.2005 – 18 TaBV 2091/04 – n.v.; Hess. LAG vom 29.8.2002 – 5 TaBVGa 91/02 – RDV 2001, 130 = NZA-RR 2005, 30 (LS); LAG Hamburg vom 21.9.2000 – 7 TaBV 3/98 – AP Nr. 11 zu § 87 BetrVG 1972 Gesundheits-

ner gesetzliche Pflicht zu entsprechen, kann der Arbeitgeber eine Ethikregel erlassen, die Arbeitsschutzmaßnahmen enthält. Er kann seine Pflicht aus § 3 Abs. 1 S. 1 ArbSchG jedoch auch durch andere Maßnahmen erfüllen.

Dem ArbSchG liegt der Gedanke einer eigenverantwortlichen Regelung des Arbeitsschutzes durch den Arbeitgeber mit den Beschäftigten, bzw. dem Betriebsrat zugrunde[250]. Dem Arbeitgeber steht bei der Auswahl der Maßnahmen ein Entscheidungsspielraum zu. Häufig werden ihm kostengünstigere und weniger aufwendige Alternativmaßnahmen zur Verfügung stehen. Somit besteht keine Verpflichtung zum Erlaß einer Ethikrichtlinie aus § 3 Abs. 1 S. 1 ArbSchG.

5. § 12 Abs. 1 AGG

In der Literatur wird Arbeitgebern teilweise empfohlen, in ihre Ethikrichtlinie Klauseln aufzunehmen, die Diskriminierungen verbieten[251]. Dabei wird das AGG als Anreiz für den Erlaß einer Ethikrichtlinie gesehen[252]. Arbeitgeber können versuchen, der Organisationspflicht des AGG durch eine Ethikrichtlinie nachzukommen[253]. Verpflichtet das AGG den Arbeitgeber zum Erlaß einer Ethikrichtlinie?

§ 12 Abs. 1 AGG schreibt vor, daß der Arbeitgeber erforderliche, insbesondere auch vorbeugende, Maßnahmen zum Schutz der Beschäftigten vor Benachteiligungen treffen muß. Die Ethikrichtlinie müßte demnach eine i.S.d. AGG „erforderliche“ Maßnahme sein.

Welche Maßnahme erforderlich ist, hängt grundsätzlich von der Größe des Betriebes sowie den rechtlichen und tatsächlichen Möglichkeiten des Arbeitgebers ab[254]. Der Arbeitgeber ist nicht verpflichtet, auf Einzelinteressen einzugehen – vielmehr gilt ein objektiver Maßstab im Diskriminierungsschutz[255]. Er muß also keine Maßnahmen zum Schutz Einzelner erlassen, sondern vielmehr genügen generelle Vorgaben für den gesamten Betrieb.

Relevant ist die Frage ohnehin nur für Richtlinieninhalte, die mit Blick auf Diskriminierungsschutz über die gesetzlichen Vorgaben des AGG hinausreichen. Sieht die Ethikrichtlinie etwa vor, daß Diskriminierungen im Betrieb zu unterlassen sind, so wird lediglich das Gesetz wiedergegeben, § 7 Abs. 1 AGG. Auch

---

schutz = NZA-RR 2001, 190 = LAGE § 87 BetrVG 1972 Gesundheitsschutz Nr. 1; *Faber*, S. 34; Kollmer/*Kohte*, ArbSchG, § 3 Rn. 23.

250 BT-Drucks. 13/3540, S. 12 f.

251 *Wisskirchen*, Personalführung 2006, 62, 66.

252 *Kock*, MDR 2006, 673.

253 Däubler/Bertzbach/*Buschmann*, AGG, § 12 Rn. 15.

254 *Bauer/Göpfert/Krieger*, AGG, § 12 Rn. 7 f.; Schleusner/*Suckow*/Voigt, AGG, § 12 Rn. 10.

255 Däubler/Bertzbach/*Buschmann*, AGG, § 12 Rn. 11.

Sanktionsregelungen werden in der Regel nicht über die Sanktionen des AGG in §§ 14, 15 hinausreichen.

Es bleiben Regelungen zur Anzeige von Verstößen. Obwohl der Arbeitgeber eine zuständige Diskriminierungsstelle im Betrieb einrichten muß[256], schreibt das AGG kein Verfahren zur Diskriminierungsmeldung vor. Neben der fraglichen Zulässigkeit einer Meldepflicht in Ethikrichtlinien[257] wäre eine Ethikrichtlinie als Maßnahme nicht erforderlich, weil dem Arbeitgeber andere Mittel zur Verfügung stehen, die „gleich geeignet und milder“ sind, da sie ein geringerer Eingriff in die Grundrechte der Arbeitnehmer sind: Zur ordnungsgemäßen Überwachung wird regelmäßig das Einrichten einer Beschwerdestelle ausreichen.

Eine typische Ethikrichtlinie ist keine erforderliche Maßnahme i.S.d. AGG. Aus dem AGG ergibt sich keine gesetzliche Verpflichtung zum Ethikrichtlinienerlaß. Insgesamt kann zudem festgehalten werden, daß, obgleich vereinzelt ein moralischer oder ethischer Beweggrund für die konkrete inhaltliche Ausgestaltung erwogen wird[258], dem AGG eine Ethikdimension fehlt, da es vollziehbares Recht enthält.

IV. US-amerikanisches Recht: Sarbanes-Oxley Act

Eine Verpflichtung zur Einführung einer Ethikrichtlinie könnte sich auch für deutsche Unternehmen aus dem US-amerikanischen Sarbanes-Oxley Act (SOA) ergeben[259]. Namensgeber dieses Gesetzes waren Paul Sarbanes und Michael Oxley, die gemeinsam den Gesetzesvorschlag einbrachten[260]. Das Gesetz wurde 2002 als Reaktion auf verschiedene Bilanzskandale in den USA erlassen und bezweckt die Verbesserung der Unternehmensberichterstattung[261]. Zudem soll das Vertrauen der Anleger in die Richtigkeit der veröffentlichten Finanzdaten von Unternehmen gestärkt werden[262].

Jedes in den USA notierte Unternehmen ist daran gebunden[263]. In Deutschland gilt das Gesetz demnach nicht nur für deutsche Unternehmen, die in den

---

256 Däubler/Bertzbach/*Buschmann*, AGG, § 13 Rn. 18.
257 Dazu unten § 4C.IX.
258 Dazu *Picker*, ZFA 200, 167, 168.
259 Dazu *Eisenbeis/Nießen*, FS Leinemann, S. 697, 698; *Meyer*, NJW 2006, 3605, 3606; *Schlachter*, FS Richardi, S. 1067.
260 *Sauer*, DÖD 2005, 121, 122.
261 *Hütten/Stromann*, BB 2003, 2223.
262 *Menzies*, SOA 2004, S. 7; *Regelin/Fisher*, IStR 2003, 276 ff.; *Krause*, WM 2003, 762.
263 *Schlachter*, FS Richardi, S. 1067.

USA gelistet sind[264], sondern auch für deutsche Tochterunternehmen von US-amerikanischen, börsennotierten Unternehmen[265]. Für sie ergibt sich die Wirkung daraus, daß die Konzernmutter nach den US-amerikanischen Vorgaben im Rahmen der konzernweiten Kontroll- und Berichtssysteme auch die deutschen Tochterunternehmen aufnehmen muß[266] – somit entsteht eine mittelbare Auswirkung des Gesetzes auf deutsche Tochterunternehmen.

Daneben sieht der SOA sogar ausdrücklich die Erfassung der Tochtergesellschaften vor [„... including through any subsidiary...“, Sec. 402 (a) (1)] und an anderer Stelle werden ausländische Firmen ausdrücklich in den Geltungsbereich aufgenommen [unter sec. 106 „Applicability to certain foreign firms“]. Neben dieser ausdrücklichen Erfassung aus dem SOA haben aber amerikanische Gerichte sogar nicht börsennotierte Tochterunternehmen unter das Gesetz gefaßt[267]. Im Ergebnis müssen daher auch die im Ausland ansässigen Tochterunternehmen die Vorgaben des SOA erfüllen[268].

Inhaltlich sieht das Gesetz unter anderem die Einführung ethischer Standards [sec. 406], Schutzvorgaben für Beschäftigte, die die Whistleblowing-Hotlines nutzen [sec. 806], sowie Regeln für die Offenlegung der Finanzdaten [sec. 101 (c) (3)] und das Verhalten der Aufsichtsratmitglieder [sec. 101 (g) (3)] vor.

Sec. 406 (c) des SOA gibt dabei eine Definition für „code of ethics”.

... „code of ethics” means such standards as are reasonably necessary to promote –

(1) honest and ethical conduct, including the ethical handling of actual or apparent conflicts of interest between personal and professional relationships

264 Eine Auflistung der an der New Yorker Börse gelisteten Unternehmen findet man im Internet unter: http://www.nyse.com/about/listed/6.html?country=Germany [zuletzt abgerufen am 21.3.2007].

265 *Menzies*, SOA 2004, S. 13; *Regelin/Fisher*, IStR 2003, 276, 287; *Büssow/Taetzner*, BB 2005, 2437; *Lanfermann/Maul*, DB 2002, 1725; *M. Kaufmann*, CR 2006, 642, 643; *Krause*, WM 2003, 762, 763; *Zimmer*, AuA 2007, 8, 10.

266 *Regelin/Fisher*, IStR 2003, 276, 287.

267 So heißt es im Fall Michael T. Morefield v. Exelon Services Inc., ALJ vom 28.1.2004, 2005-SOX-00002, im Internet unter: http://www.oalj.dol.gov/Decisions/ALJ/SOX/2004/MOREFIELD_MICHAEL_T_v_EXELON_SERVICES_2004SOX00002_(JAN_28_2004)_134659_ORDER_SD.PDF [zuletzt recherchiert am 12.4.2007): „*the scope of Sarbanes-Oxley whistleblower protection tracks the flow of financial and accounting information throughout the corporate structure [...] employees of non-public subsidiaries of public traded companies are covered*“; dazu *M. Kaufmann*, CR 2006, 642, 644.

268 *Menzies*, SOA 2004, S. 13.

(2) full, fair, accurate, timely, and understandable disclosure in the periodic required to be filed by the issuer; and
(3) compliance with applicable governmental rules and regulations.

Somit soll jedes Unternehmen insbesondere für „professionelle Beziehungen" ethische Verhaltensregeln einführen, bzw. muß im Falle des Unterlassens einen Grund dafür angeben[269]. Die im SOA vorgesehene SEC (Security Exchange Commission) hat im Januar 2003 zur Umsetzung und Konkretisierung des Acts Regelungen eingeführt. Diese Regelungen sehen verschiedene Möglichkeiten einer Veröffentlichung der Kodizes sowie die Einrichtung von Meldestellen für Verstöße vor. Die Ausgestaltung des genauen Inhalts soll jedoch den Unternehmen selbst vorbehalten bleiben. Der SOA sieht Geldstrafen für den Verstoß gegen die Vorschriften des Acts vor[270][Sec. 105 (c) (4) (D) (ii) SOA].

Konkretisiert wird der SOA insbesondere durch die „New York Stock Exchange Listed Company Manuals"[271] (im folgenden: NYSE LCM), deren Sec. 303 A Ziff. 10 wie folgt lautet:

„Listed Companies must adopt and disclose a code of business conduct and ethics for directors, officers and employees, and promptly disclose any waivers of the code for directors or executive officers."

Im Kommentar zu dieser Sektion heißt es weiter, daß ein solcher Code ein ethisch-korrektes Verhalten der Unternehmensbeteiligten zwar nicht ersetzt, aber doch dem Unternehmen helfen kann, sich mit dem Thema „Ethik" auseinanderzusetzen – das fördert die Unternehmenskultur. Der Code soll inhaltlich die Themen Interessenkonflikt, Verschwiegenheit, fairer Geschäftsverkehr, Schutz von Unternehmenseigentum und die Verpflichtung der Mitarbeiter zu gesetzeskonformen Verhalten behandeln[272]. Zudem soll sichergestellt werden, daß die Mitarbeiter aus ihrer Position im Unternehmen keine persönlichen Vorteile ziehen[273]. Schließlich muß der personelle Anwendungsbereich der Ethikrichtlinie sämtliche Mitarbeiter umfassen[274].

Somit ergibt sich im Ergebnis eine Verpflichtung zum Erlaß einer Ethikrichtlinie i.S.d. Sec. 406 des SOA für deutsche Unternehmen, die an der New

---

269 *Lanfermann/Maul*, DB 2002, 1725, 1730; *Menzies*, SOA 2004, S. 21.
270 *Meyer*, NJW 2006, 3605, 3606.
271 www.nyse.com/pdfs/finalcorpgovrules.pdf.
272 Dazu LAG Düsseldorf vom 14.11.2005 (Fn. 120).
273 *Eisenbeis/Nießen*, FS Leinemann, S. 697, 699.
274 *Eisenbeis/Nießen*, FS Leinemann, S. 697, 699.

Yorker Börse gelistet sind und für Tochterunternehmen US-amerikanischer, börsennotierter Unternehmen[275].

V. Grundsatz: Freiwillige Ethikrichtlinie

Das europäische Recht verpflichtet Unternehmen nicht zum Erlaß von Ethikrichtlinien. Zwar könnte man der Verfassung den Gedanken einer Verpflichtung entnehmen, jedoch richtet sie sich einzig an den Gesetzgeber, so daß er die Gemeinwohlachtung in einfaches Gesetz umsetzen muß. Aus dem bestehenden einfachen Gesetz läßt sich keine Pflicht zum Erlaß von Ethikrichtlinien herleiten. Somit bleibt einzig die Verpflichtung aus dem SOA, der die an der New Yorker Börse gelisteten Unternehmen und die Tochterunternehmen US-amerikanischer, börsennotierter Unternehmen erfaßt. Dennoch entscheiden sich Unternehmen auch „freiwillig" zur Einführung einer Ethikrichtlinie[276].

D. Praxisbeispiel: Wal-Mart

Schließlich hat der Fall „Wal-Mart" in Deutschland die Diskussion um Ethikrichtlinien in Unternehmen angeregt[277] – und das nicht nur in der juristischen Fachliteratur[278], sondern auch in der Presse[279]. Der Fall zeigt die Folgen der Globalisierung.

---

275 *Hütten/Stromann*, BB 2003, 2223, 2227 erwähnen auch die Möglichkeit, bereits bestehende Verhaltensregeln im Sinne des SOA zu modifizieren.

276 Etwa ist die Bertelsmann AG nicht unmittelbar durch den Sarbanes-Oxley-Act verpflichtete, dazu *Menzies*, SOA 2004, S. 63; dazu insgesamt *Meyer*, NJW 2006, 3605, 3606; dazu *Hopt*, S. 81, 85; aufgrund des öffentlichen Drucks ist der Begriff der Freiwilligkeit kritisch zu hinterfragen, dazu schon oben § 1B.I.4; zu den Vorteilen von Ethikrichtlinien oben § 1B.

277 ArbG Wuppertal vom 15.6.2005 – 5 BV 20/05 – NZA-RR 2005, 476; nachfolgend LAG Düsseldorf vom 14.11.2005 – 10 TaBV 46/05 – DB 2006, 162; nachgehend BAG – 1 ABR 1/06, juris: sonstige Erledigung [zuletzt abgerufen am 21.3.2007].

278 Etwa *A. Birk*, DPL 2006, 23; *Däubler*, dbr 2005, 25; *Grobys*, NJW-Editorial Heft 39/2005; *Grötzinger/Hohmann*, AuA 2006, 286; *Helge*, Anm. zu ArbG Wuppertal vom 15.6.2005 (Fn. 120) EWiR 2005, 877; *M. Kaufmann*, CR 2006, 642; *Schneider*, AiB 2006, 10; *Simon/Kock*, Anm. zu ArbG Wuppertal vom 15.6.2005 (Fn. 120) DB 2005, 1800; Info „Wal-Mart gibt auf" in AuR 2006, 322.

279 *Ottenschläger*, „Jetzt kommt die Moral", Die Zeit, Nr. 49, 1.12.2005, Sonderbeilage, S. 20; *Wolf*, „Ist Flirten am Arbeitsplatz verboten?", FAZ vom 16.7.2005, Nr. 163, S. 49; o.V. „Liebe am Arbeitsplatz muß toleriert werden" FAZ vom 15.11.2005, Nr. 226, S. 11; o.V. „Streit um Ethik-Regeln" Die Zeit, Nr. 26, 23.6.2005, S. 24.

Für die US-amerikanische Firma Wal-Mart, die an der New York Stock Exchange gelistet ist, besteht nach Sec. 303 A Ziff. 10 des NYSE LCM eine Pflicht zur Einführung und Veröffentlichung eines „Code of business conduct and ethics". Der von der US-amerikanischen Muttergesellschaft für alle ihre Mitarbeiter erarbeitete Verhaltenskodex wurde für das deutsche Tochterunternehmen ins Deutsche übersetzt. Er regelt die Verantwortung gegenüber Unternehmen, Aktionären, Kollegen, Lieferanten, Wettbewerbern, Kunden, Gemeinden und Behörden sowie Verantwortung für internationale Geschäftspraktiken. Neben einer Veröffentlichung im Internet und dem permanenten Aushang eines Ethikposters wurde allen Mitarbeitern mit den Lohnabrechnungen für den Monat Februar 2005 eine Zusammenfassung des 28-seitigen Verhaltenskodexes zugesandt.

Der Gesamtbetriebsrat zog dagegen vor Gericht und beantragte Unterlassung der Anwendung der Ethikrichtlinie, da ihm ein Mitbestimmungsrecht zustehe, von dem er bisher noch nicht Gebrauch machen durfte. Wenn nicht das gesamte Regelwerk aufgrund der fehlenden Mitbestimmung unwirksam sei, dann zumindest die Einzelregelungen, bei denen Mitbestimmungsrechte bestanden.

Das ArbG Wuppertal[280] hielt zunächst fest, daß alle inländischen Betriebe dem deutschen BetrVG unterfallen und somit auch für konzernweite Verhaltensstandards die deutsche Arbeitnehmervertretung, der Gesamtbetriebsrat, zuständig ist. Die Mitbestimmungsrechte des BetrVG haben insoweit zwingenden Charakter und können nicht durch Weisungen der US-amerikanischen Konzernmutter beeinträchtigt werden.

Der Verhaltenskodex ist nicht insgesamt mitbestimmungspflichtig – insbesondere ergibt sich ein Mitbestimmungsrecht nicht aus der Verpflichtung, den Kodex zu lesen, da das einmalige Lesen des Kodexes keine Frage der Ordnung des Betriebes betrifft. Darüber hinaus kann jede einzelne Regelung an sich selbständig aufrecht erhalten werden, so daß jede Regelung auf Mitbestimmungsrechte zu untersuchen ist.

Das Gericht nahm ein Mitbestimmungsrecht gem. § 87 Abs. 1 Nr. 1 BetrVG für folgende Klauseln an:

- „Whistleblower-Klauseln", nach denen die Arbeitnehmer Verstöße gegen den Kodex bei einer Telefonhotline melden müssen
- Verbot der Annahme von Geschenken von Lieferanten, potentiellen Lieferanten oder Personen, die eine Beeinflussung von Geschäftsentscheidungen bezwecken könnten
- Zustimmungsbedürftigkeit von Pressemitteilungen
- „Flirt-Verbot", Schutz vor Belästigungen

280 ArbG Wuppertal vom 15.6.2005 (Fn. 120).

- Festlegung der Einsichtsberechtigten in Personalakten
- Liebesbeziehungsverbot

Des weiteren besteht ein Mitbestimmungsrecht nach § 95 BetrVG für Drogentests bei der Einstellung als mitbestimmungspflichtige Auswahlrichtlinien und gem. § 87 Abs. 1 Nr. 7 BetrVG für Drogentests im laufenden Arbeitsverhältnis. Zuletzt gilt die Telefonhotline auch als technische Einrichtung i.S.d. § 87 Abs. 1 Nr. 6 BetrVG.

Daneben hält das ArbG Wuppertal folgende Regelungen für mitbestimmungsfrei:

- Aufforderung zur korrekten Finanz-Berichterstattung
- Vermeidung von Interessenkonflikten
- vertrauliche Behandlung von Geschäftsgeheimnissen
- Hinweis auf Insiderhandelsverbote nach WpHG
- Verbot des Privatgebrauchs von Unternehmenseigentum
- Gebot würde- und respektvollen Umgangs mit anderen Mitarbeitern

Die Arbeitgeberin hat gegen den Beschluß des ArbG Wuppertal Beschwerde beim LAG Düsseldorf[281] eingelegt. Die Parteien einigten sich in einem Teilvergleich auf die Einführung von Drogentests unter Beachtung der Mitbestimmungsrechte.

Das im übrigen ergangene Urteil des LAG bestätigte, daß sich der räumliche Anwendungsbereich des BetrVG nach dem Territorialprinzip richtet und daß für die Einrichtung einer Telefonhotline, die Einführung eines Geschenkannahmeverbotes oder Belästigungsschutzmaßnahmen Mitbestimmungsrechte bestehen.

Der Arbeitgeberin wurde aufgegeben, es unter Androhung eines Ordnungsgeldes zu unterlassen, den beschäftigten Arbeitnehmern die Beachtung des Verhaltenskodexes aufzugeben oder zu empfehlen.

Entgegen der Entscheidung des ArbG lehnte das LAG Mitbestimmungsrechte für folgende Klauseln ab: Die Zustimmungsbedürftigkeit zu Pressemitteilungen sei nicht mitbestimmungspflichtig, da der Arbeitgeber ein berechtigtes Interesse an der Einschränkung von Pressemitteilungsinhalten hat. Zudem sei die Festlegung der Einsichtsberechtigten in Personalakten mitbestimmungsfrei, da der Arbeitgeber zur Einschränkung der einsichtsberechtigten Personen sogar verpflichtet sei. Das Liebesbeziehungsverbot bei Einflußmöglichkeit auf den beruflichen Werdegang sei insgesamt wegen Verstoßes gegen das Allgemeine Persönlichkeitsrecht unwirksam und diese Unwirksamkeit stehe einem Mitbestimmungsrecht entgegen.

281 LAG Düsseldorf vom 14.11.2005 (Fn. 120).

§ 2 Typische Inhalte einer Ethikrichtlinie

Die Inhalte der unternehmensinternen Ethikrichtlinie orientieren sich an der Motivation für ihre Einführung[282]: Besteht eine gesetzliche Pflicht zur Einführung, muß die inhaltliche Ausgestaltung zumindest den gesetzlichen Vorgaben entsprechen. Freier sind die Unternehmen dagegen bei der Ausgestaltung rein freiwilliger Richtlinien oder zusätzlicher freiwilliger Inhalte[283].

Die Richtlinien werden grundsätzlich auf das jeweilige Unternehmen abgestimmt, so daß die Inhalte der Ethikrichtlinien in verschiedenen Unternehmen stark differieren können. Trotz dieser Differenzen können die üblichen Inhalte in folgende Gruppen unterteilt werden, um einen ersten Eindruck einer typischen Ethikrichtlinie zu erlangen[284]:

A. Organisatorische Regeln

I. Kontroll-Mechanismen

Zur Durchsetzung der Richtlinie wird regelmäßig ein Monitoring-System eingeführt[285]. Um den Kontrollaufwand gering zu halten, können Unternehmen Schulungen ihrer Mitarbeiter oder Informationsveranstaltungen durchführen[286]. Daneben muß die Ethikrichtlinie zur Sicherung einer effektiven Durchsetzung Regeln enthalten, die das Vorgehen der Mitarbeiter im Falle eines Verstoßes behandeln. Dazu gehören unternehmensinterne oder externe Kontrollstellen.

---

282 *Meyer*, NJW 2006, 3605, 3607.

283 Zur rechtlichen Zulässigkeit einzelner Inhalte siehe unten unter § 4C.

284 Weitere Untergliederungen in Kategorien von Ethikregeln etwa bei *A. Birk*, DPL 2005, 200; *Borgmann*, NZA 2003, 352 f.; *Kock*, MDR 2006, 673; *Ohlendorf/Bünning*, AuA 2006, 200 f.

285 An anderer Stelle wird dieses als „Incident Management-System" bezeichnet *Menzies*, SOA 2004, S. 68 f.; in der Praxis ist eine Whistleblowing-Hotline üblich, *M. Kaufmann*, CR 2006, 642, 647.

286 *Menzies*, SOA 2004, S. 70; in den USA gibt es „Ethik-Kurse", vgl. *Seiwert-Fauti*, Journalist 2005, 34, 35; von Informationsveranstaltungen bei der Einführung ist auch im Urteil des ArbG Offenbach vom 24.11.2005 (Fn. 116) die Rede.

1. „Whistleblowing“

In diesem Zusammenhang steht der aus dem anglo-amerikanischen Rechtskreis stammende Begriff des „Whistleblowing“[287]. Die Übersetzung des Begriffs ins Deutsche ist nicht einheitlich[288] und reicht von „einen Hinweis im öffentlichen Interesse geben“[289] über „das Nebelhorn oder die Pfeife blasen“[290] bis hin zu „verpfeifen“[291]. Im folgenden erfaßt der Begriff „Whistleblowing“ das Verfahren, nach dem Mitarbeiter Verstöße gegen gesetzliche Vorschriften oder die unternehmensinterne Ethikrichtlinie an zuständige „Whistleblower-Stellen“[292] melden können oder müssen.

Der Zweck einer Meldung von Gesetzesverstößen wird darin gesehen, Fehlverhalten von Vorgesetzten oder Kollegen aufzudecken und so das öffentliche Vertrauen in das unternehmerische Handeln zu stärken[293]. Whistleblowing soll Straftaten im Unternehmen vorbeugen. Eine Meldung von Verstößen gegen die Ethikrichtlinie soll vor allem deren Einhaltung sichern. Außerdem will das Unternehmen effektive Durchführung und Einhaltung der Richtlinie der Öffentlichkeit zeigen. Schließlich können klare Kommunikationswege das Betriebsklima fördern, Unstimmigkeiten vermeiden und damit Mitarbeiter überhaupt erst zur Verstoßmeldung anhalten.

2. Bewertung unterschiedlicher Whistleblowing-Formen

Als eine Möglichkeit der Differenzierung zwischen unterschiedlichen Whistleblowing-Formen wird der Adressat gewählt: Es wird etwa zwischen informellem Whistleblowing „von Mensch zu Mensch“ und formellen Whistleblowing „von Kollege zu Kollege“ differenziert[294]. Üblicher ist die Unterscheidung zwischen einer Meldung innerhalb des Unternehmens (internes Whistleblowing) und der

---

287 Zur Entwicklung des Whistleblowings nur *Graser*, Whistleblowing, S. 14 ff.

288 Zur Uneinheitlichkeit der Übersetzungsversuche etwa *Berndt/Hoppler*, BB 2005, 2623, 2624; *Bürkle*, DB 2004, 2158; *Leisinger*, S. 20; *Schönefeldt*, Personalführung 2005, 36 f.

289 *Rohde-Liebenau*, Whistleblowing, S. 11.

290 *Wisskirchen/Körber/Bissels*, BB 2006, 1567; mit „Pfeifenbläser“ übersetzt *Müller*, NZA 2002, 424, 426.

291 Dazu nur *Bürkle*, DB 2004, 2158; *Däubler*, dbr 2005, 25, 26; *Leisinger*, Whistleblowing und Corporate Reputation Management, S. 20; *Schönefeldt*, Personalführung 2005, 36 f.

292 Diesen Begriff verwenden *Kock*, MDR 2006, 673, 674; *Weber-Rey*, AG 2006, 406, 409.

293 *Weber-Rey*, AG 2006, 406, 407.

294 *Leisinger*, S. 67.

Meldung an eine externe Stelle (externes Whistleblowing)[295]. Internes und externes Whistleblowing bringen unterschiedliche Vor- und Nachteile mit sich.

Im Rahmen des internen Whistleblowings können die Mitarbeiter Verstöße gegen Gesetzesvorschriften oder die Ethikrichtlinie einer unternehmensinternen Stelle melden. Dafür können Kollegen, der Vorgesetzte, der Betriebsrat[296] oder auch eine anonyme Telefonhotline des Unternehmens zuständig sein[297]. Ebenfalls möglich ist eine Online-Mitteilung: Das Intranet des Unternehmens kann eine Maske bereit halten, in die Mitarbeiter die Informationen eingeben und so den Verstoß der Unternehmensleitung mitteilen[298]. Die Ausgliederung des Monitorings an externe unabhängige Wirtschaftsprüfer[299] kann ebenfalls dem internen Whistleblowing zugeordnet werden, da das Unternehmen dafür die Kosten und die Organisation übernimmt.

Als Stellen beim externen Whistleblowing kommen etwa die Polizei, eine Aufsichts- oder Strafverfolgungsbehörde[300] oder auch ganz allgemein „die Medien"[301] in Betracht. Zudem kann sich der Whistleblower an eine Gewerkschaft, einen Verbraucherschutzverband oder eine andere Organisation wenden[302].

Die Kosten, die durch die Implementierung eines Monitoringsystems entstehen, bilden den Hauptnachteil des internen Whistleblowings. Zudem könnte für Mitarbeiter der Eindruck entstehen, daß beim externen Whistleblowing die Anonymität – die eine Verstoßmeldung fördern kann – besser gewahrt wird. Die externe Fehleranzeige birgt allerdings die Gefahr, daß durch die Offenkundigkeit

---

295 *Bürkle*, DB 2004, 2158; *Schönefeldt*, Personalführung 2005, 36 ff.; zur Abgrenzung von internem und externem Whistleblowing *Leisinger*, S. 28, 67; *Rohde-Liebenau*, Whistleblowing, S. 11; *Weber-Rey*, AG 2006, 406, 407; aA *Berndt/Hoppler*, BB 2005, 2623, 2624, die unter „Whistleblowing" nur das externe Whistleblowing erfassen.

296 Diese Möglichkeit ist ohnehin in § 84 BetrVG für alle Arbeitnehmer vorgesehen. Aus diesem Grund sollte der Personal- oder Betriebsrat auch nicht als externe Stelle angesehen werden, anders aber *Rohde-Liebenau*, Whistleblowing, S. 11.

297 *A. Birk*, DPL 2005, 200, 202; *Bürkle*, DB 2004, 2158; *M. Kaufmann*, CR 2006, 642.

298 Dazu nur *Schönefeldt*, Personalführung 2005, 36 ff.

299 *Köpke/Röhr*, S. 130.

300 Bei der Beurteilung der Zulässigkeit des externen Whistleblowings gegenüber einer Strafverfolgungsbehörde ist einerseits das Bürgerrecht zur Strafanzeige zu berücksichtigen, auf der anderen Seite jedoch auch die bestehende Rücksichtnahmepflicht gegenüber dem Arbeitgeber – zur Zulässigkeit BAG 3.7.2003 – 2 AZR 235/02 – AP Nr. 45 zu § 1 KSchG 1969 Verhaltensbedingte Kündigung = EzA § 1 KSchG Verhaltensbedingte Kündigung Nr. 61 = NZA 2004, 784.

301 *Leisinger*, S. 67; *Rohde-Liebenau*, Whistleblowing, S. 11.

302 *Kocher*, Rechtliche Instrumente, S. 150, 169.

das Ansehen des Unternehmens beeinträchtigt wird[303] – dies liefe dem Zweck einer Ethikrichtlinie gerade zuwider. Aus diesem Grunde ist eine unternehmensinterne Fehlermeldestelle vorzuziehen, wenngleich sie mit mehr Aufwand und Kosten verbunden ist[304]. Um die Anonymität zu gewährleisten, empfiehlt sich die Beauftragung externer Prüfer.

II. Durchsetzung

Um mit einer Ethikrichtlinie das Unternehmensimage zu verbessern, müssen die Unternehmen gegenüber der Öffentlichkeit deren Einhaltung dokumentieren – der Ethikkodex muß zu einem „living paper“ werden[305]. Zur Gewährleistung einer bestmöglichen Umsetzung der Richtlinie ist eine auf das Unternehmen abgestimmte Mischung aus positiven und negativen Durchsetzungsmechanismen empfehlenswert.

Durch positive Anreize werden Mitarbeiter für besonders ethisches Verhalten „belohnt“. Als betriebliche Zusatzleistung ist ein Vergütungssystem möglich, das Prämien für das Erreichen besonderer sozialer Richtwerte vorsieht[306]. Daneben können Mitarbeitern mit besonderem ethischem Engagement Zusatzleistungen in Form von Sachgegenständen gewährt werden. Zusatzleistungen haben positiven Einfluß auf die Produktivität eines Betriebes, da sie die Motivation erhöhen und so die Leistungsbereitschaft der Mitarbeiter fördern[307].

Um Mitarbeiter zu ethischem Verhalten zu bewegen, können Unternehmen ein Punktesystem einführen, bei dem erst ab Erreichen einer bestimmten Punktzahl eine Beförderung möglich ist. Allerdings ist die Praktikabilität eines derartigen Systems fragwürdig, weil umgekehrt aus dem Verlust einer guten Führungskraft aufgrund fehlenden sozialen Engagements wirtschaftliche Nachteile entstehen könnten.

Daneben bestehen auch negative Durchsetzungsmechanismen: Neben der Kündigung als „negativem Anreiz“ zur Einhaltung ethischer Grundsätze sind an-

---

303 *A. Birk*, DPL 2005, 200, 202; *Bürkle*, DB 2004, 2158, 2159; *Sauer*, DÖD 2005, 121, 124; *Weber-Rey*, AG 2006, 406, 407.

304 *Leisinger*, S. 71; *Rohde-Liebenau*, Whistleblowing, S. 53 f.; *Weber-Rey*, AG 2006, 406, 408.

305 *Strobel*, Der Schweizer Treuhänder 2001, 413, 414; dazu auch *Grötzinger/Hohmann*, AuA 2006, 286.

306 Prämien für Entscheidungsträger bei Shell richten sich etwa nach „weichen Faktoren“, vgl. *Endres*, Personalführung 1999, 30, 31; allgemein zu den Vorteilen variabler Vergütung etwa *Schmeer*, Personalführung 1995, 832 ff.

307 *Lutz*, Zeitschrift für Arbeitsmarktforschung 2005, 30, 31 f.

dere Sanktionen denkbar, wie etwa Bußgelder, obligatorische Teilnahmen an ethischen Schulungen oder Karrieresperren. Negativen Anreizen stehen Bedenken der Praktikabilität und der Effektivität entgegen. Außerdem ist nicht jede Sanktion innerhalb einer Ethikrichtlinie zulässig[308].

B. Geltungsbereich

Der Geltungsbereich der Ethikrichtlinie muß klar umschrieben sein[309]: Neben den Adressaten der Richtlinie ist zu regeln, wann und wo die Richtlinien wirken soll. In zeitlicher Hinsicht kann die Geltung der Ethikrichtlinie etwa vorerst zur Probe auf einen bestimmten Zeitraum begrenzt werden – eine „befristete Ethikrichtlinie". Ebenso ist eine Einschränkung des lokalen Geltungsbereiches möglich.

Die Ethikrichtlinie sollte möglichst alle Beschäftigten erfassen, so daß als Adressaten neben den Arbeitnehmern auch leitende Angestellte, Auszubildende, Selbständige, arbeitnehmerähnliche Personen und Leiharbeitnehmer in Betracht kommen[310]. Zudem kann der „Arbeitgeber" – im weitesten Sinne – Adressat der sein: Zahlreiche Regeln betreffen die gesamte Ausrichtung des Unternehmens. Schließlich sehen Ethikrichtlinie Verpflichtungen der Geschäftspartner zur Einhaltung der Grundsätze, sowie Verhaltenspflichten für Angehörige der Arbeitnehmer vor.

C. Verhaltensvorgaben

Der Schwerpunkt der Ethikrichtlinie liegt in der Regelung des Verhaltens im Betrieb, etwa die Beachtung von Gesetz und Recht oder das Verbot der Zwangs- oder Kinderarbeit. Ethikrichtlinien fordern zudem den fairen Umgang untereinander und nach außen, sowie den sorgsamen Umgang mit Unternehmenseigentum. Außerdem behandeln die Ethikrichtlinie Sicherheitsvorschriften, die Vermeidung von Interessenkonflikte und dem Umgang mit Geschenken und Drogen.

---

308 Ausführlich zu zulässigen Sanktionen unten unter § 4D.

309 So etwa DaimlerChrysler-Verhaltensrichtlinie (Fn. 93) S. 8.

310 Zur Erstreckung des Geltungsbereich auf alle Beschäftigten § 3D.

Daneben bestehen Regeln des außerdienstlichen Verhaltens[311], etwa ein Verbot jeglicher Handlungen, die dem öffentlichen Ansehen des Unternehmens schaden können[312]. Zudem verpflichten Ethikrichtlinien die Arbeitnehmer zur Anzeige von Nebentätigkeiten und zur Verschwiegenheit bezüglich Geschäftsgeheimnissen[313]. Sie verbieten oder beschränken Geschäfte mit Wertpapieren und fordern von allen Mitarbeitern Vertraulichkeit in wirtschaftlichen, finanziellen und technischen Angelegenheiten.

Für welche Verhaltensvorgaben sich ein Unternehmen entscheidet, hängt von den mit der Ethikrichtlinie verfolgten Zielen ab. Die Zulässigkeit der Inhalte wird durch gesetzliche Vorgaben begrenzt[314].

D. Beispiel einer möglichen Ethikrichtlinie

Um ein deutlicheres Bild der möglichen Ethikrichtlinien-Inhalte zu erlangen, folgt beispielhaft eine typische Ethikrichtlinie. Sie wurde zusammengestellt, aus den Ethikrichtlinien von der Infineon AG, der Deutschen Bank AG, der Daimler Chrysler AG, der Bayer AG und der Siemens AG.

Ethikrichtlinie

A. Einleitung

I. „Das Erscheinungsbild unseres Unternehmens in der Öffentlichkeit wird wesentlich geprägt durch das Auftreten, Handeln und Verhalten jedes Einzelnen von uns. Jeder von uns ist mitverantwortlich dafür, daß wir als Unternehmen weltweit unserer gesellschaftlichen Verantwortung gerecht werden.“[315]

II. „Die Grundsätze zur sozialen Verantwortung gelten weltweit“[316].

---

311 Zu typischen Regeln des außerdienstlichen, bzw. privaten Verhaltens etwa *Ohlendorf/Bünning*, AuA 2006, 200, 201; zu deren Zulässigkeit *Kock*, MDR 2006, 673, 674; *ders.*, ArbRB 2006, 116, 117.

312 So etwa DaimlerChrysler-Verhaltensrichtlinie (Fn. 93) S. 8.

313 DaimlerChrysler-Verhaltensrichtlinie (Fn. 93) S. 12; C 3. der „Conduct Guidelines“ von Siemens; zur Verschwiegenheit E 2 der „Conduct Guidelines“ der Siemens AG (Fn. 248).

314 Dazu ausführlich unten unter § 4.

315 Infineon Business Conduct Guidelines (Fn. 125).

316 DaimlerChrysler-Verhaltensrichtlinie (Fn. 93) S. 6.

B. Allgemeines Arbeitsverhalten

I. „Die Beachtung von Gesetz und Recht ist für unser Unternehmen oberstes Gebot. Jede Mitarbeiterin und jeder Mitarbeiter hat die gesetzlichen Vorschriften derjenigen Rechtsordnung zu beachten, in deren Rahmen er/sie handelt."[317]

II. „Unternehmenseigentum darf nur für betriebliche Zwecke genutzt werden. Die Mitarbeiter sind verpflichtet, Eigentum des Unternehmens vor Verlust, Diebstahl oder Mißbrauch zu schützen."[318]

III. „Wir verpflichten uns, ein Arbeitsumfeld zu schaffen, indem der Umweltschutz einen Schwerpunkt bildet."[319]

IV. „Wir streben danach, für unsere Mitarbeiter ein gesundes und sicheres Arbeitsumfeld sicherzustellen."[320]

V. „Es ist den Arbeitnehmern untersagt, mit jemandem auszugehen oder in eine Liebesbeziehung mit jemandem zu treten, wenn er die Arbeitsbedingungen dieser Person beeinflussen kann oder der Mitarbeiter seine Arbeitsbedingungen beeinflussen kann."[321]

VI. „Niemand darf wegen seiner Rasse, seiner Hautfarbe, seiner Nationalität, seiner Abstammung, seines Glaubens, seines Geschlechts, seines Alters, seiner körperlichen Konstitution oder seines Aussehens unsachliche benachteiligt, begünstigt, belästigt oder ausgegrenzt werden. [...] Sexuelle Belästigung ist verboten."[322]

VII. „Jede Führungskraft trägt die Verantwortung für die ihr anvertrauten Mitarbeiter. Sie muß deren Anerkennung durch vorbildliches persönliches Verhalten, Leistung, Offenheit und soziale Kompetenz erwerben."[323]

VIII. „Sofern gesetzlich erlaubt, verlangt [das Unternehmen] von allen Bewerbern für einen Arbeitsplatz als Teil des Einstellungsprozesses einen Drogentest. Jeder Bewerber, der positiv auf Drogen getestet wird, wird nicht angestellt. Sofern gesetzlich zulässig, wird von Ihnen ein Drogentest verlangt, wenn Beför-

317 „Conduct Guidelines" der Siemens AG (Fn. 248).
318 DaimlerChrysler-Verhaltensrichtlinie (Fn. 93) S. 14.
319 Infineon Business Conduct Guidelines (Fn. 125).
320 Code of Conduct der Deutschen Bank (Fn. 123) S. 7.
321 Diese Klausel entstammt dem „Statement of Ethics" von Wal-Mart, zitiert in ArbG Wuppertal vom 15.6.2005 (Fn. 120) und LAG Düsseldorf vom 14.11.2005 (Fn. 120); auf Englisch im „Statement of ethics", im Internet unter: http://media.corporate-ir.net/media_files/IROL/11/112761/corpgov/Ethics%20_Current.pdf [zuletzt abgerufen am 21.3.2007].
322 „Programm für gesetzmäßiges und verantwortungsbewußtes Handeln" der Bayer AG, S. 21, im Internet unter: http://www.bayer.de/de/corporate_compliance de.pdfx [zuletzt abgerufen am 21.3.2007].
323 „Conduct Guidelines" der Siemens AG (Fn. 248).

derung in eine Managementposition ansteht, nach Arbeitsunfällen oder sofern ein begründeter Verdacht besteht, daß Sie unter Drogen stehen.“[324]

C. Verhalten im Geschäftsverkehr

I. „Die Mitarbeiter haben über alle Betriebs- und Geschäftsgeheimnisse sowohl während der Dauer des Arbeitsverhältnisses, als auch nach dessen Beendigung Stillschweigen zu bewahren.“[325]

II. „Alle Aufzeichnungen und Berichte, die intern angefertigt oder nach außen gegeben werden, müssen korrekt und wahrheitsgemäß sein“[326]

III. „Jeder Mitarbeiter ist verpflichtet, die Regeln des fairen Wettbewerbs einzuhalten.“[327]

IV. „Zahlungen, Darlehen oder sonstige geldwerte Vorteile durch den Konzern, eine Tochtergesellschaft oder aus eigenen Mitteln an Beamte oder Mitarbeiter im öffentlichen Dienst mit dem Ziel, Aufträge oder Vorteile für [das Unternehmen,] Tochtergesellschaften oder andere Personen zu erhalten, sind nicht erlaubt.“[328]

V. „[...] Mitarbeiter müssen Werbegeschenke an Geschäftspartner so auswählen, daß beim Empfänger jeglicher Anschein von Unredlichkeit und Inkorrektheit vermieden wird. Im Zweifel ist der Empfänger zu bitten, sich den Erhalt von seiner/ihrer vorgesetzten Stelle vorab genehmigen zu lassen.“[329]

VI. „[...] Mitarbeiter dürfen ihre dienstliche Stellung nicht dazu benutzen, Vorteile zu fordern, anzunehmen, sich zu verschaffen oder zusagen zu lassen. Hierzu gehört nicht die Annahme von Gelegenheitsgeschenken von geringem Wert; andere Geschenke sind abzulehnen oder zurückzugeben“[330]. „Ausnahmen sind nur in besonderen Fällen mit vorheriger Genehmigung zulässig.“[331]

VII. „Redakteure, die [...] mit der kontinuierlichen Berichterstattung über bestimmte Branchen beauftragt worden sind, dürfen nicht über Wertpapiere von Unternehmen dieser Branchen verfügen. Sie dürfen auch nicht Familienangehöri-

---

324 Diese Klausel entstammt dem „Statement of ethics“ von Wal-Mart, zitiert in ArbG Wuppertal vom 15.6.2005 (Fn. 120) und LAG Düsseldorf vom 14.11.2005 (Fn. 120); auf Englisch im Wal-Mart, Statement of ethics (Fn. 321).

325 DaimlerChrysler-Verhaltensrichtlinie (Fn. 93).

326 „Conduct Guidelines“ der Siemens AG (Fn. 248).

327 „Conduct Guidelines“ der Siemens AG (Fn. 248).

328 DaimlerChrysler-Verhaltensrichtlinie (Fn. 93) S. 9.

329 Infineon Business Conduct Guidelines (Fn. 125).

330 Infineon Business Conduct Guidelines (Fn. 125).

331 Code of Conduct der Deutschen Bank (Fn. 123) S. 4.

ge oder ihnen sonst verbundene Personen veranlassen, solche Wertpapiere zu kaufen oder zu verkaufen. Sollten Redakteure zum Zeitpunkt der Information [...] noch über Wertpapiere von Unternehmen verfügen, über die sie zu berichten haben, so sind sie gehalten, dies der Chefredaktion [...] zu melden und sich in angemessener Frist [...] von diesen Papieren zu trennen."[332]

VIII. „Die Aufnahme einer Nebentätigkeit gegen Entgelt ist der Personalabteilung vorher schriftlich mitzuteilen."[333]

D. Durchsetzung und Verstöße

I. „Jeder [...] Mitarbeiter ist verpflichtet, im Zusammenhang mit der Einhaltung dieser Business Conduct Guidelines gegebenenfalls Fragen zu stellen, um Rat zu bitten, vermutete Verstöße zu melden und Bedenken hinsichtlich der Einhaltung dieser Guidelines anzusprechen. [...] Verstöße gegen diese Business Conduct Guidelines können vertraulich oder anonym an den zuständigen Compliance Beauftragten gemeldet werden mittels Telefon, Fax, Brief, Intranet oder E-Mail."[334]

II. „Grundsätzlich trifft das Unternehmen die Entscheidung, ob ein Verstoß gegen diese Business Conduct Guidelines vorliegt. Wenn dies der Fall ist, bestimmt das Unternehmen die Disziplinarmaßnahmen, die gegen jeden [...] Mitarbeiter eingeleitet werden, der gegen diese Business Conduct Guidelines verstoßen hat."[335]

332 So in der Handelsblatt-Entscheidung des BAG vom 28.5.2002 – 1 ABR 32/01 – AP Nr. 39 zu § 87 BetrVG 1972 Ordnung des Betriebes = EzA § 87 BetrVG 1972 Betriebliche Ordnung Nr. 29 = NZA 2003, 166.

333 Infineon Business Conduct Guidelines (Fn. 125).

334 Infineon Business Conduct Guidelines (Fn. 125).

335 Infineon Business Conduct Guidelines (Fn. 125).

§ 3 Geltungsgrundlagen der Ethikrichtlinie

Die Wahl der Geltungsgrundlage hängt vor allem von den individuellen Zielen, die das Unternehmen mit der Ethikrichtlinie verfolgt, ab. Die Frage der zulässigen Inhalte ist zunächst von der Frage nach der richtigen Geltungsgrundlage zu trennen[336].

A. Aufnahme ethischer Pflichten in das Arbeitsverhältnis

I. Geltendes Recht

Verpflichtet ausländisches Gesetzesrecht, wie etwa der SOA, ein deutsches Unternehmen zur Einführung von Ethikrichtlinien[337], kann es zu einer Kollision zwischen dem ausländischen Recht und dem deutschen Recht kommen. Vor der Einführung ethischer Verpflichtungen ins Arbeitsverhältnis ist daher zu klären, welches Recht anwendbar ist.

Für den Bereich des kollektiven Arbeitsrechts wird diese Frage durch das Territorialprinzip des BetrVG beantwortet, nach dem für alle Betriebe in Deutschland das deutsche Betriebsverfassungsrecht gilt[338]. Allein die Tatsache, daß die amerikanische Konzernmutter in Amerika keine Arbeitnehmervertreter beteiligen muß, schließt die Mitbestimmung in Deutschland nicht aus. Vielmehr ist eine konzernweite Ethikrichtlinie stets an den jeweiligen gesetzlichen Bestimmungen des Staates zu messen, in dem der Betrieb sitzt[339].

Der Vergleich zu einer Betriebsvereinbarung zwischen der Konzernleitung und einem europäischen Betriebsrats bestätigt das: Die Wirksamkeit solcher Be-

---

336 Ausführlich zu den zulässigen Inhalten unten unter § 4.

337 Dazu schon oben § 1C.IV.

338 BAG vom 20.2.2001 – 1 ABR 30/00 – AP Nr. 23 zu § 101 BetrVG 1972 = EzA § 99 BetrVG 1972 Einstellung Nr. 7 = NZA 2001, 1033; BAG vom 22.3.2000 – 7 ABR 34/98 – AP Nr. 8 zu § 14 AÜG = EzA § 14 AÜG Nr. 4 = BAGE 94, 114 = NZA 2000, 1119; *Bittmann/Lenze*, Anm. zu LAG Düsseldorf vom 14.11.2005 (Fn. 120) DB 2006, 165; *Eisenbeis/Nießen*, FS Leinemann, S. 697, 713; *Junker*, Internationales Arbeitsrecht, S. 352 ff.; *ders.*, BB 2005, 602, 603; Richardi/*Richardi*, BetrVG, Einl. Rn. 66 ff.; *Schlachter*, FS Richardi, S. 1067, 1075.

339 *Junker*, BB 2005, 602, 603.

triebsvereinbarungen bestimmt sich nach dem Recht des Staates, in dem die vertragsschließende Arbeitnehmervertretung sitzt[340] und muß daher den dort geltenden gesetzlichen Regelungen entsprechen.

Das Territorialprinzip gilt indes nicht im Individualarbeitsrecht. Etwa ist eine befristete Entsendung nach Deutschland möglich, ohne daß deutsches Recht Anwendung findet, und grundsätzlich kann für den Bereich des dispositiven Arbeitsrechts vereinbart werden, daß der Arbeitsvertrag einem ausländischen Vertragsstatut unterstellt ist[341] (Grundsatz der freien Rechtswahl gem. Art. 27 EGBGB). Üblicherweise wählen internationale Konzerne aber mit den in Deutschland beschäftigten Arbeitnehmern als Grundlage der Arbeitsverträge deutsches Recht[342]. Somit wird im folgenden einzig die Einführung der Ethikrichtlinien unter Anwendung deutschen Rechts behandelt.

II. Individuell

Bei der Ethikrichtlinieneinführung ist zwischen einer individuellen Einbeziehung mit dem jeweiligen Arbeitnehmer und einer kollektiven Einführung in den ganzen Betrieb zu differenzieren.

1. Arbeitsvertrag

a. Ausdrückliche Aufnahme in Arbeitsvertrag

Arbeitgeber und Arbeitnehmer können schon bei der Einstellung den Richtlinientext ausdrücklich in den Arbeitsvertrag aufnehmen[343]. Da Kennzeichen jeder Ethikrichtlinie ihre Geltung für alle Beschäftigten ist, wird es sich bei ihr regelmäßig um eine für eine Vielzahl von Verträgen vorformulierte Vertragsbedingung handeln, die der Arbeitgeber dem Arbeitnehmer bei Vertragsschluß stellt[344]. Damit liegt eine allgemeine Geschäftsbedingung i.S.d. § 305 ff. BGB vor. Von einem vorrangigen Aushandeln der Ethikrichtlinie zwischen Arbeitnehmer und Arbeitgeber i.S.d. § 305b BGB ist aufgrund der standardisierten Geltung für alle Arbeitnehmer nicht auszugehen. Die besonderen Einbeziehungsvoraussetzungen

---

340 *Horcher*, Internationale betriebliche Vereinbarungen, S. 182, 235.

341 *Meyer*, NJW 2006, 3605, 3607; zu Grenzen der Rechtswahl nur *Junker*, Internationales Arbeitsrecht, S. 248 ff.

342 *Meyer*, NJW 2006, 3605, 3607.

343 *Borgmann*, NZA 2003, 352, 354; *Eisenbeis/Nießen*, FS Leinemann, S. 697, 709; *Kock*, MDR 2006, 673; *Meyer*, NJW 2006, 3605, 3608.

344 Zum Merkmal des „Stellens“ nur *Stoffels*, AGB-Recht, Rn. 131 ff.

der §§ 305 Abs. 2, 3 BGB sind gem. § 310 Abs. 4 S. 2 BGB für Arbeitsverträge ausgeschlossen[345]. Aufgrund der Verbrauchereigenschaft des Arbeitnehmers führt schon die einmalige Verwendung der vorformulierten Ethikrichtlinie gem. § 310 Abs. 3 Nr. 2 BGB zum Eingreifen der § 305 ff. BGB[346]. Schließlich hält § 305 Abs. 1 S. 2 BGB fest, daß die Geschäftsbedingung, also die Ethikrichtlinie, entweder als äußerlich gesonderter Bestandteil (etwa einen Aushang im Unternehmen) oder in den Arbeitsvertrag selbst aufgenommen werden kann.

b. Arbeitsvertraglicher Verweis auf Ethikrichtlinie

Das Unternehmen kann zudem im Arbeitsvertrag auf die Ethikrichtlinie verweisen[347]. Als Verweisungsobjekt kommt dabei nicht nur die unternehmensinterne, sondern auch eine unternehmensexterne Ethikrichtlinie in Betracht, etwa die Richtlinie einer Organisation oder eines Handelspartners[348]. Der Beweggrund für den Verweis auf die Richtlinie einer Organisation kann beispielsweise darin liegen, daß das verweisende Unternehmen nur so mit einem Label der Organisation ausgezeichnet wird oder seine Mitgliedschaft aufrecht erhalten kann[349]. Ein Verweis auf die Richtlinien eines Handelspartners kommt insbesondere für Zulieferer in Betracht, die nur mit Unternehmen handeln, die ihre Ethikrichtlinie einhalten.

Der Arbeitsvertrag kann dabei sowohl statisch auf die „Ethikrichtlinie in der Fassung eines bestimmten Datums“ als auch dynamisch auf die „Ethikrichtlinie in ihrer jeweils geltenden Fassung“ verweisen.

Das entscheidende Kriterium für die Unzulässigkeit ist dabei regelmäßig der überraschende Charakter i.S.d. § 305c Abs. 1 BGB. Eine Klausel ist überraschend, wenn sie objektiv ungewöhnlich ist und zudem ein subjektives Überraschungsmoment vorliegt, wenn also der Arbeitnehmer vernünftigerweise nicht

---

345 *Diehn*, NZA 2004, 129, 132; Palandt/*Grüneberg*, BGB, § 310 Rn. 51; *Stoffels*, AGB-Recht, Rn. 307; *Thüsing/Lambrich*, NZA 2002, 1361.

346 Dazu *Kolle/Deinert*, AuR 2006, 177, 181; zur Verbrauchereigenschaft nur BAG vom 25.5.2005 – 5 AZR 572/04 – AP Nr. 1 zu § 310 BGB = EzA § 307 BGB, 2002 Nr. 3 = NZA 2005, 1111.

347 Diese Möglichkeit sieht etwa *Bachner/Lerch*, AiB 2005, 229, 230; *A. Birk*, DPL 2005, 200, 201; *Meyer*, NJW 2006, 3605, 3607.

348 Die §§ 305 Abs. 2, 3 BGB stehen einer dynamischen Verweisung sowohl auf betriebsinterne als auch auf betriebsexterne Ethikrichtlinie nicht entgegen, da sie in § 310 Abs. 4 S. 2 BGB für Arbeitsverträge ausgeschlossen sind; *Diehn*, NZA 2004, 129, 132.

349 Zu möglichen Labels und Mitgliedschaften oben § 1A.IV.

mit so einer Klausel rechnen brauchte – ein Schutz des Arbeitnehmers vor Überrumpelung[350].

[1] Statischer Verweis

Der statische Verweis eines Arbeitsvertrages auf ein anderes Regelwerk ist grundsätzlich objektiv nicht ungewöhnlich – vielmehr verweisen etwa 90 % aller Arbeitsverträge auf einen Tarifvertrag[351]. Entscheidender ist daher das subjektive Überraschungsmoment: Mußte der Arbeitnehmer mit der Einbeziehung der Ethikrichtlinie rechnen?

Soweit die Bezugnahmeklausel ausdrücklich und unmißverständlich auf die Ethikrichtlinie in einer bestimmten Fassung verweist, wird regelmäßig kein formal-überraschender Charakter vorliegen, wenn der Arbeitnehmer Kenntnis von der jeweiligen Ethikrichtlinie erlangt hat oder ohne unverhältnismäßigen Aufwand erlangen kann[352]: Möglich ist dafür entweder ein Anhang an den Arbeitsvertrag oder ein Aushang im Betrieb. Der Überraschungs-Charakter des Inhalts hängt erneut davon ab, ob der Arbeitnehmer damit rechnen mußte – regelmäßig wird er unter der Überschrift „Ethikrichtlinie" mit den bereits dargestellten typischen Inhalten rechnen müssen[353]. Der Ausschluß des überraschenden Charakters eröffnet – soweit die Ethikrichtlinie im übrigen wirksam einbezogen wurde – den Anwendungsbereich der Inhaltskontrolle gem. § 307 BGB[354].

Insgesamt verkürzt und vereinfacht eine statische Verweisung den Vertragstext[355]. Allerdings muß der Arbeitnehmer die Möglichkeit der Kenntnisnahme haben, so daß der bloße Verweis gegenüber der Aufnahme des ausdrücklichen Ethikrichtlinientextes in den Formulararbeitsvertrag keine Vorteile bringt. Zudem muß jede veränderte Fassung der Ethikrichtlinie neu vereinbart werden.

[2] Dynamischer Verweis

Problematischer ist der dynamische Verweis auf die „Ethikrichtlinie in der jeweils gültigen Fassung". Maßgeblich ist auch hier, ob die Bezugnahme überraschend ist. Dabei ist zu differenzieren:

---

350 Dazu etwa ErfK/*Preis*, BGB §§ 305-310 Rn. 32; *Stoffels*, AGB-Recht, Rn. 334; Palandt/*Heinrichs*, BGB, § 305c Rn. 3 f.

351 *Diehn*, NZA 2004, 129, 132.

352 ErfK/*Preis*, BGB §§ 305-310 Rn. 32.

353 Vgl. dazu die Beispiel-Ethikrichtlinie unter § 2D.

354 ErfK/*Preis*, BGB §§ 305-310 Rn. 33; ausführlich zu zulässigen Inhalten unten unter § 4.

355 *Oetker*, JZ 2002, 337.

Zunächst kann der Arbeitsvertrag auf eine unternehmensinterne Ethikrichtlinie verweisen. Möglicherweise wandeln sich die ethischen Vorstellungen des Unternehmens im Laufe der Zeit, so daß der Arbeitgeber den Inhalt der Ethikrichtlinie verändern möchte. Auch hier ist bezüglich des überraschenden Charakters vor allem der Schutz des Arbeitnehmers vor Überrumpelung maßgeblich: Der Arbeitnehmer muß wissen, welche Arbeitsvertragsbedingungen für ihn gelten.

Für Bezugnahmeklauseln auf Tarifverträge wird daher gefordert, daß die neuen Arbeitsbedingungen kraft Bezugnahme erst ab Kenntnis der Arbeitnehmer von der jeweiligen Änderung gelten [356]. Es soll darauf ankommen, ob der Arbeitnehmer mit der Änderung hätte rechnen müssen und ob sie hinnehmbar ist[357]. Dieser Gedanke für Tarifverträge kann indessen auf Ethikrichtlinien nicht ohne weiteres übertragen werden, da Tarifverträge gem. § 310 Abs. 4 S. 3 BGB ausdrücklich von der AGB-Kontrolle ausgenommen sind.

Dennoch könnte sich daraus ein Rückschluß für Ethikrichtlinien ergeben, so daß der Arbeitnehmer nur mit solchen Klauseln rechnen muß, deren Inhalt ihm bekannt ist. Im Unterschied zu Tarifverträgen besteht jedoch bei den einseitigen Ethikrichtlinien des Arbeitgebers keine Angemessenheitsvermutung[358]. Läse man eine einseitige Änderungsmöglichkeit des Arbeitgebers zu, so könnte dieser alle Arbeitsbedingungen für den Arbeitnehmer verändern. Einzig bliebe die Inhaltskontrolle nach §§ 307 ff. BGB. Jedoch ist der Überraschungsschutz bereits im Rahmen der wirksamen Einbeziehung zu prüfen. Im Ergebnis ist daher ein einseitiges Änderungsrecht des Arbeitgebers – auch mit nachträglicher Kenntnis der Arbeitnehmer – nicht zulässig.

Dieser Schutzgedanke führt auch dazu, daß der Arbeitgeber nicht dynamisch auf die Ethikrichtlinie eines Handelspartners verweisen darf: Wenn noch nicht einmal der Arbeitgeber einseitig die Vertragsbedingungen festlegen darf, darf erst Recht einem Dritten, also dem Handelspartner, nicht die Möglichkeit gewährt werden, die Arbeitsbedingungen des Arbeitnehmers zu bestimmen.

Insgesamt ist eine dynamische Verweisung letztendlich aufgrund der eingeschränkten Zulässigkeit der entsprechenden Verweisungsklauseln angesichts § 305c Abs. 1 BGB ungeeignet.

---

356 *Borgmann*, NZA 2003, 352, 354; *Eisenbeis/Nießen*, FS Leinemann, S. 697, 709; *Kock*, ArbRB 2006, 116.

357 *Thüsing/Lambrich*, NZA 2002, 1361, 1365; dazu auch HWK/*Gotthardt*, BGB, § 305c Rn. 5.

358 Zur Richtigkeitsgewähr bei Tarifverträgen nur Wiedemann/*Thüsing*, TVG, § 1 Rn. 246 ff.

c. *Direktionsrecht des Arbeitgebers*

Aus der Rechtsnatur des Arbeitsverhältnisses ergibt sich das Direktionsrecht des Arbeitgebers[359]: Der Arbeitnehmer verpflichtet sich zur Erbringung unselbständiger, weisungsgebundener Dienste – er unterwirft sich dem Direktionsrecht des Arbeitgebers. Dieser kann daher die Leistungen des Arbeitnehmers, insbesondere bezüglich des Inhalts, des Ortes und der Zeit näher bestimmen (vgl. § 106 S. 1 GewO)[360]. Die Beschreibung der Pflichten des Arbeitnehmers im Arbeitsvertrag bildet nur den Rahmen[361] – die konkrete Ausgestaltung ergibt sich im laufenden Arbeitsverhältnis.

[1] Eignung des Direktionsrechts

Die Eignung des Direktionsrechts für die Einführung einer Ethikrichtlinie wird in der Literatur unterschiedlich beurteilt[362]. Zumindest für sehr konkrete Regelungen innerhalb einer Ethikrichtlinie, die bestehende Pflichten des Arbeitnehmers aus dem Arbeitsvertrag oder dem Gesetz näher ausgestalten, wird das Direktionsrecht des Arbeitgebers als geeignet angesehen[363]. Als dafür beispielhafte Klauseln nennen *Schuster/Darsow* etwa:

> *„Bestimmungen zu gesetzes- und vertragstreuem Verhalten, zu redlichem Verhalten im Geschäftsverkehr, zum Umgang mit Arbeitgebereigentum, zur Verschwiegenheit, zur Meldung von Verstößen gegen das Gesetz oder die Ethikrichtlinie*[364]*, zur Anzeigepflicht über das Halten bestimmter Wertpapiere [...] und schließlich die Vorgabe, keine Schmiergelder oder vergleichbare Zahlungen (z.B. Kick-Backs) anzunehmen und/oder zu fordern.*[365]"

---

359 Staudinger/*Rieble* (2004) § 315 Rn. 172; anschaulich bezeichnet *Schöne*, NZA 2002, 829, 830 das Direktionsrecht als „Kernelement in den Beziehungen der Arbeitsvertragsparteien".

360 BAG vom 23.6.1993 – 5 AZR 337/92 – AP Nr. 42 zu § 611 BGB Direktionsrecht = EzA § 611 BGB Direktionsrecht Nr. 13 = NZA 1993, 1127; BAG vom 27.3.1980 – 2 AZR 506/78 – AP Nr. 26 zu § 611 BGB Direktionsrecht = EzA § 611 BGB Direktionsrecht Nr. 2 = BAGE 33, 71; *Meyer*, NJW 2006, 3605, 3608; *Preis*, § 18 VI.; *E. Weber*, BB 1996, 2246; *Wiese*, ZfA 2006, 631, 643.

361 *Hunold*, NZA-RR 2001, 337; *Lakies*, BB 2003, 364.

362 Zum Streitstand nur *Eisenbeis/Nießen*, FS Leinemann, S. 697, 704 ff.

363 *Schuster/Darsow*, NZA 2005, 273; dazu auch *Barthel/Huppertz*, AuA 2006, 204; *A. Birk*, DPL 2005, 200, 201; *Borgmann*, NZA 2003, 352, 353 f.; *Kock*, MDR 2006, 673; *Meyer*, NJW 2006, 3605, 3608; *Ohlendorf/Bünning*, AuA 2006, 200, 201; *Wisskirchen*, Personalführung 2006, 62, 63; kritisch zur Eignung des Direktionsrechts *Eisenbeis/Nießen*, FS Leinemann, S. 697, 708.

364 Zur Meldepflicht nur *Barthel/Huppertz*, AuA 2006, 204, 205.

365 *Schuster/Darsow*, NZA 2005, 273.

[2] Kritik gegen Eignung

Der Hauptkritikpunkt gegen die Einführung einer Ethikrichtlinie mittels des Direktionsrechts besteht darin, daß aufgrund der zahlreichen Grenzen des Direktionsrechts eine Ethikrichtlinie insgesamt kaum jemals eingeführt werden kann. Diese Kritik läßt sich beispielhaft an einigen Begrenzungen des Direktionsrechts verdeutlichen:

Zunächst ist jede Änderung oder Erweiterung der arbeitsvertraglich vereinbarten, hinreichend konkreten Pflichten unzulässig[366]. Je ausführlicher die Angaben im Arbeitsvertrag sind, desto eingeschränkter sind die Spezifikationsmöglichkeiten des Arbeitgebers[367].

Überdies ist ein Eingriff des Arbeitgebers in den privaten Bereich des Arbeitnehmers ohnehin im Grundsatz unzulässig. Zudem begrenzt der erforderliche Bezug zur konkreten Arbeitsleistung[368] die Möglichkeit der Einführung der Ethikrichtlinie mittels des Direktionsrechts. Etwa kann über das Direktionsrecht die typische Pflicht, Nebentätigkeiten anzuzeigen und Angaben über den Besitz von vermögenswerten Aktien zu machen, nicht eingeführt werden. Das BAG hält dazu in der Handelsblatt-Entscheidung[369] fest, daß es nicht möglich ist, durch das Direktionsrecht die Ausübung von Nebentätigkeit von der Erlaubnis des Arbeitgebers abhängig zu machen und daß auch die Offenlegung von privaten Vermögensverhältnissen nicht verlangt werden kann[370]. Das BAG wollte somit einen Arbeitsvertragsvorbehalt festlegen: Besonders wichtige Fragen im Zusammenhang mit dem Arbeitsverhältnis können nur arbeitsvertraglich eingeführt werden. Das Direktionsrecht scheidet zur Regelung wesentlicher Fragen aus.

Als weitere Einschränkung muß die Ausübung des Direktionsrechts durch den Arbeitgeber billigem Ermessen entsprechen[371]. Das ergibt sich nicht nur aus dem Wortlaut des § 106 S. 1 GewO[372], sondern auch aus dem Charakter des Direktionsrechts als Leistungsbestimmungsrecht i.S.d. § 315 BGB[373]. Gleichwohl ist das Direktionsrecht vom allgemeinen Leistungsbestimmungsrecht des

---

366 *Bachner/Lerch*, AiB 2005, 229, 230; *Kock*, MDR 2006, 673; *ders.*, ArbRB 2006, 116; *Lakies*, BB 2003, 364, 368; *Mahnhold*, S. 155 f.; *E. Weber*, BB 1996, 2246, 2247.

367 *Wallner*, Die ordentliche Änderungskündigung des Arbeitgebers, S. 67.

368 *Eisenbeis/Nießen*, FS Leinemann, S. 697, 706; *Schuster/Darsow*, NZA 2005, 273; *Wisskirchen/Jordan/Bissels*, DB 2005, 2190; *Wisskirchen*, Personalführung 2006, 62, 63.

369 Diesen Namen verwenden *Eisenbeis/Nießen*, FS Leinemann, S. 697, 708.

370 BAG vom 28.5.2002 (Fn. 332).

371 *Meyer*, NJW 2006, 3605, 3608.

372 *Kock*, MDR 2006, 673, 674; *ders.*, ArbRB 2006, 116, 117.

373 *Mahnhold*, S. 156.

§ 315 BGB abzugrenzen, da § 315 Abs. 1 BGB als allgemeiner zivilrechtlicher Grundsatz für alle Schuldverhältnisse mit nachträglicher Leistungskonkretisierung festhält, „daß die Bestimmung nach billigem Ermessen zu treffen ist“[374]. § 315 BGB setzt voraus, daß überhaupt eine vertragliche Vereinbarung über ein Leistungsbestimmungsrecht besteht – § 106 GewO stellt hingegen nur klar, daß sich das Direktionsrecht unmittelbar aus dem Arbeitsvertrag ergibt[375]. Zudem verbraucht sich das allgemeine Leistungsbestimmungsrecht grundsätzliche in einer einmaligen Ausübung, wohingegen das Direktionsrecht des Arbeitgebers im Arbeitsverhältnis als Dauerschuldverhältnis ein Dauerrecht darstellt[376]. Dennoch gilt die Schranke des § 315 Abs. 1 BGB auch für das arbeitsvertragliche Direktionsrecht[377].

Im Rahmen des billigen Ermessens ist eine Interessenabwägung vorzunehmen[378], wobei sich das Interesse des Arbeitgebers an der Einhaltung der Ethikrichtlinie und die mögliche Beeinträchtigung des Arbeitnehmers gegenüberstehen. In diesem Zusammenhang stellt sich die Frage, wie eine bestehende gesetzliche Verpflichtung etwa aus dem SOA bei der Interessenabwägung zu gewichten ist[379].

Möglich erscheint, für diese Konstellation regelmäßig ein umfassendes Interessenübergewicht des Arbeitgebers anzunehmen[380]. Zudem könnte auch eine Einschränkung nur für bestimmte gesetzliche Vorschriften oder Klauselinhalte bestehen[381]. Sowohl gegen ein generelles als auch gegen ein auf bestimmte Klauseln beschränktes Interessenübergewicht des Arbeitgebers führen *Eisenbeis/Nießen* an, daß jedenfalls für Regelungen des außerdienstlichen Verhaltens keine „Blankoermächtigung“ zulässig ist[382]. Wesentliche Fragen des Arbeitsvertrages können nicht mit Hilfe des Direktionsrechts behandelt werden, sondern bedürfen einer arbeitsvertraglichen Regelung.

---

374 *Schöne*, NZA 2002, 829, 831.

375 § 106 AbS. 1 GewO ist nämlich gerade nicht anspruchsbegründend, HWK/*Lembke*, GewO, § 106 Rn. 117; *Schöne*, NZA 2002, 829, 831; Staudinger/*Rieble* (2004) § 315 Rn. 172.

376 MüKoBGB/*Gottwald*, § 315 Rn. 34, 69; Staudinger/*Rieble* (2004) § 315 Rn. 264 f.

377 So etwa BAG vom 11.4.2006 – 9 AZR 557/05 – AP Nr. 17 zu § 307 BGB = EzA § 308 BGB 2002 Nr. 5 = NZA 2006, 1149.

378 BAG vom 23.6.1993 (Fn. 360); BAG vom 19.6.1985 – 5 AZR 57/84 – AP Nr. 11 zu § 4 BAT = EzA § 315 BGB Nr. 32 = DB 1986, 132; *Borgmann*, NZA 2003, 352, 354; *Lakies*, BB 2003, 364, 366; *Mahnhold*, S. 156.

379 Zum Streitstand etwa *Eisenbeis/Nießen*, FS Leinemann, S. 697, 707 f.

380 *Schuster/Darsow*, NZA 2005, 273, 274.

381 So *Borgmann* für Compliance-Richtlinien in Wertpapierdienstleistungsunternehmen, NZA 2003, 352, 354.

382 *Eisenbeis/Nießen*, FS Leinemann, S. 697, 707.

Dem ist zu folgen: Eine stärkere Gewichtung der Arbeitgeberinteressen ist nur möglich, soweit die „anderen Voraussetzungen“ des Direktionsrechts vorliegen, wie etwa der von *Eisenbeis/Nießen* geforderte Bezug zum konkreten Arbeitsverhalten. Die Interessenabwägung sollte daher stets erst dann vorgenommen werden, wenn die „anderen Voraussetzungen“ für das Eingreifen des Direktionsrechts, erfüllt sind.

Im Ergebnis ist eine gesetzliche Pflicht zum Erlaß einer Ethikrichtlinie für den Arbeitgeber zwar stärker zu gewichten, jedoch darf nicht für alle Fälle pauschal ein Übergewicht angenommen werden.

[3] Zwischenergebnis

Wenngleich die gegen das Direktionsrecht angeführte Kritik, etwa daß kein außerdienstliches Verhalten geregelt werden darf, auch anderen rechtstechnischen Geltungsgrundlagen entgegen gehalten werden kann, ist das Direktionsrecht im Ergebnis zur Einführung einer kompletten Ethikrichtlinie ungeeignet: Es können nur Regelungen eingeführt werden, die arbeitsvertragliche Pflichten konkretisieren und nicht verändern oder erweitern.

Diese nur teilweise Einführung durch das Direktionsrecht führt zur Gefahr der Zersplitterung der Ethikrichtlinie[383], so daß etwa der Zweck der Vereinheitlichung der Arbeitsbedingungen nicht erreicht werden kann. Zudem bietet eine einheitliche Einführung den Vorteil, daß sie mit weniger Aufwand verbunden ist und die nötige inhaltliche Klarheit schafft. Somit ist allenfalls eine Einführung über das Direktionsrecht nur für solche Ethikregeln zu empfehlen, die ausschließlich die Konkretisierung arbeitsvertraglicher Pflichten umfassen – derartige Ethikregeln stellen aber nicht den Regelfall dar.

Sollten dennoch Ethikrichtlinien durch das Direktionsrecht eingeführt werden, so reicht aufgrund der einseitigen Ausgestaltung des Direktionsrechts eine einseitige Bekanntgabe des Arbeitgebers – etwa durch einen Aushang am schwarzen Brett, einen Anhang an eine Gehaltsabrechnung oder das Einstellen ins Intranet des Unternehmens[384].

d. Änderungsvereinbarung

Die Ethikrichtlinie kann in den bestehenden Arbeitsvertrag als Zusatz-, bzw. Änderungsvereinbarung aufgenommen werden[385]. Arbeitgeber und Arbeitnehmer

---

383 *Eisenbeis/Nießen*, FS Leinemann, S. 697, 709.

384 *Kock*, MDR 2006, 673.

385 *Barthel/Huppertz*, AuA 2006, 204; *Borgmann*, NZA 2003, 352, 354; *Kock*, MDR 2006, 673; *Ohlendorf/Bünning*, AuA 2006, 200, 201.

einigen sich ausdrücklich auf die Einbeziehung der Richtlinie in das Arbeitsverhältnis, wobei bloßes Schweigen des Arbeitnehmers auf eine Mitteilung des Arbeitgebers freilich nicht ausreicht[386].

Der Vorteil dieser einvernehmlichen Vertragsänderung liegt in der beidseitigen Akzeptanz der neuen Bedingungen, so daß eine Belastung des Betriebsklimas weitgehend vermieden werden kann[387]. Neben der Einführung bei Neueinstellungen wird die Änderungsvereinbarung in der Literatur als *„einzig [sicherer] Weg zu einer vollständigen Einbeziehung"* der Ethikrichtlinie bezeichnet[388]. Beispielhaft für diese Einführungsform forderte die Arbeitgeberin in der Handelsblatt-Entscheidung des BAG von den bei ihr beschäftigten Redakteuren die Zustimmung zu den Ethikregeln und strebte damit eine Einigung in Form einer vertraglichen Absprache an[389].

Der Nachteil liegt erneut in einem hohen Organisationsaufwand. Auch im Wege der Vertragsänderung ist jedoch ein Verweis auf die Ethikrichtlinie als Allgemeine Geschäftsbedingung möglich[390].

e. Änderungskündigung

Einigen sich Arbeitgeber und Arbeitnehmer nicht freiwillig auf die Einführung der Ethikrichtlinie, so stellt sich die Frage, ob der Arbeitgeber die Ethikrichtlinie mittels einer betriebsbedingten Änderungskündigung einführen kann.

[1] Voraussetzungen

Gem. § 2 S. 1 KSchG kann der Arbeitgeber das Arbeitsverhältnis kündigen und dem Arbeitnehmer in diesem Zusammenhang die Fortsetzung des Arbeitsverhältnisses zu geänderten Bedingungen anbieten. Die Änderungskündigung ist damit ein aus zwei Willenserklärungen zusammengesetztes einseitiges Rechtsgeschäft: Es besteht aus der Kündigung und dem Änderungsangebot[391]. Die Ände-

---

386 *Eisenbeis/Nießen*, FS Leinemann, S. 697, 710.
387 *Spirolke/Regh*, Die Änderungskündigung, S. 40.
388 *Eisenbeis/Nießen*, FS Leinemann, S. 697, 712.
389 BAG vom 28.5.2002 (Fn. 332).
390 Zu dieser Einführung schon oben § 3A.II.1.b.
391 So die herrschende Meinung BAG vom 21.4.2005 – 2 AZR 132/04 – AP Nr. 79 zu § 2 KSchG 1969 = EzA § 2 KSchG Nr. 53 = NZA 2005, 1289; BAG vom 17.5.2001 – 2 AZR 460/00 – EzA § 620 BGB Kündigung Nr. 3 = NZA 2002, 54 (LS); *Benecke*, NZA 2005, 1092, 1093; *Fischermeier*, NZA 2000, 737; *Mahnhold*, S. 217; *Wallner*, S. 47; anders aber etwa *Berkowsky*, BB 1999, 1266, der in der Änderungskündigung zwei Rechtsgeschäfte sieht.

rungskündigung ist als ordentliche sowie als außerordentliche Kündigung möglich[392].

Besondere Voraussetzung der Änderungskündigung ist ein erfolgloses Verhandeln über den Inhalt der veränderten Arbeitsbedingungen[393]. Für den Fall der Ethikrichtlinie bedeutet dies, daß der Arbeitgeber sich zunächst an den Arbeitnehmer wenden muß, um mit diesem einvernehmlich die Einführung zu versuchen.

Für die Änderungskündigung gelten alle Wirksamkeitsvoraussetzungen einer Beendigungskündigung[394]: Sie muß form- und fristgemäß (§§ 622 ff. BGB) erklärt werden und der Betriebsrat ist zu beteiligen (§ 102 Abs. 1 S. 1 BetrVG). Außerdem muß sie sozial gerechtfertigt i.S.d. § 1 Abs. 1 S. 1 KSchG sein.

[a] Insbesondere: Soziale Rechtfertigung

Im Rahmen der Änderungskündigung ist umstritten, ob sich die soziale Rechtfertigung auf die Kündigung oder auf die neuen Arbeitsbedingungen beziehen muß[395]. Die Entscheidung hängt maßgeblich vom Schutzgedanken des § 2 KSchG ab. Versteht man diesen als Bestandsschutz, so muß die Kündigung sozial gerechtfertigt sein – dient er dem Schutz des Inhalts des Arbeitsverhältnisses, müssen die neuen Arbeitsbedingungen einer Prüfung der sozialen Rechtfertigung standhalten. Bezogen auf die Ethikrichtlinie ist diese Frage von Bedeutung, da demnach entweder die Kündigung oder die Ethikregel auf ihre soziale Rechtfertigung hin zu untersuchen ist.

Für den Bestandsschutz als Zweck des § 2 KSchG könnte man anführen, daß Kündigungsschutz stets dem Bestand des Arbeitsverhältnisses dient und demnach für eine Änderungskündigung nichts anderes gelten kann. Jedoch ist zu berücksichtigen, daß als Besonderheit der Änderungskündigung bei dieser nicht das Weiterbestehen des ursprünglichen Arbeitsverhältnisses im Vordergrund steht, sondern die geänderten Bedingungen[396]. Dieses zeigt schon der Wortlaut des § 2 Abs. 1 S. 1 KSchG, in dem es heißt, „*...daß die Änderung der Arbeitsbedingungen nicht sozial ungerechtfertigt ist*“[397]. Außerdem ist der Wille des Arbeit-

392 *Fischermeier*, NZA 2000, 737.

393 HWK/*Molkenbur*, KSchG, § 2 Rn. 3.

394 Zu den Einzelheiten der Wirksamkeitsvoraussetzungen nur *Wallner*, S. 58 ff.

395 Zum Streitstand nur *Hromadka*, DB 2002, 1322 ff.; *Precklein*, Prüfungsmaßstab bei der Änderungskündigung, S. 19 ff.

396 HWK/*Molkenbur*, KSchG, § 2 Rn. 22.

397 *Hromadka*, DB 2002, 1322.

gebers zu beachten, der nicht auf eine Entlassung, sondern auf eine Weiterbeschäftigung zu geänderten Bedingungen gerichtet ist[398].

Somit ist die soziale Rechtfertigung der neuen Arbeitsbedingungen, also der Ethikrichtlinie, entscheidend: Sie muß für den Arbeitnehmer billigerweise hinzunehmen sein, wobei die Billigkeit jeder Einzelregelung zu prüfen ist[399].

[b] Dringende betriebliche Erfordernisse

Für Ethikrichtlinien stellt sich insbesondere die Frage, ob für die Änderungskündigung ein „dringendes betriebliches Erfordernis" i.S.d. § 1 Abs. 2 S. 1 KSchG vorliegt. In Betracht kommt dafür neben der gesetzlichen Verpflichtung aus dem SOA auch ein Kundeninteresse an ethischem Unternehmerhandeln oder der Wunsch nach weltweit-einheitlichen Arbeitsbedingungen.

Für eine betriebsbedingte Änderungskündigung gelten im Grundsatz die gleichen Voraussetzungen wie für die betriebsbedingte Beendigungskündigung[400]. Ein betrieblicher Grund erfordert eine unternehmerische Entscheidung, deren Grundlage – unabhängig von der Person des Arbeitnehmers – in betriebsbezogenen Umständen besteht[401]. Zudem müssen die geänderten Bedingungen für den Arbeitnehmer billigerweise hinnehmbar sein[402]. Schließlich muß das betriebliche Erfordernis „dringlich" sein, so daß es dem Arbeitgeber nicht möglich sein darf, die Entscheidung auf anderem Wege als durch das Änderungsangebot durchzuführen[403].

Der SOA verpflichtet – wie oben schon ausgeführt[404] – auch deutsche Unternehmen, die an der New Yorker Börse gelistet sind, oder deutsche Töchter US-amerikanischer, börsennotierter Unternehmen zum Erlaß einer Ethikrichtlinie. Soweit es dem Arbeitgeber nicht möglich ist, die Ethikrichtlinie auf anderem Wege ins Arbeitsverhältnis einzuführen, beispielsweise durch eine einvernehmliche Änderungsvereinbarung[405], bildet die Verpflichtung aus dem SOA einen „mittelbaren" betrieblichen Grund: Das Gesetz verpflichtet den Arbeitgeber zur unternehmerischen Entscheidung, also dazu eine gestaltende betriebsorganisato-

---

398 ErfK/*Ascheid*/*Oetker*, KSchG, § 2 Rn. 45.

399 *Borgmann*, NZA 2003, 352, 355; HWK/*Molkenbur*, KSchG, § 2 Rn. 4.

400 APS/*Künzl*, § 2 Rn. 247.

401 *v. Hoyningen-Huene*/*Linck*, KSchG, § 1 Rn. 682 ff.

402 BAG vom 23.6.2005 – 2 AZR 642/04 – AP Nr. 81 zu § 2 KSchG 1969 = EzA § 2 KschG Nr. 54 = NZA 2006, 92; APS/*Künzl*, § 2 Rn. 247.

403 *v. Hoyningen-Huene*/*Linck*, KSchG, § 2 Rn. 140 ff.

404 Ausführlich dazu oben § 1C.IV.

405 Zu weiteren vorzugswürdigen Gestaltungsmitteln nur *v. Hoyningen-Huene*/*Linck*, KSchG, § 2 Rn. 29 ff.

rische Maßnahme durchzuführen, konkret: Zur Einführung der Ethikrichtlinie. Die außerbetrieblichen Gründe, also der SOA, sind von der Unternehmerentscheidung zu trennen[406], so daß die gesetzliche Verpflichtung vielmehr nur einen „mittelbaren" betrieblichen Grund darstellt. Soweit eine gesetzliche Verpflichtung aus dem SOA besteht und keine Einführung der Ethikrichtlinie auf anderem Wege möglich ist, ist eine betriebsbedingte Änderungskündigung zulässig[407].

Ein weiteres betriebliches Erfordernis kann potentieller Druck der Öffentlichkeit, von Kunden oder Aktionären darstellen, die ein bestimmtes ethisch-korrektes Verhalten des Unternehmens oder konkret die Einführung einer Ethikrichtlinie, fordern. Solchem Druck nicht nachzugeben, kann unternehmerische Schäden verursachen.

Gerade mit Blick auf die Rechtsprechung des BAG in der Kopftuch-Entscheidung erscheint es jedoch zweifelhaft, inwieweit etwa eine bloße Vermutung eines wirtschaftlichen Schadens als Rechtfertigung ausreichen kann: Dort hielt das BAG fest, daß „*... abzuwarten ist, ob sich ihre Befürchtungen in nennenswertem Maße realisieren*" würden[408]. Obgleich es in der Entscheidung um die Bewertung einer personenbedingten Kündigung ging, kann ihr dennoch entnommen werden, daß eine bloße Vermutung oder Befürchtung regelmäßig nicht ausreicht.

Daher muß der Arbeitgeber, soweit eine Ethikrichtlinie mittels einer betriebsbedingten Änderungskündigung aufgrund öffentlichen Drucks eingeführt werden soll, die „wirtschaftlichen Auswirkungen" des öffentlichen Drucks und deren Ausmaß substantiiert darlegen können. Erforderlich erscheinen daher ernsthafte Umsatzeinbußen, etwa weil ein Geschäftspartner den geschäftlichen Kontakt sonst abbricht oder weil die Kunden das Produkt ansonsten nicht mehr kaufen würden[409].

Richtigerweise wird in der Literatur angenommen, daß der bloße Wunsch nach weltweit-einheitlichen Arbeitsbedingungen nicht als ausreichender betrieblicher Grund für eine Änderungskündigung möglich ist[410]. Soweit keine gesetzliche Verpflichtung zu einheitlichen Bedingungen besteht und uneinheitliche Bedingungen auch nicht zu konkreten wirtschaftlichen Schäden – wie schon beim öffentlichen Druck dargestellt – führen, ist die Arbeitgeberentscheidung nicht

---

406 *v. Hoyningen-Huene/Linck*, KSchG, § 1 Rn. 690.

407 *Borgmann*, NZA 2003, 352, 355; *Meyer*, NJW 2006, 3605, 3608.

408 BAG vom 10.10.2002 – 2 AZR 472/01 – AP Nr. 44 zu § 1 KSchG 1969 Verhaltensbedingte Kündigung = EzA § 1 KSchG Verhaltensbedingte Kündigung Nr. 58 =NZA 2003, 483.

409 Für eine Anpassung an Marktgegebenheiten *Borgmann*, NZA 2003, 352, 355; für Nachfragerückgang *v. Hoyningen-Huene/Linck*, KSchG, § 1 Rn. 687.

410 Ablehnend *Borgmann*, NZA 2003, 352, 355; *Meyer*, NJW 2006, 3605, 3608.

dringlich i.S.d. § 1 Abs. 2 S. 1 KSchG, sondern vielmehr geht das Bestandsschutzinteresse des Arbeitnehmers vor.

[c] Vorrang des Direktionsrechts?

Zudem führt der Ultima-Ratio-Gedanke der Änderungskündigung dazu, daß keine milderen Mittel zur Einführung der neuen Arbeitsbedingungen möglich sein dürfen[411] – das Verbot einer „überflüssigen" Änderungskündigung[412]. Es ist umstritten, ob die Umsetzung einer Maßnahme mittels des Direktionsrechts als milderes Mittel gegenüber einer Änderungskündigung anzusehen ist[413]. Ist die Einführung der Ethikrichtlinie im Wege einer Änderungskündigung möglich, obwohl sie auch mittels des Direktionsrechts eingeführt werden könnte?

Es wurde bereits dargestellt, daß sich die soziale Rechtfertigung der Änderungskündigung auf die neuen Arbeitsbedingungen bezieht. Nach Ansicht des BAG handelt der Arbeitgeber daher nicht unverhältnismäßig, wenn er – im Falle eines gerichtlichen Streits über den Inhalt des Direktionsrechts – das Mittel der Änderungskündigung dem Direktionsrecht vorzieht[414]: Streitgegenstand der Änderungsschutzklage sei die inhaltliche Ausgestaltung des Arbeitsverhältnisses und gerade nicht dessen Bestand[415], da die Änderungsschutzklage auf die Feststellung ziele, daß für das Arbeitsverhältnis nicht die Bedingungen der Änderungskündigung gelten[416]. § 2 S. 1 KSchG bietet dem Arbeitnehmer die Möglichkeit, die Änderungskündigung unter Vorbehalt anzunehmen: Soweit der Arbeitnehmer unter Vorbehalt die geänderten Bedingungen angenommen hat, kann auch der Umstand, daß eine Einführung über das Direktionsrecht möglich gewe-

---

411 BAG vom 28.4.1982 – 7 AZR 1139/79 – AP Nr. 3 zu § 2 KSchG 1969 = EzA § 2 KSchG Nr. 4 = NJW 1982, 2687; *Spirolke/Regh*, S. 40; *v. Hoyningen-Huene/Linck*, KSchG, § 2 Rn. 29 ff.; APS/*Künzl*, § 2 Rn. 123 ff.

412 *Benecke*, NZA 2005, 1092, 1093.

413 Für das Direktionsrecht als grundsätzlich milderes Mittel etwa BAG vom 26.1.1995 – 2 AZR 428/94 – AP Nr. 37 zu § 2 KSchG 1969 = NZA 1995, 628 = EzA § 2 KSchG Nr. 21; *Borgmann*, NZA 2003, 352, 355; *Fischermeier*, NZA 2000, 737, 739; HWK/*Molkenbur*, KSchG, § 2 Rn. 43; *Lakies*, BB 2003, 364; *Wallner*, S. 66, 82; kritisch für Ethikrichtlinien *Meyer*, NJW 2006, 3605, 3608; ausführlich zum Streitstand *Benecke*, NZA 2005, 1092, 1094 ff.; ErfK/*Ascheid/Oetker*, KSchG, § 2 Rn. 17; *v. Hoyningen-Huene/Linck*, KSchG, § 2 Rn. 55.

414 Dazu ErfK/*Ascheid/Oetker*, KSchG, § 2 Rn. 17; *v. Hoyningen-Huene/Linck*, KSchG, § 2 Rn. 55.

415 BAG vom 21.2.1991 – 2 AZR 432/90 – n.v.

416 BAG vom 24.8.2004 – 1 AZR 419/03 – BAGE 111, 361 = AP Nr. 77 zu § 2 KSchG 1969 = NZA 2005, 51 = EzA § 2 KSchG Nr. 51; kritisch dazu *Benecke*, NZA 2005, 1092 ff.; *v. Hoyningen-Huene/Linck*, KSchG, § 2 Rn. 56.

sen wäre, nicht zur Unverhältnismäßigkeit des mit der Kündigung verbundenen Änderungsangebots führen[417].

In diesem Zusammenhang spricht das BAG ausdrücklich davon, daß die Arbeitgeberin *„zur Durchsetzung ihres Direktionsrechts das Mittel der Änderungskündigung gewählt"* hat[418]. Danach geht das Direktionsrecht nicht in jedem Fall einer Änderungskündigung vor[419].

Zweifel an den Ausführungen des BAG bestehen jedoch mit Blick auf den Androhungscharakter der Änderungskündigung: Während sich das Direktionsrecht unmittelbar aus dem Arbeitsverhältnis ergibt und als dessen Kernelement gerade seine Typik ausmacht[420], hat die Änderungskündigung einen negativen Beigeschmack: Der Arbeitnehmer unterwirft sich dem Weisungsrecht des Arbeitgebers und weiß daher, daß er die Weisungen des Arbeitgebers befolgen muß.

Im Unterschied dazu umfaßt die Änderungskündigung per se stets auch die Androhung der Beendigung des Arbeitsverhältnisses – daher hat der Gesetzgeber ihr auch die strengere Grenze der sozialen Rechtfertigung unterstellt. Daß der Arbeitnehmer die Änderungskündigung unter Vorbehalt annehmen kann[421], berührt die grundsätzliche Androhung der Beendigung nicht. Gerade dieser Drohungs-Charakter fehlt einer Ausübung mittels des Direktionsrechts. Im Grundsatz ist daher aufgrund der Geltung des Verhältnismäßigkeitsgrundsatzes das Direktionsrecht im Ergebnis als milderes Mittel zu bewerten und einer Änderungskündigung regelmäßig vorzuziehen.

[2] Eignung der Änderungskündigung

Besteht eine gesetzliche Pflicht zur Einführung einer Ethikrichtlinie oder kann der Arbeitgeber aufgrund eines starken öffentlichen Verlangens nach Ethikrichtlinien wirtschaftliche Schäden belegen, liegt ein betriebliches Erfordernis i.S.d. §1 Abs. 2 S. 1 KSchG vor.

Soweit der Inhalt einer Ethikrichtlinie mittels des Direktionsrechts eingeführt werden kann, ist die Zulässigkeit der Änderungskündigung allerdings zweifelhaft. Daher eignet sich die Änderungskündigung besonders für die Inhalte, die nicht

---

417 BAG vom 26.1.1995 – 2 AZR 371/94 – BAGE 79, 159 = AP Nr. 36 zu § 2 KSchG 1969 = EzA § 2 KSchG Nr. 22 = NZA 1995, 626.

418 BAG vom 21.2.1991 – 2 AZR 432/90 – n.v.

419 Zudem sieht auch das LAG Berlin die Möglichkeit, eine unwirksame Änderungskündigung in die Ausübung eines Direktionsrechts umzudeuten, LAG Berlin vom 29.11.1999 – 9 SA 1277/99 – NZA-RR 2000, 131 = LAGE § 2 KSchG Nr. 36 = MDR 2000, 709.

420 *Schöne*, NZA 2002, 829, 830.

421 ErfK/*Ascheid*/*Oetker*, KSchG, § 2 Rn. 17.

mittels des Direktionsrechts eingeführt werden können, also vor allem für Ethikregeln, die eine Veränderung oder Erweiterung bestehender Arbeitspflichten vorsehen[422].

Stets ist dabei zu bedenken, daß die Kündigung als Druckmittel das Arbeitsklima beeinträchtigen kann und zudem die Gefahr eines Kündigungsschutzprozesses birgt.

2. Betriebliche Übung

Denkbar erscheint ferner, daß die Ethikrichtlinie als betriebliche Übung in das Arbeitsverhältnis einwirkt. Dabei ist grundsätzlich zu differenzieren zwischen Inhalten, die „Rechte" für Arbeitnehmer vorsehen, und Inhalten, die Verhaltenspflichten für Arbeitnehmer vorgeben, also etwa wenn sich ein Unternehmen durch ein Selbstbekenntnis bestimmte ethische Vorgaben auferlegt[423].

a. Arbeitnehmerrechte

Soweit eine Ethikrichtlinie ein besonderes ethisches Verhalten der Unternehmensleitung gegenüber den Arbeitnehmern vorsieht und diese ethischen Handlungen wiederholt und vorbehaltlos gegenüber dem Arbeitnehmer vorgenommen werden, könnte ein Anspruch des Arbeitnehmers auf die Fortsetzung dieser Ethikrichtlinien-Anwendung bestehen[424]. Als Anspruchsgrundlage kommt das gewohnheitsrechtlich anerkannte[425] Institut der betrieblichen Übung in Betracht. Danach haben Arbeitnehmer einen Anspruch auf eine Leistung, die bereits dreimalig vorbehaltlos vom Arbeitgeber gewährt wurde[426]. Diese Leistung kann sich

422 Dabei ist jedoch zu beachten, daß die neuen Bedingungen hinnehmbar sein müssen und sich nicht weiter vom bisherigen Inhalt entfernen dürfen, als erforderlich, BAG vom 23.6.2005 (Fn. 402).

423 Vergleichbar unterscheidet schon *Bepler*, RdA 2004, 226 ff. in seiner Gliederung zwischen „Rechtsansprüchen aus betrieblicher Übung" und der „Beseitigung von Rechtspositionen"

424 *Hromadka*, NZA 1984, 241, 245 hat festgehalten, daß Arbeitgeber in ihren Selbstdarstellungen etwa mit „traditionellen Sozialleistungen".

425 In der Rspr. etwa schon BAG vom 8.11.1957 – 1 AZR 123/56 – AP Nr. 2 zu § 242 BGB Betriebliche Übung = BAGE 5, 44, aktuell BAG vom 21.6.2005 – 9 AZR 200/04 – AP Nr. 11 zu § 55 InsO = EzA § 7 BurlG Nr. 114; in der Literatur nur *Bepler*, RdA 2004, 226 ff.; ErfK/*Preis*, § 611 BGB, Rn. 261 ff.; *Florig*, Die Rechtsnatur und Abdingbarkeit betrieblicher Übungen, arbeitsvertraglicher Einheitsregelungen und Gesamtzusagen, S. 4 ff.; HWK/*Thüsing*, BGB, § 611 Rn. 228 ff.; *Waltermann*, RdA 2006, 257 f.

426 *Kettler*, NZA 2001, 928, 929.

auf jedes Verhalten des Arbeitgebers und jeden Inhalt richten, so daß jede Arbeitsbedingung einbezogen werden kann[427], soweit keine anderweitige Anspruchsgrundlage besteht[428].

Über die Begründung der betrieblichen Übung herrscht Uneinigkeit: Während die Vertragstheorie im Verhalten des Arbeitgebers ein konkludentes Angebot zur Vertragsänderung und im Weiterarbeiten des Arbeitnehmers eine Annahme desselben sieht[429], nimmt die Vertrauenstheorie die Entstehung eines Vertrauenstatbestandes an[430].

Trotz unterschiedlicher Begründung sehen beide Theorien eine dreimalige vorbehaltslose Gewährung der Leistung als Grundvoraussetzung des Anspruchs[431]. Somit ist es zumindest theoretisch vorstellbar, daß der Arbeitgeber dreimalig vorbehaltlos eine Ethikrichtlinie anwendet und die Arbeitnehmer daher einen Anspruch auf die Fortsetzung dieser Anwendung haben[432].

b. Arbeitnehmerpflichten

Im Schwerpunkt zielen Ethikrichtlinien jedoch auf die Begründung von Verhaltenspflichten für die Arbeitnehmer ab. Theoretisch möglich erscheint das Institut der umgekehrten betrieblichen Übung[433]: Erfüllen Arbeitnehmer vorbehaltlos dreimalig die Verhaltenspflicht aus einer Ethikrichtlinie des Arbeitgebers, kann sich damit ein Anspruch des Arbeitgebers aus negativer betrieblicher Übung ergeben, so daß die Arbeitnehmer auch in der Zukunft diese Verhaltensvorgabe beachten müssen[434]. Ein bloßes Schweigen als Folge eines Ethikrichtlinien-Erlasses

---

427 ErfK/*Preis*, § 611 BGB, Rn. 261, 269.

428 BAG vom 10.12.2002 – 3 AZR 671/01 – AP Nr. 252 zu § 611 BGB Gratifikation = NZA 2003, 1360; BAG vom 27.6.1985 – 6 AZR 392/81 – AP Nr. 14 zu § 77 BetrVG1972 = EzA § 77 BetrVG 1972 Nr. 16 = NZA 1986, 401.

429 BAG vom 24.6.2003 – 9 AZR 302/02 – AP Nr. 63 zu § 242 BGB Betriebliche Übung = EzA § 125 BGB 2002 Nr. 2 = NZA 2003, 1145; BAG vom 21.1.1997 – 1 AZR 572/96 – AP Nr. 64 zu § 77 BetrVG 1972 = EzA § 242 BGB Betriebliche Übung Nr. 36 = NZA 1997, 378; BAG vom 14.8.1996 – 10 AZR 69/96 – AP Nr. 47 zu BGB § 242 Betriebliche Übung = EzA § 611 BGB Gratifikation, Prämie Nr. 144 = NZA 1996, 1323;dazu auch *Waltermann*, RdA 2006, 257, 259 ff.

430 Grundlegend *Canaris*, Die Vertrauenshaftung im deutschen Privatrecht, S. 254 ff.; *Singer*, ZfA 1993, 487, 494.

431 Ausführlicher zu den Voraussetzungen nur *Gamillscheg*, FS Hilger und Stumpf, S. 227 ff.

432 Ausführlich zur Entstehung von Arbeitnehmerrechten aus Vertrauenshaftung unten § 3B.VII.1.c.

433 *Bepler*, RdA 2004, 226, 238 f. spricht von „gegenläufiger betrieblicher Übung".

434 Kritisch zur Möglichkeit einer Pflichtenbegründung durch negative betriebliche Übung *Gamillscheg*, FS Hilger und Stumpf, S. 227, 241.

kann diesen Anspruch nicht begründen: Unter Zugrundelegung der Vertragstheorie kann das Schweigen nicht als Annahme der angebotenen Vertragsänderung angesehen werden – anders als im Falle der Leistungsentgegennahme des Arbeitnehmers. Nach der Vertrauenstheorie läßt das bloße Schweigen das Vertrauen des Arbeitgebers nicht in besonderem Maße schutzwürdig erscheinen. Praktisch durchaus problematisch ist zudem, daß die Arbeitnehmer nicht widersprechen dürfen[435] – regelmäßig ist jedoch mit einem Widerspruch der Arbeitnehmer gegen eine einseitige Auferlegung von Verhaltenspflichten auszugehen.

Neben den Zweifeln aufgrund der Widerspruchsmöglichkeit erscheint diese – sehr konstruierte – Form der Einbeziehung einer Ethikrichtlinie insgesamt für die Praxis ungeeignet und kann daher im folgenden vernachlässigt werden.

3. Gleichbehandlungsgrundsatz

Der Vollständigkeit halber wird zuletzt die individuelle Einbeziehung der Ethikrichtlinie mittels des allgemeinen arbeitsrechtlichen Gleichbehandlungsgrundsatzes dargestellt[436]: Wendet der Arbeitgeber gegenüber bestimmten Arbeitnehmern Regelungen aus einer Ethikrichtlinie an, könnten andere Arbeitnehmer eine gleiche Behandlung wegen des allgemeinen Gleichbehandlungsgrundsatzes fordern.

Der allgemeine arbeitsrechtliche Gleichbehandlungsgrundsatz verpflichtet den Arbeitgeber, Arbeitnehmergruppen in gleicher oder vergleichbarer Lage gleich zu behandeln[437]. Der Grundsatz erfaßt nur Maßnahmen mit kollektivem Bezug[438] und dient sowohl als Anspruchsgrundlage als auch als Schranke zur Ausübung arbeitsvertraglicher Rechte[439]. Er gilt nicht nur bei der Gewährung von Leistungen, sondern auch bei der Ausübung des Direktionsrechts. Dabei muß jedoch stets eine Ordnung bestehen, die über das allgemein ausgehandelte Arbeitsverhältnis hinaus für eine vergleichbare Gruppe von Arbeitnehmern gilt, bei-

---

435 BAG vom 4.5.1999 – 10 AZR 290/98 – AP Nr. 55 zu § 242 BGB Betriebliche Übung = EzA § 242 BGB Betriebliche Übung Nr. 43 = NZA 1999, 1162.

436 Zu diesem Grundsatz etwa BAG vom 11.9.1985 – 7 AZR 371/83 – AP Nr. 78 zu § 242 BGB Gleichbehandlung = EzA § 242 BGB Gleichbehandlung = NZA 1987, 156; BAG vom 13.9.1956 – 2 AZR 152/54 – AP Nr. 3 zu § 242 BGB Gleichbehandlung; *Maier/Mehlich*, DB 2007, 110 ff. stellen die Zukunft dieses Grundsatzes in Frage.

437 HWK/*Thüsing*, BGB, § 611 Rn. 182.

438 BAG vom 13.2.2003 – 8 AZR 140/02 – AP Nr. 5 zu § 611 BGB Gewerkschaftsangestellte = NZA 2004, 456; BAG vom 13.2.2001– 5 AZR 713/00 – AP Nr. 184 zu BGB § 242 Gleichbehandlung = EzA § 242 BGB Gleichbehandlung Nr. 87 = NZA 2003, 215.

439 ErfK/*Preis*, BGB, § 611 Rn. 715; HWK/*Thüsing*, BGB, § 611 Rn. 186.

spielsweise eine Gesamtzusage[440]. Soweit kein sachlicher Grund für eine Ungleichbehandlung vorliegt, erscheint die Einführung einer Ethikregel oder zumindest einzelner Elemente im Wege des allgemeinen Gleichbehandlungsgrundsatzes grundsätzlich möglich.

Dieser Weg erfüllt jedoch regelmäßig nicht die mit der Richtlinie bezweckten Unternehmensvorteile, da der Arbeitgeber nur durch eine „offizielle Einführung der Ethikrichtlinie" eine Imageverbesserung erreichen kann. Daher bedarf diese Form der Einführung keiner weiteren besonderen Beachtung.

III. Kollektiv

1. Tarifvertrag

Eine Ethikrichtlinie kann zudem als Tarifvertrag eingeführt werden. Dabei ist zunächst nach dem gewünschten Geltungsbereich zu unterscheiden: Für branchenspezifische Ethikrichtlinien ist eine Einführung durch eine Verbandstarifvertrag möglich[441]. Soll die Ethikrichtlinie dagegen nur für das jeweilige Unternehmen gelten, muß entweder ein unternehmensbezogener Verbandstarifvertrag oder ein Haustarifvertrag i.S.d. § 2 Abs. 1 TVG abgeschlossen werden[442]. Der Vorteil der speziell auf das jeweilige Unternehmen zugeschnittenen Tarifverträge liegt darin, daß sie die speziellen Interessen des Unternehmens angemessen berücksichtigen können[443].

a. Geltung für alle Arbeitnehmer

Eine Ethikrichtlinie soll im Grundsatz für alle Beschäftigten des Unternehmens gelten. Daher sollte eine tarifliche Regelung möglichst alle Arbeitnehmer erfassen. Damit auch nicht tarifgebundene Arbeitnehmer in ihren Geltungsbereich fallen, kann die Ethikrichtlinie als Betriebsnorm eines Tarifvertrages i.S.d. § 1 Abs. 1 und § 3 Abs. 2 TVG eingeführt werden: Gem. § 3 Abs. 2 TVG gelten betriebliche oder betriebsverfassungsrechtliche Normen für alle Arbeitnehmer im Betrieb[444].

---

440 *Preis*, Individualarbeitsrecht, § 33 II.

441 Zudem ist auch eine Sozialpartnervereinbarung möglich, dazu unter § 3A.III.2.

442 So *Eisenbeis/Nießen*, FS Leinemann, S. 697, 711; *Meyer*, NJW 2006, 3605, 3607; zum firmenbezogenen Verbandstraifvertrag nur Kempen/Zachert/*Kempen*, TVG, Grundlagen Rn. 101.

443 Kempen/Zachert/*Zachert*, TVG, § 1 Rn. 34.

444 Kempen/Zachert/*Kempen*, TVG, § 3 Rn. 21.

Betriebsnormen behandeln Gegenstände, deren Bedeutung über das einzelne Arbeitsverhältnis hinausreicht und die an den Betrieb im betriebsverfassungsrechtlichen Sinne anknüpfen[445]. Die Regelung muß daher Fragen betreffen, „die unmittelbar die Organisation und Gestaltung des Betriebs, also der Betriebsmittel und der Belegschaft" betreffen[446]. Somit können nicht alle Inhalte abgedeckt werden, da Betriebsnormen gerade nicht die Funktion einer „betrieblichen Allgemeinverbindlicherklärung" haben[447]. Vielmehr ist ihr Inhalt auf Regelungen beschränkt, die sich unmittelbar aus der Organisationsgewalt des Arbeitgebers bezüglich des Betriebes ergeben[448].

Mit Blick auf typische Inhalte einer Ethikrichtlinie eignen sich Betriebsnormen eines Tarifvertrages daher insbesondere für Inhalte, die unmittelbar an die Ordnung im Betrieb anknüpfen – maßgeblich ist dafür der überbetriebliche Zweck. Möglich sind daher beispielsweise Regelungen über den Arbeitsschutz[449] (vgl. Beispielrichtlinie B. IV) oder den Belästigungsschutz (vgl. Beispielrichtlinie B. VI), zum Umgang mit Drogen im Betrieb (vgl. B. VIII.) oder Regelungen über die betriebliche Ordnung, etwa über den Umgang mit Unternehmenseigentum (vgl. B. II.). Dagegen können Regelungen, die sich auf das individuelle Arbeitsverhalten der Arbeitnehmer beziehen (etwa zum Umgang mit Geschenken, vgl. C. IV, V, VI oder zur Wahrung von Geschäftsgeheimnissen, vgl. C. I), nicht durch einen Tarifvertrag mit Wirkung für alle Arbeitnehmer geregelt werden – ihnen fehlt der betriebliche Ordnungscharakter.

Betriebsverfassungsrechtliche Normen sind hingegen solche, die die Einrichtung und die Organisation einer Betriebsverfassung und Rechte der Arbeitnehmervertretung betreffen[450]. Typischerweise umfassen Ethikrichtlinien keine derartigen Regelungen.

Soweit die Geltungserstreckung des § 3 Abs. 2 TVG nicht eingreift, etwa weil der Richtlinieninhalt keine Betriebsnorm sein kann, könnte der Geltungsbereich der Ethikrichtlinie mittels einer Bezugnahmeklausel auf alle Arbeitnehmer erstreckt werden[451]: Die Arbeitsverträge der nicht-organisierten Arbeitnehmer müssten eine Bezugnahme auf die Ethikrichtlinie als Tarifvertrag vorsehen.

---

445 *Löwisch/Rieble*, TVG, § 1 Rn. 105; MüArbR/*Löwisch/Rieble*, § 261 Rn. 6

446 BAG vom 17.6.1997 – 1 ABR 3/97 – AP Nr. 2 zu § 3 TVG Betriebsnormen = BAGE 86, 126 = NZA 1998, 213 = EzA § 99 BetrVG 1972 Einstellung Nr. 4.

447 *Löwisch/Rieble*, TVG, § 1 Rn. 109.

448 Wiedemann/*Thüsing*, TVG, § 1 Rn. 738.

449 Allgemein zum Arbeitsschutz als zulässigem Regelungsinhalt *Löwisch/Rieble*, TVG, § 1 Rn. 130; Wiedemann/*Thüsing*, TVG, § 1 Rn. 740.

450 Kempen/Zachert/*Kempen*, TVG, § 3 Rn. 26; *Löwisch/Rieble*, TVG, § 1 Rn. 137; MüArbR/*Löwisch/Rieble*, § 261 Rn. 25.

451 Zur Möglichkeit einzelvertraglicher Bezugnahme auf einen Tarifvertrag nur BAG vom 19.1.1999 – 1 AZR 606/98 – AP NR. 9 zu § 1 TVG Bezugnahme auf Tarif-

b. Inhaltsgrenze: Tarifautonomie

Mit Blick auf zulässige Inhalte einer Ethikrichtlinie als Tarifvertrag stellt sich die Frage, ob Art. 9 Abs. 3 GG eine Grenze bildet oder vielmehr ausschließlich die Normen des TVG die zulässigen Inhalte beschränken.

Als Ausgangspunkt müssen auch die Tarifvertragsparteien die Grundrechte und damit die Koalitionsfreiheit des Art. 9 Abs. 3 GG im Rahmen ihrer Normsetzung beachten[452]. Aufgrund der Wirkung der Grundrechte könnte die Tarifautonomie als Grundlage für die inhaltlichen Gestaltungsmöglichkeiten der Tarifvertragsparteien gewählte werden, so daß jedwede Regelung der Arbeits- oder Wirtschaftsbedingungen in einem Tarifvertrag zulässig wäre[453]. Jedoch bildet vielmehr § 1 Abs. 1 TVG eine Grenze der Möglichkeiten der Tarifparteien, da der Gesetzgeber in § 1 TVG von seiner Ausgestaltungsbefugnis Gebrauch gemacht hat und die Regelung als abschließend zu verstehen ist[454]. Damit besteht keine umfassende Garantie der Tarifmacht für alle Arbeits- und Wirtschaftsbedingungen, sondern vielmehr begrenzen die speziellen Voraussetzungen des TVG den Regelungsspielraum des Tarifvertrags[455]. Dennoch bleibt den Tarifparteien die Möglichkeit, einen schuldrechtlichen Vertrag als Grundlage für die Inhalte, die nicht von § 1 TVG erfaßt werden, zu wählen[456].

Die Zulässigkeit der Inhalte einer Ethikrichtlinie wird daher vielmehr durch die Normen des TVG als durch die Tarifautonomie begrenzt.

c. Bewertung

Aufgrund der aufgezeigten inhaltlichen Begrenzungen können nicht alle Inhalte einer Ethikrichtlinie als Tarifvertrag eingeführt werden. Ansonsten ist eine Bezugnahme im Arbeitsvertrag erforderlich. Stets ist bei der tariflichen Einführung die Gewerksachft beteiligt. Diese ist – bezüglich der unternehmensinternen Ethikrichtlinie – „unternehmensferner" als ein Betriebsrat und kann daher gegebenenfalls weniger flexibel auf die individuellen Unternehmensbedürfnisse eingehen.

---

vertrag = EzA § 3 TVG Bezugnahme auf Tarifvertrag Nr. 10 = NZA 1999, 879; Kempen/Zachert/*Stein*, TVG, § 3 Rn. 143 ff.; *Löwisch/Rieble*, TVG, § 3 Rn. 248 ff.

452 MüArbR/*Löwisch/Rieble*, § 259 Rn. 19.

453 *Weyand*, AuR 1991, 65, 67; Kempen/Zachert/*Kempen*, TVG, Grundlagen Rn. 105.

454 MüArbR/*Löwisch/Rieble*, § 246 Rn. 53; *Säcker/Oetker*, S. 102.

455 MüArbR/*Löwisch/Rieble*, § 246 Rn. 54; *Säcker/Oetker*, S. 103; *Reuter*, ZfA 1990, 535, 546.

456 MüArbR/*Löwisch/Rieble*, § 246 Rn. 53.

Einen Nachteil stellt auch die Verbindlichkeit des Tarifvertrages dar: Die Betriebsnormen wirken gem. § 4 Abs. 5 TVG nach Ablauf des Tarifvertrages nach, bis die alte Regelung durch eine neue Abmachung ersetzt wird[457]. Freilich kann die tarifliche Regelung durch einen neuen Tarifvertrag angepaßt werden – jedoch nur im Einverständnis mit der einmal „ins Boot gezogenen" Gewerkschaft.

Für individualvertragliche oder kollektive Vereinbarungen (Betriebsvereinbarung, Richtlinie nach dem SprAuG) gilt hingegen die Grenze des Günstigkeitsprinzips: Die als Betriebsnorm eines Tarifvertrages einbezogene Ethikrichtlinie kann nach dem Günstigkeitsprinzip nur verändert werden, soweit die Änderung für die Arbeitnehmer günstiger ist[458]. Dabei ist insbesondere darauf zu achten, daß einige Betriebsnormen drittschützenden Charakter haben und daher nicht in jedem Fall durch eine – für einen einzelne Arbeitnehmer günstigere – Individualvereinbarung verändert werden können, sondern vielmehr nur durch eine Betriebsvereinbarung oder eine Richtlinie i.S.d. SprAuG „kollektiv" günstiger vereinbart werden können[459]. Eine Veränderung der einmal tariflich festgehaltenen Ethikrichtlinie ist damit nur beschränkt möglich.

Im Ergebnis spricht sowohl die Einbeziehung einer „unternehmensfernen" Gewerkschaft als auch die verbindliche Wirkung eines Tarifvertrages grundsätzlich gegen eine tarifliche Einführung der Ethikrichtlinie. Somit ist es zwar theoretisch für einzelne Konstellationen oder Einzelregelungen denkbar, eine Ethikrichtlinie als Tarifvertrag zu erlassen, jedoch kommt dem bislang keine praktische Bedeutung zu[460].

2. Sozialpartnervereinbarung

Tariffähigen Parteien können nicht nur Tarifverträge, sondern auch sonstige Kollektivvereinbarungen – so genannte „gentlemen agreements" – abschließen[461], die die rechtstechnische Geltungsgrundlage einer Ethikrichtlinie darstellen können [462]. Dabei sind Abkommen mit ganz unterschiedlichen Wirkungen

---

457 *Frölich*, NZA 1992, 1105, 1109; oder bis zum Ende einer festgelegten Befristung, dazu *Löwisch/Rieble*, TVG, § 4 Rn. 403.

458 Zur Geltung des Günstigkeitsprinzips für Betriebsnormen nur *Löwisch/Rieble*, TVG, § 4 Rn. 275 ff.; Wiedemann/*Wank*, TVG § 4 Rn. 410.

459 *Löwisch/Rieble*, TVG, § 4 Rn. 279; zustimmend Wiedemann/*Wank*, TVG § 4 Rn. 410.

460 Zur praktischen Irrelevanz der Einführungsmöglichkeit durch einen Tarifvertrag nur *Eisenbeis/Nießen*, FS Leinemann, S. 697, 711.

461 BAG vom 14.4.2004 – 4 AZR 232/03 – AP Nr. 188 zu § 1 TVG Auslegung = EzA § 1 TVG Nr. 45 = NZA 2005, 178.

462 Einführend zu Branchenrichtlinien schon oben unter § 1A.IV.5.

möglich: Sie können lediglich schuldrechtliche Wirkung zwischen den Tarifparteien entfalten oder sogar nur Empfehlungscharakter haben – auch eine Mischung aus verbindlichen und unverbindlichen Abkommen ist zulässig[463].

Entscheidend für die zulässigen Inhalte ist, daß es sich bei der Sozialpartnervereinbarung nicht um einen Tarifvertrag handelt. Damit gelten die Normen des TVG nicht, nach denen sich der Geltungsbereich ausschließlich für Betriebsnormen auf alle Arbeitnehmer erstreckt. Diese Vereinbarungen, die insbesondere zwischen den Chemie-Sozialpartnern bestehen, behandeln auch Themen, die typischerweise Inhalte einer Ethikrichtlinie sind: Dazu gehören etwa Regelungen zum Umweltschutz (vgl. Beispielrichtlinie B. III.), zum Diskriminierungsschutz (vgl. B VI.) oder zum Umgang mit Drogen (vgl. B. VIII.)[464].

Es gibt unterschiedliche Motive, die Sozialpartner zum Abschluß solcher Vereinbarungen veranlassen: Typischerweise werden sie abgeschlossen, wenn unklar ist, ob die Sozialpartner einen normativ wirkenden Tarifvertrag mit einem bestimmten Inhalt erlassen dürfen[465], oder wenn sie bewußt noch keine verbindliche Tarifwirkung etwa für einen bislang nicht tariflich geregelten Bereich anstreben[466].

Die Wirkung einer Ethikrichtlinie als so ein „gentlemen agreement" entspricht in etwa der Mitgliedschaft in einer Organisation: Zwar kann das Unternehmen mit so einer Vereinbarung werben, jedoch ist aufgrund der fehlenden oder geringeren Rechtsverbindlichkeit die Wirkung in der Öffentlichkeit nicht so groß wie bei einem rechtsverbindlichen Tarifvertrag.

3. Betriebsvereinbarung

Arbeitgeber und Betriebsrat können als rechtstechnische Geltungsgrundlage der Ethikrichtlinie eine Betriebsvereinbarung wählen[467]. Bestehen Mitbestimmungsrechte muß der Arbeitgeber den Betriebsrat beteiligen. Wenn gar keine Mitbestimmungsrechte oder nur für Teile einer Ethikrichtlinie bestehen, ist eine freiwillige Betriebsvereinbarung zwischen Arbeitgeber und Betriebsrat möglich. In Bezug auf die nicht mitbestimmungspflichtigen Teile läge eine freiwillige Be-

---

463 *Eich*, NZA 1995, 149, 154; Kempen/Zachert/*Zachert*, TVG, § 1 Rn. 729; *Zachert*, FS P. Hanau, S. 137, 138.

464 Eine Übersicht typischer Inhalte der Sozialpartnervereinbarung liefert *Zachert*, FS P. Hanau, S. 137, 138 ff.

465 Kempen/Zachert/*Zachert*, TVG, § 1 Rn. 737; *Zachert*, FS P. Hanau, S. 137, 138.

466 Etwa die „Gemeinsamen Empfehlungen der Gewerkschaft Nahrung-Genuss-Gaststätten und der Arbeitgebervereinigung Nahrung und Genuß", RdA 2004, 312.

467 *Meyer*, NJW 2006, 3605, 3608.

triebsvereinbarung i.S.d. § 88 BetrVG vor[468], bzw. eine Mischung aus freiwilliger und erzwingbarer Betriebsvereinbarung[469], auch „teilmitbestimmte Betriebsvereinbarung“ genannt[470].

a. Bewertung freiwilliger Betriebsvereinbarungen

Mit einer freiwilligen Betriebsvereinbarung kann der Arbeitgeber einheitlich für den gesamten Betrieb die Ethikrichtlinie einführen und so auch für die mitbestimmungsfreien Inhalte auf eine höhere Akzeptanz der Richtlinie durch die Belegschaft und damit auf eine Stärkung des Betriebsklimas hoffen[471]. Auf der anderen Seite verliert der Arbeitgeber jedoch seine Entscheidungsfreiheit, da folglich jede Änderung der Ethikrichtlinie der Zustimmung des Betriebsrats bedarf, bzw. der Arbeitgeber die Betriebsvereinbarung nur mit der Frist des § 77 Abs. 5 BetrVG kündigen kann[472].

b. Umfang der betrieblichen Regelungsmacht

Im Rahmen der erzwingbaren Mitbestimmung können Arbeitgeber und Betriebsrat eine Betriebsvereinbarung über den mitbestimmungspflichtigen Inhalt der Ethikrichtlinie abschließen. Dabei kommen vor allem Mitbestimmungsrechte i.S.d. § 87 Abs. 1 BetrVG in Betracht[473].

Umstritten ist, ob sich die Regelungsbefugnis des Betriebsrats für freiwillige Betriebsvereinbarungen auf den Anwendungsbereich des § 88 BetrVG be-

468 Zur freiwilligen Betriebsvereinbarung nur *Hempelmann*, Die freiwillige Betriebsvereinbarung in Vergangenheit und Gegenwart, S. 23 ff.; konkret zur Einführungsmöglichkeit bei Ethikrichtlinien *Wisskirchen/Jordan/Bissels*, DB 2005, 2190.

469 *Bachner/Lerch*, AiB 2005, 229, 230; *Borgmann*, NZA 2003, 352, 355; die Möglichkeit einer solchen Mischung sieht auch BAG vom 23.6.1992 – 1 ABR 9/92 – AP Nr. 55 zu § 77 BetrVG 1972 – EzA § 77 BetrVG 1972 Nr. 49 – NZA 1993, 229.

470 Etwa *Blomeyer*, DB 1985, 2506, 2508; *Rech*, Die Nachwirkung freiwilliger Betriebsvereinbarungen, S. 38.

471 *Borgmann*, NZA 2003, 352, 355; *Breitfeld/Kleber*, Personalmagazin 6/2005, 38, 39; *Eisenbeis/Nießen*, FS Leinemann, S. 697, 712; *Meyer*, NJW 2006, 3605, 3608; *Wisskirchen/Jordan/Bissels*, DB 2005, 2190.

472 *Bachner/Lerch*, AiB 2005, 229, 231; *Borgmann*, NZA 2003, 352, 355; *Wisskirchen/Jordan/Bissels*, DB 2005, 2190; zur ggf. bestehenden Nachwirkung teilbestimmter Betriebsvereinbarungen nur *Blomeyer*, DB 1985, 2506 ff.; *Eisenbeis/Nießen*, FS Leinemann, S. 697, 712; *Kock*, ArbRB 2006, 116, 118; *Rech* (Fn. *470*) S. 36 ff.

473 Ausführlich zu den Mitbestimmungsrechten bei den jeweiligen Einzelregelungen unten unter § 4C.

schränkt oder ob eine freiwillige Betriebsvereinbarung über jeden Inhalt abgeschlossen werden kann[474]. Der große Senat des BAG hat dazu folgendes ausgeführt:

„Für soziale und personelle Angelegenheiten (§§ 87 ff. und §§ 92 ff. BetrVG) besteht eine umfassende Regelungskompetenz der Betriebsparteien. [...] Für soziale Angelegenheiten folgt die umfassende Regelungsbefugnis zum Abschluß (freiwilliger) Betriebsvereinbarungen aus § 88 BetrVG . Die Regelungsbefugnis läßt sich jedoch inhaltlich nicht auf soziale Angelegenheiten beschränken. Die Grenzen zwischen sozialen, personellen (§§ 92 ff. BetrVG) und wirtschaftlichen Angelegenheiten (§§ 106 ff. BetrVG) sind fließend.“[475]

Danach erstreckt sich die Regelungsbefugnis inhaltlich auf alle materiellen und formellen Angelegenheiten[476].

Dagegen könnte jedoch bereits der Wortlaut des § 88 angeführt werden, der mit „insbesondere“ darauf hinweist, daß die Aufzählung nicht als abschließend zu verstehen ist. Maßgeblich ist jedoch vor allem, daß eine unbegrenzte Regelungsbefugnis nicht mit der systematischen Stellung des § 88 im Abschnitt „Soziale Angelegenheiten“ zu vereinbaren ist[477]. Richtig erscheint daher vielmehr, eine Befugnis der Betriebsparteien für die freiwillige Regelung der sozialen Angelegenheiten anzunehmen[478].

Des weiteren sind auch die Interessen der Arbeitnehmer zu berücksichtigen: Da die Geltung der jeweiligen Betriebsvereinbarung nicht vom individuellen Willen des betroffenen Arbeitnehmers abhängt[479], stellt die Annahme einer Regelungsbefugnis des Betriebsrats, die über den gesetzlich zulässigen Inhalt hinausreicht, eine Kompetenzüberschreitung dar[480] und greift damit unzulässig in die Arbeitsvertragsfreiheit des Arbeitnehmers ein.

Im Ergebnis ist daher eine freiwillige Betriebsvereinbarung nur in den gesetzlich vorgesehenen Bereichen, also gem. § 88 BetrVG für soziale Angelegenheiten, zulässig. Damit ist auch eine Ethikrichtlinie als freiwillige Betriebsvereinbarung nur für diese Inhalte zulässig.

---

474 Dazu nur GK-BetrVG/*Kreutz*, § 77 Rn. 83 mwN

475 BAG GS vom 7.11.1989 – GS 3/85 – AP Nr. 46 zu § 77 BetrVG 1972 = EzA § 77 BetrVG 1972 Nr. 34 = NZA 1990, 816 = BAGE 63, 211; zustimmend *Fitting*, BetrVG, § 87 Rn. 7.

476 GK-BetrVG/*Kreutz*, § 77 Rn. 83.

477 GK-BetrVG/*Wiese*, § 88 Rn. 10.

478 GK-BetrVG/*Wiese*, § 88 Rn. 10; *Löwisch/Kaiser*, BetrVG, § 88 Rn. 1, 14; *Rieble*, NZA 2003, 1243, 1245.

479 *Kreutz*, S. 74.

480 *Rieble*, NZA 2003, 1243, 1245; zur Kompetenzverteilung auch *Löwisch/Kaiser*, BetrVG, § 88 Rn. 14.

Des weiteren stellt sich die Frage, ob § 87 Abs. 1 1. Hlbs. BetrVG der Möglichkeit einer freiwilliger Betriebsvereinbarung entgegensteht[481]: Das hätte zur Folge, daß eine Wiedergabe gesetzlich geregelter Inhalte in freiwilligen Betriebsvereinbarungen unzulässig wäre. Da Ethikrichtlinien teilweise lediglich Gesetzesinhalte wiedergeben (s.o.), käme diese Ansicht zu dem Ergebnis, daß auch eine freiwillige Betriebsvereinbarung über diese Inhalte nicht abgeschlossen werden dürfte.

Gegen die Möglichkeit einer freiwilligen Betriebsvereinbarung könnte man anführen, daß der Wortlaut des § 87 Abs. 1 1. Hlbs. BetrVG von dem Bestehen einer „gesetzlichen Regelung" spricht[482] – diese bestünde auch im Falle einer freiwilligen Betriebsvereinbarung. Jedoch heißt es nicht nur „soweit eine gesetzliche... Regelung nicht besteht", sondern auch, daß der Betriebsrat „mitzubestimmen ... *hat*". Somit spricht der Wortlaut des § 87 Abs. 1 1. Hlbs. BetrVG dafür, eine Sperrwirkung lediglich für zwingende Mitbestimmungsrechte anzunehmen[483].

Zudem steht einem Ausschluß freiwilliger Betriebsvereinbarungen über gesetzliche Regelungen sowohl die Systematik als auch der Zweck des BetrVG entgegen: In systematischer Hinsicht ist § 88 BetrVG für freiwillige Betriebsvereinbarungen im Bereich der sozialen Angelegenheiten spezieller[484] und enthält keine vergleichbare Ausschlußregelung. Sieht man darüber hinaus den Zweck des § 87 Abs. 1 1. Hlbs. BetrVG darin, einen umfassenden Arbeitnehmerschutz durch Beteiligung des Betriebsrats in den Bereichen zu sichern, in denen keine gesetzliche oder tarifliche Regelung bestehen, so spricht auch dieser Zweck gegen einen Ausschluß freiwilliger Betriebsvereinbarungen: Die Notwendigkeit der Mitbestimmung für den Fall, daß keine gesetzliche Regelung besteht, sagt nichts über die Zulässigkeit freiwilliger Betriebsvereinbarungen aus[485]. Vielmehr wird dem Arbeitnehmer der gesetzliche Schutz nicht durch eine Betriebsvereinbarung entzogen.

Besteht also eine gesetzliche Regelung, etwa Belästigungsschutz gem. § 7 Abs. 1 AGG, muß der Betriebsrat bei der Einführung einer Ethikrichtlinie, die sexuelle Belästigung verbietet, nicht beteiligt werden. Durch das zwingende Gesetzesrecht steht dem Arbeitgeber kein Entscheidungsspielraum zu und der

481 So zumindest für den Fall, daß eine tarifliche Regelung besteht *Säcker*, ZfA–Sonderheft 1972, 41, 66 f.; dazu auch *Höcker*, RdA 1956, 17.

482 Diese Ansicht stellt *Wollgast*, Geltung, Wirkung und Nachwirkung von Betriebsvereinbarungen, S. 147 dar.

483 *Hempelmann*, S. 179; *Wollgast*, S. 148.

484 Richardi/*Richardi*, BetrVG, § 88 Rn. 3.

485 *Hempelmann*, S. 179.

Zweck der Mitbestimmung kann nicht erreicht werden[486]. Dies schließt jedoch nicht aus, daß dennoch der Inhalt einer gesetzlichen Regelung freiwillig in eine Betriebsvereinbarung aufgenommen wird. Arbeitgeber und Betriebsrat können so aktuelle gesetzliche Regelungen unabhängig von Gesetzesänderungen verbindlich für ihr Unternehmen vorschreiben. Im Falle einer freiwilligen Betriebsvereinbarung geht es demnach nicht um das Erreichen des Mitbestimmungszwecks, sondern um eine aus Eigeninitiative geschlossene Vereinbarung. Somit steht § 87 Abs. 1 1. Hlbs. BetrVG Ethikrichtlinien als freiwillige Betriebsvereinbarung nicht entgegen[487]. Eine Ethikrichtlinie als freiwillige Betriebsvereinbarung kann auch gesetzlich geregelte Inhalte wiedergeben.

c. Zwischenergebnis

Eine Grenze für die zulässigen Inhalte einer Ethikrichtlinie als Betriebsvereinbarung bildet die Regelungsbefugnis der Betriebsvertragsparteien. Daher könne auch die Inhalte freiwilliger Betriebsvereinbarungen nicht über den Bereich der sozialen Angelegenheiten des § 88 BetrVG hinaus reichen. Stets sind neben der Regelungskompetenz der Betriebsvertragsparteien auch die weiteren gesetzlichen Vorgaben für die Zulässigkeit der einzelnen Inhalte zu beachten[488].

4. Richtlinie nach SprAuG

Außerdem kann der Arbeitgeber eine Ethikrichtlinie auch als eine verbindliche Richtlinie i.S.d. § 28 Abs. 2 SprAuG mit dem Sprecherausschuß einführen[489].

Als betriebsverfassungsrechtliches Organ kann gem. § 5 Abs.3 BetrVG ein Sprecherausschuß in Betrieben mit mindestens zehn leitenden Angestellten gebildet werden, gem. § 20 Abs. 1 SprAuG ist zudem die Bildung eines Unternehmenssprecherausschusses und gem. § 16 SprAuG eines Gesamtsprecherausschusses möglich[490]. Dem Sprecherausschuß stehen weitaus geringer ausgeprägte Mitwirkungsrechte als dem Betriebsrat zu[491]. So bestehen zwar Unterrichtungs-, Anhörungs- und Beratungsrechte, jedoch fehlen „echte Mitbestimmungsrechte" i.S.d. §§ 87, 99 BetrVG[492].

---

486 Richardi/*Richardi*, BetrVG, § 87 Rn. 143 f.; *Wollgast*, S. 147.

487 So im Ergebnis auch *Hempelmann*, S. 179; *Waltermann*, Rechtsetzung durch Betriebsvereinbarung zwischen Privatautonomie und Tarifautonomie, S. 297.

488 Dazu ausführlich unten unter § 4C.

489 *Kock*, MDR 2006, 673; *ders.*, ArbRB 2006, 116, 117.

490 *Kaiser*, Rn. 1, 14, 27; Richardi/*Richardi*, BetrVG, § 5 Rn. 272 ff.

491 *Kaiser*, Rn. 182 ff.

492 *Bauer*, SprAuG, § 1, S. 3; ErfK/*Oetker*, SprAuG, § 28 Rn. 1.

Gem. § 28 SprAuG können Arbeitgeber und Sprecherausschuß jedoch einvernehmlich die Angelegenheiten der leitenden Angestellten in Richtlinien regeln[493]. Obgleich ein Tarifvorbehalt wie im § 77 Abs. 3 BetrVG fehlt, erstreckt sich die Regelungsbefugnis auf die Vorgaben des § 28 Abs. 1 SprAuG, also den Inhalt, den Abschluß und die Beendigung des Arbeitsverhältnisses[494]. Typische Regelungsinhalte einer Ethikrichtlinie fallen in den Bereich des § 28 Abs. 1 SprAuG: So erfaßt der „Inhalt des Arbeitsverhältnisses" etwa Wettbewerbs- und Verschwiegenheitsverbote sowie Vorschriften über das Verhalten der leitenden Angestellten[495].

Die Wirkung der Richtlinien ergibt sich aus der jeweiligen Ausgestaltung: Gem. § 28 Abs. 2 S. 1 SprAuG können Sprecherausschuß und Arbeitgeber vereinbaren, daß die Richtlinie unmittelbar und zwingend wirkt – aus einem Umkehrschluß daraus ergibt sich, daß auch eine nur mittelbare und nicht zwingende Vereinbarung möglich sein muß[496]. Zudem hält § 28 Abs. 2 S. 2 SprAuG die Geltung des Günstigkeitsprinzips fest, wobei dieser – im Unterschied zu Betriebsvereinbarungen – nicht als „kollektiver Günstigkeitsvergleich" besteht[497]. Außerdem ist nach der Kündigung der Richtlinie mit einer Frist von 3 Monaten, vgl. § 28 Abs. 2 S. 4 SprAuG, eine einzelvertragliche Vereinbarung zulasten der Arbeitnehmer möglich[498].

Da Betriebsvereinbarungen gem. § 5 Abs. 3 BetrVG nicht für leitende Angestellte gelten, werden Ethikrichtlinien häufig als SprAuG-Richtlinien eingeführt, um alle „Beschäftigten" in den Geltungsbereich der Ethikrichtlinie aufzunehmen.

IV. Praxisbeispiele

Die Geltungsgrundlagen der Ethikrichtlinien in der Praxis variieren:

Als Bestandteil der inneren Ordnung der Allianz SE wird der „Allianz Code of Conduct" für alle Mitarbeiter verbindlich[499]: Jedem Mitarbeiter wird ein Exemplar des Kodex mit Abschluß des Arbeitsvertrages ausgehändigt. Dieser

---

493 *Bauer*, SprAuG, § 28, S. 83; *Kaiser*, Rn. 214; *Löwisch*, SprAuG, § 28 Rn. 1.

494 *Kaiser*, Rn. 215 ff.; *Löwisch*, SprAuG, § 28 Rn. 1.

495 Dazu *Kaiser*, Rn. 217 f.; *Löwisch*, SprAuG, § 28 Rn. 6; HWK/*Annuß*/*Girlich*, SprAuG, § 28 Rn. 3; ErfK/*Oetker*, SprAuG, § 28 Rn. 5.

496 *Bauer*, SprAuG, § 28, S. 83; *Löwisch*, SprAuG, § 28 Rn. 2, 13.

497 *Kaiser*, Rn. 227; *Löwisch*, SprAuG, § 28 Rn. 18; a.A. ErfK/*Oetker*, SprAuG, § 28 Rn. 22; dazu auch HWK/*Annuß*/*Girlich*, SprAuG, § 28 Rn.12.

498 *Bauer*, SprAuG, § 28, S. 84.

499 Information aufgrund Email-Anfrage bei der Allianz SE.

Kodex wird auf gleichem Wege auch für die Tochterunternehmen, etwa die Dresdner Bank eingeführt.

Für eine andere Geltungsgrundlage entschied sich die Deutsche Bank AG[500]: Neben dem vom Vorstand verabschiedeten Code of Conduct haben die Deutsche Bank AG und der Konzernbetriebsrat zum Thema „Faires Verhalten am Arbeitsplatz“ am 21.2.2003 eine Betriebsvereinbarung abgeschlossen. Sie umfaßt Verhaltensvorgaben bei Diskriminierungen, Mobbing und sexueller Belästigung.

Für die Siemens AG haben die Firmenleitung und der Gesamtbetriebsrat am 1.1.2007 eine neue Arbeitsordnung vereinbart, die einen Verweis auf die Siemens Business Conduct Guidelines enthalten und damit Bestandteil jedes einzelnen Arbeitsverhältnis geworden sind[501].

B. Selbstbindung durch einseitige Erklärung?

Nicht alle Unternehmen führen Ethikrichtlinien durch die aufgezeigten Formen ins Arbeitsverhältnis ein, sondern Unternehmen weisen häufig etwa im Rahmen ihrer Internetpräsenzen auf ihr soziales und ethisch-korrektes Verhalten hin. Sie legen sich eigenständig „ethische Prinzipien“, bzw. „Leitbilder“[502] auf oder erklären öffentlich ihre Absicht, sich ethisch-korrekt zu verhalten – ein *„ethisches Bekenntnis als Teil ihrer Corporate Identity“*[503]. Der Arbeitgeber bekundet einseitig seinen Willen zum ethischen Handeln. So heißt es etwa:

„In der vorliegenden Verhaltensrichtlinie sind Maßstäbe für das Handeln von Führungskräften und Mitarbeitern verbindlich formuliert.“[504]

Fehlt die Zustimmung der Arbeitnehmer, können solche einseitigen Erklärungen des Arbeitgebers an die Öffentlichkeit nicht in die bereits dargestellten rechtsverbindlichen Einführungsmethoden eingeordnet werden. Es stellt sich die Frage, ob die Erklärung des Arbeitgebers dennoch rechtsverbindliche Wirkung entfalten kann.

Zunächst ist daher der Rechtscharakter der Äußerung zu klären, also ob die Absichtsbekundung eine Willenserklärung ist.

---

500 Information aufgrund Email-Anfrage bei der Deutschen Bank AG.

501 CP- / CCO-Mitteilung vom 31.1.2007.

502 So etwa das Programm der Bayer AG (Fn. 322).

503 Diese Bezeichnung wählt *Kock*, MDR 2006, 673.

504 Zitat nur beispielhaft aus DaimlerChrysler-Verhaltensrichtlinie (Fn. 93) S. 7; ob und wie Daimler seine Richtlinien in Arbeitsverhältnisse tatsächlich einführt, ist für die Beispielfunktion an dieser Stelle irrelevant.

Als Ausdruck der Privatautonomie und Kennzeichen einer Willenserklärung treten deren Rechtsfolgen nur ein, weil sie von dem Erklärenden gewollt sind[505]. Eine Willenserklärung ist demnach die Äußerung eines privaten Willens, der auf die Herbeiführung einer Rechtswirkung oder Rechtsfolge gerichtet ist[506]. Die Willenserklärung setzt sich aus dem objektiven und dem subjektiven Tatbestand zusammen.

Der objektive Tatbestand der Willenserklärung ist die Erklärung, also das äußeres Verhalten einer Person, das bei Würdigung aller Umstände auf einen inneren Willen schließen läßt – unabhängig davon, ob dieser Wille tatsächlich besteht[507]. Indem der Arbeitgeber schriftlich eine Ethikrichtlinie fixiert, erfüllt er den objektiven Tatbestand: Seinem Handeln kann die Öffentlichkeit einen Willen entnehmen, wobei dessen konkreter Inhalt für den objektiven Tatbestand irrelevant ist.

Daneben wird der tatsächliche Wille als subjektiver Tatbestand der Willenserklärung in drei Bestandteile unterteilt: Handlungswille, Erklärungswille und Geschäftswille[508], wobei deren Notwendigkeit für das Vorliegen einer Willenserklärung umstritten ist. Einzig der Handlungswille ist ein unverzichtbares Element einer Willenserklärung und erfaßt den Willen, überhaupt eine Erklärung abzugeben[509]. Die Form der Äußerung ist dafür irrelevant. Der Arbeitgeber schreibt den Inhalt der Ethikrichtlinie auf, so daß eine bewußte Handlung und kein Reflex vorliegt und der Handlungswille gegeben ist. Da der Arbeitgeber auch weiß, daß er der Öffentlichkeit seinen Willen zum ethisch-korrekten Handeln mitteilt, ist auch der Erklärungswille gegeben – als Handelnder nimmt er bewußt wahr, daß er eine Erklärung abgibt[510].

Schwieriger gestaltet sich einzig das Vorliegen des Geschäftswillens, der an den Inhalt des Erklärungsakts anknüpft und festhält, daß der Handelnde eine rechtsgeschäftliche Erklärung abgibt und damit das Eintreten der Rechtsfolgen bewirken will[511]. Ob der Arbeitgeber sich mit seiner Äußerung binden will, ist unklar. Dagegen spricht zunächst, daß er sich bewußt gegen eine verbindliche Einführung der Ethikrichtlinie ins Arbeitsverhältnis entschieden hat. Es hängt daher von der konkreten Ausgestaltung der jeweiligen Richtlinie im Einzelfall ab.

505 *Leipold*, BGB I, Rn. 229 f.

506 *Leipold*, Rn. 237

507 *Leipold*, Rn. 240; Palandt/*Heinrichs*, BGB, Einf. v. § 116 Rn. 1; *Wiebe*, Die elektronische Willenserklärung, S. 91.

508 *Leipold*, Rn. 244 ff.; Palandt/*Heinrichs*, BGB, Einf. v. § 116 Rn. 1; *Stoffels*, NZA 2000, 690, 692.

509 *Leipold*, Rn. 244; *Medicus*, Allgemeiner Teil des BGB, Rn. 606; *Wiebe*, S. 92.

510 *Leipold*, Rn. 245; *Medicus*, Rn. 591; *Wiebe*, S. 92.

511 *Leipold*, Rn. 246; *Stoffels*, NZA 2000, 690, 692; *Wiebe*, S. 94.

Als Ergebnis können Ethikrichtlinien als einseitige Äußerung des Arbeitgebers also nicht nur bloße Verhaltensappelle, sondern sogar Willenserklärungen darstellen. Das allein begründet jedoch noch nicht per se einen Verbindlichkeit der Äußerung. Im BGB gilt das Vertragsprinzip (vgl. § 311 Abs. 1 BGB): Nur eine auf zwei korrespondierenden Willenserklärungen beruhende Vereinbarung entfaltet für die beteiligten Vertragsparteien eine verbindliche Wirkung. Grundsätzlich kommt also kein Rechtsgeschäft zustande, wenn eine der beiden Willenserklärungen fehlt[512].

Als bloß einseitige Erklärung könnte zunächst eine Verbindlichkeit gem. § 151 S. 1 BGB bestehen[513]. Danach kommt ein Vertrag zustande, ohne daß der Vertragspartner die Annahme dem Antragenden gegenüber erklären muß. Erforderlich wäre dafür jedoch, daß die Ethikrichtlinie als einseitige Erklärung des Arbeitgebers ein Angebot i.S.d. § 145 BGB ist. Der Arbeitgeber müßte also etwa dem Arbeitnehmer den Abschluß eines Vertrages antragen, so daß er zur Annahme lediglich „Ja" sagen muß. Da der Arbeitgeber jedoch nicht dem Arbeitnehmer anbietet, diese Ethikrichtlinie anzunehmen, sondern vielmehr ohne konkreten Adressaten die Ethikrichtlinie veröffentlicht, liegt kein Angebot i.S.d. § 145 BGB vor. Damit kann auch § 151 S. 1 BGB keine Verbindlichkeit der Ethikrichtlinie begründen.

Als bloß einseitige Willenserklärung kann die Ethikrichtlinie daher grundsätzlich keine Verbindlichkeit begründen. Jeder Grundsatz hat Ausnahmen. Im Folgenden wird daher untersucht, ob und wenn ja unter welchen Voraussetzungen so eine einseitige Ethikrichtlinie des Arbeitgebers dennoch eine verbindliche Wirkung auf das Arbeitsverhältnis entfalten und damit zur Begründung von Rechten und Pflichten herangezogen werden kann.

I. Ausnahme vom Vertragsprinzip

Die einseitige Willenserklärung des Arbeitgebers, sich ethisch-korrekt zu verhalten, könnte eine Ausnahme i.S.d. § 311 Abs. 1 2. Hlbs. BGB – direkt oder analog – sein. § 311 Abs. 1 2. Hlbs. BGB sieht Ausnahmen vom Vertragsprinzip für die Fälle vor, in denen „... *das Gesetz ein anderes vorschreibt*", also etwa für Stiftungen (§ 82 BGB), für Vermächtnisse (§§ 1939, 2147) und für Auslobungen (§§ 657 ff. BGB)[514]. Somit sind Ausnahmen zunächst nur in den gesetzlich aus-

512 *Medicus*, Rn. 243; Palandt/*Grüneberg*, BGB, § 311 Rn. 2
513 Dazu statt vieler *Medicus*, Rn. 382 ff.
514 Bamberger/Roth/*Gehrlein*, BGB, § 311 Rn. 3.

drücklich normierten Fällen zulässig. Eine solche gesetzliche Regelung fehlt für Ethikrichtlinien als einseitige Willensbekundung.

Da Ethikregeln in Deutschland eine jüngere Erscheinung sind[515], stellt sich die Frage, ob eine analoge Anwendung der gesetzlich geregelten Ausnahmen möglich ist. Damit im Wege einer Analogie die Rechtsfolgen auf den ungeregelten Fall übertragen werden können, bedarf es einer planwidrigen Regelungslücke und einer vergleichbaren Sachlage[516]. Geeignet erscheint dafür die Auslobung und die Gesamtzusage des Arbeitgebers an die Belegschaft.

Die Auslobung umfaßt gem. § 657 BGB das Aussetzen einer Belohnung durch öffentliche Bekanntmachung für die Vornahme einer Handlung. Als nicht empfangsbedürftige Willenserklärung wird sie allein durch die öffentliche Bekanntmachung verbindlich[517]. Der Gesetzgeber entschied sich schon bei der Entstehung gegen die damals herrschende Vertragstheorie und für die Pollizitationstheorie, nach der die Verbindlichkeit der Auslobung allein durch ein öffentlich abgegebenes einseitiges Versprechen entsteht[518]. Als Abgrenzung gegenüber der Schenkung soll die Auslobung einen Anreiz zur Leistung bieten – anders als bei der Schenkung steht nicht die Zuwendung im Vordergrund. Die Bekanntmachung erfolgt in diesem Sinne öffentlich, wenn sie an einen individuell nicht abgrenzbaren Adressatenkreis in beliebiger Weise mündlich, schriftlich, durch Presse, Internet oder in sonstiger Weise abgegeben wird[519].

Ethikrichtlinien, die im Internet veröffentlicht werden, sind allen potentiellen Website-Besuchern und somit einem individuell nicht abgrenzbaren Adressatenkreis zugänglich. Zwar können Ethikrichtlinien Prämien für das Erreichen besonderer sozialer Richtwerte vorsehen, jedoch müssen derartige Regelungen nicht eingeführt werden. Regelmäßig verlangt der Arbeitgeber aber die Befolgung der Ethikrichtlinien – ohne das Inaussichtstellen einer Belohnung. Mangels Vergleichbarkeit scheidet eine analoge Anwendung der Auslobungs-Regeln aus.

Die Situation einer Gesamtzusage des Arbeitgebers an die Belegschaft, die als arbeitsrechtliche Besonderheit ausnahmsweise rechtsverbindliche Wirkung entfaltet[520], ist ebenfalls nicht mit der typischen Ethikrichtlinie vergleichbar: Ethikrichtlinien umfassen regelmäßig nicht nur Rechte für Arbeitnehmer, sondern

---

515 Siehe dazu oben § 1A.IV.6.

516 Zur Analogie nur BVerfG vom 3.4.1990 – 1 BvR 1186/89 – BVerfGE 82, 6 = NJW 1990, 1593 = MDR 1990, 895; *Börsch*, JA 2000, 117 f.

517 MüKoBGB/*Seiler*, § 657 Rn. 4; Palandt/*Sprau*, BGB, § 657 Rn. 1.

518 MüKoBGB/*Seiler*, § 657 Rn. 3.

519 MüKoBGB/*Seiler*, § 657 Rn. 12 f.; Palandt/*Sprau*, BGB, § 657 Rn. 3.

520 BAG vom 12.3.1963 – 3 AZR 266/62 – AP Nr. 90 zu § 242 BGB Ruhegehalt = NJW 1963, 1996 = BAGE 14, 126; Bamberger/Roth/*Gehrlein*, BGB, § 311 Rn. 3; *Florig*, S. 65 ff.

zeichnen sich vielmehr gerade dadurch aus, daß sie auch Verhaltenspflichten für die Arbeitnehmer vorgeben. Zudem wird die Gesamtzusage herrschend als Angebot des Arbeitgebers verstanden, daß die Arbeitnehmer ohne eine ausdrückliche Erklärung annehmen können[521]. Der Ethikrichtlinie als einseitige Willenserklärung des Arbeitgebers fehlt hingegen dieser Angebotscharakter. Daher ist eine Analogie nicht möglich.

Zu den weiteren gesetzlichen Ausnahmen vom Vertragsprinzip besteht ebenfalls keine Vergleichbarkeit, so daß eine analoge Anwendung des § 311 Abs. 1 2. Hlbs. BGB insgesamt ausscheidet[522].

II. Vergleich zur Satzungsautonomie

Als anerkannte Selbstbindung durch einseitige Äußerung geben sich Vereine gem. §§ 25, 57 ff. BGB eine verbindliche Satzung. Das Vereinsrecht des BGB gilt dabei als Grundmodell der Körperschaften, wie etwa der AG oder der GmbH[523], so daß auch diese im Rahmen der gesetzlichen Vorgaben eine verbindliche Satzung erlassen[524].

Diese Satzung gilt nicht nur für die Gründungsmitglieder, sondern auch für neu eintretende Mitglieder – es bedarf für ihre Geltung keiner weiteren Vereinbarung zwischen den Altgesellschaftern und dem neuen Mitglied. Somit kann man von einer Einseitigkeit der Satzung sprechen, die dennoch verbindliche Rechtswirkung entfaltet. Ein Vergleich dieser „verbindlichen Selbstbindung der Satzung“ mit der Ethikrichtlinie als einseitiger Willensbekundung des Arbeitgebers könnte für deren Verbindlichkeit sprechen.

Da sowohl das AktG als auch das GmbHG auf das Vereinsrecht zurückgehen, gilt für diese der Grundgedanke der Satzungsautonomie (§ 25 BGB)[525]. Nach diesem Grundsatz kann die Körperschaft über die gesetzlichen Mindestregelungen hinaus alles in der Satzung festlegen, soweit keine zwingenden gesetzlichen Regeln entgegenstehen und die Grenzen der Privatautonomie nach §§ 134, 138

---

521 BAG GS vom 16.9.1986 – GS 1/82 – AP Nr. 17 zu § 77 BetrVG 1972 = EzA § 77 BetrVG 1972 Nr. 17 = NZA 1987, 168; *Preis*, Individualarbeitsrecht, § 18 IV.

522 Eine weitere Ausnahme vom Vertragsprinzip bildet die Verbindlichkeit eines Vertrauenstatbestandes i.S.d. § 242 BGB, dazu ausführlich unten § 3B.VII.1.c.

523 *Steding*, NZG 2001, 721, 725.

524 Die Übereinstimmung mit dem Gesetz wird durch die zwingende notarielle Beurkungspflicht gem. § 2 AbS. 1 GmbHG bzw. § 23 Abs. 1 S. 1 AktG gesichert.

525 Für die GmbH *Bandehzadeh/Thoß*, NZG 2002, 803, 805; *Hergethund/Mingau*, DStR 2001, 1217.

BGB nicht überschritten werden[526]. Der Regelungsbefugnis der Körperschaften sind somit für ihre verbindliche Selbstbindung trotz ihrer grundsätzlichen Satzungsautonomie Grenzen gesetzt.

Das Verbot, gegen gesetzliche Regelungen zu verstoßen, ist für die AG in § 23 Abs. 5 AktG ausdrücklich normiert: Ihre Satzung darf nur unter bestimmten Umständen von den gesetzlichen Regelungen abweichen. Diese Einschränkung der Satzungsautonomie dient dem Schutz der Gläubiger und der künftigen Aktionäre[527] – wer Aktionär wird, soll zur Stärkung des Vertrauens in die Kapitalanlage wissen, daß im Schwerpunkt das zwingende Gesetzesrecht gilt. Also sind lediglich das Gesetz ergänzende Regelungen in Satzungen zulässig.

Die Grenzen der Selbstbindung sind für die GmbH nicht ausdrücklich normiert, ergeben sich jedoch aus dem Zusammenhang: Auch die Satzung der GmbH, die im Gesetz als Gesellschaftervertrag bezeichnet wird (vgl. § 2 GmbHG)[528] und ein Vertrag sui generis ist[529], gilt ohne vertragliche Vereinbarung für neue Gesellschafter. Deren Mitgliedstatus schließt die Verbindlichkeit der Satzung ein. Diese Wirkung gegenüber Dritten führt zu einer grundsätzlich objektiven Auslegung der Satzung[530]. Außerdem ist deshalb stets eine Inhaltskontrolle (§§ 134, 138 BGB) vorzunehmen, die neben zwingendem Gesetzesrecht die inhaltliche Ausgestaltungsfreiheit begrenzt. Im Rahmen dieser Inhaltskontrolle ist die Vereinsfreiheit (Art. 9 Abs. 1 GG) zu berücksichtigen.

Somit können diese Körperschaften im Rahmen der aufgezeigten Grenzen ihre internen Kompetenzen verbindlich in der Satzung regeln, die dann – auch ohne eine weitere vertragliche Vereinbarung – für neu hinzutretende Mitglieder gilt.

Die auf den ersten Blick dann vielleicht naheliegende Idee, daß von einem Unternehmen erlassene Ethikrichtlinien dementsprechend auch eine verbindliche Wirkung für alle im Betrieb Beschäftigten entfalten können, überzeugt indes nicht: Der Arbeitsvertrag zwischen Arbeitgeber und Arbeitnehmer steht einer Mitgliedschaft in einer Körperschaft nicht gleich. Vielmehr muß zum Schutz des Arbeitnehmers bei Beginn des Arbeitsverhältnisses für ihn erkennbar sein, welche Arbeitsbedingungen im Betrieb gelten. Obgleich dies grundsätzlich formlos

---

526 Für die GmbH *Bandehzadeh/Thoß*, NZG 2002, 803, 805; *Hergethund/Mingau*, DStR 2001, 1217, 1218.

527 *Hüffer*, AktG, § 23 Rn. 34.

528 Dennoch wird dieser als „Satzung" bezeichnet, vgl. BayObLG vom 7.6.2000 – 3Z BR 26/00 – NJW-RR 2001, 898 = FGPrax 2000, 161 = NZG 2000, 987; *Hergethund/Mingau*, DStR 2001, 1217 ff.; Ulmer/*Ulmer*, GmbHG § 2 Rn. 4.

529 Sie kann weder als rein schuldrechtlicher Vertrag noch als Akt körperschaftlicher Privatautonomie eingeordnet werden, vgl. Ulmer/*Ulmer*, GmbHG § 2 Rn. 5.

530 BGH vom 11.11.1985 – II ZB 5/85 – BGHZ 96, 245, 250 = NJW 1986, 1033 = MDR 1986, 472 = BB 1986, 551; *Lutter*, AcP 180 (1980) 84, 95.

erfolgen kann, normiert § 2 Abs. 1 S. 1 NachwG die Verpflichtung für den Arbeitgeber, die Arbeitsbedingungen schriftlich festzuhalten. Damit soll einer potentiellen Beweisnot des Arbeitnehmers vorgebeugt werden[531], aber dem Arbeitnehmer wird dadurch auch gezeigt, welche Arbeitsbedingungen gelten.

Zwar kann eine Betriebsvereinbarung oder ein Tarifvertrag auch im laufenden Arbeitsverhältnis erlassen oder verändert werden, aber dort schützen der Betriebsrat oder die Gewerkschaft den Arbeitnehmer als seine Interessenvertreter. Eine Begründung von Pflichten für Arbeitnehmer ist nur im Rahmen der gesetzlich vorgesehenen Regelungsinstrumente möglich.

Daher können die Grundsätze des Vereinsrechts und ein Vergleich mit der Satzungsautonomie der Körperschaften keine Verbindlichkeit einer Ethikrichtlinie als öffentliche Selbsterklärungen begründen.

III. Vergleich mit Verwaltungsrichtlinien

Als Handlungsinstrumente der Verwaltung gibt es neben Regelungen mit Rechtswirkung nach außen, wie Rechtsverordnungen und Verwaltungsakten, die sogenannten Verwaltungsrichtlinien oder Verwaltungsvorschriften, die im Grundsatz lediglich interne Rechtswirkung entfalten. Nur in Ausnahmefällen wird eine rechtsverbindliche Wirkung über den internen Verwaltungsbereich nach außen angenommen, wodurch dem Bürger ein Anspruch gegen die Verwaltung auf Vornahme bestimmter Handlungen, bzw. bestimmter Ermessensentscheidungen entsteht[532]. Sollten ähnliche Ausgangssituationen eine Vergleichbarkeit offenbaren, könnten einseitige Willensbekundungen des Arbeitgebers in Ausnahmefällen Ansprüche der Arbeitnehmer begründen – eine Betrachtung der „Selbstbindung der Verwaltung“ führte dann zur „Selbstbindung des Arbeitgebers“.

1. Selbstbindung der Verwaltung

Verwaltungsrichtlinien sind generell-abstrakte Anordnungen, die im verwaltungsinternen Bereich wirken, so daß Verwaltungsvorschriften der übergeordneten

---

531 HWK/*Kliemt*, NachwG, Vorb. Rn. 2.

532 Zur Selbstbindung der Verwaltung in der Rechtsprechung etwa BVerwG vom 11.5.2006 – 5 C 10/05 – BVerwGE 126, 33 = NVwZ 2006, 1184 = DÖV 2006, 867; BVerwG vom 8.4.1997 – 3 C 6/95 – BVerwGE 104, 220 = DÖV 1997, 732 = NVwZ 1998, 273; BVerwG vom 17.4.1970 – VII C 60.68 – BVerwGE 35, 159 = NJW 1970, 1563 = MDR 1970, 705; in der Literatur nur *Klein*, FS Forsthoff, S. 163 ff.; *Maurer*, Allgemeines Verwaltungsrecht, § 24 Rn. 20 ff; *Pietzcker*, NJW 1981, 2087, 2090.

Behörden die nachgeordneten Behörden binden[533]. Im Grundsatz können sie weder Rechte noch Pflichten für den Bürger begründen[534]. Eine faktische Außenwirkung besteht jedoch, wenn sie vorschreiben, wie sich die Behörde gegenüber dem Bürger zu verhalten hat. Wendet die Behörde eine Verwaltungsvorschrift an, wirkt deren Inhalt nach außen auf den Bürger, so daß es zu einer tatsächlichen Außenwirkung ihres Inhalts kommt – die Handlungen der Verwaltung sind maßgeblich für die Bindungswirkung in der Zukunft[535].

Neben dieser tatsächlichen Außenwirkung gibt es im Wesentlichen drei Begründungsansätze einer rechtlichen Außenwirkung: Die Verwaltungspraxis (Art. 3 GG), den Vertrauensschutz des Bürgers oder ein originäres Administrativrecht der Verwaltung. Obgleich bezüglich der Selbstbindung der Verwaltung bei den Voraussetzungen zwischen verschiedenen Richtlinienarten unterschieden wird[536], kann für den Vergleich mit der Selbstbindung des Arbeitgebers allein auf die Begründung abgestellt werden. Als Korrelate könnte im Arbeitsrecht mittels des Direktionsrechts, des Vertrauensschutzgrundsatzes oder des allgemeinen arbeitsrechtlichen Gleichbehandlungsgrundsatzes eine Verbindlichkeit der Ethikrichtlinie begründet werden.

2. Begründungsansätze der Verwaltungsselbstbindung

a. Originäres Administrativrecht der Verwaltung

Eine rechtliche Verbindlichkeit wird vereinzelt aus einem originären Administrativrecht der Verwaltung hergeleitet[537]. Dabei wird vertreten, daß der Exekutive in ihrem Funktionsbereich eine originäre Rechtsetzungskompetenz zusteht und sie durch den Erlaß der Richtlinien ein originäres Administrativrecht mit Außenwirkung ausübt. Schon die Voraussetzung, daß der Verwaltung eine originäre Rechtssetzungskompetenz zu steht, ist mit Blick auf die Grundsätze der Gewaltenteilung und des Gesetzesvorbehalts und Art. 80 Abs. 1 GG fragwürdig[538].

---

533 *Maurer*, § 24 Rn. 1, 16.
534 *Jarass*, JuS 1999, 105, 107; *Maurer*, § 24 Rn. 17.
535 *Kopp/Ramsauer*, VerwVfG, § 40 Rn. 25.
536 *Maurer*, § 24 Rn. 27 ff.
537 *Ossenbühl*, FS BVerwG, S. 433, 441 ff.
538 *Maurer*, § 24 Rn. 25a.

b. Vertrauensschutz

Daneben wird die Außenwirkung dieser Richtlinien mit dem Grundsatz des Vertrauensschutzes als Element des Rechtsstaatsprinzips begründet[539]. Der Bürger soll auf eine gewisse Planmäßigkeit und Beständigkeit der Handlungen des Staates vertrauen können[540]. Veröffentlicht die Verwaltung eine Richtlinie, darf der Bürger erwarten, daß die Verwaltung diese Richtlinie auch einhält. Ob der Bürger dieses Vertrauen auch betätigt haben muß, läßt die Rechtsprechung offen[541].

c. Verwaltungspraxis, Art. 3 Abs. 1 GG

Art. 3 Abs. 1 GG bewirkt im Verhältnis Bürger-Staat, daß alle Bürger vom Staat gleich zu behandeln sind – es besteht ein Gleichbehandlungsgebot[542]. Wenn die Verwaltung gegenüber Bürger X eine Handlung vornimmt und Bürger Y sich in einer vergleichbaren Situation befindet, dann ergibt sich regelmäßig aus Art. 3 Abs. 1 GG für Bürger Y ein Anspruch auf Vornahme der gleichen Handlung – freilich besteht keine Anspruch auf eine Gleichbehandlung im Unrecht. Entscheidet die Behörde insoweit in entsprechenden Einzelfällen nicht gleichartig, verstößt sie gegen den Gleichheitssatz[543]. Anknüpfungspunkt für die Gleichbehandlung ist dabei nicht die Richtlinie selbst, sondern vielmehr die Verwaltungspraxis, also die pflichtgemäße Anwendung der Verwaltungsvorschrift[544]. Nur in Ausnahmefällen darf von dieser Verwaltungspraxis abgewichen werden[545]. Die Vorschriften bieten lediglich ein Indiz für das Bestehen dieser Praxis. Aufgrund des Verwaltungsgehorsams besteht eine generelle Vermutung, daß die Verwaltungspraxis den Verwaltungsvorschriften entspricht. Somit bindet sich die Verwaltung bereits durch deren Erlaß (i.V.m. Art. 3 Abs. 1 GG).

Hat die Behörde bislang noch nicht gehandelt, geht die herrschende Meinung von einer „antizipierten Verwaltungspraxis" aus: Mit Blick auf zukünftige Fälle wird angenommen, daß sich daraus eine Verwaltungspraxis ergeben wird. Sollten

---

539 BGH vom 13.12.1993 – NotZ 56/92 – BGHZ 124, 327, 332 = NJW 1994, 1874 = JZ 1994, 790.

540 *Klein*, FS Forsthoff, S. 163, 180 f.

541 BVerwG vom 17.4.1970 – VII C 60.68 – BVerwGE 35, 159 = NJW 1970, 1563 = WM 1970, 1279.

542 *Kopp/Ramsauer*, VerwVfG, § 40 Rn. 26.

543 BVerwG vom 10.12.1969 – VIII C 104/69 – NJW 1970, 675.

544 BVerwG vom 25.6.1964 – VIII C 23.63 – BVerwGE 19, 48 = NJW 1965, 414; BVerwG vom 4.11.1992 – 1 B 182/91 – InfAuslR 1993, 54; *Jarass*, JuS 1999, 105, 108.

545 BVerwG vom 25.6.1964 – VIII C 23.63 – BVerwGE 19, 48 = NJW 1965, 414.

keine „weiteren Fälle“ eintreten, wird die Verwaltungsvorschrift als Einzelweisung aufgefaßt[546].

3. Übertragbarkeit auf den Arbeitgeber

Ließen sich diese Begründungsansätze auf die unternehmensinterne Ethikrichtlinie übertragen, könnte so eine Verbindlichkeit der einseitigen Willensbekundungen des Arbeitgebers begründet werden.

a. Direktionsrecht

Der erste Begründungsansatz sieht für die Exekutive in ihrem Funktionsbereich eine originäre Rechtsetzungskompetenz vor.

Beispielhaft lautet eine Ethikrichtlinie etwa:

„Die DaimlerChryslerVerhaltensrichtlinie ist eine verbindliche interne Norm auf Grundlage des geltenden Rechts für alle geschäftlichen Aktivitäten.“[547]

Dem Arbeitgeber müßte ein derartiges „Normsetzungs-Recht“ als Korrelat zur originären Rechtsetzungskompetenz der Verwaltung zu stehen. In Betracht kommt das Direktionsrecht des Arbeitgebers, da es ihm ermöglicht eine einseitige Verpflichtung des Arbeitnehmers zu begründen. Die Einführung der Ethikrichtlinie mittels des Direktionsrechts weist jedoch einige Nachteile auf[548].

Zudem stehen die Kritikpunkte an diesem Begründungsversuch auch einer Bindung des Arbeitgebers entgegen: Die Verwaltung hat die Möglichkeit, rechtsverbindlich eine Rechtsverordnung oder einen Verwaltungsakt zu erlassen – der Arbeitgeber kann Ethikrichtlinien rechtsverbindlich in den Arbeitsvertrag einbeziehen oder durch eine kollektive Absprache im Arbeitsverhältnis zur Wirkung bringen. Warum sollten zusätzlich einseitige Willensbekundungen Verbindlichkeiten begründen?

Einer Ausweitung der Gestaltungsmöglichkeiten der Verwaltung kann Rechtsunsicherheit entgegengehalten werden. Würden die von der Verwaltung für den internen Bereich erlassenen Organisations- oder Verhaltensvorschriften Rechtswirkung entfalten, könnte die Behörde den Bürger auf diesem Wege verpflichten – ohne daß dafür eine gesetzliche Ermächtigung bestünde. Diese Kritikpunkte an der Verbindlichkeitsbegründung durch ein originäres Administrativrecht der Verwaltung sprechen auch gegen die Verbindlichkeit einer bloßen

546 Statt vieler *Maurer*, § 24 Rn. 22 m. w. N.

547 Lediglich beispielhafte Formulierung aus DaimlerChrysler-Verhaltensrichtlinie (Fn. 93) S. 8.

548 Dazu oben unter Einführung mittels des Direktionsrechts § 3A.II.1.a.

Willensbekundung des Arbeitgebers, da auch ihm ausreichende Möglichkeiten einer verbindlichen Rechtsbegründung zur Verfügung stehen.

b. Vertrauensschutz

Möglicherweise könnte der Begründungsansatz des Vertrauensschutzes auf die vom Arbeitgeber erlassene Ethikrichtlinie übertragen werden.

Diesem Ansatz wird jedoch entgegengehalten, daß der Bürger nicht Adressat der Verwaltungsrichtlinie sei und daher nicht auf ihren Bestand vertrauen dürfe[549]. Etwas anderes könnte sich nur durch eine Veröffentlichung der Verwaltungsrichtlinie ergeben[550]. Allerdings wendet sie sich auch dann nicht unmittelbar an den Bürger, so daß die Schutzwürdigkeit seines Vertrauens stets zweifelhaft ist. Einzig wenn die Verwaltungsvorschrift als Zusicherung an eine Person verstanden werden kann, ist das Vertrauen schutzwürdig.

Übertragen auf das Arbeitsverhältnis bestünde ein schutzwürdiges Vertrauen demnach nur, wenn der Arbeitnehmer Adressat der Ethikrichtlinie ist oder die Richtlinie als Zusicherung an die Arbeitnehmer verstanden werden kann. Regelmäßig werden Ethikrichtlinien zwecks Imageverbesserung veröffentlicht. Adressat ist demnach neben dem Unternehmen als ganzes vor allem auch die Öffentlichkeit. Ob dies zur Begründung eines schutzwürdigen Vertrauens ausreicht, wird im Rahmen der Vertrauensschutz-Prüfung ausführlicher behandelt[551].

c. Gleichbehandlungsgrundsatz

Überträgt man den Gedanken der Bindungswirkung des Art. 3 Abs. 1 GG von der Verwaltungspraxis auf das Arbeitsverhältnis, so bietet die Anwendung des allgemeinen arbeitsrechtlichen Gleichbehandlungsgrundsatzes eine Vergleichsmöglichkeit. Es wurde bereits dargestellt, daß die Einführung einer Ethikrichtlinie durch Eingreifen des allgemeinen Gleichbehandlungsgrundsatzes grundsätzlich möglich ist, wenn der Arbeitgeber gegenüber einzelnen Arbeitnehmern oder Arbeitnehmergruppen die Richtlinie anwendet. Ebenfalls wurde jedoch gezeigt, daß damit zumeist nicht der erwünschte Zweck der Imageverbesserung gefördert wird und diese Einführungsmöglichkeit daher ungeeignet ist[552].

Außerdem wirft der Gedanke der Verbindlichkeit einer Ethikrichtlinie „für den ersten Fall“ Zweifel auf: Für die Anwendung des allgemeinen arbeitsrechtli-

---

549 *Maurer*, § 24 Rn. 24.
550 BVerwG vom 8.4.1997 – 3 C 6/95 – BVerwGE 104, 220 = NVwZ 1998, 273.
551 Siehe dazu § 3B.VII.1.c.
552 Oben unter § 3A.II.3.

chen Gleichbehandlungsgrundsatzes ist es erforderlich, daß der Arbeitgeber bereits eine Handlung gegenüber einzelnen Arbeitnehmern vorgenommen hat, die einen Anspruch der anderen Arbeitnehmer begründet. Die bloße Willensbekundung erfüllt die Voraussetzungen des allgemeinen arbeitsrechtlichen Gleichbehandlungsgrundsatzes nicht.

d. Zwischenergebnis

Die Begründungsansätze einer Selbstbindung der Verwaltung können keine Verbindlichkeit der einseitigen Willensbekundung des Arbeitgebers begründen. Nicht nur die Konstellation im Einzelfall, sondern schon die Ausgangssituation ist eine andere, da das Verhältnis Bürger-Staat nicht dem Verhältnis Arbeitnehmer-Arbeitgeber entspricht.

Nur vereinzelt wird im Rahmen des Streits um eine unmittelbare Grundrechtswirkung[553] im Arbeitsrecht angeführt, daß Grundrechte ausnahmsweise im Arbeitsverhältnis unmittelbar anzuwenden sind, da das Über-/Unterordnungsverhältnis zwischen Bürger und Staat mit dem Machtgefälle zwischen Arbeitnehmer und Arbeitgeber vergleichbar sei[554]. Somit bestünde eine Vergleichbarkeit der Verhältnisse.

Diese Ansicht überzeugt jedoch nicht, da die Wahlmöglichkeit des Arbeitnehmers einen entscheidenden Unterschied darstellt: Während sich der Bürger seinen Staat grundsätzlich nicht aussuchen kann und die Grundrechte noch dazu nicht nur für deutsche Staatsbürger gelten, kann der Arbeitnehmer aufgrund der Privatautonomie frei entscheiden, ob er ein Arbeitsverhältnis mit dem Arbeitgeber eingeht. Wenngleich diese Wahlmöglichkeit des Arbeitnehmers abgeschwächt wird, da sich im Regelfall Arbeitnehmer und Arbeitgeber bei der Einstellung nicht als gleichberechtigte Verhandlungspartner gegenüber stehen[555], kann das auf Privatautonomie gestützte Arbeitsverhältnis nicht mit dem Bürger-Staat-Verhältnis verglichen werden. Zudem besteht auch in anderen Dauerschuldverhältnissen ein Mächte-Ungleichgewicht (etwa in der Miete) und dennoch wird dort keine unmittelbare Wirkung der Grundrechte angenommen.

Schließlich können Arbeitnehmer auch von Beginn an als „interne Bestandteile" des Unternehmens angesehen werden, so daß nicht von einer Außenwirkung, sondern vielmehr überhaupt von einer rechtsverbindlichen Wirkung die Rede sein muß. Ein Vergleich zur Selbstbindung der Verwaltung nach außen be-

553 Dazu schon oben § 1C.II.
554 *Gamillscheg*, Grundrechte, S. 28 ff.
555 *Gamillscheg*, Grundrechte, S. 29.

gründet daher keine Verbindlichkeit der Ethikrichtlinie als einseitiger Willensbekundung.

IV. Vergleich zur Bindung kirchlicher Richtlinien

Kirchlich gebundene Unternehmen halten auf unterschiedliche Weise ihre Vorstellung über das Verhalten ihrer Mitarbeiter fest – neben den ohnehin allgemein anerkannten kirchlichen Grundsätzen gibt es schriftlich fixierte kirchliche Arbeitsvertragsrichtlinien. Das Maß der Verbindlichkeit der kirchlichen Richtlinien und Grundsätze hängt von ihrer Ausgestaltung im Einzelfall ab. Die Rechtsprechung beschäftigt zumeist Fälle, in denen die Wirksamkeit einer Kündigung fraglich ist, weil in solchen Unternehmen beschäftigte Arbeitnehmer gegen diese Grundsätze verstoßen[556] – strittig ist dabei die Verbindlichkeit der kirchlichen Grundsätze. Eine Vergleichbarkeit der verbindlichen kirchlichen Grundsätze und der unternehmensinternen Richtlinie als einseitige Willensbekundungen könnte deren Rechtsverbindlichkeit begründen[557].

1. Kirchliche Arbeitsvertragsrichtlinien

Für kirchliche Arbeitsverhältnisse gibt es im Grundsatz drei Möglichkeiten der Rechtssetzung: Den Arbeitsvertrag, den Tarifvertrag und den „dritten Weg“ – die „Arbeitsvertragsrichtlinien“[558]. Diese Arbeitsvertragsrichtlinien werden von einer Arbeitsrechtskommission beschlossen, die hälftig mit Arbeitnehmervertretern und Vertretern der Arbeitgeberseite besetzt ist. Beispielhaft besteht beim deutschen Caritasverband als Ausschuß der Delegiertenversammlung eine arbeitsrechtliche Kommission[559]. Zudem gibt es „Dienstverordnungen im Bereich der verfaßten Kirchen“, die jedoch nicht wesentlich von den Arbeitsvertragsrichtlinien abweichen[560]. Die Arbeitsvertragsrichtlinien regeln, wie kirchliche Grundsätze zu berücksichtigen sind.

---

556 Etwa BVerfG vom 4.6.1985 – 2 BvR 1703/83, 2 BvR 1718/83 und 2 BvR 856/84 – AP Nr. 24 zu Art. 140 GG = EzA § 611 BGB Kirchliche Arbeitnehmer Nr. 24 = BVerfGE 70, 138.

557 Eine Vergleichbarkeit wird angedeutet von *Joussen*, NJW 2006, 1850.

558 *Deinert*, ZTR 2005, 461; *ders.*, AiB 2006, 628; *Gaul*, ZTR 2002, 368; *Pahlke*, NJW 1986, 350; *T. Rittner*, NZA 2005, 447; *Thüsing*, ZTR 1999, 298, 299; *derselbe*, NZA 2002, 306, 310; *C. von Tiling*, NZA 2007, 78; ausführlich dazu *Keßler*, Die Kirchen und das Arbeitsrecht, S. 41 ff.

559 Im Internet unter: http://www.caritas.de/2252.html [zuletzt abgerufen am 21.3.2007].

560 *Deinert*, ZTR 2005, 461.

Als Besonderheit des kirchlichen Arbeitsverhältnisses steht hinter dieser paritätischen Normsetzung die Idee, daß Leitung und Mitarbeiter den kirchlichen Sendungsauftrag in Gemeinschaft und Konsens erfüllen[561]. Diese „kirchliche Regelungsautonomie" im Rahmen der Vereinbarung der Arbeitsbedingungen entstammt den Art. 140 GG i.V.m. Art. 137 Abs. 3 WRV[562].

Die Wirkung der Arbeitsvertragsrichtlinien ist umstritten[563]. Trotz der überwiegenden Forderung nach einer Bezugnahme im jeweiligen Arbeitsvertrag[564] wird vereinzelt eine unmittelbare Wirkung der Arbeitsvertragsrichtlinien angenommen[565]. Die unmittelbare Verbindlichkeit läge vor, wenn Arbeitsvertragsrichtlinien wie Tarifverträge wirkten. Fest steht, daß Arbeitsvertragsrichtlinien keine Tarifverträge sind[566]. Vielmehr ist von einer bewußten Entscheidung gegen die Möglichkeit von Tarifverhandlungen in kirchlichen Arbeitsverhältnissen auszugehen, da sie mit dem „Leitbild der kirchlichen Dienstgemeinschaft" nicht zu vereinbaren sind[567]. Anders als Tarifverträge entstehen Arbeitsvertragsrichtlinien durch Beschluß der Kommission und nicht durch die Einigung zweier Vertragspartner – daran ändert auch die paritätische Besetzung des Gremiums nichts[568]. Damit fehlt die erforderliche Vergleichbarkeit zu Tarifverträgen, so daß man annehmen könnte, daß Arbeitsvertragsrichtlinien nur kraft einzelvertraglicher Bezugnahme auf das Arbeitsverhältnis wirkten[569].

Dennoch spricht auch einiges für eine Gleichstellung der Arbeitsvertragsrichtlinien mit Tarifverträgen[570]: Beide Regelwerke streben einheitliche Arbeitsbedingungen für die bei dem jeweiligen Arbeitgeber Beschäftigten an[571]. Zudem kommt den Arbeitsvertragsrichtlinien aufgrund der verfassungsrechtlichen Wur-

---

561 *Richardi*, ZfA 1984, 109, 113; *ders.*, NZA 1994, 19, 24.

562 *Deinert*, ZTR 2005, 461, 462; *Joussen*, NJW 2006, 1850; *Pahlke*, NJW 1986, 350, 352; *Thüsing*, ZTR 1999, 298; ausführlich dazu *Richardi*, ZfA 1984, 109 ff.

563 Vgl. zum Streitstand statt vieler *Keßler*, S. 90 ff.; *C. von Tiling*, NZA 2007, 78, 79 f.

564 BAG vom 17.11.2005 – 6 AZR 160/05 – AP Nr. 45 zu § 611 BGB Kirchendienst = EzA § 611 BGB 2002 Kirchliche Arbeitnehmer Nr. 7 = NZA 2006, 872; *Deinert*, ZTR 2005, 461; *ders.*, AiB 2006, 628, 630; *Thüsing*, ZTR 2005, 507.

565 Etwa *C. von Tiling*, NZA 2007, 78, 81.

566 BAG vom 17.11.2005 (Fn. 564); *T. Rittner*, NZA 2005, 447; *Thüsing*, ZTR 2005, 507, 510.

567 *Deinert*, AiB 2006, 628.

568 *Pahlke*, NJW 1986, 350, 354; *P. von Tiling*, RdA 1979, 103, 105.

569 *Pahlke*, NJW 1986, 350, 354.

570 *Thüsing*, ZTR 1999, 298, 302; zur Gleichwertigkeit der Arbeitsvertragsrichtlinien mit Tarifverträgen auch BAG vom 17.11.2005 (Fn. 564); *Thüsing/von Löwis of Menar*, Anm. zu BAG vom 17.11.2005 (Fn. 564) EWiR 2006, 421.

571 *Gaul*, ZTR 2002, 368, 369; *Pahlke*, NJW 1986, 350, 354.

zeln in den Art. 140 GG, 137 Abs. 3 WRV eine besondere Bedeutung zu[572]. Außerdem könnte die Beschlußfassung durch die paritätische Besetzung der Arbeitsrechtskommission zumindest für eine besondere Behandlung der Arbeitsvertragsrichtlinien streiten[573].

Einer Entscheidung über die Verbindlichkeit bedarf es an dieser Stelle nicht, da die Gründe, die für eine unmittelbare Wirkung der Arbeitsvertragsrichtlinien sprechen, nicht auf den Fall der Ethikrichtlinie durch einseitige Arbeitgebererklärung übertragbar sind. Solche Ethikrichtlinien werden gerade nicht durch ein paritätisch besetztes Organ beschlossen, sondern der Arbeitgeber erläßt sie vielmehr einseitig und entscheidet sich somit bewußt gegen ein zweiseitiges Rechtsgeschäft Selbst wenn also eine unmittelbare Verbindlichkeit der Arbeitsvertragsrichtlinien bestünde, könnten diese Grundsätze mangels Vergleichbarkeit nicht zu einer Verbindlichkeit der Ethikrichtlinie verhelfen.

2. *Nicht fixierte kirchliche Grundsätze*

Neben den schriftlich festgehaltenen Arbeitsvertragsrichtlinien gibt es allgemeine kirchliche Grundsätze, die nicht durch eine Bezugnahmeklausel in das Arbeitsverhältnis einbezogen werden, sondern vielmehr ohnehin für alle kirchlichen Arbeitsverhältnisse gelten. Beispielhaft dafür stellt sich die Frage, ob die katholische Kirche einem Angestellten, der sich verpartnert hat, kündigen darf, weil die katholische Kirche „gleich-geschlechtliche Partnerschaften" für mit den Grundsätzen der Ehe nicht vereinbar hält[574].

Die Rechtsprechung beschäftigt sich mit der Verbindlichkeit der *„tragenden Grundsätze der kirchlichen Glaubens- und Sittenlehre"*, etwa bei der Ermittlung der Konsequenzen eines Loyalitätsverstoßes. Zumeist geht es dabei um traditionell begründete Grundsätze, deren Existenz für jedes Mitglied der Kirche außer Frage steht – die katholische Kirche orientiert sich dabei an dem Codex Iuris Canonici[575].

In der Entscheidung vom 4.6.1985[576], die die Wirksamkeit der Kündigung eines Arztes durch ein kirchliches Krankenhaus aufgrund einer öffentlichen positi-

---

572 *Deinert*, ZTR 2005, 461, 464; *Pahlke*, NJW 1986, 350, 354; *Thüsing*, ZTR 1999, 298; *C. von Tiling*, NZA 2007, 78, 81.

573 *Gaul*, ZTR 2002, 368, 369; *Pahlke*, NJW 1986, 350, 354; die paritätische Besetzung führt auch das BAG als maßgeblich für die Vergleichbarkeit an BAG vom 17.11.2005 (Fn. 564).

574 Beispiel von *Thüsing*, Kirche, S. 23.

575 Im Internet unter: http://www.vatican.va/archive/DEU0036/_INDEX.HTM [zuletzt abgerufen am 21.3.2007].

576 BVerfG vom 4.6.1985 (Fn. 556).

ven Stellungnahme zu Schwangerschaftsabbrüchen behandelt, bezeichnet das Bundesverfassungsgericht diese kirchlichen Richtlinien als „*Grundpositionen des kirchlichen Verständnisses*", „*fundamentale / tragende Grundsätze der kirchlichen Glaubens- und Sittenlehre*" oder „*kirchliche Grundverpflichtungen*". Die Verbindlichkeit dieser Grundsätze führt das Bundesverfassungsgericht auf die verfassungsrechtlichen Wurzeln des Selbstverwaltungsrechts in Art. 140 GG i.V.m. § 173 Abs. 3 WRV zurück. Danach können Kirchen ihren Arbeitnehmern Obliegenheiten, die dem „besondere Leitbild einer christlichen Dienstgemeinschaft" entsprechen, bei ihrer Aufgabenbewältigung und Lebensführung auferlegen[577]. Da die Arbeitnehmer unmittelbar an der Verwirklichung des kirchlichen Auftrags teilhaben, kann die Kirche von ihnen auch die Beachtung ihrer Grundsätze verlangen. Dennoch dürfen diese kirchlichen Richtlinien nicht im Widerspruch zu Grundpositionen der Rechtsordnung stehen, wie etwa den „guten Sitten" (§ 138 BGB), dem „allgemeinen Willkürverbot" (Art. 3 Abs. 1 GG) und dem „ordre public" (Art. 30 EGBGB)[578] – für Einzelfälle müssen die Gerichte darauf achten, daß Kirchen ihren Arbeitnehmern keine dagegen verstoßenden Loyalitätspflichten aufgeben.

Das Hauptargument zur Begründung der Verbindlichkeit bilden die Art. 140 GG i.V.m. Art. 138 Abs. 3 WRV als Grundlage der „*Besonderheiten des kirchlichen Arbeitsrechts*"[579]. Die rechtliche Sonderstellung der Kirchen kommt etwa auch in § 118 Abs. 2 BetrVG zum Ausdruck. Obgleich Art. 12 GG die unternehmerische Freiheit des Arbeitgebers sichert, fehlt ein ausdrückliches Recht zur „Selbstordnung und –verwaltung". Daher ist ein Vergleich zwischen diesen Richtlinien und Ethikrichtlinien nicht hilfreich.

V. Gemeinsame Grundsätze der Sozialversicherungsträger

Eine weitere Vergleichsmöglichkeit bietet die Verbindlichkeit der „gemeinsamen Grundsätze der Sozialversicherungsträger". Diese bestehen etwa für die Erstattung von zu Unrecht gezahlten Beiträgen[580] oder für die Datenerfassung und Datenübermittlung zur Sozialversicherung[581]. Sollte die Grundlage der Verbind-

577 Dazu auch *Joussen*, NJW 2006, 1850, 1851.
578 Bestätigt von *Thüsing*, NZA 2002, 306.
579 Dazu etwa *Thüsing*, NZA 2002, 306 ff.
580 Im Internet unter: http://www.tk-online.de/centaurus/generator/tk-online.de/m01 firmenkunden/r05 downloads/03 verlautbarungen/20.04 20-20gemeinsame grundsaetze beitragserstattung.pdf,property=Data.pdf [zuletzt abgerufen am 21.3.2007].
581 Im Internet unter: http://www.vdak.de/arbeitgeber/Informationen/deuev/rs_anh1.pdf [zuletzt abgerufen am 21.3.2007].

lichkeit dieser Grundsätze mit der vom Arbeitgeber erlassenen Ethikrichtlinie vergleichbar sein, könnten sie zur Begründung der Verbindlichkeit der Ethikrichtlinien herangezogen werden.

Obgleich auf den ersten Blick eine Vergleichbarkeit möglich erscheint, liegt der entscheidende Unterschied in der gesetzlichen Ermächtigungsgrundlage für die gemeinsamen Grundsätze: § 28b Abs. 2 SGB IV verpflichtet *„die Spitzenverbände der Krankenkassen, [den] Verband Deutscher Rentenversicherungsträger, die Bundesversicherungsanstalt für Angestellte und die Bundesanstalt für Arbeit [...] bundeseinheitlich [...] Grundsätze*" für die Meldepflicht des Arbeitgebers gem. § 28a Abs. 1 SGB IV zu bestimmen, wobei „d*ie gemeinsamen Grundsätze [...] der Genehmigung des Bundesministeriums für Gesundheit und Sozial Sicherung*" bedürfen. Die Grundsätze erlangen mit der Genehmigung ihre bindende Wirksamkeit[582].

Da weder eine gesetzliche Verpflichtung zum Erlaß von Ethikrichtlinien besteht, noch die Ethikrichtlinien einer staatlichen Genehmigung bedürfen, hilft ein Vergleich an dieser Stelle nicht weiter.

VI. Vergleich zur Bindung an Standesrichtlinien

1. Standesrichtlinien

Berufs- und Standesordnungen werden im angelsächsischen Sprachraum teilweise als „code of ethics" bezeichnet[583]. Unabhängig von dieser Namensidentität liegt es nahe, die Verbindlichkeit dieser Richtlinien, die sich die Stände selbständig auferlegen, zu untersuchen, um gegebenenfalls Rückschlüsse für die Verbindlichkeit einseitiger ethischer Erklärungen der Unternehmen zu ziehen.

In Deutschland versteht man unter Standesrecht das „Sonderrecht der freien Berufe"[584]. Dabei stellt sich die Frage, welche Berufe davon erfaßt sind. Die Legaldefinitionen der „freiberuflichen Tätigkeit" in § 18 Abs. 1 EStG und der „Freien Berufe" in § 1 Abs. 2 PartGG gelten nur für das jeweilige Gesetz und können daher keine Rückschlüsse auf den von den Standesrichtlinien umfaßten Empfängerkreis geben. Zu den üblichen Ständen gehören Rechtsanwälte, Ärzte, Zahnärzte, Tierärzte, Apotheker, Steuerberater und Architekten. Berufsangehörige, die gegen das von ihrer Standesvertretung erlassene Standesrecht verstoßen,

582 Wannagat/*Dagmar Felix*, SGB IV, § 28b Rn. 14.
583 *Taupitz*, S. 180 m. w. N.
584 VG Berlin vom 22.3.1984 – 14 A 204.83 – n.v.; *Taupitz*, S. 151.

müssen sich wegen berufsrechtlicher Pflichtwidrigkeit vor den Ehrengerichten verantworten.

Obwohl vereinzelt aufgrund einer zunehmenden Verrechtlichung in Deutschland diese ursprüngliche Begriffsbestimmung angezweifelt wird, entspricht sie immer noch dem herrschenden Verständnis[585]. Diese Zweifel und die damit verbudenen Abgrenzungsprobleme zum Berufsrecht sind für den Vergleich mit Ethikrichtlinien irrelevant.

Die Verbindlichkeit des Standesrechts hängt von der Ausgestaltung der standesrechtlichen Regelung im Einzelfall ab: Neben den gesetzlich normierten Regeln kann Standesrecht auch Verbindlichkeit erzeugen, wenn es als Gewohnheitsrecht anerkannt ist. Sowohl normierte als auch gewohnheitsrechtlich anerkannte Rechtssätze entfalten jedoch ohnehin eine rechtsverbindliche Wirkung und können daher nicht für eine Vergleich mit einseitigen Willensbekundungen des Arbeitgebers herangezogen werden. Vielmehr können nur die „Standesrichtlinien" weiterhelfen, die nicht gesetzlich normiert sind und dennoch eine verbindliche Rechtswirkung erzeugen.

In einigen Bereichen werden Standesrichtlinien erst verbindlich, wenn die Mitglieder Selbstverpflichtungserklärungen unterzeichen und damit ausdrücklich diese Regeln für sich als verbindlich anerkennen. Die Verbindlichkeit dieser Richtlinien kann sich aber auch aus der Mitgliedschaft in der jeweiligen Kammer ergeben. Im Regelfall ist die Kammer der jeweiligen Berufsgruppe im Rahmen ihres Selbstverwaltungsrechts berechtigt, die Standesrichtlinien zu erlassen. Bedenken gegen die Zulässigkeit solcher verbindlichen Richtlinien, weil die Beschäftigten in den jeweiligen Bereichen möglicherweise zur Kammermitgliedschaft verpflichtet sind[586], können für die weitere Untersuchung dahinstehen.

2. Beispiele für Standesrichtlinien

Zur Verdeutlichung der Vielzahl möglicher Ausgestaltungen der Standesrichtlinien wird zunächst beispielhaft die Verbindlichkeit des Standesrechts in drei typischen Berufsfeldern dargestellt. Vor allem ist dabei fraglich, ob die jeweilige Verbindlichkeit der Standesrichtlinien Rückschlüsse auf die Verbindlichkeit einer ethischen Willensbekundungen des Arbeitgebers zuläßt.

585 *Creifelds*, Rechtswörterbuch, „Standesrecht", S. 1233.

586 Zur Pflichtmitgliedschaft für Rechtsanwälte im Versorgungswerk etwa BVerfG (Kammer) vom 4.4.1989 – 1 BvR 685/88 – NJW 1990, 1653.

a. Rechtsanwälte

Die Bundesrechtsanwaltskammer erließ bis 1987 aufgrund ihrer Verpflichtung aus § 177 Abs. 2 Nr. 2 BRAO Richtlinien zur Ausgestaltung der Generalklausel der BRAO, die die allgemeine Auffassung über Fragen der Ausübung des Rechtsanwaltsberufes wiedergaben[587]. Diese Richtlinien des anwaltlichen Standesrechts dienten zunächst nach Ansicht des Bundesverfassungsgerichts zur Orientierung und als wesentliches Hilfsmittel für die Konkretisierung der anwaltlichen Berufspflichten[588]. Das Bundesverfassungsgericht erklärte die Richtlinien allerdings 1987 für verfassungswidrig, so daß ihnen nur noch für eine Übergangszeit und danach nur als unverbindliche Ausgestaltung Bedeutung zukam[589]. Begründet wurde dies damit, daß die Standesrichtlinien keine ausreichende gesetzliche Grundlage i.S.d. Art. 12 Abs. 1 S. 2 GG für Eingriffe in die Berufsfreiheit der Anwälte darstellen[590]. Somit beanspruchen Standesrichtlinien nur eine begrenzte Gültigkeit[591]. Als Reaktion darauf haben die Rechtsanwälte in einer „Berufsordnung" satzungsförmige berufsrechtliche Regelungen zur Ergänzung der BRAO beschlossen[592].

Die Standesrichtlinien für Rechtsanwälte entfalten somit aktuell keine unmittelbare Verbindlichkeit, sondern werden nur vereinzelt noch zur Auslegung herangezogen. Somit kann daraus kein Rückschluß auf die Verbindlichkeit der Ethikrichtlinien gezogen werden, obwohl sie gerade inhaltlich den Verhaltensvorgaben einer Ethikrichtlinie sehr nahe kommen.

b. Journalisten

Als Konkretisierung des Standesrechts der Journalisten gibt der Presse-Kodex[593] die Richtlinien des deutschen Presserates wieder[594]. Er umfaßt Regeln für die tägliche Arbeit der Journalisten und sichert die Wahrung der journalistischen Be-

587 *Hettinger*, Vom Standesrecht zum Berufsrecht, S. 47.

588 BVerfG vom 4.4.1984 – 1 BvR 1287/83 – BVerfGE 66, 337 = NJW 1984, 2341 = MDR 1984, 731.

589 BVerfG vom 14.7.1987 – 1 BvR 362/79 – BVerfGE 76, 196 = NJW 1988, 111 = ZIP 1987, 1606; *Pietzcker*, NJW 1988, 513 ff.

590 BVerfG (Kammer) vom 2.11.1992 – 1 BvR 555/89 – AnwBl. 1993, 34.

591 *Wendeling-Schröder*, S. 65.

592 Dazu ausführlich nur *Kleine-Cosack*, NJW 1997, 1257 ff.

593 In seiner Fassung von 2006 im Internet unter: http://www.presserat.de/pressekodex.html [zuletzt abgerufen am 21.3.2007].

594 Seit den 50er Jahren legt der Deutsch Presserat, der paritätisch aus Verlegern und Journalisten besetzt ist, Leitlinie über ethisches Handeln von Journalisten und Verlegern fest, dazu *Voss*, Journalist 11/2006, 28 ff.

rufsethik. Der Kodex umfaßt zum größten Teil bereits bestehende rechtliche Pflichten und liefert somit kaum neue Wertungen[595]. Auf der Homepage des Presserats gibt es ein „Muster der Selbstverpflichtungserklärung der Verlage“[596]. Darin bekennt sich das Verlagsunternehmen zum Pressekodex und erklärt seine Bereitschaft, im Falle eines Verstoßes die vom Deutschen Presserat ausgesprochenen Sanktionen zu befolgen.

Die Verbindlichkeit des Pressekodex für das jeweilige Verlagsunternehmen ergibt sich somit aus der Selbstverpflichtungserklärung. Eine selbständige Verbindlichkeit des Kodexes besteht nicht – in der Rechtsprechung wird lediglich vergleichend für bereits bestehende Pflichten auf den Kodex verwiesen[597]. Daneben wird der Kodex bei der Gesetzesauslegung, etwa der Pressegesetze der Länder, herangezogen[598].

Ein weitergehender Vergleich für die Qualifizierung von Ethikrichtlinien ist somit nicht erforderlich, da im Falle der Ethikrichtlinie als einseitige Willensbekundung gerade eine Erklärung der „Gegenpartei“, also des Arbeitnehmers, fehlt.

c. Internationale Schiedsrichter

Die Vertragsparteien können in ihrer Schiedsklausel oder Schiedsvereinbarung festlegen, daß im Streitfall die von der Internationale Anwaltvereinigung (IBA) entwickelten Standesregeln für Internationale Schiedsrichter anzuwenden sind[599]. In der Einführung der Standesregeln ist ausdrücklich festgehalten, daß sie „eher Anleitung als einklagbare Gesetzesregeln sein“ sollen – es soll den Parteien beispielsweise nicht möglich sein, gegen die Standesrichter vor die Gerichte zuziehen. Vielmehr soll deren gesetzliche Immunität gewahrt werden, um die Unabhängigkeit der Schiedsrichter zu sichern. Da hier immer eine Einbeziehung durch die Parteien erforderlich ist, können sie an dieser Stelle nicht weiterhelfen.

Anders ist dies beim „Code of Ethics for Arbitrators“, der 1977 von der American Bar Association und der American Arbitrators Association erlassen wurde und zuletzt Anfang 2004 geändert wurde[600]: Dafür wird in der Literatur eine

---

595 *Matzick*, S. 58.

596 Im Internet unter: http://www.presserat.de/Selbstverpflich-tungs.185.0.html [zuletzt abgerufen am 21.3.2007].

597 Etwa LG Münster vom 3.11.2004 – 12 O 85/04 – juris; OLG Hamm vom 21.7.2004 – 3 U 77/04 – OLGR Hamm 2004, 345.

598 ArbG Frankfurt vom 12.4.2000 – 3 Ca 4726/99 – AfP 2000, 591.

599 *Glossner*, FS Quack, S. 709, 714; die Standesregeln sind abgedruckt im Jahrbuch für die Praxis der Schiedsgerichtsbarkeit, Band 1, 1987, S. 192 ff.

600 Im Internet unter: http://www.abanet.org/dispute/commercial_disputes.pdf [zuletzt abgerufen am 21.3.2007].

„Allgemeingültigkeit“ angenommen[601] und im Falle eines Verstoßes ein Ausschluß des Arbitrators empfohlen. Diese Allgemeingültigkeit wird aber mit der Barzugehörigkeit begründet, so daß eine Vergleichbarkeit mit Ethikrichtlinien ausscheidet.

3. Verbindlichkeit der Richtlinien

Die aufgezeigten Beispiele helfen zur Begründung einer Verbindlichkeit der einseitigen Willensbekundung des Unternehmens nicht weiter. Eine Aussage über die Verbindlichkeit der Standesrichtlinien insgesamt zu treffen, bereitet aufgrund der dargestellten Unterschiede in der jeweiligen Ausgestaltung Schwierigkeiten. Dennoch nennt *Taupitz* zwei entscheidende Kriterien zur Beurteilung der Verbindlichkeit[602]. Die Typuszuordnung hängt von der Rechtssetzungskompetenz des Normautors und von dem Rechtsgeltungsanspruch der Norm ab. Das Vorliegen der Rechtssetzungskompetenz, ohne die keine verbindliche Rechtsnorm entstehen kann, hängt von den Vorgaben der Rechtsordnung im konkreten Einzelfall und von der Art der zu schaffenden Rechtssätze ab[603]. Über den Rechtsgeltungsanspruch entscheidet der Normautor: Ist lediglich ein deklaratorisches Bild oder vielmehr eine rechtsverbindliche Norm gewollt?

Taupitz geht im Zweifel von einem Verbindlichkeitsanspruch der Regelung aus: Wenn Rechtssetzungskompetenz besteht, will der Normautor auch von dieser Gebrauch machen. Zudem spricht er in diesem Zusammenhang negativen Indizien, beispielsweise der bloßen Bezeichnung als „Richtlinie“, eine geringere Aussagekraft zu als positiven Indizien, etwa in Form einer Sanktionsanordnung im Falle eines Verstoßes.

4. Rückschluß auf Ethikrichtlinien

Die Aussagen von *Taupitz* unterstützen das bisher erlangte Ergebnis für Ethikrichtlinien: Nur im Rahmen seiner Kompetenzgrenzen kann der Arbeitgeber verbindliche Pflichten für den Arbeitnehmer begründen, etwa durch Weisungen, Betriebsvereinbarungen o.ä. Darüber hinaus hat der Arbeitgeber keine Kompetenz zur Begründung weiterreichender Pflichten, schon gar nicht durch eine einseitige Erklärung.

---

601 *Glossner*, FS Quack, S. 709, 711.

602 *Taupitz*, S.758.

603 Ausführlich differenzierend zwischen öffentlich-rechtlichen und privatrechtlichen Organisationen nur *Taupitz*, S. 759 f.

Ein allgemeiner Vergleich zu Standesrichtlinien kann somit nicht als Argument für die verbindliche Wirkung einseitiger Willensbekundungen des Arbeitgebers herangezogen werden. Einzig, daß in Literatur und Rechtsprechung gelegentlich Standesrichtlinien als Ergänzung oder Konkretisierung des Gesetzesrechts angesehen werden[604], könnte zu einem Rückschluß für Ethikrichtlinien führen: Danach wären einseitige Willensbekundungen bei der Gesetzes- oder Vertragsauslegung heranzuziehen. Zweifel an einem Rückgriff auf eine einseitige Ethikrichtlinie bei der Gesetzesauslegung bestehen jedoch schon auf den ersten Blick, da die Gesetzesauslegung sich doch zuvorderst am Willen des Gesetzgebers und nicht dem der Gesetzesunterworfenen orientiert.

VII. Maßgeblichkeit bei Gesetzes- und Vertragsauslegung

Die Ethikrichtlinie als einseitige Willensbekundung des Arbeitgebers statuiert eine allgemeine Werteordnung seines Unternehmens. Solche Ethikrichtlinien könnten als „soft law"[605] Eingang in das Arbeitsverhältnis finden. Mögliche Eingangstore sind zivilrechtliche Generalklauseln. Daneben könnten Ethikrichtlinien bei der Auslegung des Arbeitsvertrages herangezogen werden.

1. Gesetzeskonkretisierung durch Ethikrichtlinie

Schon der Begriff *General*klausel deutet an, daß eine Definition, die mehr als allgemein-generelle Ausführungen zum Umgang mit der Klausel bietet, schwierig bis unmöglich ist. Als Definitionsversuch sind Generalklauseln Rechtssätze, die eine allgemeine Aussage treffen und mindestens einen Begriff enthalten, der mit Werten auszufüllen ist[606]. Der Tatbestand umschreibt mit großer Allgemeinheit die rechtliche Behandlung eines Fallbereichs[607]. Die sonst grundsätzlich mögliche Zerlegung des Tatbestandes in einzelne Merkmale ist ebenfalls nur schwer möglich[608]. Kennzeichen jeder Generalklausel ist ihre „besonders qualifizierte

---

604 Standesrichtlinien als Ergänzung der BRAO etwa *Kleine-Cosack*, NJW 1997, 1257; für das Zusammenspiel von Brandenburgischem Pressegesetz und Pressekodex ArbG Frankfurt vom 12.4.2000 (Fn. 598).

605 Nach *Brocker*, S. 84 benennt der Begriff des „Soft Law" lediglich den fehlenden Rechtsnormcharakter

606 *Kamanabrou*, AcP 202 (2002) 662, 669.

607 *Creifelds*, Rechtswörterbuch, „Generalklausel", S. 536; *Engisch*, Einführung in das juristische Denken, S. 157.

608 *Wank*, Die Auslegung von Gesetzen, S. 20 f.

Vagheit"[609], die dazu führt, daß der Klauselinhalt weniger durch den Wortlaut als vielmehr durch die Rechtsprechung und die Wissenschaft ausgestaltet wird[610].

Im Arbeitsrecht sind vor allem die zivilrechtlichen Generalklauseln wie §§ 138, 157, 242, 307, 626, 826 BGB relevant. Es sind unterschiedliche Konstellationen denkbar, in denen eine Ethikrichtlinie als einseitige Äußerung des Arbeitgebers über eine Generalklausel in das Arbeitsverhältnis einfließen könnte.

Beispielhaft schreiben Unternehmen sich typischerweise in ihren ethischen Grundsätzen vor, daß Kinderarbeit im eigenen Unternehmen und auch bei Geschäftspartnern abgelehnt wird. Wie ist die Kündigung eines Arbeitnehmers zu beurteilen, der sich trotz einer Weisung des Arbeitgebers geweigert hat, für das Unternehmen Produkte von einem in Afrika mit Kinderarbeit produzierenden Lieferanten zu kaufen? Ist diese Kündigung an § 138 BGB zu messen[611], etwa weil der Anwendungsbereich des KSchG nicht eröffnet ist, könnte die Ethikrichtlinie den Maßstab der Sittenwidrigkeit festgelegen. Die Kündigung wäre dann wegen Sittenwidrigkeit aufgrund der Berücksichtigung ethischer Unternehmensgrundsätze gem. § 138 BGB nichtig.

Sind Ethikrichtlinien bei der Auslegung von Generalklauseln zu berücksichtigen, so daß eine Vertragspartei damit etwa einseitig die Ansprüche, die an das Sittenwidrigkeitsmerkmal gestellt werden, festlegen kann?

a. Auslegung einer Generalklausel

Die Auslegung einer Generalklausel geht zunächst von den „allgemeinen Kriterien zur Gesetzesauslegung" aus, also von Wortlaut, Systematik, Historie und Telos[612]. Diese anerkannten Auslegungsprinzipien bilden den Rahmen jeder Gesetzesauslegung[613].

Die gegenüber „normalen Normen" bestehenden Besonderheiten der Generalklauseln führen jedoch zu Zweifeln an einer „Eins-zu-eins"-Übertragung dieser Prinzipien: Häufig wird der Wortlaut, der grundsätzlich das „Kernstück jeder juristischen Interpretation" bildet[614], aufgrund seiner weiten und unscharfen For-

---

609 *Schünemann*, JZ 2005, S. 271, 273.

610 *Schünemann*, JZ 2005, S. 271, 274; *Schwab*, Einführung in das Zivilrecht, 15. Auflage, Rn. 105.

611 Die Sittenwidrigkeit der Kündigung richtet sich nach § 138 BGB, denn obgleich der Wortlaut des § 138 BGB von „Rechtsgeschäften" spricht, sind davon auch einseitige Rechtsgeschäfte, wie etwa eine Kündigung oder auch geschäftsähnliche Handlungen wie Mahnungen erfaßt, Palandt/*Heinrichs*, BGB, § 138 Rn. 11, 91.

612 *Zippelius*, Juristische Methodenlehre, § 8.

613 *Oellrich*, Der Beitrag des Bundesarbeitsgerichts zur Methode der Gesetzesauslegung, S. 19.

614 *Oellrich*, S. 21.

mulierung nicht weiterhelfen oder nur mehrdeutige Hinweise bezüglich des Gesetzeszwecks liefern[615]. Zwar könnte sich aus der Systematik der Einordnung der Generalklausel in andere Normen ein Bild ergeben, jedoch wird dieses Bild ebenso weit und damit unscharf sein. Das historische Ziel des Generalklausel-Gesetzgebers bestand gerade darin, Eingang für aktuelle Begebenheiten zu ermöglichen – das erschwert die Erfassung eines konkreten Zwecks der Generalklausel. Daher werden die anerkannten normalen Auslegungskriterien zu Recht als unergiebig bezeichnet, so daß Generalklauseln nicht ausgelegt, sondern vielmehr „konkretisiert" werden[616].

Diese Konkretisierung der Generalklauseln erfolgt wertend. Dabei sind unter anderem Materialien bei der Gesetzesentstehung, sowie Gesetzespräambeln zu berücksichtigen. Beispielsweise wird aber bei der Beurteilung der „Angemessenheit" einer AGB-Klausel nach § 307 Abs. 1 BGB nicht nur die einzelne Klausel, sondern der ganze Vertragsinhalt berücksichtigt[617]. Diese ganzheitliche Betrachtung könnte dazu führen, daß auch ethische Unternehmensgrundsätze bei der Konkretisierung der Generalklauseln im Arbeitsverhältnis heranzuziehen sind.

b. Berücksichtigung ethischer Unternehmensgrundsätze

Als Folge dessen könnte etwa bei der Beurteilung der „Sittenwidrigkeit" nach § 138 BGB einer Kündigung des Arbeitnehmers auch die auf der Homepage veröffentlichten ethischen Unternehmensgrundsätze einfließen. Das Unternehmen würde somit selbst den Grad der Sittenwidrigkeit bestimmen, wobei es nur einen strengeren Sittenwidrigkeitsmaßstab festlegen dürfte als „das Anstandsgefühl aller billig und gerecht Denkender"[618] – das gesetzlich normierte und durch die Rechtsprechung konkretisierte ethische Minimum darf nicht unterschritten werden.

Dieser strengere Maßstab würde nur gelten, wenn die ethischen Grundsätze bei der Konkretisierung der Generalklauseln oder der unbestimmten Rechtsbegriffe berücksichtigt werden dürften.

---

615 *Wank*, S. 59; *Zippelius*, § 9.

616 *Kamanabrou*, AcP 202 (2002) 662, 670 ff.; von Konkretisierung spricht auch Palandt/*Heinrichs*, BGB, § 242 Rn. 3.

617 BGH vom 15.10.1991 – XI ZR 192/90 – BGHZ 116, 1 = NJW 1992, 179 = DB 1992, 420; BGH vom 17.1.1989 – XI ZR 54/88 – BGHZ 106, 259 = NJW 1989, 582 = BB 1989, 243; Palandt/*Heinrichs*, BGB, § 307 Rn. 9.

618 So die herrschende Definition der Sittenwidrigkeit, schon BGH vom 9.7.1953 – IV ZR 242/52 – BGHZ 10, 228; aktuell BGH vom 29.6.2005 – VIII ZR 299/04 – NJW 2005, 2991 = ZZP 119, 211 (2006); Palandt/*Heinrichs*, BGB, § 138 Rn. 2; *Bork*, Rn. 1181.

Dagegen spricht zunächst, daß ethische Grundsätze die Einstellung des Arbeitgebers zur Unternehmensführung ausdrücken und somit seinen „Parteiwillen" darstellen. Der Parteiwille ist jedoch bei der Auslegung einer Gesetzesnorm nicht zu berücksichtigen, weil Gesetze im Gegensatz zu Verträgen unabhängig vom Parteiwillen objektiv ausgelegt werden müssen[619] – maßgeblich ist der Wille des Gesetzgebers.

Für eine Beurteilung der Sittenwidrigkeit unter Berücksichtigung der ethischen Grundsätze könnte jedoch der Vergleich mit der Drittwirkung von Grundrechten im Privatrecht sprechen: Grundrechte entfalten zwischen Privatpersonen keine unmittelbare Wirkung, da sie in ihrer ursprünglichen Funktion Abwehrrechte des Bürgers gegen den Staat verkörpern[620]. Jedoch statuieren sie neben dieser Abwehrfunktion eine „objektive Wertordnung"[621], die auch im Verhältnis zwischen zwei Privaten zu berücksichtigen ist[622]. Sie finden mittelbar über Generalklauseln ihren Weg ins Arbeitsverhältnis. Die einseitige Ethikrichtlinie verkörpert die Werteordnung des Unternehmens aus subjektiver Arbeitgebersicht. Um ihr Wirkung zu verschaffen, kommt auch hier nur der Weg der mittelbaren Wirkung über Generalklauseln in Betracht.

Ein deutlicher Unterschied besteht jedoch darin, daß Grundrechte – wie bereits dargestellt – in ihrer ursprünglichen Funktion Abwehrrechte des Bürgers gegen den Staat sind. Ethikrichtlinien dienen aber nicht in ihrer ursprünglichen Fassung dem Schutz des Arbeitnehmers vor dem Arbeitgeber, sondern stellen allgemein Regeln für das Unternehmen auf, die das Ansehen des Unternehmens in der Öffentlichkeit verbessern sollen. Auch die teilweise angeführte Vergleichbarkeit des Staat-Bürger-Verhältnisses zum Verhältnis Arbeitnehmer-Arbeitgeber kann nicht überzeugen. Die fehlende Überzeugungskraft dieser Machtgefälle-Argumentation führt dazu, daß der Vergleich an dieser Stelle nicht weiter verfolgt werden muß: Das Verhältnis Bürger-Staat ist dem Verhältnis Arbeitnehmer-Arbeitgeber nicht so ähnlich, daß eine unmittelbare Grundrechtswirkung im Arbeitsverhältnis besteht. Mangels Vergleichbarkeit können daher auch keine Rückschlüsse auf die Verbindlichkeit der Ethikrichtlinie gezogen werden.

Gegen ein Einwirken über Generalklauseln sprechen zudem Gedanken der Rechtssicherheit. Beispielsweise normiert § 138 BGB eine objektive Grenze, deren Nichtigkeitsfolge eine scharfe Sanktion im Zivilrecht darstellt – ihre fehlende

---

619 *Wank*, S. 38, 42.

620 Dazu schon oben § 1C.II.

621 Den Begriff verwendet das BVerfG in seinem „Lüth-Urteil" vom 15.1.1958 (Fn. 192); BVerfG vom 18.7.1972 (Fn. 192).

622 Dreier/*Horst Dreier*, Vorb. Rn. 82; *Pieroth/Schlink*, Grundrechte Staatsrecht II, Rn. 76, 181.

Formulierungs-Schärfe stellt zugleich eine Gefahr für die Rechtssicherheit dar[623]. Es ist also Vorsicht bei der Konkretisierung der Generalklauseln geboten, da untragbare Rechtsunsicherheit entstünde, wenn einseitige Willensbekundungen des Arbeitgebers zur Veränderung des Maßstabes der Nichtigkeit führen könnten.

Zudem sollte die umgekehrte Entscheidung des Arbeitgebers, Ethikrichtlinien gerade nicht verbindlich ins Arbeitsverhältnis aufzunehmen, angemessen berücksichtigt werden. Der Arbeitgeber kann auf unterschiedlichem Wege ethische Grundsätze verbindlich ins Unternehmen aufnehmen. Entscheidet sich der Arbeitgeber – egal aus welchen Gründen – gegen diese Form der Ethikrichtlinien-Einführung, darf sein Wille nicht ignoriert werden, indem die Verbindlichkeit der Richtlinie auf anderem Wege herbeigeführt wird.

Im Ergebnis sind Ethikrichtlinien, die nicht über eine der aufgezeigten verbindlichen Möglichkeiten ins Arbeitsverhältnis einbezogen wurden, grundsätzlich auch nicht bei der Konkretisierung von Generalklauseln zu berücksichtigen – die in diesem Sinne eindeutige Arbeitgeberentscheidung als Ausdruck der Privatautonomie ist zu akzeptieren. Einzig der Gedanke des Arbeitnehmerschutzes kann in Ausnahmesituationen ein anderes Ergebnis rechtfertigen.

c. Sonderfall: § 242 BGB

Eine solche Ausnahme könnte für den Fall der Vertrauenshaftung nach § 242 BGB gelten. Sollte der Arbeitgeber durch den Erlaß der Ethikrichtlinie einen Tatbestand schaffen, auf den der Arbeitnehmer in schutzwürdiger Weise vertrauen darf, könnte dadurch eine verbindliche Wirkung der Ethikrichtlinie hervorgerufen werden und ethische Grundsätze so über die Generalklausel des § 242 BGB ins Arbeitsverhältnis einfließen. Als Grundlage des Vertrauensschutzes kommt der Grundsatz des Verbots widersprüchlichen Verhaltens in Betracht[624].

Rechte könnten sich dabei nicht nur für den Arbeitnehmer, sondern auch für Dritte, etwa Aktionäre oder Geschäftspartner des Unternehmens ergeben. Diese potentiellen Rechte Dritter werden zunächst ausgeblendet, da aus den Ergebnissen der Untersuchung von Arbeitnehmerrechten Rückschlüsse auf die Rechte Dritter gezogen werden können[625].

Damit korrespondiert die Frage nach der Entstehung von Rechten des Arbeitgebers. Dafür müßte der Arbeitnehmer einen Vertrauenstatbestand schaffen, der ein Vertrauen des Arbeitgebers bewirkt, daß der Arbeitnehmer die Richtlinie beachten wird. Zudem müßte das Vertrauen des Arbeitgebers in die Einhaltung der

---

623 *Bork*, Rn. 1153.
624 Zu den Fallgruppen nur Palandt/*Heinrichs*, BGB, § 242 Rn. 42 ff.
625 Zu den Rechten Dritter unten § 3D.II.

Ethikrichtlinie durch den Arbeitnehmer schutzwürdig sein. Der Arbeitnehmer müßte sich also rechtsmißbräuchlich verhalten, wenn er die Ethikrichtlinie nicht einhält, so daß das „Nicht-Einhalten" der Ethikrichtlinie im Widerspruch zu seinem bisherigen Verhalten stünde. Da jedoch von einer bewußten Entscheidung des Arbeitgebers gegen eine verbindliche Einführung der Ethikrichtlinie auszugehen ist, wird sein Vertrauen in aller Regel nicht schutzwürdig sein, so daß grundsätzlich keine Arbeitgeberrechte entstehen.

[1] § 242 BGB als Verhaltensleitlinie

Obwohl der Wortlaut des § 242 BGB nur die Art und Weise („so, ... wie") der Leistung erfaßt, ist anerkannt, daß § 242 BGB einen Grundsatz statuiert, der allen Rechtsverhältnissen immanent ist. Die Parteien eines Schuldverhältnisses müssen ihr Verhalten nach den Grundsätzen von Treu und Glauben ausrichten[626]. Anschaulich hält *Larenz* fest:

„Wo immer zwischen bestimmten Personen ein rechtliches Band besteht, sind diese gehalten, sich so zu verhalten, wie man es von einem redlich Denkenden erwarten darf"[627].

Ein Verhalten, das diesen Grundsätzen nicht entspricht, ist rechtsmißbräuchlich und damit unzulässig[628]. Das Maß der Bedeutung von Treu und Glauben hängt dabei von den Umständen des Einzelfalls ab[629].

Schon die Begriffe „Treu und Glauben" weisen daraufhin, daß dieser Grundsatz auch Vertrauensschutz umfaßt[630]. Eine Vertrauenshaftung knüpft an ein Handeln oder Unterlassen an, dem weder ein Gesetz noch ein Vertrag Rechtsfolgen zuordnen[631]. Die offene Formulierung des § 242 führt dabei zu einer Vielzahl möglicher Anwendungsfälle, wobei sich einige typische Fallgruppen entwickelt haben (venire contra factum proprium, Verwirkung, Erwirkung). Dabei ist nicht nur umstritten, wie die Fallgruppen voneinander abzugrenzen sind[632],

---

626 BGH vom 23.9.1982 – VII ZR 183/80 – AP Nr. 2 zu § 1 SchwarzarbeitsG = BGHZ 85, 39 = NJW 1983, 109; Palandt/*Heinrichs*, BGB, § 242 BGB Rn. 1 ff.; MüKoBGB/*Roth*, § 242 Rn. 22; *Savaète*, AuR 1955, 263, 264; anschaulich dazu *Witt*, Die betriebsverfassungsrechtliche Kooperationsmaxime und der Grundsatz von Treu und Glauben, S. 24 ff.

627 *Larenz/Wolf*, Allgemeiner Teil des Bürgerlichen Rechts, § 16 Rn. 16.

628 BGH vom 27.1.1954 – VI ZR 16/53 – BGHZ 12, 154, 157.

629 Palandt/*Heinrichs*, BGB, § 242 BGB Rn. 38; *Savaète*, AuR 1955, 263, 264.

630 MüKoBGB/*Roth*, § 242 Rn. 11; Palandt/*Heinrichs*, BGB, § 242 Rn. 3; *Singer*, NZA 1998, 1309, 1310.

631 BAG vom 27.6.1985 (Fn. 428); *Kettler*, NZA 2001, 928.

632 Beispielhaft für eine mögliche Untergliederung nur MüKoBGB/*Roth*, § 242 Rn. 123 ff.

sondern auch, ob es neben dem allgemeinen Vertrauenstatbestand überhaupt weitere Ausformungen gibt[633].

Dem Grundsatz von Treu und Glauben kommt im Arbeitsverhältnis eine besondere Bedeutung zu, die unterschiedlich begründet wird[634]: Zunächst dürfe der Arbeitnehmer auf ein konsequentes Verhalten des Arbeitgebers vertrauen, da er im Arbeitsverhältnis aufgrund seiner strukturellen Unterlegenheit schutzwürdig sei[635]. Aber auch die zu berücksichtigenden Interessengegensätze zwischen Arbeitnehmer und Arbeitgeber werden zur Rechtfertigung herangezogen[636].

[2] „Venire Contra factum proprium"

Als besondere Ausprägung von § 242 BGB kommt zur Begründung von Arbeitnehmerrechten aus Ethikrichtlinien der Grundsatz des Venire contra factum proprium in Betracht, der nicht nur in der Rechtsprechung, sondern auch in der Literatur anerkannt ist[637]. Danach kann zwar grundsätzlich jede Partei innerhalb eines Vertragsverhältnisses ihr Verhalten ändern und sich widersprüchlich verhalten, jedoch ist eine Verhaltensänderung unzulässig und rechtsmißbräuchlich, soweit der Vertragspartner auf ein gleichbleibendes Verhalten vertrauen durfte und daher die Rechtsausübung treuwidrig erscheint[638].

Obgleich sich das Verbot widersprüchlichen Verhaltens nach herrschender Meinung aus § 242 BGB ergibt, finden sich noch andere Begründungsansätze – die rechtsethischen Grundlagen waren von Beginn her umstritten[639]. Diese unterschiedlichen Begründungsversuche helfen bei der Ausgestaltung des Rechtssatzes und seinen Voraussetzungen weiter.

---

633 *Singer*, Verbot, S. 4.

634 Dazu insgesamt *Savaète*, AuR 1955, 263 ff.

635 *Kettler*, NZA 2001, 928.

636 MüKoBGB/*Roth*, § 242 Rn. 82.

637 Nur BAG vom 14.9.2005 – 4 AZR 348/04 – AP Nr. 3 zu § 2 BAT-O = ZTR 2006, 253; BAG vom 16.9.2004 – 2 AZR 659/03 – AP Nr. 1 zu § 623 BGB = EzA § 623 BGB 2002 Nr. 1 = NZA 2005, 162; Bamberger/Roth/*Grüneberg*, BGB, § 242 Rn. 106 ff.; *Dette*, Venire contra factum proprium nulli conceditur; MüKoBGB/*Roth*, § 242 Rn. 255 ff.; Palandt/*Heinrichs*, BGB, § 242 Rn. 55 ff.; *Singer*, Verbot.

638 BAG vom 4.12.1997 – 2 AZR 799/96 – AP Nr. 141 zu § 626 BGB = EzA § 242 BGB Rechtsmißbrauch Nr. 3 = NZA 1998, 420; BGH vom 5.12.1991 – IX ZR 271/90 – NJW 1992, 834 = WM 1992, 411 = ZIP 1992, 124; *Dette*, S. 38; Palandt/*Heinrichs*, BGB, § 242 Rn. 55; *Singer*, NZA 1998, 1309, 1310.

639 *Singer*, Verbot, S. 49.

Der Gedanke des Verbots widersprüchlichen Verhaltens findet sich zunächst in einigen Normen wieder[640]: So setzen etwa die §§ 116, 151, 183 BGB voraus, daß die Parteien auf das objektive Verhalten der anderen Partei vertrauen dürfen. Obgleich eindeutig zwischen gesetzliche Pflichten und Verpflichtungen aus venire contra factum proprium getrennt wird und das Heranziehen einzelner Normen durchaus kritisch betrachtet wird[641], stützt diese „gesetzliche Verankerung“ die Verbindlichkeit des Verbots widersprüchlichen Verhaltens als allgemeinen Rechtssatz.

Den Grund für die Mißbilligung widersprüchlichen Verhaltens sieht *Canaris* in der Gerechtigkeitsidee selbst[642]. Die Idee des gerechten Handelns stelle einen elementaren Grundsatz der Rechtsordnung dar und bestätige so das generelle Verbot widersprüchlichen Verhaltens.

Im Ergebnis ist das Verbot widersprüchlichen Verhaltens als Ausprägung des allgemeinen Vertrauensgrundsatzes zu bewerten und richtig erkennt *Köndgen* „*Wille und Vertrauen als Basis vertraglicher Obligationen*“[643]. Unter Vertragsparteien soll das Vertrauen auf ein konsequentes Verhalten der Vertragspartner geschützt werden, sogar wenn keine rechtsgeschäftliche Verpflichtung vorliegt[644] – der Erhalt des Vertrauens als Grundlage des Rechtsverkehrs[645]. Das Vertrauensschutzprinzip führt jedoch dazu, daß widersprüchliches Verhalten nur in den Fällen verboten ist, in denen ein schutzwürdiges Vertrauen enttäuscht wurde[646].

Beispiele einer Selbstbindung des Arbeitgebers nach den Grundsätzen des venire contra factum proprium verdeutlichen die Bedeutung des Grundsatzes im Arbeitsrecht:

Äußert sich etwa der Arbeitgeber dahingehend, daß er keine weiteren Kündigungen aussprechen werde, so kann eine spätere Kündigung ein widersprüchliches Verhalten darstellen, das zur Unwirksamkeit der Kündigung führt[647]. Ebenso wird eine Selbstbindung des Arbeitgebers angenommen, wenn er interne Regeln für die Bestimmung von Leistungsträgern aufstellt – er ist an diese Regeln

---

640 Eine ausführliche Auflistung der in der Rechtsprechung und Literatur genannten Normen liefert *Singer*, Verbot, S. 17 m. w. N.

641 *Singer*, Verbot, S. 54 ff.; *ders.*, NZA 1998, 1309, 1310.

642 *Canaris*, S. 288.

643 *Köndgen*, Selbstbindung ohne Vertrag, S. 17.

644 *Singer*, Verbot, S. 8.

645 LAG Hamm vom 10.6.2002 – 19 Sa 43/02 – NZA-RR 2003, 185 = ZInsO 2003, 483.

646 *Singer*, Verbot, S. 43.

647 BAG vom 14.8.1986 – 2 AZR 561/85 – AP Nr. 43 zu § 102 BetrVG 1972 = EzA § 102 BetrVG 1972 Nr. 69 = NZA 1987, 601.

im Rahmen einer späteren Sozialauswahl gebunden[648]. Erläßt der Arbeitgeber konkrete Dienstanweisungen, so muß er die darin gegebenenfalls vorgesehenen Verfahrensschritte im Falle einer späteren Kündigung einhalten[649]. Zudem ist der Inhalt eines Zwischenzeugnisses nach Ausspruch der Kündigung für das Endzeugnis bindend[650] – ebenso ist eine Verhaltensbeurteilung des Arbeitgebers bindend, wenn er dem Korrekturwunsch eines Arbeitnehmers nachkommt und formale Fehler des ersten Zeugnisses ausbessert[651]. Sogar eine Äußerung gegenüber dem Betriebsrat, daß ein Arbeitsmangel lediglich vorübergehender Natur ist, kann in einem späteren Prozeß die Geltendmachung eines dauerhaften Arbeitsmangels ausschließen[652].

[3] Voraussetzungen

Die Voraussetzungen des venire contra factum proprium lassen sich vereinfacht folgendermaßen zusammenfassen: Ein Vertragspartner muß zurechenbar eine Vertrauensgrundlage geschaffen haben, auf die der andere Vertragspartner gutgläubig vertrauen durfte und die ihn zu einer Disposition veranlaßt hat. Konkret fürs Arbeitsrecht hält *Hromadka* treffend fest:

„Der Arbeitgeber muß (wissentlich) einen (Vertrauens-) Tatbestand gesetzt haben (Zurechnung), auf den die Arbeitnehmer zu Recht (Schutzwürdigkeit) vertraut haben (Schutzbedürftigkeit)"[653].

Zur Entstehung einer Vertrauensgrundlage bedarf es also zunächst eines Handelns oder Unterlassens des Haftenden. Dieses Vorverhalten löst das zu schützenden Vertrauen aus[654]. Des weiteren muß die Schaffung der Vertrauensgrundlage dem Haftenden zurechenbar sein. Unter der Zurechenbarkeit ist in diesem Zusammenhang kein reines Verschulden zu verstehen, sondern es kann bereits eine Veranlassung der Vertrauensdisposition ausreichen[655]. Diese Veranlassung hat zur Folge, daß auch ein beim Haftenden vorliegender Irrtum über die Rechtslage dessen Haftung nicht zwangsläufig ausschließt. Hat er die Situation verursacht, muß er für deren Folgen einstehen.

648 *Thüsing/Wege*, RdA 2005, S. 12, 14.
649 *Berkowsky*, NZA-RR 2001, 449, 458.
650 LAG Hamm vom 1.12.1994 – 4 Sa 1540/94 – LAGE § 630 BGB Nr. 25 (LS).
651 BAG vom 21.6.2005 – 9 AZR 352/04 – AP Nr. 31 zu § 630 BGB = EzA § 109 GewG Nr. 4 = NZA 2006, 104.
652 *Preis*, NZA 1997, 625, 630.
653 *Hromadka*, NZA 1984, 241, 244.
654 *Dette*, S. 57.
655 *Canaris*, S. 297.

Zudem muß das Vertrauen schützenswert sein, das heißt, es muß Gutgläubigkeit mit Blick auf den Vertrauenstatbestand vorliegen. Erkennt der Vertrauende dagegen die wahre Rechts- oder Sachlage, ist sein Vertrauen nicht schützenswert. Unter Umständen kann sogar die leichtfertige Nichtkenntnis das Vertrauen als nicht mehr schützenswert erscheinen lassen[656]. Im Rahmen der Einzelfallbetrachtung ist auch die Geschäftserfahrenheit und die Rechtskunde des Vertrauenden zu berücksichtigen[657].

Das Vertrauen ist dabei um so schützwürdiger, je irreversibler die Lage des Vertrauenden ist: Hat er sich auf die entstandene Lage eingerichtet und Investitionen getätigt, die nicht ohne weiteres rückgängig gemacht werden können, ist es ihm nicht zuzumuten, das Risiko des veränderten Zustandes alleine zu tragen[658]. Neben der Irreversibilität ist auch das Ausmaß der Disposition bedeutsam[659]. Erneut sind alle Umstände bei der Beurteilung mit einzubeziehen, wobei eine bloße „Hoffnung", daß das Verhalten auch in Zukunft so fortgesetzt wird, nicht ausreicht[660].

Der Grundsatz des venire contra factum proprium ist eine Ausprägung der Generalklausel des § 242 BGB, die dadurch gekennzeichnet ist, daß keine festen Tatbestandsvoraussetzungen bestehen, sondern daß vielmehr die einzelnen Merkmale des venire contra factum propriums wertend zu konkretisieren sind.

Singer hält fest, daß bereits im 4. Jh. N. Chr. das Verbot widersprüchlichen Verhaltens als Richtlinie und als Orientierungshilfe angesehen wurde, aber keine klaren Tatbestandsvoraussetzungen lieferte[661]. In Fortsetzung dieser Richtlinienfunktion schlägt *Canaris* die Methodik des „beweglichen Systems" zur Ermittlung der Voraussetzungen vor[662]. Danach vereint ein bewegliches System von Haftungsmerkmalen die Prinzipien des Vertrauensschutzes mit dem Verbot widersprüchlichen Verhaltens. Im Rahmen eines solchen beweglichen Systems steht ein Kernbestand systemprägender Merkmale fest, der für die Entscheidung bedeutsam ist, ob eine Lösung über den Grundsatz des venire contra factum proprium rechtsethisch notwendig ist[663]. Das Eintreten der Rechtsfolge hängt dann jedoch von dem Zusammenwirken der Merkmale nach Zahl und Stärke ab, wobei etwa das schwache Vorliegen einzelner Merkmale durch eine starke Präsenz an-

---

656 *Canaris*, S. 504.
657 *Canaris*, S. 295.
658 *Canaris*, S. 295; zur „Vertrauensdisposition" auch *Dette*, S. 63 f.
659 *Canaris*, S. 295.
660 BAG vom 17.4.2002 – 7 AZR 283/01 – EzA § 620 BGB Nr. 191.
661 *Singer*, Verbot, S. 51.
662 *Canaris*, S. 301 ff.
663 *Canaris*, S. 301; *Singer*, Verbot, S. 3.

derer Merkmale wertend ausgeglichen werden kann (z.B. Unterlegenheit der vertrauenden Partei; Ausmaß der Vertrauensdisposition).

Die positiv zu bewertende Flexibilität dieser Vorgehensweise und die damit verbundene Einzelfallgerechtigkeit birgt jedoch aufgrund ihrer Beweglichkeit auch die Gefahr der Rechtsunsicherheit[664]. Deshalb wird gefordert, klare Voraussetzungen für das Vorliegen des venire contra factum proprium festzulegen. Damit könnte auch die Mißbrauchsgefahr eingeschränkt werden, daß der „Joker"[665] widersprüchlichen Verhaltens als Scheinbegründung eingesetzt wird.

Nicht nur die historischen Wurzeln des Grundsatzes, sondern auch der einzelfallbezogene Umgang der Rechtsprechung mit dem Grundsatz führen im Ergebnis dazu, daß keine starren Kriterien als Voraussetzung bestehen. Das wird auch durch den Ursprung des Grundsatzes in der Generalklausel des § 242 BGB gestützt. Daher ist das bewegliche System vorzuziehen. Darüber hinaus spricht auch der Charakter als Rechtsgrundsatz, da es sich bei diesem Verbot gerade nicht um einen Normtatbestand handelt.

[4] Rechtsfolgen

Welche Rechtsfolgen sich aus dem venire contra factum proprium ergeben, hängt davon ab, ob man den Grundsatz als Oberbegriff für Erwirkung (Rechtsentstehung aufgrund widersprüchlichen Verhaltens) und Verwirkung (Rechtsverlust aufgrund widersprüchlichen Verhaltens) anerkennt oder als selbständiges Prinzip auffaßt.

[a] Unzulässigkeit des widersprüchlichen Verhaltens

Im Grundsatz folgt der Ermittlung der Widersprüchlichkeit des Verhaltens dessen Unzulässigkeit. Das insoweit widersprüchliche Verhalten verstößt gegen Treu und Glauben und die Interessen der Gegenpartei erscheinen demgegenüber als schutzwürdiger, was letztlich die Unzulässigkeit begründet[666].

[b] Erwirkung als Sonderfall?

Neben der Unzulässigkeit eines Verhaltens wird aber auch die Erlangung neuer subjektiver Rechte, also die Begründung einer Leistungs- oder Handlungspflicht,

---

664 *Dette*, S. 55; *Singer*, Verbot, S. 3.
665 *Dette*, S. 110; *Singer*, Verbot, S. 1.
666 MüKoBGB/*Roth*, § 242 Rn. 423.

als Rechtsfolge des venire contra factum propriums angesehen[667]. Die Erwirkung könnte demnach eine eigene Rechtsfigur darstellen[668].

Als besondere Voraussetzung wird dann gefordert, daß an die Erwirkung höhere Anforderungen zu stellen sind[669]. Im Grundsatz erfordert eine Rechtsentstehung aus Erwirkung – ebenso wie für die Verwirkung – ein Umstands- und ein Zeitmoment[670]. Für das Umstandsmoment muß sich der Vertrauende auf den Zustand einstellen. Für das Zeitmoment muß dieser Zustand über einen gewissen Zeitablauf bestanden haben, wobei das Vertrauen um so schützenswerter ist, je mehr Zeit abgelaufen ist[671].

Als zusätzliches Erfordernis wird auf der einen Seite ein besonderes Ausmaß der Vertrauensdisposition, bis hin zur Existenzgefährdung, und auf der anderen Seite eine besondere Verantwortlichkeit, etwa in Form einer besonders schwerwiegenden Treuepflichtverletzung durch den Vertragspartner, gefordert[672]. Die schärferen tatbestandlichen Voraussetzungen der Erwirkung werden mit dem Ausnahmecharakter der Bildung neuer Rechte begründet[673].

[c] Kehrseitigkeit

Vor allem eine Betrachtung der Voraussetzungen der Erwirkung offenbart deren Ähnlichkeit zum venire contra factum proprium: Beide erfordern ein Umstands- und ein Zeitmoment, wobei stets die Besonderheiten des Einzelfalls zu berücksichtigen sind.

Insoweit ist doch die „Wechselbezüglichkeit" offensichtlich: Die Erwirkung ist die Kehrseite oder das Spiegelbild der Verwirkung[674]. Beispielhaft kann dafür die Situation herangezogen werden[675], in der der Arbeitgeber über einen längeren Zeitraum sein Direktionsrecht nur eingeschränkt ausübt. Für den Arbeitgeber liegt damit eine Verwirkung seines weiten Direktionsrechts vor, wohingegen der

---

667 *Witt*, S. 157; *Kettler*, NZA 2001, 928, 929.

668 *Larenz/Wolf*, § 16 Rn. 30 ordnet „die Erwirkung nicht unmittelbar der unzulässigen Rechtausübung" zu; ähnlich auch *Abeltshauser*, ZIP 1990, 693, 700.

669 *Witt*, S. 157.

670 MüKoBGB/*Roth*, § 242 Rn. 520.

671 *Abeltshauser*, ZIP 1990, 693, 700; *Kettler*, NZA 2001, 928, 929; *Singer*, Verbot, S. 225.

672 BGH vom 10.10.1986 – V ZR 247/85 – NJW 1987, 1069 = BB 1987, 714 = DB 1987, 377; BGH vom 27.10.1967 – V ZR 153/64 – BGHZ 48, 396 = NJW 1968, 39 = BB 1967, 1355; *Singer*, Verbot, S. 13.

673 MüKoBGB/*Roth*, § 242 Rn. 520.

674 MüKoBGB/*Roth*, § 242 Rn. 519; *Hromadka*, NZA 1984, 241, 244; *Kettler*, NZA 2001, 928, 929.

675 Dieses Beispiel von *Hennige*, NZA 1999, 281, 285.

Arbeitnehmer das Recht erwirkt, auch in Zukunft auf ein derartig eingeschränktes Direktionsrecht vertrauen zu dürfen.

Gerade diese Kehrseitigkeit führt schließlich dazu, daß die Erwirkung nur eine von vielen Untergruppen des venire contra factum propriums darstellt[676]. Da ohnehin bei den Rechtsfolgen des venire contra factums immer die Besonderheiten des Einzelfalls entscheidend sind, können bei einer Erwirkung die strengeren Voraussetzungen auch als bloße Einzelfall-Besonderheiten auftreten. Zudem kann für den konkreten Fall der Ethikrichtlinie auch auf die Besonderheiten aufgrund der Schutzwürdigkeit des unterlegenen Arbeitnehmers Bezug genommen werden, die zu einer gesonderten Behandlung führen können[677].

Im Ergebnis ist die Erwirkung daher nicht als Sonderfall zu behandeln, sonder kann vielmehr als eine von zahlreichen Einzelfällen des venire contra factum propriums bewertet werden. Es besteht kein relevanter Unterschied darin, ob der Arbeitnehmer ein Leistungsverweigerungsrecht erwirkt oder ob der Arbeitgeber sein Direktionsrecht verwirkt.

d. Arbeitnehmerrechte aus Vertrauenshaftung

Im Folgenden wird unter Berücksichtigung des „beweglichen Systems" anhand der bereits dargestellten Voraussetzungen des venire contra factum proprium ermittelt, ob sich aus der vom Arbeitgeber erlassenen Ethikrichtlinie Rechte für den Arbeitnehmer ergeben können.

[1] Vertrauenstatbestand

Anknüpfungspunkt des Vertrauenstatbestandes könnte neben dem Erlaß der Ethikrichtlinie durch den Arbeitgeber auch ein Handeln des Arbeitgebers im Sinne einer bereits bestehenden Ethikrichtlinie sein. Soweit ein Arbeitgeber nur die bereits bestehende Ethikrichtlinie regelmäßig umsetzt, ergeben sich für die Arbeitnehmer Ansprüche nach den Grundsätzen der betrieblichen Übung[678]. Daher wird hier ausschließlich der Erlaß der Ethikrichtlinie als Anknüpfungspunkt betrachtet.

Bezüglich der Art und Weise des Erlasses ist entscheidend, daß der Arbeitgeber die Kenntnis des Arbeitnehmers vom Richtlinieninhalt verursacht hat. Er kann die Richtlinie mittels eines regelmäßigen Unternehmens-Newsletters oder

676 *Hromadka*, NZA 1984, 241, 244.

677 Zur besonderen „Vertrauensanfälligkeit" des Arbeitsrechts, *Kettler*, NZA 2001, 928; MüKoBGB/*Roth*, § 242 Rn. 520.

678 Dazu schon oben § 3A.II.2.

durch einen Aushang veröffentlichen oder auch an eine Gehaltsabrechnung anhängen. Maßgeblich ist allein die Verursachung der Kenntnis.

[2] Zurechenbarkeit

Die Zurechenbarkeit des Verhaltens ist unproblematisch: Der Arbeitgeber hat den Erlaß der Ethikrichtlinie veranlaßt, so daß ihm deren Inhalt grundsätzlich zuzurechnen ist.

[3] Schutzwürdigkeit des Vertrauens

Schwieriger gestaltet sich die Frage, unter welchen Umständen der Arbeitnehmer gutgläubig und sein Vertrauen auf die Verbindlichkeit der Ethikrichtlinie schutzwürdig ist. Dabei sind alle Umstände des Einzelfalls zu berücksichtigen. In einzelnen Fallgruppen wird im Rahmen des Verbots widersprüchlichen Verhaltens eine besondere Schutzwürdigkeit des Vertrauens angenommen. Eine Vergleichbarkeit solcher Fallkonstellationen mit dem Erlaß von Ethikrichtlinien könnte die Schutzwürdigkeit des Arbeitnehmervertrauens rechtfertigen.

[a] Vertrauen in die Architektenschlußrechnung

Eine Konstellation mit besonders schutzwürdigem Vertrauen stellt die Bindung des Architekten an seine Schlußrechnung dar. Als Ausprägung des Vertrauensschutzes nach § 242 BGB ist der Architekt an eine Schlußrechnung, die er in Kenntnis aller für die Honorarabrechnung maßgeblichen Umstände erteilt hat, gebunden[679]. Entsprechend könnte der Arbeitgeber durch den Ethikrichtlinienerlaß an deren Inhalt gebunden sein. Bestünden Parallelen zwischen dem Aufstellen einer Schlußrechnung und dem Erlaß einer Ethikrichtlinie, könnten diese Parallelen für eine besondere Schutzwürdigkeit des Arbeitnehmervertrauens bezüglich der Einhaltung der Ethikrichtlinie sprechen.

679 BGH vom 5.11.1992 – VII ZR 52/91 – BGHZ 120, 133 = NJW 1993, 659 = JZ 1993, 898; BGH vom 6.5.1985 – VII ZR 320/84 – NJW 1986, 845 = MDR 1985, 925 = NJW-RR 1986, 18; BGH vom 13.10.1977 – VII ZR 262/75 – NJW 1978, 319 = MDR 1978, 220; Palandt/*Heinrichs*, BGB, § 242 Rn. 56b; *Sangenstedt*, ZAP Fach 5, 95 ff. (1996); zur Entwicklung dieser Rechtsprechung nur *Rieble*, BauR 1989, 145, 146; *Schibel*, BB 1991, 2089, 2091; *Seul*, Das Recht des Architekten, S. 205.

Gem. § 8 Abs. 1 HOAI[680] wird das Honorar des Architekten fällig, wenn die Leistung vertragsgemäß erbracht und eine prüffähige Honorarschlußrechnung überreicht worden ist. Durch das Erstellen der Schlußrechnung bindet sich der Architekt nicht nur bezüglich der Endsumme, sondern auch bezüglich der einzelnen Elemente der Honorarabrechnung. Als Folge dessen können Nachforderungen des Architekten treuwidrig sein, wobei eine umfassende Abwägung aller Umstände – insbesondere der Interessen des Architekten und des Auftraggebers[681] – den Verstoß gegen Treu und Glauben bestätigen muß.

Als Begründung für die Bindung wird angeführt, daß der Architekt mit Erteilung der Schlußrechnung regelmäßig erklärt, daß er die Leistung abschließend beurteilt und berechnet habe[682]. Der Auftraggeber darf dann auf die Vollständigkeit vertrauen und sich darauf einstellen, daß keine weiteren Nachforderungen gestellt werden[683].

Erforderlich ist also, daß das Verhalten des Architekten den Auftraggeber zu einer Disposition veranlasst, deren Rückgängigmachung unzumutbar ist. Der BGH erkennt zutreffend, daß *„in der Rechtspraxis [...] nicht genügend beachtet worden [ist], daß eine Änderung nicht in jedem Fall ausgeschlossen ist“*[684]: Nicht jedes widersprüchliche Verhalten ist verboten, sondern vielmehr muß bereits ein Vertrauenstatbestand vorliegen. Im konkreten Fall des Architekten werde grundsätzlich bereits durch das Erstellen der Rechnung und die damit verbundene Erklärung der abschließenden Berechnung ein Vertrauen des Auftraggeber begründet – der BGH räumt dieser Erklärung ein „erhebliches Gewicht“[685] ein. Es besteht also eine Vermutung, daß ein schutzwürdiges Vertrauen des Auftraggebers in die Endgültigkeit der Rechnung vorliegt. Nur in Ausnahmefällen entfällt das Vertrauen, etwa wenn Leistungen fehlerhaft berechnet wurden und der Auftraggeber diese Fehlerhaftigkeit hätte erkennen können[686].

Somit kann für die Architektenhaftung grundsätzlich eine Verschärfung des Maßstabes der Vertrauenshaftung angenommen werden: Im Grundsatz reicht das

---

680 „Verordnung über die Honorare für Leistungen der Architekten und der Ingenieure (Honorarordnung für Architekten und Ingenieure)“ vom 17.9.1976, BGBl I 1976, 2805.

681 BGH vom 5.11.1992 (Fn. 679); OLG Koblenz vom 28.11.2000 – 3 U 26/00 – BauR 2001, 825; *Pauly*, MDR 1999, 649, 650.

682 BGH vom 5.11.1992 (Fn. 679); BGH vom 13.10.1977 (Fn. 679); *Rieble*, BauR 1989, 145, 146; *Sangenstedt*, ZAP Fach 5, 95 ff. (1996).

683 *Sangenstedt*, ZAP Fach 5, 95 ff. (1996); *Seul*, S. 205; *Singer*, Verbot, S. 10.

684 BGH vom 5.11.1992 (Fn. 679).

685 BGH vom 5.11.1992 (Fn. 679).

686 BGH vom 19.6.1986 – VII ZR 260/84 – NJW-RR 1986, 1214 = WM 1986, 1358 = MDR 1987, 143; *Schibel*, BB 1991, 2089, 2091.

Erstellen der Schlußrechnung aus, um den Architekten nach den Grundsätzen des venire contra factum proprium zu binden.

Ob diese Vertrauensvermutung auch für Ethikrichtlinie greift, hängt von der Begründung der Vertrauensvermutung beim Architekten ab[687]. Der BGH begründet die Bindungswirkung mit den Besonderheiten bei der Ermittlung des Architektenhonorars. Zum einen verwende einzig die HOAI den Begriff der „*Schluß*rechnung“, der von sich aus schon eine Endlichkeit umfaßt und somit auch die Annahme der „abschließenden“ Berechnung rechtfertigt[688]. Außerdem erfolgt die Berechnung anhand der Gebührenordnung und nicht anhand einer ausgehandelten und somit leichter nachvollziehbaren Entgeltvereinbarung, so daß das Vertrauen auf die richtige Berechnung durch den Architekten in besonderem Maße schutzwürdig ist[689].

Mangels vergleichbarer Besonderheiten beim Ethikrichtlinienerlaß durch den Arbeitgeber kann die Bindung des Architekten an seine Schlußrechnung keine besondere Schutzwürdigkeit des Arbeitnehmers bezüglich der Ethikrichtlinien begründen: Offensichtlich fehlt eine mit der HOAI vergleichbare gesetzliche Grundlage für den Arbeitgeber.

[b] Vertrauen in die DCGK-Entsprechenserklärung

Gem. § 161 S. 1 AktG müssen Unternehmen angeben, wie weit sie dem DCGK entsprechen[690]. Sie sind zwar verpflichtet, den Umfang der Einhaltung richtig anzugeben, müssen dem Kodex aber nicht in allen Bereich entsprechen[691]. § 161 S. 1 AktG verlangt weder die Abgabe einer Willenserklärung noch einer anderen verbindlichen Erklärung, sondern lediglich die Erklärung einer in die Zukunft gerichteten Absicht[692]. In der Literatur wird vertreten, daß sich die Unternehmen durch die Absichtserklärung, dem DCGK zu entsprechen, an die Regelungen des DCGK binden und sich somit haftbar machen[693]. Die Verbindlichkeit ergebe sich aus der Entsprechungserklärung als „Erklärung an die Marktöffentlichkeit“, auf deren Einhaltung die Marktteilnehmer vertrauen dürfen[694].

---

687 Kritisch zur Bindungswirkung gerade beim Architekten *Schibel*, BB 1991, 2089, 2094.
688 BGH vom 5.11.1992 (Fn. 679).
689 *Rieble*, BauR 1989, 145, 146.
690 Siehe dazu schon oben § 1C.III.1.d.
691 *Menzies*, SOA 2006, S. 59.
692 *Becker*, S. 32.
693 *Becker*, S. 35 ff., 41.
694 *Becker*, S. 39.

Die Begründung für die Verbindlichkeit der Absichtserklärung geht von dem Prinzip *Köndgens* der „Selbstbindung ohne Vertrag" aus[695]. Danach sollen auch Erklärungen als Handlungen zu kommunikativen Zwecken, selbst wenn sie keine Willenserklärungen darstellen[696], eine Verbindlichkeit erzeugen und zur Haftung des Erklärenden führen, soweit ein Verhalten mehrheitlich als hinreichend für eine Bindungswirkung verstanden wird. Begründet wird diese Schutzwürdigkeit des Marktvertrauens auch mit der Marktethik: „*Marktbezogene Erklärungen mit einer qualifizierten Erwartungssicherheit [...] werden ernst genommen*"[697]. Erklärt also ein Unternehmen gegenüber der Marktöffentlichkeit, daß es den DCGK einhält, ist das Vertrauen des Marktes auf die Einhaltung nach dieser Ansicht schützenswert.

Ein Korrelat der Marktethik als Begründungsansatz könnte beim Unternehmen die Unternehmensethik sein: Wenn der Arbeitgeber damit rechnen muß, daß die Arbeitnehmer auf die Einhaltung der Ethikrichtlinie vertrauen, ist er nach unternehmens-ethischen Grundsätzen zur Einhaltung der Ethikrichtlinie verpflichtet – das Vertrauen der Arbeitnehmer ist schützenswert.

Zwischen der Marktöffentlichkeit und der Belegschaft besteht jedoch ein entscheidender Unterschied – der Arbeitsvertrag als Grundlage des Verhältnisses zwischen Arbeitnehmer und Arbeitgeber. Anders als beim Marktteilnehmer, der nicht zwingend mit dem Unternehmen vertraglich verbunden ist, besteht zwischen dem Arbeitgeber und dem Arbeitnehmer bereits ein Arbeitsvertrag. Darin sind die Rechte und Pflichten der Vertragsparteien geregelt. Der Arbeitnehmer darf darauf vertrauen, daß seine Rechte und Pflichten in den üblichen arbeitsrechtlichen Regelungsmöglichkeiten, also im Arbeitsvertrag oder einer Betriebsvereinbarung, abschließend geregelt sind – er ist nicht verpflichtet, weiterreichende Leistungen zu erbringen und darf grundsätzlich nicht auf weitere Leistungen des Arbeitgebers vertrauen. Der Erlaß einer Ethikrichtlinie verändert diese Grundsituation nicht. Darüber hinaus hat der Arbeitnehmer aufgrund seiner Arbeitsleistung für das Unternehmen die Möglichkeit eines unmittelbaren Kontakts zum Unternehmen. Auch diese Nähe zum Unternehmen unterscheidet die Belegschaft von der breiten Marktöffentlichkeit.

Selbst wenn man der Verbindlichkeit einer Entsprechungserklärung nach § 161 S. 1 AktG zustimmt[698], kann daraus aufgrund der unterschiedlichen Aus-

---

695 *Köndgen*, S. 1 ff.

696 *Köndgen*, S. 114.

697 *Becker*, S. 38; *Köndgen*, S. 275.

698 Dagegen spräche etwa die in diesem Sinne eindeutige Empfehlung der Regierungskommission, nach der die „*Regeln eines solchen Kodex [...] nicht inhaltlich verbindlich sein [sollten], sondern nur den Charakter von Empfehlungen haben*", vgl. *Baums*, Regierungskommission, S. 21.

gangslage keine Verbindlichkeit einer vom Arbeitgeber erlassenen Ethikrichtlinie begründet werden. Auch dieser Vergleich stärkt die Schutzwürdigkeit des Arbeitnehmervertrauens in die Ethikrichtlinie nicht.

[c] Vertrauen in Werbeaussagen

Schließlich bietet das Vertrauen des Käufers in Werbeaussagen eine Vergleichsmöglichkeit. Seit der Schuldrechtsreform gehören gem. § 434 Abs. 1 S. 3 BGB bei der Mangelhaftung im Kaufrecht zur Beschaffenheit der Sache auch die Eigenschaften, die der Käufer aufgrund der Werbung des Verkäufers oder des Herstellers erwarten durfte[699]. Dazu muß diese Aussage sowohl dem Käufer als auch dem Verkäufer bekannt gewesen sein und die Kaufentscheidung des Käufers beeinflußt haben. Durch diese gesetzlich vorgeschriebene Verbindlichkeit der Werbung[700] wird das Vertrauen auf das Vorhandensein der werblich verlauteten Eigenschaften geschützt, obgleich die Werbeaussage nicht Bestandteil des Kaufvertrags ist.

Die Regelung des § 434 Abs. 1 S. 3 BGB geht auf die europäische Verbrauchsgüterkauf-Richtlinie zurück (Art. 2 Abs. 2 lit. D)[701]. Sie stellt eine starke Erweiterung der Haftung des Verkäufers dar[702] und ist daher als Ausnahmefall zu bewerten, da grundsätzlich keine Rechte aus unverbindlichen Äußerungen hergeleitet werden können. Diese Ausnahme kann mit dem Ziel der Richtlinie, ein Mindestmaß an Verbraucherschutz sicherzustellen (dazu die Erwägungsgründe der Richtlinie), begründet werden.

Obgleich der Arbeitnehmer nach Ansicht des BAG als Verbraucher zu qualifizieren ist[703], fehlt eine einfachgesetzliche Vorschrift, die das Vertrauen des Arbeitnehmers in eine Aussage des Arbeitgebers vergleichsweise schützt. Auch eine

699 Als Erweiterung gegenüber der vorherigen Rechtsprechung muß sich der Verkäufer jetzt auch Äußerungen des Herstellers zurechnen lassen, dazu *Haas*, BB 2001, 1313, 1314; nach BGH vom 5.7.1972 - VIII ZR 74/71 - BGHZ 59, 158 = NJW 1972, 1706 = MDR 1972, 1027 begründet eine „allgemeine Anpreisung in der Werbung" noch keine Haftung des Verkäufers; Palandt/*Putzo*, BGB 2002, § 459 Rn. 15 hält bereits für die Zusicherung einer Eigenschaft i.S.d. § 459 AbS. 2 BGB aF fest, daß diese von einer bloßen „Anpreisung der Kaufsache" abzugrenzen ist.

700 Zu weiteren Haftungskonstellationen bei Werbeaussagen statt vieler *Bernreuther*, MDR 2003, 63, 65.

701 Richtlinie 1999/44/EG des Europäischen Parlaments und des Rates vom 25.5.1999 zu bestimmten Aspekten des Verbrauchsgüterkaufs und der Garantien für Verbrauchsgüter.

702 *H. P. Westermann*, JZ 2001, 530, 533.

703 BAG vom 25.5.2005 (Fn. 361).

analoge Anwendung des § 434 Abs. 1 S. 3 BGB scheidet mangels Vergleichbarkeit aus, da die Verbrauchsgüterrichtlinie den Verbrauchsgüter*kauf* regelt.

[d] Schutzwürdigkeit abhängig von Formulierung

Trotz fehlender Vergleichbarkeit kann ein Gedanke auf Ethikrichtlinien übertragen werden: Im Kaufrecht gilt, daß das Vertrauen des Käufers um so schützenswerter ist, je bestimmter und konkreter die Aussage des Verkäufers ist[704]. Auch bei Ethikrichtlinien hängt die Schutzwürdigkeit des Vertrauens von der Art der Ausgestaltung und Formulierung der Ethikrichtlinie ab: Je präziser und klarer die Formulierung, desto eher darf ein Arbeitnehmer auf deren Einhaltung vertrauen.

Gestützt wird diese Aussage zudem durch einen Vergleich mit der Rechtsprechung des Bundesverfassungsgerichts zur Rückwirkung von Gesetzesänderungen. Es unterscheidet zwischen echter und unechter Rückwirkung[705].

Echte Rückwirkung liegt vor, wenn die bestehende Rechtslage für in der Vergangenheit bereits abgeschlossene Sachverhalte im Nachhinein nachteilig geändert wird. Belastende Rückwirkungen sind grundsätzlich unzulässig, es sei denn, das Vertrauen des Bürgers in den Fortbestand der Rechtslage ist ausnahmsweise nicht schutzwürdig[706]. Es ist etwa nicht schutzwürdig, wenn der Bürger mit einer Regelung in Form des geänderten Gesetztes rechnen mußte oder wenn das geltende Recht unklar und verworren war – der Gesetzgeber muß diese Unklarheiten auch rückwirkend ändern können[707].

Demgegenüber spricht das Bundesverfassungsgericht von unechter Rückwirkung, wenn die geändert Rechtsnorm auf gegenwärtige, noch nicht abgeschlossene Sachverhalte einwirkt, um für den Betroffenen nachteilige Veränderungen für die Zukunft herbeizuführen[708]. Sie ist grundsätzlich zulässig[709], es sei denn, es besteht ein überwiegendes schutzwürdiges Vertrauen des Betroffenen, der aufgrund der bisherigen Rechtslage von einem Fortbestand der Regelung ausgehen durfte. Bei der unechten Rückwirkung muß demnach das Bestands-

704 Fürs Kaufrecht nur Henssler/*Graf von Westphalen*, Praxis der Schuldrechtsreform, § 434 Rn. 33 f.

705 Zur Abgrenzung *Pieroth*, Rückwirkung und Übergangsrecht, S. 38 ff.

706 *Zippelius/Würtenberger*, Deutsches Staatsrecht, § 12 III 5. c. (2.2), S. 109.

707 BVerfG vom 4.5.1960 – 1 BvL 17/57 – BVerfGE 11, 64 = NJW 1960, 1195 = JZ 1960, 536; *Pieroth*, S. 55.

708 BVerfG vom 23.11.1999 – 1 BvF 1/94 – BVerfGE 101, 239 = NJW 2000, 413 = WM 1999, 2471; *Zippelius/Würtenberger*, § 12 III 5. c. (1.), S. 108.

709 BVerfG vom 14.5.1986 – 2 BvL 2/83 – BVerfGE 72, 200 = NJW 1987, 1749 = BB 1986, 1421; *Pieroth*, S. 60 f.; *Zippelius/Würtenberger*, § 12 III 5. c. (1.), S. 108.

vertrauen des Bürgers gegen das Interesse der Allgemeinheit an der rückwirkenden Gesetzesänderung abgewogen werden[710].

Entscheidend ist also die Schutzwürdigkeit des Vertrauens des Bürgers in den Fortbestand der geltenden Rechtslage[711]. Ist die Rechtslage unklar und verworren, darf der Bürger nicht auf einen Fortbestand vertrauen, sondern muß vielmehr mit einer Gesetzesänderung rechnen. Ist das Gesetz hingegen klar und präzise formuliert, muß der Bürger sich nicht auf eine kommende Gesetzesänderung einstellen.

Diese Grundsätze können auf die Schutzwürdigkeit des Arbeitnehmervertrauens in die Verbindlichkeit der Ethikrichtlinie übertragen werden: Je präziser die Formulierungen, desto schutzwürdiger ist das Vertrauen des Arbeitnehmers in die Verbindlichkeit der Ethikrichtlinie. Wird in der Richtlinie dagegen ausdrücklich nur von einem „angestrebten Ziel des Unternehmens" gesprochen, darf der Arbeitnehmer nicht darauf vertrauen, daß eine rechtsverbindliche Wirkung von diesem Dokument ausgeht. Detaillierte Verhaltensvorgaben und Angaben zu Sanktionen im Falle einer Mißachtung der Richtlinie können beim Arbeitnehmer den Eindruck einer verbindlichen Intention des Arbeitgebers verstärken und somit die Schutzwürdigkeit seines Vertrauens erhöhen.

[e] Dispositionen des Arbeitnehmers

Als weitere Indizien für die Schutzwürdigkeit des Vertrauens können Dispositionen des Arbeitnehmers berücksichtigt werden. Dabei ist nicht nur darauf abzustellen, daß die Disposition im Vertrauen auf die Verbindlichkeit der Ethikrichtlinie getroffen wurde, sondern auch deren Irreversibilität ist bedeutsam.

Beispielhaft für eine Disposition führt *Canaris* die Schutzwürdigkeit des Vertrauens eines Arbeitnehmers an, der seinen Arbeitsplatz aufgegeben hat und dessen Rückkehr an den bisherigen Arbeitsplatz nicht mehr möglich ist[712]. Dieses Beispiel läßt sich auf Ethikrichtlinien übertragen: Entscheidet sich ein Arbeitnehmer für ein Unternehmen, weil dessen Richtlinien mit seinen Wertvorstellungen übereinstimmen, und kündigt er sein bisheriges Arbeitsverhältnis, könnte dies zum Eingreifen des venire contra factum proprium führen. Verhält sich der Arbeitgeber nach Abschluß des Arbeitsvertrages widersprüchlich, kann die Verbindlichkeit der Ethikrichtlinie gerade dadurch gestärkt werden, daß das

---

710 *Riggert*, Die Selbstbindung der Rechtsprechung durch den allgemeinen Gleichheitssatz (Art. 3 I GG) S. 27.

711 BVerfG (Kammer) vom 29.10.1999 – 1 BvR 1996/97 – ZOV 2000, 23; BVerfG vom 23.11.1999 (Fn. 708).

712 *Canaris*, S. 295.

Vertrauen des Arbeitnehmers aufgrund der Aufgabe des anderen Arbeitsplatzes gestärkt wird.

Obgleich im konkreten Fall für die Begründung eines Schadensersatzanspruchs aufgrund des verlorenen Arbeitsplatzes etwa der entstandene Schaden als weitere Voraussetzungen problematisch ist, können grundsätzlich Dispositionen des Arbeitnehmers sein Vertrauen in die Ethikrichtlinie schützenswerter erscheinen lasssen.

[f] Bewußte Arbeitgeberentscheidung

Die aufgezeigten Vergleiche verdeutlichen, daß eine Vielzahl von Kriterien Einfluß auf die Schutzwürdigkeit des Arbeitnehmervertrauens in die Ethikrichtlinie hat. Bei der Ermittlung der Verbindlichkeit der Ethikrichtlinien sind grundsätzlich die beiderseitigen Interessen zu berücksichtigen[713]. Der Arbeitgeber hat sich bewußt gegen die Wahl eines der möglichen rechtsverbindlichen Instrumente (Arbeitsvertrag, Betriebsvereinbarung u.ä. s.o.) entschieden – der Arbeitnehmer kennt diese Entscheidung, bzw. den Inhalt seines Arbeitsvertrages.

Canaris führt dazu anschaulich aus, daß in Fällen, in denen den Parteien die rechtliche Unverbindlichkeit ihres Handelns bekannt ist, nur in Ausnahmekonstellationen der Vertrauensschutz eingreifen kann: *Canaris* fordert das Vorliegen „*besonderer Umstände [...], damit eine Vertrauenshaftung trotz Kenntnis der wahren Rechtslage überhaupt in Erwägung gezogen werden kann*“[714]. Bei der Suche nach diesen „besonderen Umständen“ ergibt sich die Frage, warum die Parteien sich gegen den Abschluß einer rechtsverbindlichen Vereinbarung entschieden haben. Beispielhaft für die Vertrauenshaftung im Falle eines formfehlerhaften Rechtsgeschäfts wäre als Begründung denkbar, daß aufgrund des besonderen Verhältnisses zwischen den Vertragsparteien dieser „unangemessene Formalismus“ und das damit zum Ausdruck kommende Mißtrauen die Geschäftsbeziehungen trüben könnten[715].

Derartige Formalienvermutungen liegen für Ethikrichtlinien fern. Zudem kann das Arbeitsverhältnis trotz seines Dauerschuldcharakters und der bestehenden sozial schwächeren Position des Arbeitnehmers grundsätzlich nicht per se zur Annahme derartiger „besonderer Umstände“ führen. Auch in anderen Dauerschuldverhältnisse kann ein Vertragspartner, etwa der Mieter, typischerweise sozial schwächer sein, und es würde zu weit führen, in derartigen Konstellationen stets die Hürde zum Eingreifen des Vertrauensschutzes herabzusenken.

---

713 *Larenz/Wolf*, § 16 Rn. 26.
714 *Canaris*, S. 353.
715 *Canaris*, S. 354 f.

Auch *Canaris* führt an, daß zu diesen „besonderen Umständen" noch ein hinreichender Vertrauenstatbestand bestehen muß, etwa indem der Vertragspartner seine Erfüllungsbereitschaft erklärt[716]. Auf Ethikrichtlinie übertragen könnte sich daher aus deren Formulierung oder aus anderen Äußerungen eine Bereitschaft zur Einhaltung ergeben.

e. Zwischenergebnis

Ethikrichtlinien sind als Ausdruck des Parteiwillens regelmäßig nicht bei der Auslegung gesetzlicher Generalklauseln zu berücksichtigen. Einzig für den Fall der Vertrauenshaftung können ausnahmsweise Ethikrichtlinien über Generalklauseln in das Arbeitsverhältnis einfließen.

Über die Grundsätze der Vertrauenshaftung können dabei in Ausnahmesituationen Ansprüche für den Arbeitnehmer entstehen. An diese Ausnahmefälle sind jedoch strenge Anforderungen zu stellen, da das Vertrauen des Arbeitnehmers in die Verbindlichkeit der Ethikrichtlinie dadurch gemindert wird, daß der Arbeitgeber gerade keine verbindliche rechtstechnische Geltungsgrundlage gewählt hat. Die Schutzwürdigkeit des Vertrauens hängt daneben auch von der Formulierung und Ausgestaltung der Ethikrichtlinie ab – je präziser die Formulierungen der Ethikrichtlinie, desto schutzwürdiger ist das Vertrauen. Zusätzlich können Dispositionen des Arbeitnehmers die Schutzwürdigkeit seines Vertrauens verstärken.

2. Vertragsauslegung mit Hilfe der Ethikrichtlinie

Ethikrichtlinien wirken – wie bereits dargestellt – grundsätzlich nicht über Generalklauseln ins Arbeitsverhältnis ein, weil sich die Gesetzesauslegung am Willen des Gesetzgebers orientiert. Dagegen ist der Parteiwille bei der Vertragsauslegung zu berücksichtigen[717]. Ethikrichtlinien können zur Ermittlung des Parteiwillens herangezogen werden[718].

Die Vertragsauslegung richtet sich nach den §§ 133, 157 BGB. § 133 BGB verlangt für die Auslegung der Willenserklärungen eine Orientierung am „wirklichen Willen", wohingegen § 157 BGB dazu führt, daß das Vertrauen des Rechtsverkehrs ebenfalls bei der Auslegung einzubeziehen ist. Kommt der Parteiwille nicht eindeutig zum Ausdruck, ist unter Berücksichtigung von Treu und Glauben,

---

716 *Canaris*, S. 355.

717 *Bork*, Rn. 494.

718 Auch *Brocker*, S. 89, nimmt eine interpretationsleitende Funktion rechtlich unverbindlicher Konstrukte wie etwa dem DCGK an.

der Verkehrssitte, Branchenüblichkeiten und weiteren äußeren Umständen ein hypothetischer Parteiwille zu ermitteln[719]. Bei zweiseitigen Verträgen ist grundsätzlich davon auszugehen, daß beide Vertragsparteien eine sinnvolle Regelung angestrebt haben – daher gilt der „*Grundsatz einer nach beiden Seiten hin interessengerechten Auslegung*“[720]. Die Auslegung darf sich also nicht nur am Interesse einer Partei ausrichten, sondern muß die Interessen beider Vertragsparteien berücksichtigen.

Für Ethikrichtlinien stellt sich die Frage, ob sie den beiderseitigen Parteiwillen ausdrücken. Da der Arbeitgeber die Ethikrichtlinie erlassen hat, entspricht sie seinem Willen. Unklar ist jedoch, ob sie auch mit dem Willen des Arbeitnehmers übereinstimmt.

Es ist dabei nach der Kenntnis des Arbeitnehmers und den Änderungen des Richtlinieninhalts zu differenzieren: Wurde die Ethikrichtlinie seit Vertragsschluß nicht verändert und kannte der Arbeitnehmer den Ethikrichtlinieninhalt im Zeitpunkt des Vertragsschlusses, kann die Ethikrichtlinie bei der Vertragsauslegung herangezogen werden, um Unklarheiten oder Lücken im Vertrag zu schließen. Das gleiche gilt, wenn der Arbeitnehmer die Ethikrichtlinie bei Vertragsschluß kannte und mit der nachfolgende Änderung rechnen mußte[721], sie ihn also nicht völlig überrascht hat.

Der Inhalt der Richtlinie darf hingegen nicht berücksichtigt werden, wenn der Arbeitnehmer bei Vertragsschluß die Ethikrichtlinie nicht kannte. Vorstellungen nur einer Partei – also konkret die Ethikrichtlinie als Ausdruck des einseitigen Arbeitgeberwillens – können nicht bei der Auslegung des Arbeitsvertrages herangezogen werden.

Jedes Rechtsgeschäft enthält Grundentscheidungen und Wertungen, die bei der ergänzenden Auslegung maßgeblich sind[722]. Soweit beide Parteien in Kenntnis der Ethikrichtlinie einen Arbeitsvertrag geschlossen haben, kann die Ethikrichtlinie daher – auch wenn sie nicht in der aufgezeigten Weise „verbindlich“ einbezogen wurde – über den Weg der Vertragsauslegung wertend berücksichtigt werden.

---

719 BGH vom 4.3.2004 – III ZR 96/03 – BGHZ 158, 201 = NJW 2004, 1124 = ZIP 2004, 810; BGH vom 22.4.1953 – II ZR 143/52 – BGHZ 9, 273; Palandt/*Heinrichs*, BGB, § 157 Rn. 7; *Bork*, Rn. 537.

720 BGH vom 8.6.1994 – VIII ZR 103/93 – NJW 1994, 2228 = MDR 1994, 888 = DB 1994, 2073; BGH vom 2.7.1992 – I ZR 181/90 – NJW-RR 1992, 1386 = MDR 1993, 225 = WM 1992, 2026; BGH vom 27.9.1991 – V ZR 191/90 – NJW-RR 1992, 182 = WM 1992, 153 = MDR 1992, 481.

721 Insoweit vergleichbar mit der Schutzwürdigkeit des Vertrauens bei echter Rückwirkung von Gesetzesänderungen, siehe dazu schon § 3B.VII.1.d.[3][d].

722 *Bork*, Rn. 537.

C. Zwischenergebnis

Unter Berücksichtigung der aufgezeigten Möglichkeiten, Ethikrichtlinien verbindlich in das Arbeitsverhältnis einzuführen, kann festgehalten werden, daß in Ausnahmefällen eine Ethikrichtlinie als einseitige Willensbekundung des Arbeitgebers Einfluß auf das Arbeitsverhältnis haben kann[723]. Entweder kann ein schützenswertes Vertrauen des Arbeitnehmers auf die Einhaltung der Ethikrichtlinie bestehen und Arbeitnehmerrechte begründen oder eine bei Vertragsschluß vorliegende und beiden Vertragsparteien bekannte Ethikrichtlinie kann zur Auslegung von Vertragsunklarheiten herangezogen werden.

Den verfolgten Zweck der Imageverbesserung kann ein Unternehmen jedoch besser mit einer Ethikrichtlinie verfolgen, deren Durchführung es auch belegen kann. Daher empfiehlt sich stets eine rechtsverbindliche Einbeziehung der Richtlinie ins jeweilige Arbeitsverhältnis. Dafür bieten sich insbesondere eine Einbeziehung in den Arbeitsvertrag – ausdrücklich oder als AGB – und eine Ethikrichtlinie als Betriebsvereinbarung an.

D. Persönliche Reichweite

Um die mit einer Ethikrichtlinie bezweckte Imageverbesserung zu erreichen, sollten Unternehmen stets versuchen, alle „Beschäftigten“ vom Geltungsbereich der Ethikrichtlinie zu erfassen, also neben den Arbeitnehmern und dem Arbeitgeber auch die anderen im Unternehmen Beschäftigten und gegebenenfalls sogar „Dritte“[724].

Die Geltungserstreckung beschränkt sich dabei allerdings nicht nur auf Pflichten aus einer Ethikrichtlinie, sondern in diesem Zusammenhang stellt sich auch die Frage, ob eine Ethikrichtlinie Rechte für unternehmensinterne oder Dritte begründen kann.

723 Die Formulierung „Verbindliche Einführung“ in *Meyer*, NJW 2006, 3605, 3607 deutet an, daß zumindest auch eine „unverbindliche“ Einführung denkbar ist.

724 Zudem kann sich auch die gesetzliche Verpflichtung des SOA oder der NYSE LCM dazu führen, daß die Ethikrichtlinie alle Beschäftigten erfassen muß, dazu *Eisenbeis/Nießen*, FS Leinemann, S. 697, 711.

I. Unternehmensintern

1. Arbeitgeber

Für Arbeitgeber ergeben sich aus einer wirksam einbezogenen Ethikrichtlinie die ausdrücklich in ihr aufgelisteten Rechte als Korrelat zu den Pflichten der Arbeitnehmer. Theoretisch möglich, aber praktisch unwahrscheinlich ist eine Rechtsbegründung nach den Grundsätzen der Vertrauenshaftung, wenn der Arbeitgeber auf die Einhaltung der Ethikrichtlinie durch den Arbeitnehmer vertrauen darf[725]. Daneben können sich für den Arbeitgeber im Falle eines Verstoßes gegen eine für die Arbeitnehmer verpflichtende Ethikrichtlinie auch gesetzliche Ansprüche ergeben, etwa ein Schadensersatz- oder ein Unterlassungsanspruch, wenn der Arbeitnehmer gegen Pflichten aus der Ethikrichtlinie verstößt.

2. Arbeitnehmer

Alle unter § 3A. aufgeführten Einführungsmöglichkeiten können Rechte und Pflichten für Arbeitnehmer begründen. Daneben besteht auch die Möglichkeit einer Rechtsbegründung durch Vertrauenshaftung.

3. Leitende Angestellte

Der Geltungsbereich der Ethikrichtlinie sollte sich zudem auf die leitenden Angestellten erstrecken. Soweit die Ethikrichtlinie Bestandteil des Vertrages mit dem jeweiligen leitenden Angestellten ist, entfaltet sie rechtsverbindliche Wirkung.

Mit Blick auf die besondere Stellung der leitenden Angestellten im Unternehmen stellt sich die Frage, ob eine Ethikrichtlinie auch mittels des Direktionsrechts ausgeübt werden kann. Nach der Legaldefinition des § 5 Abs. 3 S. 2 BetrVG sind für die Begründung des Status als leitender Angestellter jedoch die dort beschriebenen Berechtigungen im Innenverhältnis maßgeblich, also die Aufgaben, die der leitende Angestellte ausüben darf[726]. Dennoch liegt auch der Beschäftigung des leitenden Angestellten gem. § 5 Abs. 3 S. 2 BetrVG ein Arbeitsvertrag mit Weisungsbefugnis des Arbeitgebers zugrunde[727]. Zu beachten ist allerdings, daß gem. § 5 Abs. 3 S. 2 Nr. 3 BetrVG der leitende Angestellte seine Entscheidungen „im Wesentlichen frei von Weisungen trifft", so daß eine – im Vergleich zum Arbeitnehmer – überdurchschnittliche Eigenverantwortlichkeit

---

725 Zu den Voraussetzungen eines Vertrauenstatbestandes schon oben § 3B.VII.1.c.

726 Richardi/*Richardi*, BetrVG, § 5 Rn. 199.

727 *Löwisch*, SprAuG, § 1 Rn. 2; Richardi/*Richardi*, BetrVG, § 5 Rn. 198.

gegeben ist[728]. Diese liegt jedoch nur bezüglich der kennzeichnenden Aufgaben des leitenden Angestellten vor und schließt eine Bindung an Weisungen in anderen Bereichen nicht aus – der leitende Angestellte ist damit nicht völlig frei von Weisungen[729]. Daher kann auch das Direktionsrecht die Geltungsgrundlage einer Ethikrichtlinie darstellen.

Ebenso wird der leitende Angestellte von einer Ethikrichtlinie erfaßt, die als zusätzliche Vereinbarung den Inhalt einer verbindliche Richtlinie i.S.d. § 28 Abs. 2 SprAuG mit dem Sprecherausschuß bildet.

Wird die Ethikrichtlinie hingegen als Betriebsvereinbarung eingeführt, werden davon nicht alle Mitarbeiter, sondern nur Arbeitnehmer i.S.d. § 5 Abs. 1 BetrVG erfaßt[730]. Für Beschäftigten i.S.d. § 5 Abs. 2, 3 BetrVG gilt die Ethikrichtlinie als Betriebsvereinbarung nicht[731]. Anschaulich formulieren *Eisenbeis/Nießen*, daß *„damit zwar die Indianer zu ethisch korrektem Handeln verpflichtet [werden], nicht jedoch die Häuptlinge“*[732]. Das kann zum einen gegen die NYSE LCM verstoßen[733], zudem kann aber auch die bezweckte Imageverbesserung durch die nicht umfassende Erfassung der Beschäftigten nicht gleichwertig erreicht werden. Um den Geltungsbereich der Ethikrichtlinie als Betriebsvereinbarung auch auf leitende Angestellte zu erweitern, besteht jedoch die Möglichkeit, durch Verweis im jeweiligen Arbeitsvertrag mit dem leitenden Angestellten die Betriebsvereinbarung einzubeziehen[734].

4. Auszubildende

Um auch die Auszubildenden zu erfassen, kann die unternehmensinterne Ethikrichtlinie zunächst in den Arbeitsvertrag mit dem Auszubildenden aufgenommen werden – ebenso ist eine Einführung mittels des Direktionsrechts möglich. „Zu ihrer Berufsausbildung Beschäftigte“ gehören gem. § 5 Abs. 1 S. 1 BetrVG zu den Arbeitnehmern i.S.d. BetrVG, so daß sie von einer Ethikrichtlinie als Be-

---

728 *Hromadka*, Leitende Angestellte, S. 282; *Löwisch*, SprAuG, § 1 Rn. 25.

729 *Löwisch*, SprAuG, § 1 Rn. 26; Richardi/*Richardi*, BetrVG, § 5 Rn. 216 f.

730 *Eisenbeis/Nießen*, FS Leinemann, S. 697, 711; *Fitting*, BetrVG, § 77 Rn. 35; *Kock*, MDR 2006, 673; *ders.*, ArbRB 2006, 116, 117.

731 Daß leitende Angestellte nicht in den Geltungsbereich einer Betriebsvereinbarung fallen, schon BAG vom 21.1.1992 – 3 AZR 21/91 – AP Nr. 23 zu § 1 BetrAVG Ablösung = EzA § 1 BetrAVG Ablösung Nr. 8 = NZA 1992, 659; BAG vom 31.1.1979 – 5 AZR 454/77 – AP Nr. 8 zu § 112 BetrVG 1972 = EzA Nr. 17 zu § 112 BetrVG 1972 = NJW 1979, 1621 = DB 1979, 1039.

732 *Eisenbeis/Nießen*, FS Leinemann, S. 697, 711.

733 *Eisenbeis/Nießen*, FS Leinemann, S. 697, 711; zur Verpflichtung aus den NYSE LCM als Konkretisierung des Sarbanes-Oxley Acts schon oben § 1C.IV.

734 Zur Möglichkeit einer Bezugnahme *Rieble/Schul*, RdA 2006, 339, 341.

triebsvereinbarung erfaßt werden. Da gem. § 10 Abs. 2 BbiG die gesetzlichen Vorschriften über den Arbeitsvertrag auch auf den Ausbildungsvertrag anzuwenden sind, ergeben sich insoweit grundsätzlich keine Besonderheiten gegenüber den Rechten der Arbeitnehmer aus Ethikrichtlinien. Jedoch sollte der Arbeitgeber die Vorschriften des BbiG beachten, da eine Vereinbarung in der Ethikrichtlinie, die von den Vorschriften des BbiG zulasten des Auszubildenden abweicht, gem. § 25 BbiG gegenüber den Auszubildenden nichtig ist.

5. Arbeitnehmerähnliche Personen

Das Gesetz sieht neben dem Arbeitnehmer auch arbeitnehmerähnliche Personen vor (vgl. § 12a TVG; § 2 Abs. 2 BUrlG, § 5 Abs. 1 S. 2 ArbGG, § 2 Abs. 2 Nr. 3 ArbSchG). Das Unternehmen sollte daher auf die Einbeziehung der arbeitnehmerähnlichen Personen in den Wirkungsbereich der Ethikrichtlinie achten.

Die Ethikrichtlinie kann unproblematisch in den Vertrag mit der arbeitnehmerähnlichen Person aufgenommen werden. Nach herrschender Meinung fallen arbeitnehmerähnliche Personen aber nicht in den Wirkungskreis der Betriebsvereinbarungen[735]. Das Gesetz zählt sie nicht in § 5 Abs. 1 BetrVG ausdrücklich auf. Da jedoch andere Gesetze sie ausdrücklich in den Geltungsbereich einbeziehen, ist eine Erstreckung des BetrVG auf arbeitnehmerähnliche Personen abzulehnen[736]. Aus diesem Grund scheidet auch eine analoge Anwendung des BetrVG aus – überdies widerspricht eine Erstreckung der Mitbestimmung auf alle denkbaren Formen der Beschäftigung dem Schutzzweck des BetrVG[737]. Der Arbeitgeber kann jedoch durch einzelvertragliche Bezugnahme den Geltungsbereich der Betriebsvereinbarung erweitern[738].

6. Leiharbeitnehmer

Eine weitere Gruppe Beschäftigter stellen die Leiharbeitnehmer dar. Da sie im Entleiher-Unternehmen tätig sind, kann gerade eine Erfassung der Leiharbeitnehmer von der Ethikrichtlinie des Entleihers für dessen Image förderlich sein. Jedoch könnten sie auch von einer Ethikrichtlinie des Verleihers – soweit vor-

---

735 Ausführlich zum Streitstand *Neuvians*, Die arbeitnehmerähnliche Person, S. 140 ff.

736 *Neuvians*, S. 143; ablehnend auch BAG vom 12.2.1992 – 7 ABR 42/91 – AP Nr. 52 zu § 5 BetrVG 1972 = EzA § 5 BetrVG 1972 Nr. 53 = NZA 1993, 334; *Fitting*, BetrVG, § 5 Rn. 87f.; GK-BetrVG/*Raab*, § 5 Rn. 51; Richardi/*Richardi*, BetrVG, § 5 Rn. 3, 13.

737 *Neuvians*, S. 145; eine Analogie ablehnend auch *Fitting*, BetrVG, § 5 Rn. 87 m. w. N.

738 *Rieble/Schul*, RdA 2006, 339, 341.

handen – erfaßt werden. Dabei können sich aufgrund des Dreipersonenverhältnisses Kollisionsprobleme ergeben.

Regelmäßig wird zwischen echter und unechter Leiharbeit unterschieden: Bei der echten Leiharbeit überläßt der Arbeitgeber (Verleiher) den hauptsächlich im eigenen Betrieb beschäftigten Arbeitnehmer vorübergehend einem Dritten (Entleiher)[739]. Bei der unechten Leiharbeit, die auch gewerbsmäßige Leiharbeit genannt wird, stellt der Verleih eine wirtschaftliche Tätigkeit des Verleihers dar und der Verleiher stellt den Arbeitnehmer gerade ein, um ihn an einen Dritten zu verleihen[740].

Zwischen Verleiher und Entleiher besteht ein Vertrag über den Verleih des Arbeitnehmers, der Arbeitnehmerüberlassungsvertrag[741]. Zwischen Verleiher und Arbeitnehmer besteht ein Arbeitsvertrag, der auch den Einsatz bei einem Dritten, dem Entleiher, umfaßt[742]. Zwischen Entleiher und Arbeitnehmer besteht kein Vertrag, aber dennoch soll der Entleiher die Arbeitsleistung des Arbeitnehmers in seinem Betrieb konkretisieren können – daher steht ihm ein Weisungsrecht zu. Der Verleiher kann schließlich nur noch vorgeben, bei welchem Entleiher der Arbeitnehmer eingesetzt wird, so daß ihm ein Recht zusteht, den Leiharbeitnehmer abzurufen[743]. Für die genaue Abgrenzung der Rechte des Entleihers und des Verleihers ist also die Ausgestaltung des Arbeitnehmerüberlassungsvertrags maßgeblich.

Aufgrund dieser Vertragsstruktur im Dreipersonenverhältnis hängt die Erfassung des Leiharbeitnehmers von der Geltungsgrundlage der Ethikrichtlinie ab.

a. Vertrag

Zunächst kann der Vertrag zwischen Entleiher und Verleiher vorsehen, daß die Entleiher-Ethikrichtlinie auch den Leiharbeitnehmer erfaßt. Dabei kann die Wirkung der Ethikrichtlinie eine wesentliche Arbeitsbedingung darstellen, die gem. § 12 Abs. 1 AÜG der Schriftform bedarf, freilich nur für gewerbsmäßig Leiharbeit, da gem. § 1 Abs. 1 S. 1 AÜG nur diese vom Gesetz erfaßt wird. Die Ver-

---

739 BAG vom 15.2.1974 – 2 AZR 57/73 – AP Nr. 7 zu § 637 RVO = EzA § 637 RVO Nr. 4 = BAGE 25, 514; BAG vom 5.5.1988 – 8 AZR 484/85 – AP Nr. 2 zu § 831 BGB = EzA § 831 BGB Nr. 1 = NZA 1989, 340; Schüren/Hamann/*Schüren*, AÜG, Einl Rn. 93; *Thüsing*, AÜG, Einl Rn. 13.

740 Schüren/Hamann/*Schüren*, AÜG, Einl Rn. 93; *Thüsing*, AÜG, Einl Rn. 13.

741 Schüren/Hamann/*Schüren*, AÜG, Einl Rn. 99; dazu auch *Walker*, AcP 194 (1994), 295, 297.

742 *Thüsing*, AÜG, Einl Rn. 32.

743 *Walker*, AcP 194 (1994), 295, 297; zum Verhältnis Leiharbeitnehmer und Verleiher auch Schüren/Hamann/*Schüren*, AÜG, Einl Rn. 171 ff.

pflichtung des Leiharbeitnehmers, die Ethikrichtlinie des Entleihers einzuhalten, ergibt sich dann allerdings nicht aus diesem Vertrag, sondern müßte vielmehr auch in den Vertrag zwischen Leiharbeitnehmer und Verleiher aufgenommen werden – sonst aufgrund der Verhaltenspflichten der Ethikrichtlinie für Arbeitnehmer läge ein unzulässiger Vertrag zulasten Dritter vor[744].

b. Direktionsrecht als Geltungsgrundlage

Als Besonderheit des Leiharbeitnehmers ist er nicht dem Weisungsrecht seines Vertragspartners, also des Verleihers, unterstellt, sondern muß vielmehr die Weisungen des Entleihers befolgen. Im Leiharbeitsverhältnis fallen stets Weisungsbefugter und Vertragspartner auseinander. Kann das Direktionsrecht des Entleihers als Geltungsgrundlage für die Ethikrichtlinie des Entleiher-Betriebs gewählt werden?

Diese Frage kann nicht pauschal beantwortet werden, da gerade in dieser Konstellation Sonderprobleme entstehen können. So kann etwa der Arbeitsvertrag zwischen Verleiher und Leiharbeitnehmer eine Ethikrichtlinie vorsehen und gleichzeitig kann der Entleiher im Rahmen seines Direktionsrechts seine Ethikrichtlinie einführen. Widersprechen sich die beiden Ethikrichtlinien stellt sich die Frage, welcher Ethikrichtlinie Vorrang einzuräumen ist.

Aber auch wenn nur entweder der Verleiher oder der Leiharbeitnehmer eine Ethikrichtlinie haben, sind Kollisionen möglich. Stets stellt sich dann die Frage, ob die Ethikrichtlinie im Arbeitsvertrag des Verleihers Weisungen des Entleihers vorgeht und umgekehrt ob eine Ethikrichtlinie als Direktionsrecht des Entleihers den Vorgaben des Arbeitsvertrags vorgeht.

Ob also der Arbeitsvertrag des Verleihers oder das Direktionsrecht des Entleihers eine Vorrangposition einnimmt, hängt von der Ausgestaltung der Leiharbeitsituation ab, insbesondere von der Grundlage des Direktionsrechts. Diese wird in der Literatur unterschiedlich beurteilt.

Soweit entsprechende vertragliche Vereinbarungen zwischen allen drei Beteiligten vorliegen[745], kann im Sinne einer „gespaltenen Arbeitgeberstellung" auch der Entleiher als Arbeitgeber anzusehen sein. Aus dieser Vereinbarung ergibt sich dann das Rangverhältnis, bzw. der Umfang des Direktionsrechts des

744 Zur Unzulässigkeit eines Vertrages zulasten Dritter nur RG vom 30.6.1925 – III 371/24 – RGZ 111. 166, 178; Palandt/*Grüneberg*, BGB, Einf v § 328 BGB Rn. 10; dazu unten § 3D.II.

745 Für einen „Vertragsbeitritt" etwa *Heinze*, ZfA 1976, 183, 201; für ein „Doppelarbeitsverhältnis" *S. Kaufmann*, Leiharbeitnehmer, S. 44; dagegen sprechen aber grundsätzlich die §§ 1 AbS. 1, 10 AbS. 1 AÜG, nach denen nur der Verleiher Arbeitgeber ist, Schüren/Hamann/*Schüren*, AÜG, Einl Rn. 150.

Entleihers – ist das Verhältnis nicht ausdrücklich geregelt, so ist es im Rahmen der Vertragsauslegung zu ermitteln.

Des weiteren kann der Arbeitnehmerüberlassungsvertrag als Abtretung des Anspruchs auf die Arbeitsleistung an den Entleiher bewertet werden[746]. Dazu müßte das Weisungsrecht aber ursprünglich dem Verleiher zustehen, was nicht den Regelfall einer typischen Leiharbeits-Konstellation darstellt[747]. Außerdem spricht dagegen, daß dem Verleiher regelmäßig ein Widerrufsrecht in Form einer Abberufung des Arbeitnehmers zusteht[748]. Somit hilft diese Begründung für die Lösung der Kollision bei Ethikrichtlinien nicht weiter.

Zudem wird eine bloße Ausübungsermächtigung angenommen[749]. Damit bleibt allerdings die Weisungsbefugnis aufgrund der zwingenden Bestimmung des § 137 BGB beim Verleiher und der Entleiher wird lediglich zu deren Ausübung ermächtigt[750]. Insoweit ist im Rahmen einer Kollision von Arbeitsvertrag und Direktionsrecht regelmäßig dem Verleiher eine Vorrangposition zuzusprechen, da der Verleiher weiterhin weisungsbefugt ist. Das spricht aber gerade gegen die Eignung dieser Konstruktion für die gewerbsmäßige Leiharbeit, da der Entleiher das Direktionsrecht gegenüber dem Leiharbeitnehmer ausüben soll[751].

Schließlich kann der Vertrag zwischen Verleiher und Arbeitnehmer als echter Vertrag zugunsten des Entleihers ausgestaltet sein[752]. Das bietet den Vorteil, daß der Entleiher ein echtes Forderungsrecht gegen den Leiharbeitnehmer erhält und auf dieser Grundlage sein Direktionsrecht ausüben kann. Diese dogmatisch klarste Begründung des Direktionsrechts entspricht auch den Interessen der beteiligten Vertragsparteien. Der Verleiher will die Arbeitsleistung des Leiharbeitnehmers gerade dem Entleiher zur Verfügung stellen und damit den Entleiher zum Gläubiger des Anspruchs auf die Arbeitsleistung machen[753]. Ebenso erklärt der Arbeitnehmer sich damit einverstanden, daß er die Leistung gegenüber einem Dritten, nämlich dem Entleiher, erbringt[754]. Zudem bietet diese Begründung den

---

746 Schüren/Hamann/*Schüren*, AÜG, Einl Rn. 153; kritisch zu dieser Möglichkeit auch *Konzen*, ZfA 1982, 259, 281.

747 Schüren/Hamann/*Schüren*, AÜG, Einl Rn. 155; so hält auch das BAG vom 18.1.1989 – 7 ABR 62/87 – AP Nr. 2 zu § 14 AÜG = EzA § 14 AÜG Nr. 1 = NZA 1989, 728 fest, daß Leiharbeitnehmer *„ihre Arbeiten allein nach dessen Weisungen [denen des Entleihers] ausführen"*.

748 *Konzen*, ZfA 1982, 259, 282.

749 *Konzen*, ZfA 1982, 259, 282.

750 Schüren/Hamann/*Schüren*, AÜG, Einl Rn. 158.

751 Schüren/Hamann/*Schüren*, AÜG, Einl Rn. 160.

752 ErfK/*Wank*, AÜG, Einl Rn. 52; Schüren/Hamann/*Schüren*, AÜG, Einl Rn. 161 f.; dazu auch *Walker*, AcP 194 (1994), 295, 308; aA *Thüsing*, AÜG, Einl Rn. 38.

753 *Walker*, AcP 194 (1994), 295, 312.

754 *Walker*, AcP 194 (1994), 295, 313.

Vorteil, daß die Fürsorgepflichten im Umfeld der Arbeitsleistung bestehen – als Anspruchsinhaber ist der Entleiher auch verpflichtet, den Arbeitnehmer zu schützen[755].

Daher ist diese Begründung der Leiharbeit auch bei der Auflösung der Vorrangsprobleme einer Ethikrichtlinie zugrunde zu legen. Der Leiharbeitsvertrag stellt die Grundlage für das Direktionsrecht des Entleihers dar. Insoweit gilt nichts anderes als im „normalen Arbeitsverhältnis": Der Arbeitsvertrag legt die Grenzen fest, in denen das Direktionsrecht auszuüben ist. Somit ist dem Arbeitsvertrag der Vorrang einzuräumen.

Soweit sowohl Entleiher als auch Verleiher Ethikrichtlinien haben, geht im Falle eines Widerspruchs die Ethikrichtlinie des Verleihers vor, da der Arbeitsvertrag zwischen Leiharbeitnehmer und Verleiher die Grenzen des Direktionsrechts des Entleihers vorgibt.

Besteht nur im Betrieb des Verleihers eine Ethikrichtlinie, die Bestandteil des Arbeitsvertrages ist, so dürfen Weisungen des Entleihers dieser Verleiher-Ethikrichtlinie – als Vorgabe im maßgeblichen Arbeitsvertrag – nicht widersprechen. Konsequenterweise muß aber auch jede Entleiher-Ethikrichtlinie mit den Vorgaben des Arbeitsvertrages übereinstimmen.

c. Betriebsvereinbarung als Geltungsgrundlage

Möglich ist zudem, daß die Ethikrichtlinie als Betriebsvereinbarung im Entleiher-Betrieb besteht. Ob Leiharbeitnehmer von einer Betriebsvereinbarung im Entleiher-Betrieb erfaßt werden, ist umstritten[756].

Gem. § 14 Abs. 1 AÜG bleibt der Leiharbeitnehmer Angehöriger des Betriebes des Verleihers. Obgleich Leiharbeitnehmern gem. § 14 Abs. 2 AÜG im Entleiher-Betrieb kein passives Wahlrecht zusteht, können sie gem. § 14 Abs. 2 S. 2 AÜG die Sprechstunden des Entleiher-Betriebsrats aufsuchen und an den Betriebs- und Jugendversammlungen teilnehmen. Das Gesetz schweigt über die Wirkung einer Betriebsvereinbarung.

Auch das BAG hat sich zur Wirkung einer Entleiher-Betriebsvereinbarung bislang nicht geäußert. Es hielt lediglich fest, daß die Rechte des § 14 Abs. 2 S. 2 und Abs. 3 AÜG nicht dazu führen, daß der Leiharbeitnehmer dem Entleiher betriebsverfassungsrechtlich vollständig zuzuordnen ist – vielmehr bleibt er betriebsverfassungsrechtlich im Betrieb des Verleihers[757]. Diese Ausführungen

---

755 Schüren/Hamann/*Schüren*, AÜG, Einl Rn. 163.

756 *S. Kaufmann*, Leiharbeitnehmer, S. 113 ff.

757 BAG vom 20.4.2005 – 7 ABR 20/04 – EzA § 14 AÜG Nr. 5 = NZA 2005, 1006 = DB 2005, 1855.

könnten gegen eine Einbeziehung der Leiharbeitnehmer in den Wirkungsbereich der Betriebsvereinbarung sprechen. Jedoch wird in der Literatur angeführt, daß Leiharbeitnehmer aufgrund ihrer tatsächlichen Eingliederung in den Betrieb des Entleihers von den dort bestehenden Betriebsvereinbarungen erfaßt werden müssen[758].

Ein Abstellen auf die tatsächliche Eingliederung überzeugt indes nicht: Ein Arbeitsverhältnis besteht nur zwischen dem Verleiher und dem Leiharbeitnehmer – Leiharbeitnehmer sind keine Arbeitnehmer des Entleihers[759]. Betriebsverfassungsrechtlich hält das AÜG den Grundsatz des Verbleibens im Verleiher-Betrieb in § 14 Abs. 1 fest und normiert in Abs. 2 Ausnahmen.

Entscheidend ist daher vielmehr, ob die den Leiharbeitnehmern in § 14 Abs. 2 AÜG eingeräumten betriebsverfassungsrechtlichen Rechte als abschließende Ausnahme gemeint sind oder ob vielmehr darüber hinaus etwa ein Recht aus einer wirksamen Entleiher-Betriebsvereinbarung für Leiharbeitnehmer bestehen kann. Ein Gesetzentwurf der SPD und FDP aus dem Jahre 1981 spricht von einer betriebsverfassungsrechtlich doppelten Zuordnung des Leiharbeitnehmers und hält fest, daß die Regelung der betriebsverfassungsrechtlichen Rechte des Leiharbeitnehmers im Entleiherbetrieb nicht abschließend sind, sondern die Rechtsprechung weitere Beteiligungsrechte des Betriebsrats feststellen kann[760].

Allerdings rechtfertigen die zahlreichen Gesetzesänderungen des AÜG, zuletzt am 31.10.2006[761], die trotz vorheriger juristischer Diskussion[762] keine Wirkungserstreckung der Entleiher-Betriebsvereinbarung vorsehen, die Annahme, daß die dem Leiharbeitnehmer in § 14 Abs. 2 AÜG eingeräumten Rechte insoweit abschließend sind. Daher wirken Betriebsvereinbarungen des Entleiher-Betriebs nicht für Leiharbeitnehmer. Insoweit bleibt die einzelvertragliche Möglichkeit, die Betriebsvereinbarung des Entleihers durch Verweis im Anstellungsvertrag zwischen Leiharbeitnehmer und Verleiher in Bezug zu nehmen.

---

758 *S. Kaufmann*, Leiharbeitnehmer, S. 113 ff.; differenzierend *Körner*, NZA 2006, 573, 577; *Thüsing*, AÜG, § 14 Rn. 101; aA GK-BetrVG/*Kreutz*, § 75 Rn. 16.

759 BAG vom 16.4.2003 – 7 ABR 53/02 – AP Nr. 1 zu § 9 BetrVG 2002 = EzA § 9 BetrVG 2001 Nr. 1 = DB 2003, 2128 = BAGE 106, 64; Richardi/*Richardi*, BetrVG, § 1 Rn. 125.

760 BT-Drucks. 9/800, S. 7 f.

761 Änderung vom 31.10.2006, BGBl. I 2006, 2407.

762 Schon 2004 *S. Kaufmann*, Leiharbeitnehmer, S. 113 ff. m. w. N.

II. Dritte

1. Rechte für Dritte

Zur Imageverbesserung können Unternehmen – im Sinne einer ethischen Selbstverpflichtung – Rechte für Dritte vorsehen[763].

a. Geschäftspartner

Unternehmen können in ihrer Ethikrichtlinie ethische Verhaltenspflichten gegenüber ihren Geschäftspartnern vorsehen und ihnen im Rahmen ihrer vertraglichen Vereinbarung somit Rechte einräumen.

b. Angehörige der Mitarbeiter

Ebenso ist eine Selbstverpflichtung gegenüber den Angehörigen der Mitarbeiter innerhalb der Ethikrichtlinie möglich. Allerdings kommt mangels Vertrags zwischen dem Unternehmen und dem Angehörigen der Mitarbeiter als Grundlage lediglich der Arbeitsvertrag des Mitarbeiters in Betracht. Dieser kann als zulässiger Vertrag zugunsten Dritter (vgl. §§ 328 ff. BGB) Rechte für die Angehörigen begründen.

c. Sonderfall: Aktionäre

Problematisch ist jedoch, ob sich aus der Ethikrichtlinie auch Rechte für Aktionäre ergeben. Veröffentlicht ein Unternehmen eine Ethikrichtlinie, möchte es damit regelmäßig nicht nur seinen Ruf bei den Kunden verbessern, sondern auch sein Image auf dem Kapitalmarkt steigern[764]. In der Literatur wird von einer „meßbaren ökonomischen Wertsteigerung" gesprochen, denn Corporate Governance, wozu Ethikrichtlinien gezählt werden können, stellt ein wichtiges Element bei der Marktbewertung dar[765]. Dabei wird Corporate Governance nahezu die gleiche Bedeutung wie Finanzkennzahlen zu gesprochen, etwa heißt es in einer Studie von *McKinsey & Company*[766]:

---

763 Etwa zum Anspruch der Verbraucher auf Einhaltung sozialer Mindeststandards nur *Kocher*, Rechtliche Instrumente, S. 150 ff.

764 *Trommer*, Mitbestimmung 10/2006, 22, 23.

765 *Strenger*, Corporate Governance und Anteilseigner, insbesondere institutionelle Anleger, S. 697, 698 f.

766 *McKinsey&Company*, Global Investor Opinion.

„Investors state that they still put corporate governance on a par with financial indicators when evaluating investment decisions.“

Anleger achten also verstärkt auf einwandfreie Geschäftspraktiken als „good practice“ des Unternehmens[767]. Der zunehmende Wettbewerb auf dem Kapitalmarkt führt dazu, daß Unternehmen sich keine negativen Schlagzeilen durch Probleme mit ihrer Corporate Governance leisten können[768].

Wenn die Zufriedenstellung der Aktionäre einen Beweggrund für die Einführung einer Ethikrichtlinie darstellt, könnten auch Aktionäre aus einer Ethikrichtlinie Rechte ableiten. Kann etwa ein Aktionär einen Anspruch auf Schadensersatz geltend machen, weil das Unternehmen sich nicht an die Ethikrichtlinie hält und der Aktionär daher Gewinneinbußen erleidet?

Zum Teil beziehen Ethikrichtlinien Aktionärsinteressen ausdrücklich ein[769]: So sieht etwa Wal-Mart in seinem Statement of Ethics unter dem Punkt „Duties to Shareholders“ vor, daß Wal-Mart sein Verhalten an den „prinicples of good corporate governance“ ausrichten soll[770]. Bezieht eine Ethikrichtlinie die Aktionäre ein, könnte sich über § 280 BGB mit der Sonderrechtsbeziehung zwischen Aktionär und AG als Schuldverhältnis[771] ein Schadensersatzanspruch ergeben, wenn Gewinneinbußen des Unternehmens auf die Nichtbeachtung der Ethikrichtlinie zurückzuführen sind. Gegen diesen Schadensersatzanspruch sprechen jedoch die detaillierten Regelungen der Vermögens- und Verwaltungsrechte des Aktionärs etwa in den §§ 58 Abs. 4, 186 Abs. 1, 225 Abs. 2, 271 AktG[772], neben denen keine weiteren Rechte zum Schutz der Aktionäre erforderlich sind.

In Betracht kommt aber ein Schadensersatzanspruch gem. § 823 Abs. 1 BGB, da die Mitgliedschaft nach herrschender Meinung ein sonstiges Recht darstellt[773]. Allerdings schützt § 823 Abs. 1 BGB die Mitgliedschaft nur in ihrem Bestand und schützt die Aktie nicht vor Handlungen, die ihren Wert mindern[774]. Daraus

767 *Strenger*, S. 697, 699.

768 *Steger/Brellochs/Amann*, Der Aufsichtsrat 2/2006, 4.

769 Zu dieser Möglichkeit nur *Strobel*, Der Schweizer Treuhänder 2001, 413, 414.

770 Wal-Mart, Statement of ethics (Fn. 321) S. 7 .

771 So kann sich etwa aus dem Vereinsrecht ein Schadensersatzanspruch gem. § 280 BGB aufgrund einer Pflichtverletzung ergeben, dazu Palandt/*Heinrichs*, BGB, § 280 Rn. 8.

772 Zu den Rechten auch *Grunewald*, Gesellschaftsrecht, Rn. 189 f.

773 Nach herrschender Meinung ist die Mitgliedschaft ein sonstiges Recht, schon RG vom 21.9.1938 – II 183/37 – RGZ 158, 248, 255; BGH vom 12.3.1990 – II ZR 179/89 – AP Nr. 4 zu § 31 BGB = NJW 1990, 2877 = BGHZ 110, 323 = MDR 1990, 901; *Bayer*, NJW 2000, 2609, 2611; *Schmidt*, Gesellschaftsrecht, § 21 V 4 S.651 f.; *ders.*, JZ 1991, 157, 158.

774 RG vom 21.9.1938 (Fn. 773); *Schmidt*, JZ 1991, 157, 159.

wird gefolgert, daß § 823 Abs. 1 BGB keine Aktionärsansprüche begründen kann, die über die im AktG normierten Ansprüche hinausreichen[775]. Daher führt eine Nichtberücksichtigung der Ethikrichtlinie, die nicht den Bestand der Aktie sichert, nicht zu einem Schadensersatzanspruch aus § 823 Abs. 1 BGB.

Neben diesen rechtlichen Bedenken spricht gegen einen Schadensersatzanspruch auch, daß der Schaden – also der geminderte Gewinn – nur schwer auf die Nichtbeachtung der Ethikrichtlinie zurückgeführt werden kann. Im Ergebnis wird daher ein Anspruch der Aktionäre in aller Regel abzulehnen sein.

Einzig aus Gesichtspunkten des Vertrauensschutzes könnte sich ein Anspruch für Aktionäre ergeben. Dabei gelten grundsätzlich die Voraussetzungen, die Arbeitnehmerrechte begründen können. Allerdings ergeben die Unterschiede zwischen dem Verhältnis des Aktionärs zum Unternehmen und dem Verhältnis des Arbeitnehmers zum Unternehmen einen anderen Maßstab bei der Vertrauenshaftung: Die besondere Stellung des Arbeitnehmers führt dazu, daß sein Vertrauen in Arbeitgeberhandlungen schutzwürdigerer ist als das des Aktionärs.

2. Pflichten für Dritte

Schwieriger ist grundsätzlich die Begründung von Pflichten für Dritte innerhalb einer Ethikrichtlinie.

a. Geschäftspartner

Regelmäßig wollen Unternehmen mit ihrer Ethikrichtlinie nicht nur die eigenen Mitarbeiter zum ethischen Handeln verpflichten, sondern erhoffen sich eine zusätzliche Imageaufwertung, indem das Unternehmen etwa nur mit solchen Partnern handelt, die ebenfalls die Ethikrichtlinie des Unternehmens einhalten[776].

Beispielhaft formuliert die BASF auf ihrer Homepage:

> „*Lieferanten und Kunden sind fair zu behandeln. Das Gleiche erwartet die BASF von ihren Lieferanten und Kunden.*“[777]

---

775 *Grunewald*, Rn. 191.

776 So stellt etwa Vahrenholt von der Deutschen Shell AG in einem veröffentlichten Interview klar, daß „*auch die Kooperationspartner unser Gemeinschaftsunternehmen [...] sich an unsere Prinzipien halten [müssen]*“, dazu *Endres*, Personalführung 1999, 30, 32.

777 Verhaltenskodex der BASF, im Internet unter: http://corporate.basf.com/de/ueber-uns/vision/compliance/?id=iagxC8SYhbcp42D [zuletzt abgerufen am 21.3.2007].

Wal-Mart geht einen Schritt weiter und verpflichtet alle Arbeitnehmer, Verstöße von Handelspartnern gegen die Ethikrichtlinie zu melden[778]. Inhaltlich könnte eine Richtlinie auch vorschreiben, nicht nur im eigenen Unternehmen Kinderarbeit zu unterlassen, sondern auch auf die Vermeidung von Kinderarbeit bei Geschäftspartner hinzuwirken. Dabei ist sogar die zusätzliche Verpflichtung möglich, daß diese Dritt-Unternehmen wiederum nur mit Unternehmen handeln sollen, die die ethischen Vorgaben einhalten – es entsteht ein „Schneeballsystem".

[1] Vertragliche Vereinbarung

Zunächst kann der Vertrag zwischen dem Unternehmen und dem Geschäftspartner die Einhaltung der Ethikrichtlinie festhalten. Dabei kann der Vertrag entweder ausdrücklich die Ethikrichtlinie wiedergeben oder auf sie als AGB verweisen. Der Vorteil einer vertraglichen Einbeziehung der Ethikrichtlinie besteht in der erleichterten Durchsetzbarkeit, da der Vertrag Sanktionen für Richtlinienverstöße vorsehen kann. Zudem kann eine zusätzliche Selbstverpflichtungserklärung des Geschäftspartners zur Einhaltung der Richtlinie als Änderungsvereinbarung abgeschlossen werden.

[2] Vertrauenshaftung

Eine Verbindlichkeit der Ethikrichtlinie, die nicht Vertragsbestandteil ist, könnte sich für Geschäftspartner des Unternehmens nur aufgrund einer Vertrauenshaftung ergeben. Dazu müßte der Geschäftspartner einen Tatbestand geschaffen haben, auf den das Unternehmen vertraut hat und schutzwürdiger Weise vertrauen durfte[779].

Problematisch ist jedoch stets die Schutzwürdigkeit des Vertrauens des Unternehmens in die Einhaltung der Ethikrichtlinie durch den Geschäftspartner: Es wird regelmäßig gemindert, da das Unternehmen die Ethikrichtlinien in den Vertrag hätte einbeziehen können. Liegt keine ausdrückliche Aufnahme der Ethikrichtlinie vor, kann das Unternehmen nicht darauf vertrauen, daß sich der Geschäftspartner dennoch an die Grundsätze hält. Will ein Unternehmen Geschäftspartner zur Einhaltung der Ethikrichtlinie verpflichten, muß es die Richtlinie vertraglich vereinbaren.

---

778 Wal-Mart, Statement of ethics (Fn. 321) S. 17.
779 Zu den Voraussetzungen oben § 3B.VII.1.c.[3].

[3] Faktische Marktmacht

Schließlich können sich Pflichten für die Geschäftspartner aufgrund der Marktmacht des Unternehmens ergeben – auch ein „tatsächlicher Druck“ kann die Einhaltung der Ethikrichtlinie sichern: Handelt ein Zulieferer seit Jahren mit einem Großunternehmen, wird er dessen Ethikrichtlinie auch einhalten, ohne daß eine vertragliche Pflicht besteht – die Pflege des guten Geschäftkontakts und der Ruf in der Branche können effektiver motivieren als eine vertragliche Bindung.

Die Beachtung einer Ethikrichtlinie aufgrund faktischer Marktmacht ist jedoch mit Blick auf kartellrechtliche Vorschriften über den Mißbrauch der Marktmacht durchaus problematisch:

Gem. Art. 82 Abs. 1 EGV ist die mißbräuchliche Ausnutzung einer beherrschenden Stellung auf dem Gemeinsamen Markt durch ein Unternehmen verboten, soweit dies dazu führen kann, den Handel zwischen Mitgliedstaaten zu beeinträchtigen. Mißbrauch kann dabei gem. Art. 82 Abs. 2 a) EGV insbesondere auch in der unmittelbaren oder mittelbaren Erzwingung sonstiger Geschäftsbedingungen bestehen. Soweit ein Unternehmen eine in diesem Sinne beherrschende Stellung innehat[780], darf die „Auferlegung“ der Ethikrichtlinie an Geschäftspartner nicht mißbräuchlich sein. Dabei ist die Bestimmung der Mißbräuchlichkeit durchaus problematisch[781]. Eine Verpflichtung ist jedoch zumindest dann mißbräuchlich, wenn sie die Freiheit des Drittunternehmens unbillig beeinträchtigt[782]. Die zusätzlich erforderliche, zumindest potentielle Eignung der Maßnahme zur Beeinträchtigung des Handels zwischen den Mitgliedstaaten wird regelmäßig vorliegen, da bereits eine objektive Eignung ausreicht[783].

Im deutschen Recht verbietet § 19 Abs. 1 GWB die mißbräuchliche Ausnutzung einer marktbeherrschenden Stellung[784]. Soweit ein Unternehmen i.S.d. § 19 Abs. 1 S. 1 GWB marktbeherrschend ist[785], darf es daher nicht mißbräuchlich seine Geschäftspartner zur Einhaltung der eigenen Ethikrichtlinie verpflichten. Als mögliche Mißbrauchshandlung für die Einhaltung einer Ethikrichtlinie kommt dabei insbesondere § 19 Abs. 4 Nr. 2 GWB in Betracht, der einen Konditionenmißbrauch verbietet: Ein marktbeherrschendes Unternehmen darf also keine Geschäftsbedingungen fordern, die von denjenigen abweichen, die sich bei wirksamen Wettbewerb mit hoher Wahrscheinlichkeit ergäben. Die Bestimmung

780 Calliess/Ruffert/*Weiß*, EGV, Art. 82 Rn. 5 ff. mwN; *Streinz*, Europarecht, § 15 Rn. 1000; *Emmerich*, § 9 Rn. 19 ff.

781 Dazu etwa *Streinz*, Europarecht, § 15 Rn. 1000; *Emmerich*, § 10 Rn. 1 ff.

782 Calliess/Ruffert/*Weiß*, EGV, Art. 82 Rn. 46.

783 Calliess/Ruffert/*Weiß*, EGV, Art. 82 Rn. 69 ff.

784 Dazu insgesamt nur *Emmerich*, § 27 Rn. 61 ff.

785 Immenga/Mestmäcker/*Möschel*, § 19 Rn. 17 ff.

der sonst mit hoher Wahrscheinlichkeit eintretenden Geschäftsbedingungen sind dabei anhand vergleichbarer Märkte zu ermitteln. Schwierigkeiten werden sich daher mit Blick auf die Üblichkeit der Auferlegung der eigenen Ethikrichtlinien ergeben – als Anhaltspunkt wird die „einseitig belastende Abweichung von den Gerechtigkeitsvorstellungen, wie sie dem dispositiven Recht zugrunde liegen" diskutiert[786].

Es kann festgehalten werden, daß für Unternehmen mit einer i.S.d. des europäischen oder des deutschen Kartellrechts „marktbeherrschenden Stellung" besondere Obacht geboten ist, wenn die Einhaltung einer Ethikrichtlinie vereinbart wird: Die Inhalte der Ethikrichtlinie müssen dann gegebenenfalls den zusätzlichen Vorgaben des Art. 82 EGV und § 19 GWB standhalten.

Schließlich können sogar Rechte des Betriebsrats im Drittunternehmen betroffen sein, wenn ein marktbeherrschendes Unternehmen seine Moralvorstellungen mit mitbestimmungspflichtigen Inhalten auf Fremdunternehmen appliziert. Insoweit wäre der Betriebsrat des Drittunternehmens an der „externen" Ethikrichtlinie zu beteiligen, da der Arbeitgeber auch so Verhaltensvorgaben für seine Mitarbeiter festlegen.

b. Angehörige der Mitarbeiter

Zur Begründung von Pflichten für die Angehörigen der Mitarbeiter, etwa im Bereich des Wertpapierbesitzes, kommt einzig der Vertrag zwischen Arbeitgeber und Arbeitnehmer als Grundlage in Betracht[787].

Zunächst könnte der Arbeitsvertrag als „Vertrag auf Leistung eines Dritten" ausgestaltet werden[788]: Danach vereinbaren Arbeitnehmer und Arbeitgeber, daß der Arbeitnehmer mit einem Dritten – etwa dem Angehörigen – einen Vertrag abschließt, in dem sich der Dritte zur Einhaltung der Ethikrichtlinie verpflichtet. Allerdings würde diese Vereinbarung zwischen Arbeitnehmer und Arbeitgeber den Angehörigen nicht unmittelbar verpflichten. Vielmehr wäre nur der Arbeitnehmer verpflichtet, mit dem Angehörigen einen Vertrag abzuschließen.

---

786 Immenga/Mestmäcker/*Möschel*, § 19 Rn.173; dazu auch BGH vom 6.11.1984 – KVR 13(83 – NJW 1986, 846 = DB 1985, 1175 = WM 1985, 490; kritisch zur Möglichkeit, hypothetische Konditionen auf Wettbewerbsmärkten überhaupt ermitteln zu können, *Emmerich*, § 27 Rn. 96 f.

787 *Wisskirchen/Jordan/Bissels*, DB 2005, 2190, 2195 halten fest, daß eine Betriebsvereinbarung nur die im Betrieb Beschäftigten verpflichten kann und daß auch keine Verpflichtung Dritter möglich ist, wenn das Direktionsrecht die rechtstechnische Geltungsgrundlage der Ethikrichtlinie ist; schon oben zu den Grenzen des Direktionsrechts § 3A.II.1.a.

788 Dazu *Raab*, Austauschverträge mit Drittbeteiligung, S. 94 ff.

Eine „unmittelbare" Verpflichtung des Angehörigen aus der arbeitsvertraglich eingeführten Ethikrichtlinie scheidet ebenso aus, da dann ein unzulässiger Vertrag zulasten Dritter vorläge[789]. Schon das Reichsgericht hielt dazu fest: „*Verträge zu lasten Dritter kennt das bürgerliche Recht nicht*"[790]. Der Grund für diese Unzulässigkeit wird darin gesehen, daß die Verpflichtung des Dritten gegen seinen Willen mit dem Prinzip der Selbstbestimmung unvereinbar ist – es stellt einen unzulässigen Eingriff in die Privatautonomie dar[791]. Zwar könnte der Dritte gem. § 333 BGB analog die Verpflichtung ablehnen, aber schon diese „Ablehnungspflicht" wäre mit der Privatautonomie unvereinbar[792]. Verträge zu lasten Dritter sind somit grundsätzlich unzulässig.

Nur ganz vereinzelt werden ausnahmsweise Situationen anerkannt, in denen ein „Vertrag zu lasten Dritter" zulässig ist, etwa weil ein „überwiegendes öffentliches Interesse" besteht[793]. Eine „unechte Ausnahme" stellt ein Vertrag dar, der Rechte für Dritte vorsieht und die Entstehung dieser Rechte unter die Bedingung der Verpflichtung zur Vornahme von Handlungen stellt[794]. Die „Unechtheit" ergibt sich dabei aus dem Erfordernis der Zustimmung des Dritten. Für einen echten Vertrag zulasten Dritter ist aber gerade kennzeichnend, daß er ohne Mitwirkung des Dritten zustande kommt[795].

Ob diese Ausnahmen zur Zulässigkeit einer vertraglichen Drittverpflichtung führen, kann dahin stehen, da regelmäßig für Ethikrichtlinien keine dieser Ausnahmekonstellationen eingreifen. Daher entfalten Ethikrichtlinien, die vertraglich zwischen Arbeitnehmer und Arbeitgeber ins Arbeitsverhältnis einbezogen wurden, keine verpflichtende Wirkung für Dritte.

---

789 *Ohlendorf/Bünning*, AuA 2006, 200, 202; *Wisskirchen/Jordan/Bissels*, DB 2005, 2190, 2195.

790 RG vom 30.6.1925 (Fn. 744); bestätigt durch BGH vom 14.7.1995 – V ZR 31/94 – NJW 1995, 3183 = MDR 1995, 1209 = WM 1995, 1996; BGH vom 9.3.1972 – VII ZR 178/70 – BGHZ 58, 216 = WM 1972, 565.

791 *Martens*, AcP 177 (1977) 113, 139; Palandt/*Grüneberg*, BGB, Einf v § 328 BGB Rn. 10; *Raab*, S. 25.

792 MüKoBGB/*Gottwald*, § 328 Rn. 172; *Raab*, S. 26.

793 MüKoBGB/*Gottwald*, § 328 Rn. 175 für den im Falle gesetzlicher Vertreter, die auch zulasten des Vertretenen zurechenbare Handlungen vornehmen können; zu weiteren Ausnahmen etwa *Bettermann*, JZ 1951, 321, 322 ff.

794 *Martens*, AcP 177 (1977) 113, 140; so für Obliegenheiten, die an eine Schenkung gekoppelt sind MüKoBGB/*Gottwald*, § 328 Rn. 177.

795 So etwa *Habersack*, Vertragsfreiheit und Drittinteressen, S. 32.

§ 4 Wirksamkeitsanforderungen

A. Formerfordernisse

Welche formell-gesetzlichen Vorgaben bei der Einführung einer Ethikrichtlinie zu beachten sind, hängt von ihrer jeweiligen Geltungsgrundlage ab. Grundsätzlich gelten für Ethikrichtlinien keine Besonderheiten, so daß zunächst vom Grundsatz der Formfreiheit im Arbeitsrecht auszugehen ist[796], nach dem Formerfordernisse nur in den gesetzlich vorgesehenen Fällen bestehen. So ist etwa das Schriftformerfordernis für Ethikrichtlinien als Änderungskündigung, bzw. als Bestandteil des Änderungsangebots gem. § 623 BGB[797] oder für eine Ethikrichtlinie als Betriebsvereinbarung gem. § 77 Abs. 2 BetrVG vorgegeben.

I. Sprache der Ethikrichtlinie

Soweit ein deutsches Tochterunternehmen die Ethikrichtlinie seiner US-amerikanischen Konzernmutter einführen will oder muß, stellt sich die Frage, ob die Ethikrichtlinie in der englischen Originalfassung in dem deutschen Tochterunternehmen verwendet werden kann oder ob eine Übersetzung ins Deutsche erforderlich ist[798].

Obgleich der deutsche Gesetzgeber vereinzelt, etwa in § 11 Abs. 2 S. 2 AÜG oder in § 2 Abs. 5 WOBetrVG, eine Übersetzungslast des Arbeitgebers formuliert hat, fehlt eine allgemeine gesetzliche Vorgabe für die Sprache in Arbeitsverträgen[799]. Ein „Schriftformerfordernis", wie es etwa in § 75 Abs. 2 S. 1 BetrVG für eine Betriebsvereinbarung normiert ist, bedeutet freilich keine Sprachvorgabe[800]. Mangels einer gesetzlichen Sprachvorgabe ist zu differenzieren:

---

796 ErfK/*Preis*, BGB, §§ 125-127 Rn. 1.

797 Bei einer Änderungskündigung muß nicht nur die Kündigung, sondern auch das Änderungsangebot der Schriftform des § 623 BGB entsprechen, BAG vom 16.9.2004 - 2 AZR 628/03 - AP Nr. 78 zu § 2 KSchG 1969 = EzA § 623 BGB 2002 Nr. 2 = NZA 2005, 635; dazu auch *Triskatis*, DPL 2005, 307 f.

798 Insoweit stellt sich die Frage freilich auch für alle anderen Sprachen.

799 Dazu *Rieble*, FS Löwisch, S. 229.

800 *Rieble*, FS Löwisch, S. 229, 230.

Soweit als Grundlage einer standardisierten Ethikrichtlinie der Arbeitsvertrag gewählt wird, stellt sich die Frage, ob die Inhalte gem. § 307 Abs. 1 S. 2 BGB „klar und verständlich“ sind[801]. In der Literatur wird dazu vertreten, daß multinationale Konzerne ihre Ethikrichtlinie in Deutschland ins Deutsche übersetzen müssen, da eine englischsprachige Regelung, die im Deutschen kein eindeutiges Gegenstück hat (was ist etwa eine „termination for (good) cause“?), wegen Verstoßes gegen das Transparenzgebot gem. § 307 Abs. 1 S. 2 BGB unwirksam sein kann[802]. Aufgrund der im deutschen uneinheitlichen Übersetzungsversuche wäre daher auch eine Regel, die „Whistleblowing“ ohne eine nähere Konkretisierung vorschreibt, wegen Verstoßes gegen § 307 Abs. 1 S. 2 BGB unwirksam[803].

Im Rahmen der Vertragsfreiheit sind die Parteien jedoch in ihrer Sprachwahl zunächst frei[804]: Der BGH hielt dazu fest, daß eine Vertragspartei auch eine deutschsprachige AGB gegen sich gelten lassen muß, soweit der gesamte Vertragstext deutsch ist[805] – er betont damit im Sinne der Privatautonomie den Grundsatz der freien Sprachwahl. Zudem ergibt sich daraus das Erfordernis einer sprachlichen Einheitlichkeit: Ist der Vertrag deutsch, sind deutsche AGB ausreichend und zumutbar[806]. Als Rückschluß für Ethikrichtlinien, die Bestandteil des Arbeitsvertrages sind, gilt: Soweit die Vertragsbedingungen auf deutsch formuliert sind und keine Besonderheiten, wie etwa besondere Englisch-Kenntnisse des Beschäftigten, vorausgesetzt werden, muß die Ethikrichtlinie in der Sprache des Arbeitsvertrages gefaßt sein.

Für das Direktionsrecht gilt ähnliches: Im Grundsatz ist die Vertragssprache maßgeblich und lediglich in Ausnahmefällen kann eine besondere „Leistungssprache“ zulässig sein[807].

Auch für den Bereich der Betriebsverfassung gibt es kein „Gebot, Betriebsvereinbarungen auf Deutsch abzufassen“[808], sondern das BetrVG schweigt zur

---

801 Zu vertragsrechtlichen Fragen etwa MüKoBGB/*Spellenberg*, EGBGB, Vor Art. 11 Rn. 89; *Rieble*, FS Löwisch, S. 229, 230; *Schäfer*, JZ 2003, 879, 882 f.

802 *Wisskirchen/Jordan/Bissels*, DB 2005, 2190, 2194; zu Spracherfordernissen und dem Transparenzgebot ausführlich *Schäfer*, JZ 2003, 879, 881 f.

803 Zu den Definitionsproblemen des Whistleblowings schon oben § 2A.I.1.

804 *Rieble*, FS Löwisch, S. 229, 237.

805 BGH vom 10.3.1983 – VII ZR 302/82 – BGHZ 87, 112 = NJW 1983, 1489 = MDR 1983, 656 = BB 1983, 1053; dazu auch *Schäfer*, JZ 2003, 879.

806 *Schäfer*, JZ 2003, 879; Palandt/*Heinrichs*, BGB, § 305 Rn. 42.

807 *Rieble*, FS Löwisch, S. 229, 241.

808 *Diller*, DB 2000, 718, 722; vergleichbar kann dazu etwa auch eine GmbH-Satzung in englischer Sprache zulässig sein, LG Düsseldorf vom 16.3.1999 – 36 T 3/99 – GmbHR 1999, 609 = Rpfleger 1999, 334.

Sprachwahl[809]. Somit kann eine Betriebsvereinbarung auch in englischer Sprache Rechte und Pflichten für Arbeitnehmer begründen, wobei sich aufgrund des Verhältnismäßigkeitsgrundsatzes ein Übersetzungsanspruch ergeben kann, soweit überwiegend die erforderlichen Sprachkenntnisse der Mitarbeiter fehlen[810].

Insgesamt kommt dem Grundsatz der Privatautonomie im Bereich der Sprachwahl eine angemessene Bedeutung zu. Daher können Unternehmen unter den aufgezeigten Voraussetzungen englischsprachige Ethikrichtlinien einführen. Dagegen sprechen jedoch praktische Erwägungen: Mit Blick auf eine breite Akzeptanz und Einhaltung der Ethikrichtlinie sollten alle Beschäftigten den Inhalt der Ethikrichtlinie verstehen können. Zudem soll eine Ethikrichtlinie das Unternehmensimage aufwerten – auch die Kunden und die Aktionäre sollten den Inhalt der unternehmensinternen Ethikrichtlinie verstehen. Daher ist es empfehlenswert, für Unternehmen in Deutschland die Ethikrichtlinie in deutscher Sprache zu verfassen[811].

II. Nachweispflicht nach NachwG

Als weitere Besonderheit der arbeitsvertraglichen Einführung der Ethikrichtlinie könnte § 2 Abs. 1 S. 1 NachwG den Arbeitgeber verpflichten, die Ethikrichtlinie schriftlich zu fixieren. Der Inhalt einer typischen Ethikrichtlinie entspricht regelmäßig nicht einer der in § 2 Abs. 1 S. 2 NachwG angeführten Arbeitsbedingungen[812]. Da diese Aufzählung jedoch nicht als abschließend zu verstehen ist[813], ist auf § 2 Abs. 1 S. 2 NachwG zurückzugreifen. Danach muß der Arbeitgeber die „wesentlichen Vertragsbedingungen" schriftlich niederlegen.

Soweit eine Ethikrichtlinie eine „wesentliche Vertragsbedingung" darstellt, muß der Arbeitgeber sie schriftlich fixieren. Die Wesentlichkeit einer Vertragsbedingung wird unterschiedlich beurteilt[814]. Zum Teil wird auf die rein-subjek-

---

809 *Diller*, DB 2000, 718, allerdings mit Verweis auf die Ausnahme in § 2 Abs. 5 der Wahlordnung zum BetrVG.

810 *Diller*, DB 2000, 718, 722.

811 Dies scheint auch der Praxis zu entsprechen, daß die aufgezeigten Ethikrichtlinien der Beispiel-Richtlinie auf deutsch veröffentlicht sind (vgl. oben unter § 2D) und auch im Urteil des ArbG Offenbach vom 24.11.2005 (Fn. 116) eine Übersetzung der Ethikrichtlinie der Konzernmutter erfolgte.

812 *Borgmann*, NZA 2003, 352, 355.

813 BAG vom 23.1.2002 – 4 AZR 56/01 – BAGE 100, 225 = AP Nr. 5 zu § 2 NachwG = NZA 2002, 800 = EzA § 2 NachwG Nr. 3; ErfK/*Preis*, NachwG, § 2 Rn. 8; HWK/*Kliemt*, NachwG, § 2 Rn. 2; *Linde*/*Lindemann*, NZA 2003, 649, 650; *Schwarze*, ZfA 1997, 43, 52; a.A. *R. Birk*, NZA 1996, 281, 285.

814 Dazu nur HWK/*Kliemt*, NachwG, § 2 Rn. 2 f. mwN.

tive Sicht des Arbeitnehmers abgestellt[815]. An anderer Stelle heißt es, daß die üblichen Bedingungen bestimmter Arbeitnehmer wesentlich sind[816].

Gegen das Erfordernis der Üblichkeit spricht, daß nicht jede Bedingung, die „üblich" ist, auch wesentlich ist[817]. Zwar liegt die Vermutung nahe, daß regelmäßig vereinbarte Inhalte wesentlich sind – eine zwingend notwendige Verbindung besteht jedoch nicht.

Insgesamt sollte vielmehr von dem Zweck des NachwG ausgegangen werden. Das NachwG geht auf die Richtlinie 91/533/EWG[818] zurück. Nach deren Präambel sollen „*die Arbeitnehmer besser vor etwaiger Unkenntnis ihrer Rechte [geschützt werden und zudem sei ihr Interesse] an der Aushändigung einer schriftlichen Unterrichtung*" schützenswert. Danach ist der Arbeitnehmer der Begünstigte der Nachweispflicht, wohingegen der Arbeitgeber der Schuldner ist[819].

Mit Blick auf seine Unkenntnis soll die Niederschrift der Vertragsbedingungen den Arbeitnehmer somit vor allem informieren[820]. Daher sollte sich die Wesentlichkeit der Vertragsbedingungen an den arbeitsvertraglich begründeten Rechten und Pflichten des Arbeitnehmers orientieren. Als wesentlich gelten daher die Bedingungen, die Haupt- oder Nebenleistungspflichten des Arbeitsvertrages berühren[821].

Als inhaltliche Berührungspunkt mit der Arbeitspflicht könnten etwa Wettbewerbsverbote, Verschwiegenheitspflichten oder Nebentätigkeitsbeschränkungen in Betracht kommen[822]. Da diese Verhaltenspflichten des Arbeitnehmers regelmäßig den Schwerpunkt der Ethikrichtlinie darstellen, bestehen grundsätzlich Berührungspunkte mit der Arbeitspflicht des Arbeitnehmers, so daß diese Pflichten einer Ethikrichtlinie wesentliche Vertragsbedingungen sind. Damit muß eine arbeitsvertraglich vereinbarte Ethikrichtlinie – soweit ihr Inhalt „wesentlich" i.S.d. § 2 Abs. 1 S. 1 NachwG ist – schriftlich fixiert werden[823].

---

815 *Schwarze*, ZfA 1997, 43, 52.

816 ErfK/*Preis*, NachwG, § 2 Rn. 8.

817 HWK/*Kliemt*, NachwG, § 2 Rn. 3.

818 Richtlinie 91/533/EGW des Rates vom 14. Oktober 1991 über die Pflicht des Arbeitgebers zur Unterrichtung des Arbeitnehmers über die für seinen Arbeitsvertrag oder sein Arbeitsverhältnis geltenden Bedingungen.

819 *Linde/Lindemann*, NZA 2003, 649, 650.

820 *Linde/Lindemann*, NZA 2003, 649, 650; *Schwarze*, ZfA 1997, 43, 52.

821 So auch ErfK/*Preis*, NachwG, § 2 Rn. 8.

822 ErfK/*Preis*, NachwG, § 2 Rn. 8; HWK/*Kliemt*, NachwG, § 2 Rn. 3.

823 *Borgmann*, NZA 2003, 352, 355; allerdings sanktioniert das NachwG einen Verstoß gegen die Nachweispflicht nicht mit der Unwirksamkeit des Arbeitsvertrages HWK/*Kliemt*, NachwG, Vorb. Rn. 28; MüKoBGB/*Glöge*, § 611 Rn. 670; zu den Rechtsfolgen eines Gesetzesverstoßes *Schwarze*, ZfA 1997, 43, 61 ff.

B. Materiell-rechtliche Vorgaben

I. Grundsätze

Wie schon bei den Formerfordernissen hängt auch das Eingreifen der materiellrechtlichen Vorgaben im Grundsatz von der Geltungsgrundlage der Ethikrichtlinie ab. Beispielsweise ist für eine standardisierte arbeitsvertraglich eingeführte Ethikrichtlinie eine AGB-Kontrolle i.S.d. §§ 305 ff. BGB erforderlich – eine mit Hilfe des Direktionsrechts eingeführte Ethikrichtlinie muß „billigem Ermessen" i.S.d. § 315 BGB entsprechen. Für eine einvernehmliche vertragliche Regelung einer Ethikrichtlinie stellt § 138 BGB eine Grenze dar[824]. Als Ausnahmen, in denen rechtliche Vorgaben für die Ethikrichtlinie unabhängig von ihrer Geltungsgrundlage gelten, kommen etwa betriebsverfassungsrechtliche Fragen in Betracht.

II. Fragen der betrieblichen Mitbestimmung

1. Eingreifen unabhängig von der Geltungsgrundlage

Das BAG hat sich in der Handelsblatt-Entscheidung zu der Frage geäußert, ob die Pflicht, den Betriebsrat zu beteiligen, von der Wahl der rechtstechnischen Geltungsgrundlage abhängt[825]:

„Ob der Arbeitgeber aber eine Maßnahme einseitig anordnet oder ihr durch das Vertragsrecht Geltung zu verschaffen sucht, ist für das Eingreifen des Mitbestimmungsrechts nicht entscheidend. Gegenstand der Mitbestimmung in den sozialen Angelegenheiten des § 87 Abs. 1 BetrVG ist nicht die äußere Form einer Maßnahme, sondern deren Inhalt."

Handelt es sich bei dem Inhalt einer Ethikrichtlinie um einen mitbestimmungspflichtigen Tatbestand und wird der Betriebsrat gar nicht oder nicht ordnungsgemäß beteiligt, führt dies – unabhängig von der rechtstechnischen Geltungsgrundlage der Richtlinie[826] – zu deren Unwirksamkeit. Nach richtiger An-

---

824 *Schlachter*, FS Richardi, S. 1067, 1070.

825 BAG vom 28.5.2002 (Fn. 332).

826 *Breitfeld/Kleber*, Personalmagazin 6/2005, 38, 39; *Schlachter*, FS Richardi, S. 1067, 1072; Besonderheiten bestehen allerdings, wenn die Ethikrichtlinie über einen „Personalfragebogen" eingeführt wird, da dann ein zusätzliches Mitbestimmungsrecht gem. § 94 AbS. 1 BetrVG in Betracht kommt (dazu *Bachner/Lerch*, AiB 2005, 229, 232; *Borgmann*, NZA 2003, 352, 356; *Wisskirchen*, Personalführung 2006, 62, 65) – diese Einführungsform kann aber aufgrund ihrer Atypik vernachlässigt werden, da eine Ethikrichtlinie typischerweise keine Fragen umfaßt.

sicht orientiert sich das Eingreifen der betrieblichen Mitbestimmung an dem Inhalt der Ethikrichtlinie und nicht an der Wahl ihrer Geltungsgrundlage.

Einzig entscheidend ist, ob die konkreten Voraussetzungen des Mitbestimmungstatbestands vorliegen. Dabei bestehen Mitbestimmungsrechte regelmäßig nur für kollektive Tatbestände[827], es sei denn, einem Individualtatbestand wird ausnahmsweise durch Gesetz ein Mitbestimmungsrecht zugeordnet[828]. Der Gegenstand der Regelung muß einen kollektiven Bezug aufweisen, so daß ein objektives Regelungsbedürfnis besteht[829]. Da Ethikrichtlinien für den ganzen Betrieb und inhaltlich Vorgaben für alle Arbeitnehmer umfassen, liegt in aller Regel ein kollektiver Tatbestand vor.

2. *Einfluß bestehender Absprachen*

Mitbestimmungsrechte könnten jedoch aufgrund bestehender Absprachen ausgeschlossen sein: Der Betriebsrat könnte seine Mitbestimmungsrechte insoweit bereits wahrgenommen haben[830].

Da das BetrVG keine Anordnung über die Form der Mitbestimmung trifft, wahrt der Betriebsrat auch durch eine bloße Zustimmung seine Mitbestimmungsrechte[831]. Einzig erforderlich ist eine Einigung über die Regelung zwischen dem Betriebsrat und dem Arbeitgeber. Das Mitbestimmungsrecht muß nicht notwendig in Form einer Betriebsvereinbarung vollzogen werden, sondern kann auch durch eine formlose Einigung verwirklicht werden[832]. Ist die Zustimmung des Betriebsrats jedoch einmal erteilt, ist das Mitbestimmungsrecht für die Einführung der Ethikrichtlinie verbraucht. Wird eine bereits verbindliche Regel, etwa eine Arbeitsordnung, mit dem Titel „Ethikrichtlinie" nochmals veröffentlicht, begründet das kein erneutes Mitbestimmungsrecht. Die Mitbestimmungspflicht besteht für den Inhalt der Regelung und nicht für die Art und Weise ihrer Verlautbarung.

---

827 *Birk*, DPL 2006, 23, 24; GK-BetrVG/*Wiese*, § 87 Rn. 15 ff.; Richardi/*Richardi*, BetrVG, § 87 Rn. 17; kritisch dazu *Raab*, ZfA 1991, 31 ff.

828 Wie etwa in § 87 Abs. 1 Nr. 5 und 9 BetrVG; dazu etwa *Raab*, ZfA 1991, 31, 33.

829 BAG vom 2.3.1982 – 1 ABR 74/79 – AP Nr. 6 zu § 87 BetrVG 1972 Arbeitszeit = EzA § 87 BetrVG 1972 Arbeitszeit Nr. 11 = RdA 1982, 321; BAG vom 18.11.1980 – 1 ABR 87/78 – AP Nr. 3 zu § 87 BetrVG 1972 Arbeitszeit = DB 1981, 946 = BB 1981, 1461; GK-BetrVG/*Wiese*, § 87 Rn. 20.

830 *Kock*, MDR 2006, 673, 676; *Simon/Kock*, Anm. zu ArbG Wuppertal vom 15.6.2005 (Fn. 120) DB 2005, 1800, 1801.

831 Richardi/*Richardi*, BetrVG, § 87 Rn. 76.

832 BAG vom 7.9.1956 – 1 AZR 646/54 – AP Nr. 2 zu § 56 BetrVG = BAGE 3, 207, 211 f.

Um erneut mitzubestimmen, muß der Betriebsrat die vorhandene Einigung beseitigen, indem er etwa die Betriebsvereinbarung kündigt (§ 77 Abs. 5 BetrVG)[833]. Erst wenn die bestehende Einigung beseitigt ist, ist das Mitbestimmungsrecht wieder eröffnet. Dabei umfasst das Mitbestimmungsrecht auch, mit welcher Regelungsintensität die mitbestimmte Einigung auf das Arbeitsverhältnis einwirken soll: Hat der Betriebsrat bereits durch eine Regelungsabrede mitbestimmt, muß er zunächst den Verzicht auf die Betriebsvereinbarung durch Kündigung der Regelungsabrede beseitigen. Erst nach Beendigung der Regelungsabrede kann der Betriebsrat eine Betriebsvereinbarung abschließen, bzw. über die Einigungsstelle erzwingen.

3. Zuständiger Betriebsrat

Für die Einführung der Ethikrichtlinien kann der Betriebsrat, der Gesamt- oder der Konzernbetriebsrat zuständig sein. Die Zuständigkeit hängt davon ab, für welchen Bereich die Ethikrichtlinien, bzw. einzelne Regelungsinhalte gelten sollen.

Im Grundsatz ist bei der Bestimmung des zuständigen Betriebsrats auf den jeweiligen Mitbestimmungstatbestand und damit auf den Inhalt jeder Einzelregelung abzustellen[834]. Demnach könnten einzelne Inhalte, die einheitlich im Konzern gelten sollen, in den Zuständigkeitsbereich des Konzernbetriebsrats fallen, da der Konzernbetriebsrat für die Inhalte zuständig ist, die zwingend unternehmensübergreifend geregelt werden müssen[835]. Der Gesamtbetriebsrat wäre hingegen für die unternehmenseinheitlichen Regeln zuständig. Mangels gesetzlicher Verpflichtung besteht jedoch nicht in jedem Konzern ein Konzernbetriebsrat, vgl. § 54 Abs. 1 S. 1 BetrVG[836]. Zudem wird in der Regel aus Gründen der Einheitlichkeit entweder die Richtlinie komplett für den ganzen Konzern oder nur für das jeweilige Unternehmen gelten. Daher kann diese theoretisch erforderliche Zerstückelung im folgenden unberücksichtigt bleiben.

---

833 Zur Kündbarkeit (und der Nachwirkung) von Regelungsabreden BAG vom 23.6.1992 – 1 ABR 53/91 – AP Nr. 51 zu § 87 BetrVG 1972 Arbeitszeit = EzA § 87 BetrVG 1972 Arbeitszeit Nr. 50 = NZA 1992, 1098.

834 BAG vom 15.1.2002 – 1 ABR 10/01 – AP Nr. 23 zu § 50 BetrVG 1972 = EzA § 50 BetrVG 1972 Nr. 19 = NZA 2002, 988 = BAGE 100, 157.

835 BAG vom 12.11.1997 – 7 ABR 78/96 – AP Nr. 2 zu § 58 BetrVG 1972 = EzA § 58 BetrVG 1972 Nr. 2 = NZA 1998, 497; BAG vom 20.12.1995 – 7 ABR 8/95 – AP Nr. 1 zu § 58 BetrVG 1972 = EzA § 58 BetrVG 1972 Nr. 1 = NZA 1996, 945; ErfK/*Eisemann*, BetrVG § 58 Rn. 3; MüArbR/*Joost*, § 315 Rn. 57.

836 ErfK/*Eisemann*, BetrVG § 58 Rn. 3; *Kunz*, AuA 2000, 360, 362.

Das ArbG Wuppertal und das LAG Düsseldorf haben im Fall Wal-Mart die Zuständigkeit des Gesamtbetriebsrats nach § 50 Abs. 1 BetrVG bestätigt, da es sich um überbetriebliche Angelegenheiten handelte, die das Gesamtunternehmen betreffen und nicht durch die einzelnen Betriebsräte innerhalb ihrer Betriebe geregelt werden können[837].

Die stetige Zunahme unternehmenseinheitlicher Entscheidungen führt ohnehin dazu, daß der Zuständigkeit des Gesamtbetriebsrats eine immer größere Bedeutung zu kommt[838]. Damit sich die Mitarbeiter zur Einhaltung der Unternehmensgrundsätze verpflichtet fühlen, ist grundsätzlich eine unternehmenseinheitliche Regelung erforderlich. Diese zwingende sachlich notwendige Einheitsregelung für das gesamte Bundesgebiet führt dazu, daß im Regelfall der Gesamtbetriebsrat für die Mitbestimmung bei Ethikrichtlinien zuständig ist[839].

4. Beteiligung des Betriebsrats im Vorfeld

Neben Mitbestimmungsrechten des Betriebsrats an einzelnen Ethikrichtlinien-Inhalten (etwa §§ 87 Abs. 1, 94, 95 BetrVG) bei der Einführung, kommen schon im Vorfeld Beteiligungsrechte des Betriebsrats, etwa Informationsrechte, in Betracht. Eine rechtzeitige Beteiligung des Betriebsrats kann sowohl für das Betriebsklima als auch für die spätere Zusammenarbeit mit der Richtlinie förderlich sein.

Grundsätzlich folgt ein Beteiligungsgebot des Betriebsrats bereits aus dem Gebot der vertrauensvollen Zusammenarbeit (§ 2 Abs. 1 BetrVG). Zudem können sich konkretere Pflichten aus anderen Vorschriften ergeben[840]:

Als Konkretisierung des Gebots der vertrauensvollen Zusammenarbeit[841] normiert § 80 Abs. 2 BetrVG die Pflicht des Arbeitgebers, den Betriebsrat mit Informationen zur Durchführung seiner gesetzlichen Aufgaben zu versorgen[842]. Diese Informationen müssen einen Zusammenhang zu einer gesetzlichen Aufgabe des Betriebsrates aufweisen, da sie nur so deren Durchführung dienen können[843]. Will der Arbeitgeber Angelegenheiten regeln, bei denen gem. § 87 Abs. 1 BetrVG ein Mitbestimmungsrecht des Betriebsrats besteht, muß er dem Betriebs-

---

837 ArbG Wuppertal vom 15.6.2005 (Fn. 120); LAG Düsseldorf vom 14.11.2005 (Fn. 120).

838 *Kunz*, AuA 2000, 360, 362.

839 *Eisenbeis/Nießen*, FS Leinemann, S. 697, 713.

840 *Bachner/Lerch*, AiB 2005, 229, 232.

841 *Fitting*, BetrVG, § 80 Rn. 48; Richardi/*Thüsing*, BetrVG, § 80 Rn. 47.

842 *Borgmann*, NZA 2003, 352, 356; HWK/*Schrader*, BetrVG, § 80 Rn. 87.

843 *Fitting*, BetrVG, § 80 Rn. 51; GK-BetrVG/*Kraft/Weber*, § 80 Rn. 57; Richardi/*Thüsing*, BetrVG, § 80 Rn. 51.

rat im Vorfeld die notwendigen Informationen zukommen lassen, die dieser braucht, um das Bestehen von Mitbestimmungsrechten überprüfen zu können[844]. Die Initiative zur Unterrichtung des Betriebsrats muß dabei rechtzeitig vom Arbeitgeber ausgehen[845]. Ethikrichtlinien enthalten zumeist einzelne Regeln, die nach § 87 Abs. 1 BetrVG mitbestimmungspflichtig sind[846]. Somit muß der Arbeitgeber, der die Einführung von Ethikrichtlinien plant, dem Betriebsrat die nötigen Informationen liefern, damit dieser das Bestehen von Mitbestimmungsrechten überprüfen kann[847].

Zudem kann ein Unterrichtungsrecht des Betriebsrats gem. § 90 Abs. 1 Nr. 2 BetrVG für die Einrichtung einer Telefonhotline bestehen[848]. Ein Unterrichtungsrecht gem. § 90 Abs. 1 Nr. 2 BetrVG erfordert technische Geräte und Maschinen, die unmittelbar oder mittelbar dem Arbeitsablauf dienen[849]. Typischerweise werden Unternehmen aber auf bestehende Einrichtungsgegenstände zurück greifen, so daß das Unterrichtungsrecht nur in Ausnahmefällen vorliegt. Dagegen ist regelmäßig § 90 Abs. 1 Nr. 3 BetrVG einschlägig, wenn durch den Erlaß der Ethikrichtlinie der organisatorische Prozeß des Arbeitsablaufs betroffen ist[850].

Greifen Ethikregeln in den Schutzbereich des allgemeinen Persönlichkeitsrechts ein, ergibt sich aus § 75 Abs. 2 BetrVG das Recht des Betriebsrates dem Arbeitgeber schon vor der Einführung der Richtlinie Schutzmaßnahmen vorzuschlagen oder Vorschläge des Arbeitgebers zu beanstanden und ihm Gegenvorschläge zu unterbreiten[851]. Da Ethikrichtlinien häufig Bereiche berühren, in denen das allgemeine Persönlichkeitsrecht betroffen ist, müssen Betriebsrat und Arbeitgeber nicht nur bei der Einführung, sondern schon bei der Planung den Schutz des allgemeinen Persönlichkeitsrechts beachten.

5. Umfang der Mitbestimmung

Der Umfang der Mitbestimmungsrechte bei der Einführung einer Ethikrichtlinie ist umstritten.

Vereinzelt wird vertreten, daß die Einführung von Ethikrichtlinien stets mitbestimmungsfrei sei[852]. Eine Begründung dafür fehlt und es wird vielmehr pau-

---

844 GK-BetrVG/*Kraft*/*Weber*, § 80 Rn. 63; HSWG/*Nicolai*, BetrVG § 80 Rn. Rn. 9.
845 Richardi/*Thüsing*, BetrVG, § 80 Rn. 52.
846 Zu den einzelnen mitbestimmungspflichtigen Inhalten sogleich unter § 4C.
847 *Kock*, MDR 2006, 673, 676.
848 *Borgmann*, NZA 2003, 352, 356.
849 Richardi/*Annuß*, BetrVG, § 90 Rn. 10.
850 *Borgmann*, NZA 2003, 352, 356.
851 *Borgmann*, NZA 2003, 352, 356; *Kock*, MDR 2006, 673, 676.
852 HSWG/*Worzalla*, BetrVG § 87 Rn. 114; Richardi/*Richardi*, BetrVG, § 87 Rn. 195.

schal auf die Handelsblatt-Entscheidung verwiesen[853]. Allerdings lehnte das BAG in diesem Fall die Mitbestimmungspflicht nur ab, weil es sich bei dem Unternehmen um einen Tendenzbetrieb handelte, so daß Mitbestimmungsrechte ohnehin nach § 118 Abs. 1 S. 1 BetrVG ausgeschlossen waren[854]. Da weitere Argumente fehlen, überzeugt eine absolute Ablehnung der Mitbestimmungspflicht nicht[855].

Nach der Gegenmeinung ist der Betriebsrat stets an der ganzen Ethikrichtlinie zu beteiligen[856]. Dafür werden zwei Gründe angeführt:

Zunächst könnte der Betriebsrat stets zu beteiligen sein, weil die Arbeitnehmer den Kodex lesen müssen und damit das Verhalten der Arbeitnehmer im Betrieb i.S.d. § 87 Abs. 1 Nr. 1 BetrVG betroffen sei. Das widerspricht jedoch dem Sinn der Vorschrift, die nur dauerhafte Regelungen erfaßt[857]. Ein einmaliges kurzes Überfliegen des Textes reicht dafür nicht aus. Nur längerfristige Regelungen betreffen das Zusammenleben der Arbeitnehmer und weisen den Bezug zur betrieblichen Ordnung auf, der erforderlich ist, weil das BetrVG eine gleichberechtigte Teilhabe aller Arbeitnehmer gewährleisten will[858]. Daher überzeugt dieser Begründungsansatz nicht.

Jüngst hat auch das Hessische LAG eine regelmäßige Mitbestimmungspflicht für die gesamte Ethikrichtlinie angenommen, soweit sie eine Verpflichtung zur Meldung von Verstößen gegen die Ethikrichtlinie vorsieht[859]. Als Begründung führt das LAG an, daß die Meldepflicht nicht nur eine Verfahrensregel darstelle, sondern vielmehr das Zusammenwirken und Zusammenleben der Mitarbeiter in einem Betrieb präge. Die Meldepflicht wirke um so gravierender auf die Betriebskultur ein, je mehr Verhaltenspflichten die Richtlinie vorschreibe. Damit könne die Meldepflicht nicht von dem Rest der Ethikrichtlinie getrennt werden. Da § 87 Abs. 1 Nr. 1 BetrVG eine gleichberechtigte Teilnahme an der betriebli-

---

853 HSWG/*Worzalla*, BetrVG § 87 Rn. 114; Richardi/*Richardi*, BetrVG, § 87 Rn. 195.

854 BAG vom 28.5.2002 (Fn. 332).

855 Einzig um Regelungen innerhalb einer Ethikrichtlinie, die aufgrund eines Gesetzesverstoßes unwirksam sind, kann nicht im Wege der Mitbestimmung gerungen werden; beispielhaft zeigt dies das LAG Düsseldorf für das Verbot von Liebesbeziehungen, da solche Regelungen wegen eines Grundrechtsverstoßes unwirksam sind und Mitbestimmungsrechte ausscheiden, LAG Düsseldorf vom 14.11.2005 (Fn. 120); bestätigt etwa von *Meyer*, NJW 2006, 3605, 3608; *Ohlendorf/Bünning*, AuA 2006, 200, 203.

856 *Fitting*, BetrVG, § 87 Rn. 71.

857 ArbG Wuppertal vom 15.6.2005 (Fn. 120); *Wisskirchen/Jordan/Bissels*, DB 2005, 2190, 2191.

858 ErfK/*Kania*, BetrVG, § 87 Rn. 18; MüArbR/*Matthes*, § 333 Rn. 1.

859 HesS. LAG vom 18.1.2007 – 5 TaBV 31/06 – n.v., aber juris; anders noch vorangehend ArbG Offenbach vom 24.11.2005 (Fn. 116)

chen Gestaltung sichere, sei davon folglich die Gestaltung der Ethikrichtlinie insgesamt erfaßt.

Die Ausführungen des LAG begründen ein Mitbestimmungsrecht an einer Regelung, die die Meldung von Verstößen vorschreibt. Allerdings überzeugt der Rückschluß auf die ganze Ethikrichtlinie nicht: Das entscheidende Argument gegen ein Mitbestimmungsrecht an der ganzen Ethikrichtlinie ist die Abtrennbarkeit der einzelnen Inhalte. Obgleich das LAG zutreffend festhält, daß eine losgelöste Meldepflicht sinnlos ist, können andere Inhalte durchaus sinnvoll hinzugefügt oder weggelassen werden. Gerade die unterschiedlichen Ausgestaltungen der Ethikrichtlinien zeigen, daß es nicht sinnlos ist, bestimmte Inhalte aufzunehmen und andere wegzulassen.

Daher sollte im Ergebnis jede einzelne Regelung auf bestehende Beteiligungsrechte des Betriebsrats überprüft werden[860]. Regelmäßig weichen die einzelnen Regelungen in Ethikrichtlinien so stark von einander ab, daß eine Gesamtbeurteilung nicht möglich ist. Demnach können die Einzelregelungen auch unabhängig von der Wirksamkeit der übrigen Regelungen alleine weiter bestehen[861].

Dieses Ergebnis wird auch durch die bereits dargestellte Rechtsprechung des BAG[862] gestützt, nach der für das Bestehen eines Mitbestimmungsrechts der Inhalt der Einzelregelung maßgeblich ist. Somit kann durchaus innerhalb eines Regelwerks bezüglich einzelner Inhalte ein Mitbestimmungsrecht bestehen und für andere nicht.

6. Nichtigkeitsfolge fehlender Beteiligung

Bestehen nur an einzelnen Regelungen Mitbestimmungsrechte, stellt sich die Frage, welche Folge die fehlende Betriebsratbeteiligung hat.

Zunächst stellt die Beteiligung des Betriebsrats für alle mitbestimmungspflichtigen Regelungen eine Wirksamkeitsvoraussetzung dar: Nach der herrschenden „Theorie der Wirksamkeitsvoraussetzung" ist nicht nur die Regelung

---

860 LAG Düsseldorf vom 14.11.2005 (Fn. 120); ArbG Offenbach vom 24.11.2005 (Fn. 116); *Barthel/Huppertz*, AuA 2006, 204, 205; DKK-*Klebe*, § 87 Rn. 50; *Helge*, Anm. zu ArbG Wuppertal vom 15.6.2005 (Fn. 120) EWiR 2005, 877; *Junker*, BB 2005, 602, 604; *Kolle/Deinert*, AuR 2006, 177, 182; *Kock*, ArbRB 2006, 116, 118; *Meyer*, NJW 2006, 3605, 3608; *Ohlendorf/Bünning*, AuA 2006, 200, 201; *Schuster/Darsow*, NZA 2005, 273, 274; *Simon/Kock*, Anm. zu ArbG Wuppertal vom 15.6.2005 (Fn. 120) DB 2005, 1800; diese Meinung bezeichnen *Eisenbeis/Nießen*, FS Leinemann, S. 697, 713 als „herrschend".

861 *Eisenbeis/Nießen*, FS Leinemann, S. 697, 713; *Wisskirchen/Jordan/Bissels*, DB 2005, 2190, 2191; *Wisskirchen*, Personalführung 2006, 62, 64.

862 BAG vom 28.5.2002 (Fn. 332).

im kollektiven Sinne unwirksam, sondern auch einseitige Maßnahmen des Arbeitgebers und einzelvertragliche Vereinbarungen, deren Inhalt der betrieblichen Mitbestimmung unterliegt, sind ohne vorher durchgeführtes Mitbestimmungsverfahren im Verhältnis zum Arbeitnehmer unwirksam, soweit sie ihn belasten[863].

Des weiteren könnte mit Blick auf den Umfang der Unwirksamkeitsfolge entweder die ganze Ethikrichtlinie oder nur die Einzelregelung, die der Mitbestimmungspflicht unterliegt, unwirksam sein. Unproblematisch ist die ganze Richtlinie unwirksam, wenn ihr gesamter Inhalt mitbestimmungspflichtig ist. Probleme ergeben sich, wenn nur für einzelne Regelungen Mitbestimmungsrechte bestehen.

Nachdem das LAG Düsseldorf im Fall Wal-Mart die streitigen Einzelregelungen innerhalb der Ethikrichtlinie auf ihre Beteiligungspflicht untersucht hatte, hielt es für die Arbeitgeberin fest, daß sie *„es [...] zu unterlassen [hat], den bei ihr beschäftigten Arbeitnehmern i.S.d. § 5 BetrVG aufzugeben oder zu empfehlen, sich nach den genannten Abschnitten der ethischen Richtlinie des Verhaltenskodexes der Arbeitgeberin zu richten bzw. diese anzuwenden und/oder ein Poster mit einem Auszug oder einer inhaltlichen Zusammenfassung des Kodexes, die die genannten Abschnitte enthält, in den Räumlichkeiten der Betriebe der Arbeitgeberin auszuhängen oder sonst wie den Arbeitnehmern zugänglich zu machen bzw. die genannten Abschnitte des Verhaltenskodexes den Arbeitnehmern i.S.d. § 5 BetrVG gegenüber zur Anwendung zu bringen“*[864]

Dem könnte man einerseits entnehmen, daß das gesamte Regelwerk nicht mehr im Betrieb zur Anwendung kommen soll, da insbesondere kein Poster des Kodexes ausgehängt werden soll. Andererseits spricht das LAG von den „genannten Abschnitten“, so daß nur die Abschnitte nicht anzuwenden sind, bei denen der Betriebsrat trotz bestehenden Mitbestimmungsrechts nicht beteiligt wurde.

Den Ausgangspunkt für die Ermittlung der rechtlichen Folgen fehlender Mitbestimmung bildet § 139 BGB. Danach führt die Nichtigkeit eines Teils des Rechtsgeschäfts grundsätzlich zur Nichtigkeit des Gesamtgeschäfts, wenn nicht anzunehmen ist, daß das Rechtsgeschäft auch ohne den nichtigen Teil vorgenommen werden soll.

---

863 In der Rechtsprechung nur BAG vom 19.7.2005 – 3 AZR 472/04 – AP Nr. 42 zu § 1 BetrAVG = EzA § 1 BetrAVG Betriebliche Übung Nr. 7 = DB 2006, 343; BAG vom 2.3.2004 – 1 AZR 271/03 – AP Nr. 31 zu § 3 TVG = EzA § 87 BetrVG 2001 Betriebliche Lohngestaltung Nr. 4 = NZA 2004, 852; GK-BetrVG/Wiese, § 87 Rn. 98 mwN; dazu ausführlich *Bommermann*, Die Theorie der Wirksamkeitsvoraussetzung; *Wolter*, RdA 2006, 137; kritisch Richardi/*Richardi*, BetrVG, § 87 Rn. 104 ff.

864 LAG Düsseldorf vom 14.11.2005 (Fn. 120).

§ 139 BGB erfaßt nach seinem Wortlaut „Rechtsgeschäfte". Unproblematisch sind davon Ethikrichtlinien als Bestandteil des Arbeitsvertrages erfaßt. Allerdings stellt sich die Frage, ob § 139 BGB auch auf eine Ethikrichtlinie als Betriebsvereinbarung unmittelbare Anwendung findet. Trotz unterschiedlicher Theorien in der Vergangenheit wird die Betriebsvereinbarung heute herrschend als rechtsgeschäftliche Vereinbarung zwischen Arbeitgeber und Betriebsrat angesehen[865].

Grundsätzlich gelten damit für die Betriebsvereinbarung die Vorschriften des BGB über Rechtsgeschäfte[866], so daß auch § 139 BGB bei der Beurteilung der Nichtigkeit einer Betriebsvereinbarung zu beachten ist[867]. Des weiteren müßte der abgetrennte Rest selbständig weiter bestehen können[868]. Für Betriebsvereinbarungen gilt das Prinzip der Restgültigkeit, nach dem grundsätzlich keine Vermutung zur Gesamtnichtigkeit besteht, sondern vielmehr der Rest der Betriebsvereinbarung wirksam bleibt[869]. Als Begründung wird dafür der Normencharakter der Betriebsvereinbarung angeführt. Um Kontinuität und Rechtsbeständigkeit zu gewährleisten, muß die Betriebsvereinbarung bestmöglich aufrecht erhalten werden[870]. Nur ausnahmsweise ist die gesamte Betriebsvereinbarung unwirksam, wenn der Rest der Vereinbarung alleine keine sinnvolle und in sich geschlossene Regelung mehr darstellen würde[871].

---

865 Dazu nur *Fitting*, BetrVG, § 77 Rn. 13 f.; GK-BetrVG/*Kreutz*, § 77 Rn. 35 ff.; Richardi/*Richardi*, BetrVG, § 77 Rn. 23 ff.

866 Richardi/*Richardi*, BetrVG, § 77 Rn. 45.

867 BAG vom 22.7.2003 – 1 ABR 28/02 – AP Nr. 108 zu § 87 BetrVG 1972 Arbeitszeit = EzA § 87 BetrVG 1002 Arbeitszeit Nr. 4 = NZA 2004, 507; allerdings lehnt Palandt/*Heinrichs*, BGB, § 139 Rn. 3 die Anwendung des § 139 BGB auf den normativen Teil ab.

868 Palandt/*Heinrichs*, BGB, § 139 Rn. 10.

869 *Fitting*, BetrVG, § 77 Rn. 32; GK-BetrVG/*Kreutz*, § 77 Rn. 61; Richardi/*Richardi*, BetrVG, § 77 Rn. 48.

870 BAG vom 21.10.2003 – 1 AZR 407/02 – AP Nr. 163 zu § 112 BetrVG 1972 = EzA § 112 BetrVG 2001 Nr. 9 = NZA 2004, 559; BAG vom 18.12.1990 – 1 ABR 11/90 – AP Nr. 98 zu § 1 TVG Tarifverträge Metallindustrie = EzA § 4 TVG Metallindustrie Nr. 79 = NZA 1991, 484.

871 BAG vom 25.1.2000 – 1 ABR 1/99 – AP Nr. 137 zu § 112 BetrVG 1972 = EzA § 112 BetrVG 1972 Nr. 106 = NZA 2000, 1069; BAG vom 18.12.1990 (Fn. 870); GK-BetrVG/*Kreutz*, § 77 Rn. 61.

7. *Ausnahmen*

a. *Tendenzbetriebe*

Die dargestellten Inhaltsschranken gelten nur bedingt für Tendenzbetriebe und -unternehmen i.S.d. § 118 Abs. 1 S. 1 BetrVG[872]:

Zunächst findet das BetrVG gem. § 118 Abs. 1 S. 1 BetrVG keine Anwendung auf Tendenzbetriebe, soweit deren Eigenart der Anwendung entgegensteht. Danach sind Mitbestimmungsrechte ausgeschlossen, wenn ein Tendenzunternehmen Ethikregeln einführt und die Mitbestimmung des Betriebsrats die Tendenzverwirklichung verhindern oder ernsthaft beeinträchtigen würde. Eine Unwirksamkeit der Ethikrichtlinie wegen Nichtbeteiligung des Betriebsrats scheidet somit aus.

Die Tendenzeigenschaft des Unternehmens ist bei der Inhaltskontrolle einer unternehmensinternen Ethikrichtlinie zu berücksichtigen: So dürfen die Arbeitnehmer nicht der Tendenz ihres Arbeitgebers zuwider handeln und der Arbeitgeber kann – abhängig von der „Tendenznähe“ der jeweiligen Tätigkeit – ein bestimmtes innerdienstliches oder außerdienstliches Verhalten verlangen[873]. Das beeinflußt die Zulässigkeit potentieller Ethikrichtlinien-Inhalte.

Die Tendenzeigenschaft führt zudem dazu, daß im Rahmen einer Grundrechtsabwägung auf Seiten des Arbeitgebers neben seiner Unternehmerfreiheit, Art. 12 Abs. 1 GG, auch das Grundrecht, aus dem sich die Tendenzeigenschaft ergibt, zu berücksichtigen ist[874]. Durch die besondere Stellung der Tendenzbetriebe soll deren Grundrechtsausübung gesichert werden[875] und daher können etwa die Grundrechte aus Art. 2, Abs. 1, 4, 5 und 9 Abs. 3 GG die Position des Arbeitgebers im Rahmen der Abwägung stützen. Insgesamt kann die Ethikrichtlinie eines Tendenzunternehmens stärker in Grundrechte des Arbeitnehmers eingreifen als in Arbeitsverhältnissen nicht tendenzbezogener Unternehmen[876]. Mit dem grundrechtlichen Schutz des Tendenzunternehmens wird auch eine gesteigerte Treuepflicht, bzw. „Tendenztreuepflicht“ der Arbeitnehmer begründet[877]. Aufgrund potentieller Wechselwirkungsbereiche sei eine klare Trennung von beruflichem und privatem Handeln der Arbeitnehmer schwieriger[878]. Somit könnten

---

872 Zu den erfaßten Unternehmen etwa Richardi/*Thüsing*, BetrVG, § 118 Rn. 123 ff.

873 Etwa kann der Arbeitgeber „tendenzaggressives“ Verhalten verbieten, dazu *Kolle/Deinert*, AuR 2006, 177, 182.

874 *Kolle/Deinert*, AuR 2006, 177, 182.

875 *Mayer*, S. 104; Richardi/*Thüsing*, BetrVG, § 118 Rn. 1, 13 ff.

876 *Kolle/Deinert*, AuR 2006, 177, 182.

877 Dazu *Mayer*, S. 106.

878 *Mayer*, S. 103.

Ethikrichtlinien leichter Regelungen für den Privatbereich der Arbeitnehmer vorsehen.

b. Kirchen

Besonderheiten gelten auch für die Ethikrichtlinien in kirchlichen Arbeitsverhältnissen, da das kirchliche Selbstbestimmungsrecht aus Art. 140 GG i.V.m. Art. 137 Abs. 3 WRV auch die Personalautonomie erfaßt[879]. Dennoch führt das nicht zu beliebigen Ausgestaltungsmöglichkeiten der Arbeitsverhältnisse[880] – auch kirchliche Arbeitgeber müssen bei der Ausgestaltung der Arbeitsbedingungen Grundrechte ihrer Mitarbeiter beachten. Bei der Grundrechtsabwägung stärkt jedoch Art. 140 GG i.V.m. Art. 137 Abs. 3 WRV die Stellung des Arbeitgebers.

Als weitere Besonderheit können Ethikrichtlinien in ein kirchliches Arbeitsverhältnis als „Arbeitsvertragsrichtlinien"[881] eingeführt werden. Nach welchen Vorschriften sich die Inhaltskontrolle dieser Arbeitsvertragsrichtlinien richtet, wird unterschiedlich beurteilt: Neben der Möglichkeit einer AGB-Kontrolle[882] oder einer Billigkeitskontrolle gem. § 317 Abs. 1 BGB[883] erscheint eine Inhaltskontrolle nach §§ 134, 138, 242 BGB möglich[884]. Obgleich die Gewichtung und der Einfluß der Grundrechte über diese unterschiedlichen Einfalltore variiert (s.o.), ist stets das Selbstbestimmungsrecht der Kirche als besondere Stütze des Arbeitgebers zu berücksichtigen.

---

879 *Kolle/Deinert*, AuR 2006, 177, 181; *Pahlke*, NJW 1986, 350, 352.

880 *Kolle/Deinert*, AuR 2006, 177, 181; *Pahlke*, NJW 1986, 350, 352.

881 Dazu schon oben § 3B.IV.1.

882 So die Tendenz von BAG vom 17.11.2005 (Fn. 564); dagegen *Thüsing*, ZTR 2005, 507, 514, *ders.*, Kirche, S. 137 f., der die AGB-Kontrolle aufgrund einer insoweit erforderlichen Gleichstellung der AVR mit Tarifverträgen ablehnt.

883 Etwa BAG vom 17.4.1996 – 10 AZR 558/95 – AP Nr. 24 zu § 611 BGB Kirchendienst = EzA § 611 BGB Gratifikation, Prämie Nr. 140 = NZA 1997, 55; dazu auch *Thüsing*, Kirche, S. 134 ff.

884 *Thüsing*, ZTR 2005, 507, 514.

C. Einzelregelungen

I. Wiedergabe gesetzlicher Regelungen

1. Mitbestimmungsrechte

Eine Vielzahl der Einzelregelungen in Ethikrichtlinien geben bestehende gesetzliche Verbote wieder. Gem. § 87 Abs. 1 1. Hlbs. BetrVG scheiden Mitbestimmungsrechte aus, soweit eine Regelung lediglich den Inhalt einer rechtlichen Regel wiedergibt[885], da der Mitbestimmungszweck nicht erfüllt werden kann, wenn der Arbeitgeber ohnehin durch eine Gesetzesregelung gebunden ist[886]. Mit Blick auf diesen Zweck ist einzig maßgeblich, daß eine gesetzliche Verpflichtung besteht – auch eine Verpflichtung aus ausländischem Recht führt zum Ausschluß der Mitbestimmung, da der Arbeitgeber daran ebenso gebunden ist.

Mitbestimmungsrechte bestehen also nur, soweit die Regelung der Ethikrichtlinie über die ohnehin bestehende gesetzliche Pflicht hinausgeht. Folglich ist der Betriebsrat bei der Einführung einer Ethikrichtlinie, die ausschließlich den Inhalt gesetzlicher Regelungen wiedergibt, nicht zu beteiligen.

2. Erfordernis solcher Regeln

Es stellt sich allerdings die Frage, ob die Wiedergabe gesetzlicher Vorgaben, die von außen für das Unternehmen gelten, überhaupt in einer Ethikrichtlinie fixiert werden muß oder ob die Mitarbeiter diese äußeren Pflichten nicht ohnehin aufgrund des Arbeitsvertrages bei ihrem Handeln beachten müssen.

Kraft seiner arbeitsvertraglichen Treuepflicht muß der Arbeitnehmer sich nicht nur so verhalten, daß er keine Handlungen begeht, die dem Unternehmen schaden – vielmehr ist er verpflichtet, alles ihm mögliche zu unternehmen, um Schäden vom Unternehmen fern zu halten[887]. Soweit eine Handlung des Arbeitnehmers als Gesetzesverstoß des Unternehmens gewertet werden kann, liegt darin eine Schädigung durch den jeweiligen Arbeitnehmer vor. Daher muß der Arbeitnehmer, obwohl zuerst das Unternehmen, also der Arbeitgeber, Adressat

885 *Barthel/Huppertz*, AuA 2006, 204, 205; *Bittmann/Lenze*, Anm. zu LAG Düsseldorf vom 14.11.2005 (Fn. 120) DB 2006, 165, 166; *Kock*, ArbRB 2006, 116, 118; *Ohlendorf/Bünning*, AuA 2006, 200, 201; *Simon/Kock*, Anm. zu ArbG Wuppertal vom 15.6.2005 (Fn. 120) DB 2005, 1800, 1801; *Wisskirchen/Jordan/Bissels*, DB 2005, 2190, 2191; *Zimmer*, AuA 2007, 8, 10.

886 Richardi/*Richardi*, BetrVG, § 87 Rn. 143; *Schlachter*, FS Richardi, S. 1067, 1071.

887 Es besteht sogar eine Pflicht – im Rahmen seiner Möglichkeiten Schäden vom Arbeitgeber abzuwenden, vgl. ErfK/*Preis*, BGB § 611 Rn. 908.

dieser Gesetze ist, diese gesetzlichen Pflichten beachten, um seinen Arbeitgeber nicht zu schädigen. Somit besteht bereits schuldrechtlich eine Verpflichtung der Arbeitnehmer, auch die gesetzlichen Vorgaben für das Unternehmen zu beachten.

Beispielhaft gehört zu diesen Regelungen etwa ein generelles Gebot zur Beachtung von positivem Gesetz und Recht (vgl. Beispielrichtlinie B. I.), da sich die Bindung an das zwingende Recht bereits aus dem Gesetz selbst ergibt. Die Verpflichtung, Vorkehrungen zum Schutz der Arbeitssicherheit zu erlassen (vgl. B. IV.), schreibt das ArbSichG vor.

Zudem regelt das StGB eine Reihe typischer Ethikrichtlinieninhalte: Etwa verbieten die §§ 324 ff. StGB Straftaten gegen die Umwelt – als Korrelat verpflichten Ethikrichtlinien zum Umweltschutz (vgl. B. III.). Das Bestechungsverbot in § 299 Abs. 2 StGB erfaßt regelmäßig Regelungen in Ethikrichtlinien, die den zulässigen Rahmen von „Werbegeschenke an Geschäftspartner" regeln (vgl. C. V. und VI.). Der „Umgang" mit Beamten oder Mitarbeitern des öffentlichen Dienstes (vgl. C. IV.) ist in den §§ 333, 334 StGB geregelt. Die Pflicht zum wettbewerbsgerechten Verhalten (vgl. C. III) ist nicht nur in den §§ 298 ff. StGB enthalten, sondern ergibt sich daneben auch aus dem deutschen und europäischen Kartellrecht und dem UWG.

Obgleich die gesetzliche Normierung direkt oder über den Arbeitsvertrag ohnehin für den Arbeitnehmer besteht, kann eine Wiedergabe bestehender Pflichten dennoch sinnvoll sein: Zum einen verdeutlicht die schriftliche Fixierung in der Ethikrichtlinie den Arbeitnehmern ihre Verhaltenspflichten, zum anderen kann das Unternehmen auch sein Image in der Öffentlichkeit so besser aufwerten.

II. Bloße Verhaltensappelle

Ethikrichtlinien umfassen nicht nur verbindliche Verpflichtungen, sondern teilweise auch bloße Verhaltensappelle ohne rechtsverbindliche Wirkung[888]. Gegen die Zulässigkeit dieser Regeln bestehen keine Bedenken. Es stellt sich jedoch die Frage, ob der Arbeitgeber bei der Einführung dieser rechtlich unverbindlichen ethischen Grundsätze den Betriebsrat beteiligen muß.

Gegen eine Mitbestimmungsfreiheit spricht schon der Wortlaut des § 87 Abs. 1 Nr. 1 BetrVG: Danach hat der Betriebsrat in „Angelegenheiten", die „Fragen" der Ordnung betreffen, mitzubestimmen und § 87 Abs. 1 Nr. 1 BetrVG schreibt gerade nicht ausdrücklich vor, daß „Regelungen" eingeführt werden müssen. Ausdrücklich hält das BAG dazu fest, daß es *„ausreichend ist [...],*

888 Zur Frage, unter welchen Voraussetzungen diese einseitigen Willensbekundungen des Arbeitgebers verbindliche Wirkung entfalten können, siehe oben § 3B.

wenn die Maßnahme darauf gerichtet ist, die vorgegebene Ordnung des Betriebes zu gewährleisten und aufrechtzuerhalten"[889].

Der Charakter eines einfachen Verhaltensappells schließt demnach Mitbestimmungsrechte nicht per se aus. Vielmehr ist auch für diese Verhaltensappelle, die die Ordnung des Unternehmens betreffen, der jeweilige Reglungsinhalt für das Bestehen von Mitbestimmungsrechten entscheidend.

III. „Liebesverbotsklauseln"

Ethikrichtlinien können auch Ethikvorgaben für Liebesbeziehungen zwischen Mitarbeitern und Vorgesetzten enthalten[890].

1. Regelungsfreier Privatbereich

Insoweit geht es um die Frage, welche Möglichkeiten der Arbeitgeber hat, auf das außerdienstliche Verhalten des Arbeitnehmers Einfluß zu nehmen – entweder in Form eines präventiven Verbots oder durch eine spätere Sanktionierung des Verhaltens.

Zutreffen hält das LAG Düsseldorf[891] fest, daß Einflußmöglichkeiten des Arbeitgebers nicht für den Privatbereich des Arbeitnehmers bestehen. Vielmehr sind der Bereich der Arbeit und das Privatleben strikt zu trennen. Der Arbeitgeber kann keinen Einfluß auf private Handlungen des Arbeitnehmers nehmen.

Damit der Arbeitgeber ausnahmsweise auf ein privates Verhalten des Arbeitnehmers reagieren darf, muß der Auslöser für die Reaktion des Arbeitgebers das störende Verhalten am Arbeitsplatz und nicht das Privatverhalten sein. Erforderlich ist ein enger, objektiver Zusammenhang, so daß der Arbeitgeber ausnahmsweise „mittelbar" Einfluß auf das Privatleben des Arbeitnehmers nehmen kann, indem er auf Auswirkungen des Privatbereichs im regulierbaren Arbeitsbereich reagiert. Somit kann das Privatverhalten als „äußerer Anknüpfungspunkt" gewählt werden, aber tatsächlich geht es doch um die Regelung von betrieblichen Abläufen[892]. Es geht somit nicht um die Frage, inwieweit der Arbeitgeber private

---

889 BAG vom 18.4.2000 – 1 ABR 22/99 – EzA § 87 BetrVG 1972 Betriebliche Ordnung Nr. 27 = AP Nr. 33 zu § 87 BetrVG 1972 Überwachung = NZA 2000, 1176; in die gleiche Richtung auch BAG vom 24.3.1981 – 1 ABR 32/78 – AP Nr. 2 zu § 87 BetrVG 1972 Arbeitssicherheit = EzA § 87 BetrVG 1972 Betriebliche Ordnung Nr. 6 = NJW 1982, 404.

890 Etwa Beispielrichtlinie B. V., siehe oben unter § 2D.

891 LAG Düsseldorf vom 14.11.2005 (Fn. 120).

892 BAG vom 28.5.2002 (Fn. 332).

Verhaltensvorgaben machen darf, sondern vielmehr darum, wie und wann der Arbeitgeber auf privates Verhalten im Bereich des Arbeitsverhaltens reagieren darf.

2. *Vergleich mit Kündigung wegen außerdienstlichen Verhaltens*

Als Vergleich kann die Rechtsprechung des BAG zu Kündigungsmöglichkeiten des Arbeitgebers aufgrund außerdienstlichen Verhaltens herangezogen werden[893].

Das BAG fordert zur Rechtfertigung einer Kündigung aufgrund außerdienstlichen Verhaltens, *„daß das Arbeitsverhältnis durch die im außerdienstlichen Bereich entfaltete [...] Betätigung konkret beeinträchtigt wird, sei es im Leistungsbereich, im Bereich der Verbundenheit aller bei der Dienststelle beschäftigten Mitarbeiter, im personalen Vertrauensbereich oder im behördlichen Aufgabenbereich“*[894]. Diese Vorgaben werden durch ein weiteres Urteil bestätigt, in dem ein Diebstahl in der Freizeit einen Kündigungsgrund darstellt, wenn *„das Arbeitsverhältnis durch dieses Delikt konkret beeinträchtigt wird“*, da das Vertrauensverhältnis gestört wird und das Delikt gegen die grundsätzliche Eignung des Arbeitnehmers für die Tätigkeit spricht[895].

Beispielhaft für die konkrete Beeinträchtigung und den Bezug zur Arbeitsleistung hält das ArbG Passau fest, daß eine Arbeitnehmerin, die zur Kauffrau für Bürokommunikation umgeschult wird, nicht gekündigt werden darf, wenn sie sich in einer Zeitschrift mit softpornographischem Inhalt ablichten läßt: *„Es handelt sich [dabei ...] um den persönlichen Lebensbereich der fotografierten Personen, dessen Auswirkungen auf das Arbeitsverhältnis nur dann gegeben sind, wenn gerade dadurch eine nachhaltige Störung im Vertrauensbereich eintritt.“*[896]

Einen Zusammenhang zur Arbeitsleistung hat hingegen das LAG Berlin angenommen und festgehalten, daß der Arbeitgeber vom Arbeitnehmer auf einer vom Arbeitgeber finanzierten Schulung *„auch außerhalb der unmittelbaren*

---

893 Dazu insgesamt anschaulich *v. Hoyningen-Huene/Linck*, KSchG, § 1 Rn. 588 ff.

894 BAG vom 6.6.1984 – 7 AZR 456/82 – AP Nr. 11 zu § 1 KSchG 1969 Verhaltensbedingte Kündigung = EzA § 1 KschG Verhaltensbedingte Kündigung Nr. 12 = NJW 1985, 507.

895 BAG vom 20.9.1984 – 2 AZR 233/83 – AP Nr. 13 zu § 1 KSchG 1969 Verhaltensbedingte Kündigung = EzA § 1 KSchG Verhaltensbedingte Kündigung Nr. 14 = NZA 1985, 285.

896 ArbG Passau vom 11.12.1997 – 2 Ca 711/97 D – NZA 1998, 427 = BB 1998, 326.

[Schulungsstunden] ein angemessenes Verhalten verlangen" kann – insoweit ging es um einen gemäßigten Alkoholkonsum[897].

Dieser erforderliche Bezug zum Arbeitsverhältnis bestätigt, daß der Arbeitgeber im Grundsatz das Privatverhalten nicht beeinflussen kann – weder durch Vorgaben noch durch Sanktionen. Einzig wenn ein konkreter Bezug zur Arbeitsleistung besteht und das Privatverhalten das Arbeitsverhältnis konkret beeinträchtigt, kann ein Privatverhalten eine Kündigung rechtfertigen.

Diese Grundsätze können auf die Möglichkeiten des Arbeitgebers in einer Ethikrichtlinie übertragen werden: Der Arbeitgeber kann grundsätzlich keinen Einfluß auf das Privatverhalten des Arbeitnehmers nehmen, soweit nicht ein konkreter Bezug zur Arbeitsleistung vorliegt. Insoweit stellen die „innerbetrieblichen Folgewirkungen" den Anknüpfungspunkt dar[898].

3. Zulässigkeit der Verhaltensvorgaben

Konkret für den Bereich der „Liebesbeziehungsklauseln" geht es also um die Berührungspunkte zum Arbeitsverhältnis und den Schutz der Grundrechte des Arbeitnehmers. Das LAG Düsseldorf hält dazu in der Wal-Mart-Entscheidung folgendes fest[899]:

„Der Regelungskomplex Private Beziehungen/Liebesbeziehungen [...] ist wegen Verstoßes gegen Art. 1 und 2 GG grundgesetzwidrig und damit unwirksam."

Es führt aus, daß Art. 1 und 2 GG die Würde des Menschen und dessen Recht auf freie Entfaltung seiner Persönlichkeit schützen. Dazu gehöre die Freiheit, zu entscheiden, ob und mit wem jemand eine Beziehung eingeht. Dem Arbeitsverhältnis kommt im Leben des Arbeitnehmers eine besondere Bedeutung zu, da der tägliche Kontakt mit Kollegen eine Plattform zur Persönlichkeitsentfaltung bietet[900]. Schränkt der Arbeitgeber diese Entfaltungsmöglichkeit ein, greift er in das allgemeine Persönlichkeitsrecht des Arbeitnehmers ein. Jedoch darf der Arbeitgeber nur eingreifen, soweit nicht das Privatverhalten, sondern das störende Verhalten am Arbeitsplatz einen Konflikt verursacht.

Den Ausführungen des Gerichts ist zuzustimmen. Folglich ist eine Klausel, die lediglich das „Turteln" am Arbeitsplatz verbietet, zulässig, da sie nur das Arbeitsverhalten betrifft. Diese Regelung kann sowohl Bestandteil des Arbeitsvertrags sein, als auch eine Ausübung des Direktionsrechts darstellen, indem der Ar-

---

897 LAG Berlin vom 3.11.1964 – 3 Sa 118/64 – DB 1965, 1291.

898 *Schlachter*, FS Richardi, S. 1067, 1071.

899 LAG Düsseldorf vom 14.11.2005 (Fn. 120).

900 Dazu ausführlich BAG GS vom 27.2.1985 – GS 1/84 – AP Nr. 14 zu § 611 BGB Beschäftigungspflicht = EzA § 611 Beschäftigungspflicht Nr. 9 = NZA 1985, 702.

beitgeber die Leistung der Arbeitnehmer durch die Anweisung konkretisiert, ihrer Arbeit nachzukommen, ohne zu turteln.

Daneben kann der Arbeitgeber aufgrund der erforderlichen konkreten Beeinträchtigung des Arbeitsverhältnisses nur ausnahmsweise „mittelbar“ Einfluß auf das Privatleben des Arbeitnehmers nehmen. Insoweit ist zu differenzieren:

Zweifellos kann der Arbeitgeber keine „Liebe“ verbieten. Menschliche Emotionen stehen außerhalb seines Einflußbereichs. Es bleibt der Bereich der nach außen erkennbaren Handlungen.

Schon 1957 hat das BAG in seiner Zölibatsklausel-Rechtsprechung[901] festgehalten, daß der Arbeitgeber auf eine Ehe grundsätzlich nicht mit einer Kündigung reagieren darf. Kann der Arbeitgeber also nicht auf eine Eheschließung reagieren, bleibt einzig das Eingehen einer Liebesbeziehung als Anknüpfungspunkt für arbeitsplatzrelevante Reaktionen des Arbeitgebers. Dabei sind die Grundrechte des Arbeitnehmers gegen die Unternehmerfreiheit des Arbeitgebers abzuwiegen.

Das Interesse des Arbeitnehmers wird durch sein allgemeines Persönlichkeitsrecht gem. Art. 2 Abs. 1 i.V.m. Art. 1 Abs. 1 GG geschützt. Es gewährleistet das *„Recht, von den Mitmenschen in Ruhe gelassen zu werden“*[902]. Der Schutzbereich umfaßt nach der Sphärentheorie des Bundesverfassungsgerichts die Privatsphäre als Bereich privater Lebensgestaltung[903]. Daneben untersteht auch der *„Sexualbereich des Menschen als Teil seiner Privatsphäre [... dem] verfassungsrechtlichen Schutz [des allgemeinen Persönlichkeitsrechts]“*[904]. Dazu gehört auch das Eingehen geschlechtlicher oder eheähnlicher Beziehungen[905]. Somit fallen Liebesbeziehungen der Arbeitnehmer in den Schutzbereich ihres allgemeinen Persönlichkeitsrechts.

---

901 BAG vom 10.5.1957 – 1 AZR 249/56 – BAGE 4, 274 = AP Nr. 1 zu Art. 6 GG Ehe und Familie = ArbuR 1957, 348; dazu *Gamillscheg*, Grundrechte, S. 57; *Mayer*, S. 100 f.

902 V. Mangoldt/*Christian Starck*, GG, Art. 2 Rn. 170.

903 Zu den Sphären BVerfG vom 15.1.1975 – 2 BvR 65/74 – BVerfGE 38, 312 = NJW 1975, 589; BVerfG vom 16.1.1957 – 1 BvR 253/56 – BVerfGE 6, 32; *Marquardt*, Genetische Analysen an Beschäftigten auf der Grundlage des Entwurfes des Arbeitsschutzrahmengesetzes, S. 84; v. Mangoldt/*Christian Starck*, GG, Art. 2 Rn. 88; *Pieroth/Schlink*, Rn. 376.

904 BVerfG vom 21.12.1997 – 1 BvL 1/75, 1 BvR 147/75 – BVerfGE 47, 46 = NJW 1978, 807 = JZ 1978, 304; Dreier/*Horst Dreier*, Art. 2 Rn. 70; v. Mangoldt/*Christian Starck*, GG, Art. 2 Rn. 108.

905 Zum Schutz geschlechtlicher Beziehungen BVerwG vom 3.9.1970 – II C 130.67 – BVerwGE 36, 53 = NJW 1971, 70 = JZ 1971, 260; für nichteheliche Beziehungen BVerfG vom 24.3.1981 – 1 BvR 1516/78, 1 BvR 964/80, 1 BvR 1337/80 – BVerfGE 56, 363 = NJW 1981, 1201 = JZ 1981, 387; v. Mangoldt/*Christian Starck*, GG, Art. 2 Rn. 108.

Neben dem Persönlichkeitsrecht des Arbeitnehmers könnte auch Art. 6 Abs. 1 GG bei der Abwägung zu berücksichtigen sein[906]. Der Arbeitnehmer kann frei entscheiden, ob und wen er heiratet. Sollte eine Liebesbeziehung als potentielle Vorstufe einer Ehe angesehen werden, wäre Art. 6 Abs. 1 GG bei der Abwägung zu berücksichtigen.

Diese Argumentation überzeugt nicht: Art. 6 Abs. 1 GG schützt die Ehe als Institution – eine Erweiterung des Schutzbereichs auf Beziehungen, die möglicherweise irgendwann in eine Ehe übergehen, dehnte den Schutzbereich zu weit aus. Zur Reichweite des Schutzbereichs hielt das Bundesverfassungsgericht fest, daß die Einführung einer gleichgeschlechtlichen Lebenspartnerschaft keine Beeinträchtigung des Schutzbereichs der Ehe darstellen kann[907]. Dem Urteil kann indes nicht entnommen werden, daß auch andere Formen des Zusammenlebens genau so wie die Ehe dem Schutz des Art. 6 Abs. 1 GG unterstehen.

Zudem könnte die Annahme, daß jede Liebesbeziehung zur Ehe wird, mit der negativen Eheschließungsfreiheit kollidieren: Jeder ist frei in der Entscheidung, nicht zu heiraten[908]. Gerade in der heutigen Zeit wird nicht jeder Lebensabschnittsgefährte zum Ehepartner, sondern die Zahl der nichtehelichen Lebensgemeinschaften steigt. Somit ist bei der Abwägung für den Arbeitnehmer einzig sein allgemeines Persönlichkeitsrecht zu berücksichtigen.

Für den Arbeitgeber schützt Art. 12 GG als Ausprägung der Berufsfreiheit die *„Unternehmerfreiheit im Sinne freier Führung und Gründung von Unternehmen“*[909]. Im Rahmen dieser Freiheit kann der Arbeitgeber entscheiden, wie er sein Unternehmen organisiert[910] und welche Regelungen er dazu erläßt. Im Rahmen seiner Organisation versucht er sich vor wirtschaftlichen Schäden zu schützen. Wenn eine Liebesbeziehung zu einer beachtlichen Rufschädigung oder einer starken Beeinträchtigung des Betriebsklimas führt und dadurch die Gefahr eines „ernsthaften wirtschaftlichen Schadens“ entsteht[911], kann der Arbeitgeber ausnahmsweise – natürlich nur, soweit der Arbeitsbereich beeinträchtigt wird – auf die Liebesbeziehung mit arbeitsrechtlichen Mitteln reagieren. Beispielsweise kann eine „Turtelei“ der Arbeitnehmer am Arbeitsplatz oder ein Streit, der sich

---

906 *Kolle/Deinert*, AuR 2006, 177, 178 erwähnen dieses Grundrecht im Zusammenhang mit Liebesverbotsklauseln.

907 BVerfG vom 17.7.2002 – 1 BvF 1/01, 1 BvF 2/01 – BVerfGE 105, 313 = NJW 2002, 2543 = JR 2003, 144.

908 *Pieroth/Schlink*, Rn. 385.

909 BVerfG vom 1.3.1979 (Fn. 183); Dreier/*Joachim Wieland*, Art. 12 Rn. 67; v. Mangoldt/*Gerrit Manssen*, GG, Art. 12 Rn. 68.

910 Dreier/*Joachim Wieland*, Art. 12 Rn. 67; v. Mangoldt/*Gerrit Manssen*, GG, Art. 12 Rn. 68.

911 *Kolle/Deinert*, AuR 2006, 177, 179.

bei der Arbeit fortsetzt, dazu führen, daß sie ihren eigentlichen Aufgaben nicht mehr ordnungsgemäß nachkommen. Gibt es eindeutige Überschneidungen zum Arbeitsbereich und gefährdet dieser Streit den wirtschaftlichen Erfolg des Arbeitgebers, darf er etwa mit einer Abmahnung reagieren – freilich nur soweit Auswirkungen am Arbeitsplatz entstehen, da der Arbeitgeber für den Privatbereich keine Vorgaben machen darf.

Im Ergebnis kann der Arbeitgeber keine Liebesbeziehungen im Privatbereich der Arbeitnehmer verbieten. Nur in seltenen Ausnahmefällen darf er mit arbeitsrechtlichen Mitteln, etwa mit einer Abmahnung, auf das Verhalten der Arbeitnehmer reagieren. Allerdings muß dabei der unmittelbare Anknüpfungspunkt der Kündigung stets die Beeinträchtigung des Arbeitsverhältnisses darstellen. Eine arbeitsrechtliche Sanktion, etwa eine Abmahnung, aufgrund des Verhaltens des Arbeitnehmers im Privatbereich ist nie zulässig.

4. Mitbestimmungsrechte

Da ein Verbot von Liebesbeziehungen mit Kollegen im Privatbereich stets unzulässig ist, scheiden Mitbestimmungsrechte aus[912]. Einzig soweit eine Regelung Berührungspunkte zum Arbeitsverhalten aufweist und daher ausnahmsweise zulässig ist, bestehen Mitbestimmungsrecht gem. § 87 Abs. 1 Nr. 1 BetrVG, da insoweit ein Bezug zum Arbeitsplatz besteht und damit ein ordnungsgemäßer Betriebsablauf gesichert wird und das Ordnungsverhalten betroffen ist[913].

IV. Bekleidungsvorschriften

Obgleich sich in den veröffentlichten Ethikrichtlinien der Unternehmen regelmäßig keine Vorgaben zur „ethisch-korrekten" Bekleidung der Mitarbeiter finden, ist es möglich, daß eine Ethikrichtlinie Bekleidungsregelungen vorsieht. Damit kann der Arbeitgeber seine ethischen Vorstellungen über das Auftreten der Mitarbeiter ausdrücken.

---

912 So im Ergebnis auch *Borgmann*, NZA 2003, 352, 356; *Eisenbeis/Nießen*, FS Leinemann, S. 697, 715; *Kolle/Deinert*, AuR 2006, 177, 183.

913 Sind sowohl Arbeits- als auch Ordnungsverhalten betroffen, entscheidet der überwiegende Regelungszweck über das Bestehen von Mitbestimmungsrechten, *Meyer*, NJW 2006, 3605, 3609.

Eine Schranke für zulässige Ethikrichtlinieninhalte bezüglich der Bekleidung könnte dabei das AGG darstellen.

Benachteiligungen sind vor allem für die Fälle vorstellbar, in denen der Arbeitgeber eine Ethikrichtlinie einführt, um damit seinen eigenen religiösen Vorstellungen eine stärkere Geltung zu verschaffen. Beispielhaft könnte der Arbeitgeber vorschreiben, daß alle Arbeitnehmer bei der Arbeit stets eine Kreuzkette als religiöses Zeichen gut sichtbar um den Hals tragen müssen. Eine derartige Regelung innerhalb einer Ethikrichtlinie stellt formal eine Gleichbehandlung dar – alle Arbeitnehmer müssen ein Kreuz tragen. Dennoch wirkt sie sich unterschiedlich aus: Während einige Arbeitnehmer durch das Kreuz ihre religiöse Überzeugung ausdrücken, kann es für andere Arbeitnehmer einen Widerspruch zu ihrem religiösen Verständnis darstellen. Somit liegt zumindest eine ungleiche Wirkung der Maßnahme vor.

§ 1 AGG verbietet zunächst eine „Benachteiligung". Ob davon nur formale Ungleichbehandlungen erfaßt werden oder ob vielmehr auch formale Gleichbehandlungen, die aber ungleich wirken, gemeint sind, ist unklar[914]. Es wird vertreten, daß eine „*Gleichbehandlung aller Arbeitnehmer bei der Erbringung ihrer vertraglich geschuldeten Leistung*" keine Ungleichbehandlung wegen der Religion darstellt[915] und daher nicht in den Verbotsbereich des AGG fällt. Danach wäre ein generelles Kreuzgebot für alle Arbeitnehmerinnen zulässig.

Dafür spricht auch die Definition der Benachteiligung, da davon gem. § 3 Abs. 1 S. 1 eine „weniger günstigere Behandlung" erfaßt wird, also mit anderen Worten eine Ungleichbehandlung. Die Systematik des AGG stützt diese Aussage, da der Begriff der „unterschiedlichen Behandlung" in den Überschriften der §§ 4 und 8 auftaucht[916]. Zudem deutet der Titel „Allgemeines Gleichbehandlungsgesetz" auf das Gebot einer gleichen Behandlung hin[917]. Schließlich ist es schwierig, klare Grenzen für die Wirkungsbetrachtung zuziehen[918].

Im Ergebnis ist daher eine tatsächliche *Ungleich*behandlung erforderlich und eine Gleichbehandlung reicht nicht aus[919]. Daher verstößt der Arbeitgeber nicht

---

914 Ausführlich dazu *Wege*, S. 214 ff.; zur insoweit unterschiedlichen Gerechtigkeitsidee hinter dem Gleichbehandlungsgebot nur *Thüsing*, ZfA 2001, 397, 399.

915 *Schleusner*/Suckow/Voigt, AGG, § 1 Rn. 50.

916 Gegen eine Maßgeblichkeit des Wortlauts *Wege*, S. 245.

917 Zur Titelwahl nur *Bauer/Göpfert/Krieger*, AGG, Einl Rn. 10.

918 *Wege*, S. 248 f.

919 *Wege*, S. 252.

gegen das AGG, wenn er für alle Arbeitnehmer gleiche Arbeitsbedingungen schafft.

2. Grundrechte des Arbeitnehmers

Obgleich somit eine kollektiv eingeführte Kleiderpflicht keinen Verstoß gegen das AGG darstellt, kann sie dennoch mit Grundrechten des einzelnen Arbeitnehmers kollidieren: Seine negative Religionsfreiheit ist verletzt, wenn er religiöse Symbole, die nicht seiner Überzeugung entsprechen, tragen muß. Insoweit ist eine Abwägung im Einzelfall erforderlich, bei der auf der einen Seite die Grundrechte des Arbeitebers stehen, der etwa im Rahmen seiner Unternehmer- und Religionsfreiheit sein Unternehmen religiös ausrichten möchte, und auf der anderen Seite die negative Religionsfreiheit des Arbeitnehmers.

Unterstützend kann auf Seiten des Arbeitgebers bei der Einführung einer Kleiderordnung stets auch Grundrechte Dritter zu berücksichtigen sein: Dient die Kleidervorgabe auch der Arbeitssicherheit, schützt der Arbeitgeber dadurch auch andere Arbeitnehmer und Kunden.

Die Grundrechte wirken dabei im Verhältnis zwischen Privaten nicht unmittelbar, sondern über die einzelgesetzlichen Einfalltore: Beispielhaft muß die Kleidervorgabe einer Ethikrichtlinie als Direktionsrecht des Arbeitgebers billigem Ermessen i.S.d. § 315 BGB entsprechen, wobei die *„geforderte Billigkeit [...] inhaltlich durch die Grundrechte“* mitbestimmt wird[920]. Kollidiert das grundrechtlich geschützte Interesse des Arbeitgebers mit dem Arbeitnehmerinteresse, ist ein grundrechtskonformer Ausgleich der Rechtspositionen herbeizuführen. Sieht eine Ethikrichtlinie als Betriebsvereinbarung Vorgaben zur Kleidung der Arbeitnehmer vor, fließen die Grundrechte gem. § 75 Abs. 1 S. 1 BetrVG ein[921]. Bei einer arbeitsvertraglich eingeführten Ethikrichtlinie fließen Grundrechte im Rahmen der Inhaltskontrolle für standardisierte Ethikrichtlinien gem. § 307 BGB ein[922].

Im Regelfall kann der Arbeitgeber, soweit ein berechtigtes Interesse an der Kleiderordnung besteht, im Rahmen der Ethikrichtlinie auch seine ethischen Kleidungsvorstellungen verbindlich für die Arbeitnehmer festlegen. Allerdings darf er dabei nicht in unzulässiger Weise in die Grundrechte der Arbeitnehmer eingreifen.

---

920 BAG vom 10.10.2002 (Fn. 408).
921 *Fitting*, BetrVG, § 75 Rn. 85.
922 Dazu nur Palandt/*Grüneberg*, BGB, § 310 Rn. 51.

3. Mitbestimmungsrechte

Führt der Arbeitgeber im Rahmen einer Ethikrichtlinie Kleidervorgaben ein, so besteht ein Mitbestimmungsrecht gem. § 87 Abs. 1 Nr. 1 BetrVG: Indem der Arbeitgeber in der Ethikrichtlinie für alle Arbeitnehmer im Betrieb eine Kleiderordnung vorschreibt, regelt er die betriebliche Ordnung – damit wird regelmäßig gerade nicht das Arbeitsverhalten betroffen[923]. Auch soweit eine Kleidung erforderlich für die Erbringung einer bestimmten Arbeitsleistung ist, entfällt dadurch für eine Ethikrichtlinienregelung nicht der Charakter der Regelung einer gesamtbetrieblichen Ordnung[924]. Allerdings scheidet ein Mitbestimmungsrecht gem. § 87 Abs. 1 1. Hlbs. BetrVG aus, wenn die Ethikrichtlinie lediglich eine gesetzliche Pflicht zur Kleiderordnung wiedergibt, etwa aufgrund bestehender Sicherheitsvorgaben.

V. Regelungen zum Umgang mit Drogen

Ethikrichtlinien sehen unterschiedliche Regelungen zum Drogenkonsum vor. Obwohl sie häufig zwischen Alkohol und Drogen trennen, umfaßt der Begriff der „Droge" im folgenden grundsätzlich auch Alkohol[925].

1. Umgang mit Drogen am Arbeitsplatz

Soweit eine Ethikrichtlinie den „Umgang" mit Drogen am Arbeitsplatz verbietet, handelt es sich dabei um eine bloße Gesetzeswiedergabe der §§ 29 ff. BtMG, die den unerlaubten Umgang, also gem. § 29 Abs. 1 BtMG etwa den Handel, nicht aber den Konsum unter Strafe stellen[926]. Solche Regelungen in Ethikrichtlinien

---

923 BAG vom 11.6.2002 – 1 ABR 46/01 – BAGE 101, 285 = AP Nr. 38 zu § 87 BetrVG 1972 Ordnung des Betriebes = EzA § 87 BetrVG 1972 Betriebliche Ordnung Nr. 28 = NZA 2002, 1299; BAG vom 8.8.1989 – 1 ABR 65/88 – AP Nr. 15 zu § 87 BetrVG 1972 = EzA § 87 BetrVG 1972 Betriebliche Ordnung Nr. 13 = NZA 1990, 320; *Fitting*, BetrVG, § 87 Rn. 71; Richardi/*Richardi*, BetrVG, § 87, Rn. 188; zu Ausnahmen bei einzelvertraglichen Weisungen GK-BetrVG/*Wiese*, § 87 Rn. 210.

924 Richardi/*Richardi*, BetrVG, § 87, Rn. 198.

925 So wird ganz herrschend Rauschgift und damit auch Alkohol als Droge aufgefaßt, vgl. *Duden*, Bd. 2 „Droge", S. 869; *Brockhaus*, Bd. 22 „Rauschgift", S. 575 ff. Die Besonderheiten, daß der Umgang mit Alkohol an weniger strenge gesetzliche Vorgaben zu messen ist (Jugendschutz) muß im folgenden nicht weiter beachtet werden.

926 Dazu *Bengelsdorf*, Alkohol, S. 107; *ders*, NZA-RR 2004, 113, 119.

gehen zwar über eine rein deklaratorische Gesetzeswiedergabe hinaus, da die Richtlinie Sanktionen für Verstöße vorsieht, aber aufgrund der Übereinstimmung mit den gesetzlichen Vorgaben ist dieser Inhalt dennoch zulässig.

2. Drogenkonsumverbot

Ein betriebsinternes Drogenkonsumverbot ist ebenso unproblematisch zulässig. Zunächst kann der jeweilige Arbeitsvertrag ein betriebsinternes Drogenverbot vorsehen. Außerdem ermöglicht das Direktionsrecht dem Arbeitgeber, die Leistungspflicht nach Zeit, Ort und Art auszugestalten, § 106 S. 1 GewO[927]. Der Arbeitgeber kann den Arbeitnehmer als Konkretisierung der Arbeitsleistung anweisen, während der Arbeitszeit keine Drogen zu konsumieren. Zudem kann der Arbeitgeber im Rahmen seines Hausrechts[928] vorschreiben, daß auf seinem Betriebsgelände keine Drogen konsumiert werden dürfen.

Was aber passiert in den Arbeitspausen, in denen sich der Arbeitnehmer außerhalb des Betriebsgeländes aufhält und damit das Hausrecht nicht greift? Kann der Arbeitgeber auch den privaten Drogenkonsum verbieten?

Es gilt erneut der Grundsatz, daß der Arbeitgeber zwar Einfluß auf das Verhalten des Arbeitnehmers am Arbeitsplatz nehmen, aber keine Verbote für dessen Privatleben erlassen darf. Der Privatbereich fällt nicht in die Regelungsbefugnis des Arbeitgebers. Einzig, wenn der „Rauschzustand" während der Arbeitszeit fortwirkt, kann der Arbeitgeber Regelungen erlassen, die mittelbar auf das Privatleben einwirken: Das Verbot des „Berauscht seins" am Arbeitsplatz verbietet mittelbar auch den Drogenkonsum in der arbeitsfreien Zeit[929].

3. Absolutes Konsumverbot zulässig?

In diesem Zusammenhang stellt sich die Frage, ob ein absolutes Drogenverbot dem Grundsatz der Verhältnismäßigkeit entspricht oder ob vielmehr im Sinne ei-

---

927 Dazu nur ErfK/*Preis*, BGB, § 611 Rn. 274 ff.

928 Zur Reichweite des Hausrechts nur BAG vom 14.12.2004 – 1 ABR 34/03 – AP Nr. 42 zu § 87 BetrVG 1972 Überwachung = EzA § 87 BetrVG 2001 Überwachung Nr. 1 = ArbuR 2005, 456; ob Betriebsräume auch von Art. 13 GG geschützt werden, ist umstritten – zum Streitstand statt vieler v. Mangoldt/*Gilbert Gornig*, GG, Art. 13 Rn. 21 ff.; nach Ansicht des BVerfG sind Betriebsräume vom Schutzbereich umfaßt BVerfG vom 16.6.1987 – 1 BvR 1202/84 – BVerfGE 76, 83 = NJW 1987, 2499 = DB 1987, 1989; BVerfG vom 13.10.1971 – 1 BvR 280/66 – BVerfGE 32, 54 = NJW 1971, 2299 = WM 1971, 1363.

929 Etwa zum zulässigen Verbot, vor Arbeitsbeginn eine Alkoholisierung herbeizuführen Hess. LAG vom 15.11.2006 – 8 Sa 854/06 – n.v., aber juris.

ner Promillegrenze Einschränkungen vorzunehmen sind. Dabei sind die sich widerstrebenden Interessen von Arbeitgeber und Arbeitnehmer zu berücksichtigen:

Für den Arbeitnehmer kann der „Cannabis-Beschluß“ des Bundesverfassungsgerichts angeführt werden: Dort hat das Gericht festgehalten, daß der Konsum von Drogen sowohl von dem Recht auf allgemeine Handlungsfreiheit (Art. 2 Abs. 1 GG) als auch von dem Recht auf Entspannung und Wohlbefinden (Art. 2 Abs. 1 und Art. 1 Abs. 1 GG) geschützt wird[930]. Obgleich dennoch kein „Recht auf Rausch“ besteht[931], kann der Arbeitnehmer grundsätzlich frei entscheiden, ob und welche Drogen er in seiner Freizeit konsumiert. Das BtMG stützt diese Aussage, da es nicht den Konsum, sondern lediglich bestimmte Formen des Umgangs mit Drogen sanktioniert[932].

Für den Arbeitgeber ist zunächst seine unternehmerische Entscheidungsfreiheit gem. Art. 12 Abs. 1 GG zu berücksichtigen, soweit sich der Drogenkonsum in der Freizeit auf das Arbeitsverhalten des Arbeitnehmers auswirkt und damit der wirtschaftliche Erfolg des Unternehmens gefährdet wird. Allerdings geht es dabei nicht nur um wirtschaftliche Schäden, die Arbeitnehmer anrichten können, wenn sie im berauschten Zustand ihre Arbeitsleistung erbringen. Vielmehr trifft den Arbeitgeber auch die Pflicht, Gefahren von Dritten abzuwehren: Der Arbeitgeber muß aufgrund seiner arbeitsvertraglichen Fürsorgepflicht die anderen Arbeitnehmer vor Gefahren durch den „berauschte“ Arbeitnehmer schützen. Zudem ist er im Rahmen von Geschäftsbeziehungen verpflichtet, die Grundrechte seiner Vertragspartner zu wahren. Insbesondere diese Schutzpflichten des Arbeitgebers gegenüber Dritten rechtfertigen das Verbot des „Berauscht-Seins“ am Arbeitsplatz innerhalb einer Ethikrichtlinie.

Es kommt also für die Zulässigkeit eines absoluten Verbots auf das Maß der Gefahrgeneigtheit der jeweiligen Tätigkeit an[933]. Dabei ist in zweierlei Hinsicht zu differenzieren:

Maßgeblich ist zunächst, inwieweit der Arbeitnehmer mit Dritten, also Arbeitskollegen oder Kunden, in Kontakt kommt. Bei einer überwiegend ohne Drittkontakte ausgeübten Tätigkeit entfällt die Pflicht des Arbeitgebers, die Dritten zu schützen. In diesen Fällen ist regelmäßig ein absolutes Verbot unzulässig.

---

930 BVerfG vom 9.3.1994 – 2 BvL 43/92, 2 BvL 51/92, 2 BvL 63/92, 2 BvL 64/92, 2 BvL 70/92, 2 BvL 80/92, 2 BvL 2031/92 – BVerfGE 90, 145 = NJW 1994, 1577 = MDR 1994, 813; dazu auch v. Mangoldt/*Christian Starck*, GG , Art. 2 Rn. 126.

931 *Bengelsdorf*, Alkohol, S. 85.

932 *Bengelsdorf*, Alkohol, S. 107.

933 Auf die Gefahrgeneigtheit der Tätigkeit stellt auch das ArbG Hamburg vom 1.9.2006 – 27 Ca 136/06 – AuA 2007, 51 ab, allerdings für die Zulässigkeit eines Alkoholtests, was hier jedoch dennoch als Vergleich herangezogen werden kann.

Daneben ist die Gefahrgeneigtheit der Tätigkeit entscheidend: Soweit der Arbeitnehmer im Rahmen seiner Tätigkeit etwa mit Giftstoffen arbeitet, kann ein absolutes Drogenverbot eher gerechtfertigt sein als bei einer Tätigkeit, die weniger Gefahrenpotential birgt. Es ist eine Frage des Einzelfalls, ob ein absolutes Verbot zulässig ist oder ob der Arbeitgeber „nur“ eine Toleranzschwelle, vergleichbar mit der Promillegrenze im Straßenverkehr, für den Drogenkonsum einführen darf.

4. Sonderfall: Betriebliches Rauchverbot

Innerhalb einer Ethikrichtlinie als „politisch korrekte Arbeitsordnung“ kommt auch ein betriebliches Rauchverbot in Betracht.

Soweit ein Gesetz den Arbeitgeber zum Erlaß eines Rauchverbots verpflichtet, ist folglich auch eine Umsetzung dieser gesetzlichen Pflicht mit Hilfe einer Ethikrichtlinie zulässig. Beispielsweise ist § 5 der Verordnung über Arbeitsstätten mit „Nichtraucherschutz“ betitelt und verpflichtet den Arbeitgeber *„die erforderlichen Maßnahmen zu treffen, damit die nicht rauchenden Beschäftigten in Arbeitsstätten wirksam vor den Gesundheitsgefahren durch Tabakrauch geschützt sind.“*[934].

Das BAG hat Grundsätze zur Zulässigkeit eines betrieblichen Rauchverbots aufgestellt[935]: Es ist zulässig, soweit damit Nichtraucher vor den Gesundheitsgefahren und Belästigungen des Passivrauchens geschützt werden sollen[936]. Ein unzulässiges Regelungsziel stellt der Schutz des Rauchers vor sich selbst dar. Da ein Rauchverbot die allgemeine Handlungsfreiheit der Raucher beeinträchtigt, muß es verhältnismäßig sein. Somit ist beispielsweise ein generelles Rauchverbot im Freien in der Regel nicht zulässig, da damit Nichtraucher nicht in nennenswertem Umfang beeinträchtigt werden.

Insgesamt kann die Ethikrichtlinie somit auch ein – den Umständen des Einzelfalls im Betrieb angepaßtes – Rauchverbot umfassen[937].

---

934 Ausführlich dazu *Bergwitz*, NZA-RR 2004, 169, 170 f.

935 BAG vom 19.1.1999 – 1 AZR 499/98 – EzA § 87 BetrVG 1972 Betriebliche Ordnung Nr. 24 = AP Nr.28 zu § 87 BetrVG 1972 Ordnung des Betriebes = NZA 1999, 546.

936 Zur Pflicht des Arbeitgebers, den Arbeitnehmer vor einer Rauchbelästigung als Gesundheitsgefahr zu schützen auch schon BAG vom 17.2.1998 – 9 AZR 84/97 – AP Nr. 26 zu § 618 BGB = EzA § 618 BGB Nr. 14 = NZA 1998, 1231.

937 Ausführlich zu zulässigen Inhalten nur *Bergwitz*, NZA-RR 2004, 169, 178 f.

5. Sonderfall: Religiös begründetes Alkoholverbot

Einen Sonderfall stellt die Konstellation dar, in der der Arbeitgeber im Rahmen seiner Ethikrichtlinie den Arbeitnehmern seine persönlichen ethisch religiösen Vorstellungen auflegen darf: Kann etwa der moslemische Arbeitgeber ein absolutes Alkoholverbot verhängen?

Erneut sind dafür die Grundrechte des Arbeitnehmers gegen die des Arbeitgebers abzuwägen: Als Besonderheit könnte die Religionsfreiheit des Arbeitgebers zu berücksichtigen sein. Danach darf der Arbeitgeber ein religiös ausgerichtetes Unternehmen führen.

Soweit die Regelung nicht die negative Religionsfreiheit des Arbeitnehmers ungerechtfertigt verletzt, weil ihm die religiösen Vorstellungen seines Arbeitgebers „aufgedrängt" werden, kann der Arbeitgeber grundsätzlich in einem religiöse ausgerichteten Unternehmen seine religiösen Vorstellungen, etwa ein absolutes Alkoholverbot, umsetzen. Allerdings ist erneut der Privatbereich der Regelungsmacht des Arbeitgebers entzogen – ob der Arbeitnehmer in seiner Freizeit Alkohol trinkt, geht den Arbeitgeber nichts an.

Gilt das Alkoholverbot gleichermaßen für alle Arbeitnehmer, liegt auch keine Ungleichbehandlung i.S.d. AGG vor, da dafür zunächst eine Ungleichbehandlung erforderlich ist[938].

Im Ergebnis kann daher festgehalten werden, daß es irrelevant ist, welche privaten Gründe und Überzeugungen den Arbeitgeber zur Ausgestaltung seines Unternehmens bewegen: Ob der Arbeitgeber ein Alkoholverbot aufgrund seiner religiösen Überzeugung erläßt oder weil er selber Alkoholiker ist, ist nicht maßgeblich. Wichtiger ist vielmehr, daß er die Grundrechte der Arbeitnehmer bei der konkreten Ausgestaltung des Verbots angemessen berücksichtigt.

6. Mitbestimmungsrechte

Mitbestimmungsrechte kommen insgesamt nur für zulässige Regelungen über Drogen in Betracht, da an unwirksamen Richtlinieninhalten keine Mitbestimmungsrechte bestehen[939]. Zudem scheidet aufgrund des Bestehens einer gesetzlichen Regelung i.S.d. § 87 Abs. 1 1. Hlbs BetrVG Mitbestimmungsrechte aus, soweit eine Ethikrichtlinie lediglich den Inhalte der §§ 29 ff. BtMG wiedergibt oder ein Rauchverbot aufgrund einer gesetzlichen Pflicht festgehalten wird[940].

---

938 Siehe dazu schon oben unter § 4C.IV.1.

939 So schon oben bei Liebesverbotsklauseln unter § 4C.III.4.

940 Zum Rauchverbot Gk-BetrVG/*Wiese*, § 87 Rn. 214.

Soweit eine Ethikrichtlinie ein Drogenkonsumverbot vorsieht, geht sie über die Vorgaben des BtMG hinaus. Da ein kollektives Konsum-Verbot das betriebliche Ordnungsverhalten der Arbeitnehmer regelt, besteht ein Mitbestimmungsrecht gem. § 87 Abs. 1 Nr. 1 BetrVG[941]. Ebenso betrifft ein betriebliches Rauchverbot, zu deren Erlaß keine Verpflichtung besteht, die betriebliche Ordnung und ist daher mitbestimmungspflichtig[942].

Problematisch ist einzig das Verbot, in seiner Freizeit keine Drogen zu konsumieren, deren Wirkung als Rauschzustand noch während der Arbeitszeit fortwirkt. Insoweit ist weniger die betriebliche Ordnung, sondern vielmehr das Arbeitsverhalten betroffen, da es um die Art der Leistungserbringung – nämlich im nüchternen Zustand – geht[943]. Somit scheidet ein Mitbestimmungsrecht nach § 87 Abs. 1 Nr. 1 BetrVG aus.

VI. Drogentests

Daneben kann eine Ethikrichtlinie Vorgaben zu Drogentests umfassen. Während in den USA Drogentests im Zusammenhang mit dem Arbeitsverhältnis schon lange üblich sind, steigt auch in Deutschland die Zahl der Unternehmen, die derartige Tests durchführen wollen[944]. Im Fall Wal-Mart hat sich der Arbeitgeber in zweiter Instanz im Rahmen eines Teilvergleichs verpflichtet, die Regelungen zu Drogentests nur unter Beteiligung des Betriebsrats einzuführen[945]. Allerdings fehlen Angaben zur Zulässigkeit dieser Inhalte.

1. Test im bestehenden Arbeitsverhältnis

Sieht eine Richtlinie einen Drogentest im bestehenden Arbeitsverhältnis vor, müssen erneut die Grundrechte des Arbeitnehmers gegen die des Arbeitgebers

941 BAG vom 23.9.1986 – 1 AZR 83/85 – AP Nr. 20 zu § 75 BPersVG = EzA § 87 BetrVG 1972 Betriebliche Ordnung Nr. 12 = NZA 1987, 250; *Borgmann*, NZA 2003, 352, 355; DKK-*Klebe*, § 87 Rn. 50; *Kock*, MDR 2006, 673, 675; Richardi/*Richardi*, BetrVG, § 87 Rn. 190.

942 BAG vom 19.1.1999 (Fn. 936); Gk-BetrVG/*Wiese*, § 87 Rn. 215.

943 Auch Richardi/*Richardi*, BetrVG, § 87 Rn. 190 lehnt Mitbestimmungsrecht an Verboten ab, soweit dadurch nur die ordnungsgemäße Arbeitserbringung des Arbeitnehmers gesichert werden soll; ähnlich hielt auch BAG vom 23.9.1986 (Fn. 941) fest, daß ein Mitbestimmungsrecht ausscheidet, soweit es um die Art und Weise geht, wie die Arbeit zu verrichten ist.

944 *Diller/Powietzka*, NZA 2001, 1227 m. w. N.; zu Drogentests in den USA nur *Thüsing*, NZA 2001, 939, 945; ders. NZA 1991, 635, 641.

945 LAG Düsseldorf vom 14.11.2005 (Fn. 120).

abgewogen werden. Neben dem Recht des Arbeitnehmers auf allgemeine Handlungsfreiheit und dem allgemeinen Persönlichkeitsrecht ist auch sein Recht auf körperliche Unversehrtheit (Art. 2 Abs. 2 S. 1 GG) zu berücksichtigen[946].

Die unternehmerische Entscheidungsfreiheit (Art. 12 Abs. 1 GG) des Arbeitgebers wird auch im Rahmen von Drogentest durch die Grundrechtspositionen Dritter gestützt, da Drogentests auch der Vorbeugung von Arbeitsunfällen und damit dem Schutz von anderen Arbeitnehmern, Kunden oder Geschäftspartnern dienen[947].

Maßgeblich für die Zulässigkeit des Tests ist ein „berechtigte Interesse" des Arbeitgebers und ob der Test zudem eine „Arbeitsplatzrelevanz" aufweist[948]. Das Hauptaugenmerk liegt somit auf den Auswirkungen am Arbeitsplatz und dem ordnungsgemäßen betrieblichen Ablauf. Da es nicht ausschließlich um die Arbeitsleistung geht, sondern gerade um die Funktion des Betriebes, sollte vielmehr auf die „Betriebsrelevanz" abgestellt werden.

Obgleich die Wirkung und die Folgen des Konsums von nicht-alkoholischen Drogen weit weniger erforscht sind als die des Alkoholkonsums, steht fest, daß Drogenkonsum zu Gesundheitsschäden oder im Falle der Abhängigkeit zu einer Persönlichkeitsveränderung führen kann[949]. Dabei verändert sich auch das Verhalten des Arbeitnehmers im Betrieb und damit grundsätzlich seine Leistungsbereitschaft und –fähigkeit. Außerdem kann eine durch Drogenkonsum verursachte gestörte Wahrnehmung die Gefahr von Arbeitsunfällen erhöhen[950]. Im Regelfall wird daher jeder Drogenkonsum, der über vereinzelte Ausnahme hinausgeht, die erforderliche Arbeitsplatz-, bzw. Betriebsrelevanz aufweisen.

Daneben stellt sich die Frage, inwieweit ein hinreichend konkreter Verdacht des Drogenkonsums vorliegen muß[951]. Den Ausgangspunkt dafür bildet ein Urteil des ArbG Hamburg, in dem sogar *„verdachtsunabhängige Suchtmittelkontrollen zur Überprüfung der Arbeitsfähigkeit"* als zulässig erkannt werden[952]. Nachdem in diesem Fall eines Containerumschlag-Unternehmens einzelne Arbeitnehmern positiv auf Drogen getestet wurden, schlossen die Betriebsparteien eine Betriebsvereinbarung über die Zulässigkeit von Drogentests. Wenngleich

---

946 Zum Eingriff in das allgemein Persönlichkeitsrecht etwa BAG vom 16.9.1999 – 2 AZR 123/99 – AP Nr. 159 zu § 626 BGB = EzA § 626 BGB Krankheit Nr. 2 = NZA 2000, 828; zur Zulässigkeit und zu Grenzen insgesamt *Diller/Powietzka*, NZA 2001, 1227 ff.

947 *Bengelsdorf*, NZA-RR 2004, 113, 118; *Thüsing* NZA 2001, 939, 945.

948 *Bengelsdorf*, NZA-RR 2004, 113, 118.

949 *Bengelsdorf*, NZA-RR 2004, 113; *ders.*, Alkohol, S. 90.

950 Ausführlich zu den Folgen *Bengelsdorf*, NZA-RR 2004, 113, 114 ff.

951 *Thüsing*, NZA 2001, 939, 945.

952 ArbG Hamburg vom 1.9.2006 (Fn. 934).

danach überwiegend ein Verdacht erforderlich war, wurde aufgrund einer „generell bestehenden Gefahrgeneigtheit der Tätigkeiten" auf dem Container Terminal auch ohne einen Verdacht eine stichprobenartige Routinekontrolle für zulässig erklärt.

Diese Entscheidung ist als Ausnahme zu bewerten. Ein Drogentest greift in die Grundrechte des Arbeitnehmers ein und muß daher verhältnismäßig sein. Erforderlich ist dafür der Verdacht eines Drogenkonsums, so daß sich nicht jeder Arbeitnehmer ohne Anhaltspunkte einem Drogentest unterziehen muß[953]. Das BAG hat daher sogar im Falle eines Wachmanns, der einen Alkoholtest verweigerte, festgehalten, daß im Rahmen einer jährlichen Gesundheitsuntersuchung nicht alle denkbaren Tests vorgenommen werden dürfen, sondern daß vielmehr „*tatsächliche Anhaltspunkte für das Vorliegen eines irgendwie gearteten Alkohol- oder Drogenproblems*" erforderlich sind[954]. Im Grundsatz sind präventive Drogentests also unzulässig[955].

Dennoch ist den Ausführungen des ArbG Hamburg insoweit zuzustimmen, als auch die Gefahren im Zusammenhang mit dem Drogenkonsum berücksichtigt werden müssen. Es kommt daher darauf an, ob eine Gefahr von der unter Drogen stehenden Person ausgeht[956]. Daher erscheint es zweifelhaft, daß das BAG für den Wachmann, der stets Zugang zu Waffen hat und der gerade in gefährlichen Situationen zum Einsatz kommt, einen unmittelbaren Verdacht fordert[957]. Bei der Frage nach der Zulässigkeit sollte die Gefahr, die von der berauschten Person ausgeht, besondere Berücksichtigung finden.

Problematisch bei der Ermittlung eines Drogenverdachts ist auch, daß der nur gelegentliche Konsument illegaler Drogen oder der sehr routinierte Drogenkonsument regelmäßig keine typischen drogenbedingten Verhaltensänderungen zeigt[958]. Gerade diese Erkenntnis stützt aber die Aussage, daß nur ein Drogenkonsum, der Auswirkungen auf das Arbeitsverhalten hat und damit über den gelegentlichen Konsum hinausgeht, ein Eingreifen des Arbeitgebers rechtfertigt.

---

953 Als Begründung eines Verdachts werden etwa glaubhafte Bekundungen von Kollegen angeführt, dazu *Diller/Powietzka*, NZA 2001, 1227, 1229.

954 BAG vom 12.8.1999 – 2 AZR 55/99 – AP Nr. 41 zu § 1 KSchG 1969 Verhaltensbedingte Kündigung = EzA § 1 KschG Verhaltensbedingte Kündigung Nr. 55 = NZA 1999, 1209.

955 *Thüsing*, NZA 2001, 939, 945.

956 Zur Berücksichtigung dieses Aspekts auch *Thüsing*, NZA 2001, 939, 945; *ders.*, NZA 1991, 635, 641.

957 Als Parallelproblem stellt sich im Strafrecht die Frage, ob bei Berufswaffenträgern die Waffe im Falle einer Straftat als qualifizierendes Merkmal zu berücksichtigen ist; dazu statt vieler nur Schönke/Schröder/*Eser*, StGB, § 244 Rn. 6 mwN.

958 *Bengelsdorf*, Alkohol, S. 101.

Den privaten Drogenkonsum, der in keinem Bezug zur Arbeit des Arbeitnehmers steht, kann der Arbeitgeber nicht verbieten.

Entscheidend für die Zulässigkeit ist schließlich die Wahl des richtigen Drogentests. So sind neben der Blutkontrolle als körperlicher Eingriff und stärkste Testform auch Haar-/Speichel- oder Urinproben möglich. Damit im Rahmen der Abwägung der Schutz der Arbeitnehmergrundrechte bestmöglich gewährleistet wird, sollte daher auf die „Erforderlichkeit" abgestellt werden: Stets ist der mildeste aller gleich geeigneten Tests zu wählen. Wenn also eine Urinprobe ebenso zuverlässige Ergebnisse liefert wie eine Blutentnahme, ist die Urinprobe vorzuziehen – und als Folge dessen eine Blutentnahme unzulässig. Dieser Grundsatz muß bei der Durchführung der Ethikrichtlinie beachtet werden, so dass eine Ethikrichtlinie, die stets Blutentnahmen vorschreibt, unzulässig ist. Um diesen Grundsatz sicherzustellen, kann die Richtlinie vorschreiben, daß stets nur der „mildeste Drogentest" durchzuführen ist.

Schließlich ist auf die vertrauliche Behandlung der Testergebnisse zu achten[959]: Da der Test einen Eingriff in das allgemeine Persönlichkeitsrecht des Arbeitnehmers darstellt, muß gewährleistet werden, daß das Testergebnis im Unternehmen vertraulich behandelt wird – unbefugte Dritte dürfen keine Kenntnis vom Testergebnis erlangen, damit eine Mißbrauchsgefahr möglichst ausgeschlossen wird.

Teilweise sehen Ethikrichtlinien auch „gesetzlich erlaubte" Drogentests vor (vgl. Beispielrichtlinie B. VIII.). Insoweit stellt sich die Frage, unter welchen Umständen ein Drogentest gesetzlich erlaubt ist. Der Vollständigkeit halber müßten davon nicht nur gesetzliche Vorschriften, sondern auch einschlägige Rechtsprechung erfaßt werden. Obgleich so eine Klausel in einem Formulararbeitsvertrag aufgrund ihrer ungenauen Formulierung gegen das Transparenzgebot des § 307 Abs. 1 S. 2 BGB verstoßen könnte, sichert die „gesetzliche Erlaubnis" – sei es als Erlaubnis des Gesetzes oder der Rechtsprechung – die Einhaltung der Arbeitnehmergrundrechte. Mit Blick auf die betroffenen Grundrechte ist eine derartige Regelung daher zulässig.

2. Test bei der Einstellung

Ethikrichtlinien können dabei nicht nur Drogentest im laufenden Arbeitsverhältnis, sondern auch Drogentests bei der Einstellung vorsehen[960]. Da Arbeitnehmer

---

959 Die Vertrauchlichkeit des Testsergebnisses auch *Thüsing*, NZA 1991, 635, 641.

960 Allgemein zur Zulässigkeit ärztlicher Untersuchungen bei Einstellungen und im bestehenden Arbeitsverhältnis *Notz*, Zulässigkeit und Grenzen ärztlicher Untersuchungen von Arbeitnehmern, S. 29 ff.; zur Zulässigkeit genetischer Analysen bei der Einstellung *Marquardt*, S. 116 ff.

und Arbeitgeber sich typischerweise erstmalig begegnen, gelten für diese Tests Besonderheiten:

Bei der Einstellung darf der Arbeitgeber grundsätzlich Tests vornehmen, die die Eignung des Stellenbewerbers für die Tätigkeit prüfen. Drogentests sind danach zulässig, soweit der Arbeitgeber ein berechtigtes Interesse an der Feststellung des Drogenkonsums hat[961] – in der Literatur wird für Einzelheiten auf das Fragerecht des Arbeitgebers verwiesen[962]. Das berechtigte Interesse hängt dabei erneut von der Gefahrgeneigtheit der jeweiligen Tätigkeit ab: Je höher ein mögliches Unfallrisiko ist, desto eher ist ein Test zulässig.

Erforderlich ist zudem, daß der Drogentest eine Tätigkeits-/Betriebsrelevanz aufweist. Ein konkreter Drogenverdacht kann dagegen bei einer Einstellung nicht gefordert werden, da Arbeitnehmer und Arbeitgeber sich typischerweise erstmalig begegnen und daher regelmäßig keine Verdachtsmomente vorliegen werden.

3. Durchsetzungsmöglichkeiten

Der Arbeitgeber kann die Durchführung eines Drogentests im bestehenden Arbeitsverhältnis nicht zwangsweise, wie etwa im Strafverfahren gem. § 81a StPO mit Hilfe von körperlichem Zwang durchsetzen, sondern vielmehr ist stets eine Zustimmung des Arbeitnehmers erforderlich[963]. Insoweit geht es bei den Durchsetzungsmöglichkeiten weniger darum, wie der Arbeitgeber die Durchführung des Testes vornehmen kann, sondern darum, wie er die Einwilligung des Arbeitnehmers herbeiführen kann, bzw. wie er auf eine Ablehnung des Arbeitnehmers reagieren darf.

Willigt der Arbeitnehmer nicht freiwillig ein, ist eine Pflicht aus dem Gesetz, einem Tarifvertrag, einer Betriebsvereinbarung oder dem Arbeitsvertrag erforderlich. Besteht keine Pflicht, stehen dem Arbeitgeber keine Reaktionsmöglichkeiten zur Verfügung. Ergibt sich jedoch aus einer arbeitsrechtlichen Rechtsquelle eine Pflicht des Arbeitnehmers, sich einem Drogentest zu unterziehen, ist eine Ablehnung der Zustimmung als Pflichtverstoß zu bewerten, auf den der Arbeitgeber mit einer Abmahnung und darauf folgend mit einer verhaltensbedingten Kündigung reagieren darf[964].

Für Ethikrichtlinien heißt das folgendes: Soweit die Ethikrichtlinie verbindlich, also als Tarifvertrag, Betriebsvereinbarung, arbeitsvertraglich oder mittels Direktionsrecht, Drogentests in zulässiger Weise vorschreibt, kann der Arbeitge-

961 LAG Baden-Württemberg vom 13.12.2002 – 16 TaBV 4/02 – NZA-RR 2003, 417 = ArbuR 2003, 158 (LS).

962 *Diller/Powietzka*, NZA 2001, 1227, 1228; dazu schon *Keller*, NZA 1988, 561, 562.

963 *Diller/Powietzka*, NZA 2001, 1227, 1229.

964 BAG vom 12.8.1999 (Fn. 930); auch HesS. LAG vom 15.11.2006 (Fn. 929).

ber auf eine Weigerung des Arbeitnehmers mit einer Abmahnung und später mit einer verhaltensbedingten Kündigung reagieren.

4. Mitbestimmungsrechte

Zu Mitbestimmungsrechten bei Drogentests äußert sich das LAG Düsseldorf nicht, da im Rahmen des Teilvergleichs eine Betriebsratbeteiligung für diese Regel vereinbart wurde[965]. Dieser Vergleich kann als Indiz für das Bestehen eines Mitbestimmungsrechts bewertet werden.

Ordnen Ethikrichtlinien Drogentests im Arbeitsverhältnis an, bestehen Mitbestimmungsrechte gem. § 87 Abs. 1 Nr. 1 BetrVG, da davon der gesamte Betrieb und damit die betriebliche Ordnung betroffen ist[966]. Soweit Ethikrichtlinien Drogentest aufgrund einer erhöhten Gefahr von Arbeitsunfällen vorsehen, besteht ein Mitbestimmungsrecht gem. § 87 Abs. 1 Nr. 7 BetrVG für „Regelungen über die Verhütung von Arbeitsunfällen“[967]. Für den Fall der Einstellung hält das LAG Baden-Württemberg fest, daß Blut- und Urinproben, die vor der Einstellung entnommen werden, um den Drogenkonsum des Bewerbers zu überprüfen, als Teil einer Auswahlrichtlinie i.S.d. § 95 BetrVG der Mitbestimmung des Betriebsrats unterliegen[968]: Will der Arbeitgeber in Zukunft nur noch Bewerber mit dem richtigen Testergebnis einstellen, stellt er damit mitbestimmungspflichtige Auswahlrichtlinien auf[969].

VII. Verschwiegenheitsregeln

Ethikrichtlinien umfassen typischerweise die Pflicht, Geschäfts- und Betriebsgeheimnisse[970] oder sonstige vertrauliche Angaben zu wahren.

---

965 LAG Düsseldorf vom 14.11.2005 (Fn. 120).

966 ArbG Wuppertal vom 15.6.2005 (Fn. 120); *Diller/Powietzka*, NZA 2001, 1227, 1232; *Fitting*, BetrVG, § 87 Rn. 71.

967 Dazu ArbG Wuppertal vom 15.6.2005 (Fn. 120); *Fitting*, BetrVG, § 87 Rn. 71.

968 LAG Baden-Württemberg vom 13.12.2002 (Fn. 962).

969 ArbG Wuppertal vom 15.6.2005 (Fn. 120); *Diller/Powietzka*, NZA 2001, 1227, 1229; *Fitting*, BetrVG, § 95 Rn. 22; Richardi/*Thüsing*, BetrVG, § 95 Rn. 26; *Wisskirchen/Jordan/Bissels*, DB 2005, 2190, 2192.

970 Schon Mitte des 19. Jahrhunderts wurde das „Fabrikgeheimnis“ rechtlich geschützt, dazu *Hartung*, Geheimnisschutz und Whistleblowing, S. 23.

1. Allgemeine Verschwiegenheitspflichten

Die gesetzlichen Regelungen zum Geheimnisschutz sind nicht einheitlich geregelt, sondern verteilen sich vielmehr auf unterschiedliche Gesetze[971]. Vereinzelt knüpfen Gesetze an Sonderstellungen an: So verbieten etwa § 203 StGB für die dort genannten Berufsgruppen die Offenbarung von Betriebs- und Geschäftsgeheimnissen. Im Arbeitsrecht besteht etwa für die Arbeitnehmer, die Mitglieder oder Ersatzmitglieder des Betriebsrats sind, gem. § 79 Abs. 1 BetrVG eine Geheimhaltungspflicht bezüglich der Betriebs- und Geschäftsgeheimnisse, von denen sie wegen ihrer Zugehörigkeit zum Betriebsrat Kenntnis erlangt haben[972]. Des weiteren sind Aufsichtsratsmitglieder gem. § 116 S. 2 AktG zur Verschwiegenheit über erhaltene vertrauliche Berichte verpflichtet[973]. Vorstandsmitglieder müssen gem. § 93 Abs. 1 S. 3 AktG über vertrauliche Angaben und Geheimnisse der Gesellschaft, die ihnen durch ihre Vorstandtätigkeit bekanntgeworden sind, Stillschweigen bewahren[974].

Für alle „bei einem Unternehmen beschäftigten Personen" hält § 17 Abs. 1 UWG fest, daß Geschäfts – oder Betriebsgeheimnisse nicht unbefugt zu Wettbewerbszwecken, aus Eigennutz, zugunsten eines Dritten oder, um dem Unternehmensinhaber zu schaden, mitgeteilt werden dürfen. Des weiteren gelten für alle Beschäftigten deliktische Verschwiegenheitspflichten, da § 17 UWG ein Schutzgesetz i.S.d. § 823 Abs. 2 BGB ist[975]. Zudem kann der Schutz des eingerichteten und ausgeübten Gewerbebetriebes als sonstiges Recht i.S.d. § 823 Abs. 1 BGB eingreifen. Schließlich zählen zum deliktischen Geschäftsgeheimnisschutz auch die §§ 824, 826 BGB.

Als vertragliche Regelung kann zunächst der Arbeitsvertrag ausdrücklich eine Schweigepflicht des Arbeitnehmers vorsehen. Daneben ergibt sich aus der Treuepflicht des Arbeitnehmers eine allgemeine arbeitsrechtliche Schweigepflicht[976]. Danach ist der Arbeitnehmer verpflichtet, Betriebs- und Geschäftsgeheimnisse zu wahren und darauf zu achten, daß Dritte nicht unbefugt von den im Arbeitsverhältnis erlangten Informationen, bzw. Geheimnissen Kenntnis erlangen. Der Umfang der Schweigepflicht hängt vom Einzelfall ab, insbesondere von den betroffenen betrieblichen Belangen, aber auch davon, ob der Arbeitnehmer das Ar-

971 *Piper/Ohly*, UWG, Vor §§ 17-19, Rn. 9.

972 Zu Umfang und Grenzen statt vieler nur Richardi/*Thüsing*, BetrVG, § 79 Rn. 11 ff.

973 *Hüffer*, AktG, § 116 Rn. 6.

974 *Hüffer*, AktG, § 93 Rn. 6 ff.

975 *Piper/Ohly*, UWG, § 17 Rn. 2.

976 BAG vom 3.7.2003 (Fn. 300); ErfK/*Müller-Glöge*, BGB, § 626 Rn. 99; *A. Weber*, Die Schweigepflicht des Betriebsrats, S. 16 ff.; zur Definition des Betriebsgeheimnisses *Hartung*, S. 24.

beitgeberinteresse an der Geheimhaltung erkennen kann[977]. Im Grundsatz ist die Verschwiegenheitspflicht auf die Dauer des Arbeitsverhältnisses begrenzt[978]. Eine weitere Grenze bildet das öffentliche Interesse: Will der Arbeitnehmer innerbetriebliche gewichtige Mißstände aufdecken, darf er Betriebsinterna ausnahmsweise öffentlich anzeigen[979].

2. *Pflichtenerweiterung durch Ethikrichtlinie*

Soweit Regelungen in Ethikrichtlinien nur diese Pflicht bestätigen, sind sie zulässig. Reichen sie über den Rahmen der allgemeinen Verschwiegenheitspflicht hinaus, etwa weil sie pauschal alle Informationen verbieten[980] oder ein Fortwirken „nach Beendigung“ ohne zeitliche Einschränkung vorschreiben, müssen für die Beurteilung der Zulässigkeit die Grundrechte des Arbeitnehmers gegen die des Arbeitgebers abgewogen werden.

Für den Arbeitnehmer könnte Art. 5 Abs. 1 1. Hlbs. GG betroffen sein, soweit seine Äußerung eine Meinung darstellt. Der Begriff der Meinung ist grundsätzlich weit zu verstehen[981]. Das Bundesverfassungsgericht versteht darunter alle Äußerungen, die durch ein *„Element der Stellungnahme, des Dafürhaltens, des Meinens im Rahmen einer geistigen Auseinandersetzung“*[982] geprägt sind.

Ob der Schutzbereich der Meinungsfreiheit betroffen ist, richtet sich also danach, welche Äußerungen die Ethikrichtlinie dem Arbeitnehmer verbietet. Unternehmen verbieten regelmäßig die Weitergabe von Informationen zu betriebsinternen Vorgängen oder dem Verkehr mit Geschäftspartnern. Soweit der Arbeitnehmer diese Informationen weitergibt, könnte es sich auch um die Weitergabe bloßer Tatsachen ohne Meinungselemente handeln.

---

977 ErfK/*Müller-Glöge*, BGB, § 626 Rn. 99; zum Umfang auch *A. Weber*, S. 19 f.; zur Abwägung im Einzelfall BGH vom 5.6.1997 – X ZR 139/95 – NJW 1997, 2820 = BGHZ 136, 40 = MDR 1997, 1142; zum Erfordernis eines „begründeten Interesses“ des Arbeitgebers an der Geheimhaltung schon BGH vom 15.5.1955 – I ZR 111/53 – RdA 1956, 79 f. = AP Nr. 1 zu § 17 UnlWG.

978 *Hartung*, S. 94; zur ausnahmsweise nachvertraglichen Verschwiegenheitspflicht nur BGH vom 20.1.1981 – VI ZR 162/79 – AP Nr. 4 zu § 611 BGB Schweigepflicht = NJW 1981, 1089 = BGHZ 80, 25; *Howald*, S. 250 ff.

979 BGH vom 20.1.1981 (Fn. 979); ErfK/*Müller-Glöge*, BGB, § 626 Rn. 100; *Hartung*, S. 93.

980 *Wisskirchen/Jordan/Bissels*, DB 2005, 2190 für die Unzulässigkeit eines völligen Verbots.

981 BVerfG vom 22.6.1982 – 1 BvR 1376/79 – BVerfGE 61, 1 = NJW 1983, 1415 = ArbuR 2002, 350 = JZ 1983, 100; *Mayer*, S. 67.

982 BVerfG vom 22.6.1982 (Fn. 982).

Ob Tatsachen in den Schutzbereich der Meinungsfreiheit fallen, ist umstritten[983]. Das entscheidende Abgrenzungskriterium ist dabei die Beweisbarkeit: Meinungen können nicht wahr oder falsch sein, wohingegen die Richtigkeit einer Tatsache dem Beweis zugänglich ist[984]. Richtigerweise ist aber dem Bundesverfassungsgericht zu folgen, wonach auf das „Element der Stellungnahme" und die mit der Äußerung verbundene Wertung abzustellen ist[985]. Damit wird der Schutzbereich regelmäßig betroffen sein, da der Arbeitnehmer schon durch die Form und die Wortwahl – wenn auch konkludent – Stellung zur Tatsachenbehauptung bezieht. Wann, wo und wie eine Tatsache dargestellt wird, enthält bereits etwas Wertendes[986]. Die einzige Ausnahme bilden bewußt unwahre Tatsachen, sowie Formalbeleidigungen und Schmähkritik[987]: Sie fallen nicht in den Schutzbereich der Meinungsfreiheit. Will der Arbeitnehmer dem Arbeitgeber schaden, ist seine Äußerung nicht von Art. 5 Abs. 1 1. Hlbs. GG geschützt[988].

Neben der Meinungsfreiheit muß die Selbstverwirklichung durch die Arbeitsleistung berücksichtigt werden. Der Arbeitnehmer arbeitet nicht nur, um seinen Lebensunterhalt zu finanzieren, sondern das Arbeitsverhältnis sichert auch die berufliche Selbstverwirklichung des Arbeitnehmers[989]. Ein Verbot, nach dem der Arbeitnehmer im Privatbereich nicht von beruflichen Vorgängen berichten darf, beschränkt somit auch die freie Entfaltung seiner Persönlichkeit.

Unternehmensgeheimnisse werden von der Eigentumsgarantie erfasst, Art. 14 Abs. 1 GG[990]. Der Arbeitgeber kann sich zudem auf seine Unternehmerfreiheit, Art. 12 GG, berufen. Erläßt er ein Verschwiegenheitsgebot, will er damit unter anderem seine Marktposition, den Ruf des Unternehmens oder einen fairen Wettbewerb sichern. Dringen Informationen nach außen, können Mitwettbewerbern Vorteile entstehen, außerdem kann die Presse die Informationen – gegebenenfalls sogar verfälscht – veröffentlichen und so den Ruf und die Marktposition gefährden. Diese mittelbare Gefahr wirtschaftlicher Schäden kann einen Eingriff in die Persönlichkeitsentfaltung rechtfertigen. Insoweit ist das Arbeitgeberinteresse

983 Zum Streitstand nur *Pieroth/Schlink*, Rn. 552 ff.

984 *Pieroth/Schlink*, Rn. 552; aA Dreier/*Helmut Schulze-Fielitz*, Art. 5 Rn. 65, nach dem eine Abgrenzung gar nicht möglich ist; ebenfalls kritisch *Howald*, S. 81.

985 BVerfG vom 22.6.1982 (Fn. 982); *Howald*, S. 80 f.

986 V. Mangoldt/*Christian Starck*, GG I, Art. 5 Rn. 26; *Pieroth/Schlink*, Rn. 553.

987 BVerfG vom 26.6.1990 – 1 BvR 1165/89 – BVerfGE 82, 272 = NJW 1991, 95 = MDR 1991, 125; Dreier/*Helmut Schulze-Fielitz*, Art. 5 Rn. 70; *Howald*, S. 83 f.

988 BAG vom 11.8.1982 – 5 AZR 1089/79 – AP Nr. 9 zu Art. 1 AbS. 1 GG Meinungsfreiheit = EzA § 611 BGB Fürsorgepflicht Nr. 31 = NJW 1983, 1220 = BAGE 39, 289.

989 BAG vom 19.11.2003 – 7 AZR 296/03 – AP Nr. 3 zu § 17 TzBfG = EzA § 620 BGB 2002 Altersgrenze Nr. 4 = BAGE 109, 6 = NZA 2004, 1336.

990 *Piper/Ohly*, UWG, Vor §§ 17-19, Rn. 8.

meist präventiver Natur, da er im Bereich besonders sensibler Informationen bereits im Vorfeld verhindern möchte, daß diese Informationen, die im Zusammenhang mit der Tätigkeit erlangt werden, Schäden verursachen können.

Schließlich muß – wie schon bei den Regelungen zum Umgang mit Drogen – berücksichtigt werden, daß den Arbeitgeber eine Pflicht treffen kann, Dritte vor der Preisgabe sensibler Informationen zu schützen. Erneut kommen hier zunächst Arbeitskollegen in Betracht, da der Arbeitgeber im Rahmen seiner Fürsorgepflicht aus dem jeweiligen Arbeitsverhältnis sensible Informationen geheim halten muß. Daneben kann sich aus den vertraglichen Grundlagen des Umgangs mit Geschäftspartnern und Kunden eine Pflicht des Arbeitgebers ergeben, Daten aus geschäftlichen Kontakten geheim zu halten. Insoweit wiegen diese Drittinteressen bei der Abwägung auf Seiten des Arbeitgebers für eine Zulässigkeit des Verschwiegenheitsgebots.

Um die beidseitigen Interessen angemessen zu berücksichtigen, ist im Rahmen der Abwägung zu beachten, daß nicht jede Form der Informationsweitergabe diese Risiken in gleicher Weise hervorruft. Daher gilt für die Zulässigkeit der Verschwiegenheitspflichten in Ethikrichtlinien folgendes:

Unproblematisch kann eine Ethikrichtlinie die ohnehin bestehenden gesetzlichen Pflichten und die allgemeine arbeitsrechtliche Schweigepflicht des Arbeitnehmers bestätigen. Geht die Pflicht darüber hinaus, muß der Sensibilitätsgrad der jeweiligen Information und das Schutzinteresse des Arbeitgebers oder Dritter sowie die jeweilige Tätigkeit des Arbeitnehmers berücksichtigt werden. Nicht jeder Arbeitnehmer erlangt Kenntnis von schützenswerten Informationen. Daher darf eine Ethikrichtlinie keine Schweigepflicht für alle Arbeitnehmer über alle Informationen vorsehen. Vielmehr muß ein berechtigtes Interesse des Arbeitgebers an der Verschwiegenheit bestehen. Insoweit ist nach der Art der Tätigkeit und der Informationen zu differenzieren. Schließlich muß der Arbeitgeber jeweils das mildeste Mittel zur Sicherung der Verschwiegenheit wählen, damit die Rechte des Arbeitnehmers bestmöglich gewahrt werden.

3. Mitbestimmungsrechte

Normiert die Ethikrichtlinie nur die ohnehin bestehende Verschwiegenheitspflicht des Arbeitnehmers, die sich aus seiner Treuepflicht und damit aus § 242 BGB ergibt[991], scheiden Mitbestimmungsrechte gem. § 87 Abs. 1 S. 1 1. Hlbs. BetrVG aus.

Für die im jeweiligen Einzelfall darüber hinaus zulässigen Regelungen besteht ein Mitbestimmungsrecht gem. § 87 Abs. 1 Nr. 1 BetrVG, da durch das

---

991 § 242 BGB als Grundlage der Verschwiegenheitspflicht etwa *Graser*, S. 140.

Verschwiegenheitsgebot die Ordnung im Betrieb gesichert werden soll. Eine Verschwiegenheitsverpflichtung der Beschäftigten greift weniger in das Arbeitsverhalten als vielmehr in die Gesamtordnung des Betriebes ein. Der Einwand, daß das Verbot der Informationsweitergabe ein Verhalten des Mitarbeiters außerhalb des Betriebes unzulässig regeln würde, greift indes nicht: Die Informationserlangung im Betrieb liefert den erforderlichen Bezug zur Tätigkeit – das zusätzliche Erfordernis der Verschwiegenheit für den betrieblichen Ablauf führt zu einer Betroffenheit des mitbestimmungsrelevanten Ordnungsverhaltens.

VIII. Interessenkonfliktprävention

Unter dem Titel „Interessenkonflikte" regelt etwa die DaimlerChrysler Verhaltensrichtlinie den Umgang mit Lieferanten, Händlern, Kunden und anderen Geschäftspartnern im Hinblick auf Geschenke[992]. Daneben fallen in diesen Bereich Vorgaben zu Nebentätigkeiten sowie zu zulässigen finanziellen Beteiligungen in Form des Wertpapierbesitzes[993]. Erneut gewinnt die Differenzierung zwischen regelungsfreiem Privatbereich und der Unternehmensphäre besondere Bedeutung[994].

Durch diese Regeln wollen Unternehmen verhindern, daß Arbeitnehmer sich in beruflichen Entscheidungen von privaten Beweggründen leiten lassen. Es gehört zu einer guten „Corporate Governance", daß der Arbeitgeber ein Programm zur Interessenkonfliktprävention im Unternehmen bereit hält.

Unter Corporate Governance ist die „*Unternehmensverfassung im Sinne des institutionellen Ordnungsgefüges, das den rechtlich verbindlichen Handlungsrahmen der verschiedenen vertragliche gebundenen Akteure innerhalb eines Unternehmens kennzeichnet*"[995], zu verstehen. Es geht dabei um die Festsetzung eines Verhaltensmaßstabes für die Unternehmensleitung und um Verhaltensvorgaben für Arbeitnehmer[996]. Insgesamt soll dadurch eine verantwortungsbewußte und transparente Unternehmensführung gesichert werden[997]. Ein Verhaltenskodex kann eine „wertvolle Corporate Governance-Maßnahme" darstellen[998]. Mit Blick auf die Prävention von Interessenkonflikten stellt sich daher stets die

---

992 DaimlerChrysler-Verhaltensrichtlinie (Fn. 93) S. 10.
993 DaimlerChrysler-Verhaltensrichtlinie (Fn. 93) S. 12.
994 Dazu etwa das Programm der Bayer AG (Fn. 322) S. 18 ff.
995 *Brocker*, S. 19.
996 *Lange*, BB 2005, 2585; speziell etwa auch zu Whistleblowing-Regeln im Rahmen der Corporate Governance nur *Berndt/Hoppler*, BB 2005, 2623.
997 *Becker*, S. 15.
998 *Lange*, BB 2005, 2585, 2589.

Frage, welche Regelungen die Unternehmensleitung erlassen darf, welche sie erlassen muß und was eine gute Corporate Governance ausmacht.

1. Regelungen zum Umgang mit Geschenken

Ethikrichtlinien enthalten zumeist Geschenkverbote in zwei Richtungen: Zum einen dürfen die Mitarbeiter keine Geschenke von Geschäftspartnern annehmen, bzw. müssen angenommene Geschenke an den Arbeitgeber abgeben. Zum anderen dürfen die Mitarbeiter weder Geschäftspartnern noch Beamten Geschenke zukommen lassen.

a. Korruptionsschutz

Mit Regelungen über die Unzulässigkeit von Geschenken will der Arbeitgeber neben der Interessenkonfliktprävention verhindern, daß in seinem Unternehmen Straftaten begangen werden[999]. Geschenkverbote dienen dem Korruptionsschutz. Außerdem versucht der Arbeitgeber eine bestmögliche und vor allem unabhängige Arbeitsleistung seiner Arbeitnehmer zu sichern. Insgesamt können diese Regelungen den Ruf des Unternehmens schützen, die Marktposition verbessern und so mittelbar wirtschaftliche Erfolge sichern. Diese Interessen des Arbeitgebers schützt erneut Art. 12 Abs. 1 GG.

b. Regelungsfreier Privatbereich

Die Möglichkeiten des Arbeitgebers, Regelungen zum Schenkverhalten seiner Arbeitnehmer vorzugeben, wird allerdings durch den regelungsfreien Privatbereich der Arbeitnehmer begrenzt[1000]:

Schenkung und Geschenkannahme fallen in den Schutzbereich der allgemeinen Handlungsfreiheit (Art. 2 Abs. 1 GG) des Arbeitnehmers, da nach dem weiten Verständnis der allgemeinen Handlungsfreiheit der Schutzbereich „*jede Form menschlichen Handelns unabhängig von ihrem Gewicht für die Persönlichkeitsentfaltung*“ erfaßt[1001].

---

999 Zu der steigenden Zahl der Bestechungen und den Möglichkeiten des Arbeitgebers, wenn es bereits zur Bestechung gekommen ist, *Maulshagen/Höner*, AuA 2007, 82 ff.

1000 Ausführlich zum regelungsfreien Privatbereicht schon oben § 4C.III.1.

1001 BVerfG vom 6.6.1989 – 1 BvR 921/85 (Reiten im Walde) – BVerfGE 80, 137 = NJW 1989, 2525 = MDR 1989, 1072; v. Mangoldt/*Christian Starck*, GG, Art. 2 Rn. 13.

Grundsätzlich darf daher jeder Arbeitnehmer schenken und Geschenke annehmen, soweit nicht gewichtige Interessen des Arbeitgebers ein Verbot oder eine Beschränkung innerhalb einer Ethikrichtlinie rechtfertigen. Insoweit ist für die Zulässigkeit eines Verbots durch den Arbeitgeber stets ein Bezug zur Arbeitsleistung erforderlich, da Art. 12 Abs. 1 GG nur die betrieblichen Interessen des Arbeitgebers schützt. Dieses Erfordernis eines Betriebsbezuges wird durch die Vielflieger-Rechtsprechung des BAG bestätigt[1002]:

In seiner Entscheidung vom 11.4.2006 hat das BAG festgehalten, daß ein Arbeitnehmer gem. § 667 2. Alt. BGB verpflichtet ist, seine aus einem Vielfliegerprogamm erworbenen Bonusmeilen für vom Arbeitgeber bezahlte Flüge herauszugeben. § 667 BGB sei zwar nicht unmittelbar auf Arbeitnehmer anwendbar, aber die allgemeinen Grundsätze der auftragsrechtlichen Bestimmungen gelten auch für Arbeitsverhältnisse[1003]. Der Arbeitnehmer muß die Meilen herausgeben, die er durch beruflich veranlaßte Flüge gesammelt hat – erforderlich ist ein Bezug zur Arbeitsleistung.

Sind der Arbeitnehmer und der Geschäftspartner hingegen privat befreundet, kann der Arbeitgeber ein übliches Geburtstagsgeschenk im privaten Rahmen nicht verbieten. Die Abgrenzung kann jedoch Probleme bereiten, da Arbeitnehmer versuchen könnten, Geschenke stets durch einen privaten Anlaß zu begründen. Um dieser Umgehungsgefahr entgegen zu wirken, muß für ein Geschenkverbot jeder noch so geringe Bezug zur Arbeitsleistung ausreichen.

c. Verbot einer Geschenkannahme

Wie schon gezeigt, kann der Arbeitgeber stets nur die Annahme solcher Geschenke verbieten, die den erforderlichen Betriebsbezug aufweisen. Daneben gilt, daß ein Verbot zumindest dann zulässig ist, wenn es die Regelung des § 299 Abs. 1 StGB wiedergibt: Was strafrechtlich ohnehin verboten ist, kann der Arbeitgeber auch intern seinen Arbeitnehmern verbieten[1004]. Das Bestechlichkeitsverbot des § 299 Abs. 1 StGB deckt die problematischen Fälle weithin ab: § 299 Abs. 1 StGB verbietet dem Angestellten jedes Fordern, Sich-Versprechenlassen oder Annehmen von Vorteilen für die unlautere Bevorzugung im Wettbewerb um Liefer- oder Dienstleistungsverträge.

Allerdings begrenzt die Sozialadäquanz den Tatbestand, so daß kleinere Aufmerksamkeiten und bescheidene Essenseinladungen unberührt bleiben, da sie

---

1002 BAG vom 11.4.2006 (Fn. 377).

1003 BAG vom 11.4.2006 (Fn. 377).

1004 Daß strafbare Handlungen bereits nicht vom Schutzbereich der Allgemeinen Handlungsfreiheit erfaßt werden, etwa v. Mangoldt/*Christian Starck*, GG, Art. 2 Rn. 13, kann daher an dieser Stelle unbeachtet bleiben.

mit Blick auf den Verkehrskreis typischerweise nicht geeignet sind, geschäftliche Entscheidungen sachwidrig zu beeinflussen[1005]. Erforderlich ist jedoch ein Bezug zu einem konkreten Wettbewerbshandeln, so daß nur ein Vorteil im Rahmen eines Tauschgeschäfts als Gegenleistung für eine (zukünftige) unlautere Bevorzugung unzulässig ist – Geschenke im Vorfeld sind hingegen straflos[1006].

Neben der Wiedergabe des § 299 Abs. 1 StGB stellt sich doch auch für die anderen Fälle die Frage, ob eine Ethikrichtlinie kleinere sozialadäquate Geschenke zulassen muß. Diese führen nicht zu einer Strafbarkeit nach § 299 Abs. 1 StGB. Obgleich solche Regelungen aufgrund eines möglichst geringen Eingriffs in die Handlungsfreiheit des Arbeitnehmers zunächst gerechtfertigt erscheinen, stellen sich erneut Abgrenzungsprobleme zum Privatbereich. Um diese zu vermeiden, sollte die Ethikrichtlinie daher eine konkrete Wertgrenze vorgeben. Eine Pflicht, wertmäßige Beschränkungen einzuführen, besteht hingegen für den Arbeitgeber nicht[1007]: Er kann – geschützt durch die Unternehmerfreiheit – jede Form der Geschenkannahme verbieten, soweit sie einen Bezug zur Arbeitsleistung aufweist.

d. Abgabepflicht

Für Regelungen, die eine Abgabepflicht bereits angenommener Geschenke vorsehen, gelten die gleichen Voraussetzungen wie für Geschenkannahmeverbote – was der Arbeitgeber verbieten darf, kann er auch einfordern. Interessant ist daher nur, ob der Arbeitnehmer nicht ohnehin schon gem. § 677 BGB zur Herausgabe verpflichtet ist und damit eine Abführungspflicht an den Arbeitgeber innerhalb einer Ethikrichtlinie überflüssig ist, bzw. rein deklaratorischer Natur.

Insoweit kann erneut auf die Meilenrechtsprechung des BAG zurückgegriffen werden[1008]: Das BAG erklärte § 667 BGB zwar nicht für unmittelbar auf das Arbeitsverhältnis anwendbar, da Arbeitnehmer nicht im Sinne von *§ 662 BGB* unentgeltlich tätig werden. Es hielt dennoch fest, daß die allgemeinen Grundsätze des Auftragsrechts auch für Arbeitnehmer gelten:

„[Der Beauftragte soll ...] durch die Geschäftsbesorgung keinen Nachteil erleiden, aus ihr aber auch keinen Vorteil ziehen. Ebenso soll der Arbeitnehmer regelmäßig neben der vereinbarten Arbeitsvergütung keine weiteren materiellen Vorteile aus seiner Arbeitsleistung erlangen." Als Folge dessen ist der Arbeit-

---

1005 Schönke/Schröder/*Heine*, StGB, § 299 Rn. 20.

1006 Achenbach/Ransiek/*Ebert-Weidenfeller*, Kapitel III, Abschnitt 2, Rn. 16; Schönke/Schröder/*Heine*, StGB, § 299 Rn. 15 ff.

1007 Insoweit unklar, ob *Wisskirchen/Jordan/Bissels*, DB 2005, 2190 mit der Unwirksamkeit eines absoluten Geschenkverbots eine wertmäßige Beschränkung fordern.

1008 BAG vom 11.4.2006 (Fn. 377).

nehmer ohnehin verpflichtet, Geschenke, die er im Zusammenhang mit seiner Arbeit erhält, abzugeben: Als Gegenleistung für seine Tätigkeit bekommt er eine Vergütung – weiter gehenden Vorteile stehen dem Arbeitgeber zu.

Das BAG äußert sich auch zu dem Ausmaß der Herausgabepflicht: Der Arbeitnehmer muß danach jeden „*Vorteil, den der Beauftragte auf Grund eines inneren Zusammenhangs mit dem geführten Geschäft erhalten hat*"[1009], an den Auftraggeber, bzw. im übertragenen Sinne an den Arbeitgeber abgeben. Dieser innere Zusammenhang wird angenommen, wenn die Vorteilsgewährung dazu führen könnte, daß der Beauftragte die Interessen des Geschäftsherrns nicht angemessen beachtet[1010]. Insoweit ist der Schutz der Arbeitgeberinteressen ein Beweggrund für die Abgabeverpflichtung.

Neben den auftragsrechtlichen Grundsätzen, die eine Herausgabeverpflichtung des Arbeitnehmers begründen können, kann – gerade mit Blick auf den Zweck der Korruptionsvorbeugung des Arbeitgebers – auch die Rechtsprechung des BGH zur Herausgabepflicht von Schmiergeldern herangezogen werden: Der Beauftragte muß gem. § 677 BGB auch Schmiergelder, die er im Zusammenhang mit dem Auftrag erlangt hat, an den Auftraggeber herausgeben[1011]. Der Bundesgerichtshof hält fest, daß der Beauftragte alles, was er erlangt hat, herausgeben muß – „*dazu gehören auch „Provisionen", Geschenke und andere Sondervorteile, die dem Beauftragten von dritter Seite zugewandt worden sind und die eine Willensbeeinflussung zum Nachteil des Auftraggebers befürchten lassen*"[1012].

Soweit die auftragsrechtlichen Grundsätze auf das Arbeitsverhältnis Anwendung finden, rechtfertigen diese Ausführungen auch ein Abgaberecht an den Arbeitgeber bezüglich aller Geschenke, die der Arbeitnehmer von Dritten erhalten hat und die einen inneren Zusammenhang zur Arbeitsleistung aufweisen.

Insoweit ist eine solche Regelung innerhalb einer Ethikrichtlinie nicht nur zulässig, sondern zudem als überflüssig, weil nur deklaratorisch, zu bewerten, da – unter Berücksichtigung der jüngsten Rechtsprechung des BAG – der Arbeitnehmer ohnehin zur Herausgabe verpflichtet ist.

1009 BAG vom 11.4.2006 (Fn. 377); davor schon BGH vom 17.10.1991 – III ZR 352/89 – NJW-RR 1992, 560 = WM 1992, 879 = MDR 1992, 556.

1010 Dazu nur BGH vom 28.10.1965 – VII ZR 290/63 – BB 1966, 99.

1011 BGH vom 13.12.1994 – 1 StR 622/94 – NStZ 1995, 233 = Wistra 1995, 144 = StV 1995, 302;

1012 BGH vom 2.4.2001 – II ZR 217/99 – MDR 2001, 884 = WM 2001, 1067 = DB 2001, 1189.

e. Schenk-Verbot

Ethikrichtlinien umfassen regelmäßig auch Verbote, Geschenke an Geschäftspartner oder Beamte zu geben. Bei der Beurteilung der Zulässigkeit ist erneut die allgemeine Handlungsfreiheit (Art. 2 Abs. 1 GG) des Arbeitnehmers angemessen zu berücksichtigen, da auch die Schenkungshandlung in den Schutzbereich fällt. Soweit der strafrechtliche Bereich der §§ 333, 334 StGB betroffen ist, kann der Arbeitgeber das Schenken ohnehin verbieten. Die §§ 333, 334 StGB decken den größten Teil der möglichen Bestechungshandlungen ab[1013], so daß regelmäßig kaum eine Richtlinie darüber hinaus gehen wird[1014]. Sollte dies dennoch der Fall sein, ist genauso wie für das Verbot der Geschenkannahme ein Bezug zur Arbeitsleistung erforderlich, der aufgrund der Mißbrauchsgefahr des regelungsfreien Privatbereichs wiederum minimal sein kann.

f. Mitbestimmung

Soweit Ethikrichtlinien die gesetzlichen Vorgaben der §§ 299, 333, 334 StGB wiedergeben, scheidet ein Mitbestimmungsrecht gem. § 87 Abs. 1 1. Hlbs. BetrVG aus. Für Mitbestimmungsrechte an den darüber hinaus reichenden Regelungen kommt es entscheidend auf die Abgrenzung Arbeitsverhalten – Ordnungsverhalten an.

Das ArbG Wuppertal bejaht ein Mitbestimmungsrecht nach § 87 Abs. 1 Nr. 1 BetrVG[1015]:

„Ebenso verstößt der Abschnitt Geschenke und Zuwendungen (Seite 9 des Kodexes) gegen § 87 Abs. 1 Nr. 1 BetrVG. [...] Auch hier wird das Ordnungsverhalten der Arbeitnehmer im Betrieb reglementiert. Entgegen der Ansicht der Beteiligten zu 2. handelt es sich auch nicht um Regelungen im Bereich des reinen Arbeitsverhaltens. Ob ein Arbeitnehmer Geschenke annimmt oder nicht, hat mit seiner zu erbringenden Arbeitsleistung nichts zu tun. [... Das Mitbestimmungsrecht scheidet ...] auch nicht deshalb aus, weil durch die Anordnung nicht das Verhalten der Arbeitnehmer untereinander, sondern das Verhalten der Arbeitnehmer zu außerhalb des Betriebes stehenden Dritten betroffen sei. Auch wenn das Verhältnis zu einem Betriebsfremden betroffen ist, wird dem Arbeitnehmer aufgegeben, wie er sich in einer konkreten Situation im Betrieb zu verhalten habe."

1013 Dazu nur Schönke/Schröder/*Heine*, StGB, § 333 Rn. 3 ff. und § 334 Rn. 2 ff.

1014 *Eisenbeis/Nießen*, FS Leinemann, S. 697, 716.

1015 ArbG Wuppertal vom 15.6.2005 (Fn. 120); ebenso DKK-*Klebe*, § 87 Rn. 55; aA GK-BetrVG/*Wiese*, § 87 Rn. 227; HSWG/*Worzalla*, BetrVG, § 87 Rn. 114.

Das LAG Düsseldorf bestätigte dies und hält fest, daß

„der Gesamtbetriebsrat ein Mitbestimmungsrecht [hat], ob und in welchem Wert die Mitarbeiter diese gebräuchlichen Werbegeschenke behalten dürfen, wann sie sie an den Lieferanten zurückgeben, wann sie sie an die Arbeitgeberin herausgeben müssen und schließlich in welchen Fällen der Vorgesetzte informiert werden muß."

Gegen das Bestehen eines Mitbestimmungsrechts wird in der Literatur angeführt, daß es um ein Verhalten gegenüber Dritten gehe[1016]. Dieses Argument überzeugt indes nicht, da kein losgelöstes Verhalten gegenüber Dritten vorliegt, sondern die Ablehnung eines Geschenks im konkreten Zusammenhang zur Arbeitsverhalten des Mitarbeiters steht und damit den erforderlichen Bezug zum Betrieb aufweist. Vielmehr ist die Abgrenzung zum Ordnungsverhalten maßgeblich:

Der Arbeitgeber konnte schon in der Meilen-Rechtsprechung des BAG den Arbeitnehmer anweisen, die erworbenen Bonusmeilen herauszugeben[1017]. Wenn der Arbeitgeber derartige Weisungen erteilen kann, handelt es sich um Arbeitsverhalten, so daß ein Mitbestimmungsrecht ausscheidet. Auch das BAG hat in der Entscheidung keine Mitbestimmungsrechte an den Herausgabeanspruch gem. § 667 BGB geknüpft.

Geschenkverbote – in beide Richtungen – betreffen daher regelmäßig das bloße Arbeitsverhalten, denn den möglichen Schenkungshandlungen – etwa der Abschluß oder das Aushandeln von Verträgen für das Unternehmen – fehlt der Bezug zur betrieblichen Ordnung gem. § 87 Abs. 1 Nr. 1 BetrVG. Daher scheiden Mitbestimmungsrechte aus.

2. Regelungen zum Wertpapierbesitz

a. Zulässige Inhalte

Neben einem Verbot, Wertpapiere des eigenen Unternehmens oder der Geschäftspartner zu besitzen, sehen Ethikrichtlinien vor, daß Arbeitnehmer den Arbeitgeber über ihren Wertpapierbesitz informieren oder sogar ihre Wertpapiere an ihn abgeben müssen. Teilweise erstrecken sich diese Verbote auf Angehörige der Mitarbeiter. Besonderheiten gelten für Journalisten, die regelmäßig über wirtschaftliche Themen börsennotierter Unternehmen berichten.

1016 *Schuster/Darsow*, NZA 2005, 273, 276; *Wisskirchen/Jordan/Bissels*, DB 2005, 2190, 2191.

1017 BAG vom 11.4.2006 (Fn. 377).

[1] Gesetzliche Regelungen

Neben den besonderen Verhaltenspflichten für Wertpapierdienstleistungsunternehmen (§§ 30 ff. WpHG)[1018] normiert das WpHG für alle Unternehmen Vorgaben zum Wertpapierhandel.

Gem. § 14 Abs. 1 WpHG dürfen Insiderinformationen nicht für den Handel mit Wertpapieren verwendet werden (Nr. 1) und nicht unbefugt mitgeteilt oder zugänglich gemacht werden (Nr. 2). Schließlich dürfen auf der Grundlage der Insiderinformation keine Empfehlungen bzgl. Wertpapierkauf und –verkauf abgegeben werden (Nr. 3)[1019]. Verstöße gegen diese Normen sind in den §§ 38, 39 WpHG mit Freiheits- oder Geldstrafe, bzw. mit Bußgeld sanktioniert.

Soweit eine Ethikrichtlinie lediglich diese Vorgaben bestätigt, ist von einer Zulässigkeit des Richtlinieninhalts auszugehen. Das Bestehen dieser Normen hilft aber auch bei der Beurteilung der Zulässigkeit der darüber hinaus reichenden Ethikrichtlinieninhalte weiter.

Daneben stellt sich die Frage, inwieweit der Arbeitgeber in diesem Bereich auch ausländische Rechtsvorgaben an seine Arbeitnehmer weitergegeben darf. Die Zulässigkeitsvermutung bezüglich der Wiedergaberegelungen des WpHG wird durch die ohnehin bestehende Pflicht aller Arbeitnehmer, Schäden von ihrem Arbeitgeber abzuhalten, gestützt[1020]. Insoweit gilt aber nichts anderes, wenn der Arbeitgeber ausländischem Gesetzesrecht unterliegt: Soweit er zur Einhaltung gesetzlicher Vorgaben verpflichtet ist, darf der Arbeitnehmer nicht gegen diese Vorgaben verstoßen, da seine arbeitsvertragliche Treuepflicht auch die Pflicht umfaßt, Schäden vom Arbeitgeber abzuwenden. Die inhaltliche Wiedergabe ausländischer Rechtsvorgaben ist zulässig.

[2] Angaben zum Wertpapierbesitz

Einer Pflicht, Angaben zum Wertpapierbesitz zu machen, könnte erneut Art. 5 Abs. 1 1. Hlbs. GG entgegenstehen. Die Informationen, die die Arbeitnehmer ihrem Arbeitgeber mitteilen sollen, müßten dafür in den Schutzbereich der Meinungsfreiheit fallen, d.h. Elemente der Stellungnahme aufweisen. Regelmäßig wird nach dem weiten Verständnis der Meinung der Schutzbereich eröffnet sein.

Für den Arbeitgeber spricht erneut seine unternehmerische Freiheit, Art. 12 Abs. 1 GG. Mit einer Angabenverpflichtung will er sicherstellen, daß die Arbeitnehmer sich beim Arbeiten nicht von eigenen Interessen leiten lassen (Interessen-

1018 Dazu schon oben unter § 1C.III.2.
1019 Dazu Achenbach/Ransiek/*Schröder*, Kapitel X, Abschnitt 2, Rn. 93 ff.
1020 Zu dieser Arbeitnehmerpflicht bereits oben unter § 4C.I.2.

konfliktprävention) und nicht versuchen, vermögenswerte Vorteile durch Insiderinformationen zu erlangen[1021]. Die Gewährleistung einer möglichst unabhängigen Arbeit soll auch den Erfolg und die Reputation des Unternehmens sichern. Zudem soll jede Beeinflussung des Wettbewerbs auf dem Wertpapiermarkt ausgeschlossen werden[1022].

Daher ist stets ein geschäftlicher Kontakt zwischen dem Arbeitgeber und den Unternehmen, die vom Wertpapierverbot erfaßt werden, erforderlich. Unzulässig ist eine Regelung, mit der der Arbeitgeber eine umfassende Auflistung aller Wertpapiere fordert, die der Arbeitnehmer besitzt. Der Arbeitgeber darf daher nur nach dem Wertpapierbesitz der Unternehmen fragen, die im geschäftlichen Kontakt mit ihm stehen.

Diese Einschränkung kann durch einen Vergleich mit einer Regelung des WpHG bestätigt werden: Wertpapierdienstleistungsunternehmen müssen gem. § 33 Abs. 1 Nr. 1 WpHG Verfahren zur ordnungsgemäßen Durchführung der Dienstleistungen bereithalten. Im Rahmen dieser Verfahren sollen Unternehmen „Verbotslisten“ oder „Stopplisten“ zur Einsicht für betroffene Mitarbeiter führen; darin sind die Wertpapiere aufgelistet, mit denen ein Eigenhandel untersagt ist und zu denen keine Empfehlungen abgegeben werden dürfen[1023].

Das WpHG sieht grundsätzlich für Wertpapierdienstleistungsunternehmen strengere Anforderungen vor. Wenn also schon für Wertpapierdienstleistungsunternehmen derartige Verbotslisten diskutiert werden, können alle anderen Unternehmen erst Recht nicht von ihren Mitarbeitern eine Auflistung des Besitzes aller Wertpapiere verlangen. Vielmehr muß der Arbeitgeber – will er Angaben der Arbeitnehmer zur ihrem Wertpapierbesitz in einer Ethikrichtlinie fordern – eine Liste der relevanten Unternehmen erstellen, deren Wertpapierbesitz die Arbeitnehmer angeben müssen. Der Schutz der Arbeitnehmergrundrechte rechtfertigt den damit verbundenen Mehraufwand[1024].

Eine weitere Zulässigkeitsbeschränkung gilt insoweit, als der Arbeitgeber nur Regelungen zum Wertpapierbesitz solcher Personen erlassen darf, bei denen die Gefahr eines Interessenkonflikts besteht. Daher ist die pauschale Anzeigepflicht für alle Arbeitnehmer unzulässig, wenn etwa auch das Reinigungspersonal, das keinerlei vertrauenswürdige Informationen erlangt, keine Wertpapiere von Geschäftspartnern besitzen darf – häufig wird das Reinigungspersonal noch nicht einmal wissen, wer die Geschäftspartner des Arbeitgebers sind.

1021 Etwa das Programm der Bayer AG (Fn. 322) S. 20.

1022 Unter C. der „Conduct Guidelines“ der Siemens AG (Fn. 248).

1023 Assmann/Schneider/*Koller*, WpHG, § 33 Rn. 32; Schwark/*Schwark*, WpHG, § 33 Rn. 25.

1024 Zur möglichen Handelsbehinderung durch den Mehraufwand dieser Listen Assmann/Schneider/*Koller*, WpHG, § 33 Rn. 32.

Kritisch kann einer Zulässigkeit dieser Meldepflichten entgegengehalten werden, daß § 21 Abs. 1 S. 1 WpHG nur für den Fall Mitteilungspflichten vorsieht, in denen der Aktionär durch eine Steigerung seiner Stimmrechtbeteiligung zum „Meldepflichtigen" geworden ist. Somit könnte gefordert werden, daß erst ab einer bestimmten Stimmrechtsbeteiligung die Anteile dem Arbeitgeber gemeldet werden müssen. Allerdings kann im Einzelfall für den Arbeitgeber schon bei einer verhältnismäßig geringen Stimmrechtsbeteiligung ein besonderes Interesse an der Information bestehen. Daher ist eine Abwägung im Einzelfall erforderlich.

[3] Wertpapierbesitzverbot / Abgabepflicht

Als Grundsatz gilt für den Umgang mit Wertpapieren, daß ein regelungsfreier Privatbereich besteht, in den der Arbeitgeber nicht eingreifen darf. Der Arbeitgeber kann seinen Arbeitnehmern keine Vorgaben für den Umgang mit ihrem Privateigentum machen. Nur wenn sich aus den Eigentumsverhältnissen an Wertpapieren eine konkrete Gefahr für das Arbeitsverhalten ergibt, kann der Arbeitgeber mit arbeitsrechtlichen Sanktionen reagieren. Dieser regelungsfreie Privatbereich der Arbeitnehmer wird für Wertpapiere durch ihre Eigentumsfreiheit gesichert, da Art. 14 GG auch gesellschaftsrechtliches Anteilseigentum, insbesondere Aktien als „*gesellschaftsrechtlich vermitteltes Eigentum*", schützt[1025].

Zunächst können dieselben Voraussetzungen wie bei der Angabepflicht herangezogen werden: Zum einen muß ein geschäftlicher Kontakt zwischen dem Unternehmen, dessen Wertpapiere der Arbeitnehmer nicht besitzen darf, und dem Unternehmen des Arbeitgebers bestehen. Darüber hinaus müßte die Tätigkeit des Arbeitnehmers die Gefahr einer Interessenkollision möglich erscheinen lassen.

Bedenken gegen die Zulässigkeit dieses Verbots ergeben sich jedoch, da § 14 Abs. 1 Nr. 1 WpHG nicht den Wertpapierbesitz, sondern lediglich den Handel mit Wertpapieren verbietet. Solange der Arbeitnehmer, der über Insiderinformationen verfügt, keinen Handel mit den Wertpapieren betreibt, verstößt er nicht gegen § 14 Abs. 1 Nr. 1 WpHG. Damit ein derartiges Besitzverbot zulässig ist, müßte der Arbeitgeber besondere Gründe im Rahmen seiner Unternehmerfreiheit geltend machen, die einen derartig starken Eingriff rechtfertigen. Beispielsweise kann für Wirtschaftsjournalisten der Ruf des Wirtschaftsblatts, der vor allem durch eine unabhängige Berichterstattung gestärkt wird, einen besonderen Grund darstellen[1026]. Für alle anderen Unternehmen ist ein Wertpapierbesitzverbot, daß

1025 BVerfG vom 7.8.1962 – 1 BvL 16/60 – BVerfGE 14, 263 = NJW 1962, 1667 = AP Nr. 13 zu Art. 14 GG; Dreier/*Joachim Wieland*, Art. 14 Rn. 49; v. Mangoldt/*Otto Depenhauer*, GG, Art. 14 Rn. 142.

1026 Dazu so gleich unter § 4C.VIII.2.a.[4].

über die Pflichten aus § 14 Abs. 1 Nr. 1 WpHG hinausgeht, grundsätzlich unzulässig – nur wenn gewichtige Gründe, etwa die besondere Gefahr eines Interessenkonflikts, vorliegen, kann der Arbeitgeber ausnahmsweise ein Wertpapierverbot in seiner Ethikrichtlinie vorsehen.

[4] Besonderheiten für Wirtschaftsjournalisten

Es liegt auf der Hand, daß für Wirtschaftsjournalisten Besonderheiten gelten müssen. Da sie durch ihre Berichte die öffentliche Meinung und damit das An- und Verkaufsverhalten der Aktionäre beeinflussen, kann eine Wirtschaftszeitung, die ihren guten Ruf aufgrund unabhängiger Berichterstattung sichern möchte, in ihren Ethikrichtlinien strengere Anforderungen vorsehen.

Dennoch sind pauschale Verbote bezüglich aller Wertpapiere unzulässig, da ein milderer Eingriff in die Grundrechte der Arbeitnehmer stets möglich und genauso erfolgversprechend ist: Anschaulich schreibt die Richtlinie in der Handelsblatt-Entscheidung detailliert vor, unter welchen Umständen Journalisten ihren Wertpapierbesitz angeben müssen, bzw. wann sie Wertpapiere abgegeben müssen[1027]: Beispielsweise sieht sie unterschiedliche Vorgaben für einen Redakteur vor, der mit der „*kontinuierlichen Berichterstattung*" beauftragt ist, und einen Redakteur, der nur „*gelegentlich über ein Unternehmen berichtet*".

Eine derartig differenzierende Ethikrichtlinie, die die Arbeitnehmergrundrechte angemessen berücksichtigt, ist daher zulässig.

[5] Verpflichtung Familienangehöriger der Arbeitnehmer

Daneben sehen Ethikrichtlinien vor, daß Familienangehörige keine Aktien besitzen dürfen, bzw. daß der Arbeitnehmer dem Arbeitgeber den Wertpapierbesitz seiner Angehörigen mitteilen muß.

Als Grundsatz gilt zunächst, daß mangels vertraglicher Bindung der Arbeitgeber in der Ethikrichtlinie keine Pflichten für Angehörige der Arbeitnehmer begründen kann[1028]. Aber auch eine bloße Mitteilungspflicht berührt Art. 6 Abs. 1 GG, da der Schutz der Familie einen intimen Bereich schützt, in dem Informationen geheim gehalten werden dürfen[1029]. Arbeitnehmer sind daher grundsätzlich nicht verpflichtet, auf das Verhalten ihrer Familienangehörigen einzuwirken[1030]. Nur in Ausnahmekonstellationen können Ethikrichtlinien Regelungen für Familienangehörige vorsehen:

1027 BAG vom 28.5.2002 (Fn. 332).
1028 Ausführlich dazu schon oben unter § 3D.II.2.b.
1029 *Matzick*, S. 165 ff.
1030 *Matzick*, S. 165.

Soweit Angehörige als vorgeschobener „Strohmann" handeln und der Arbeitnehmer mittelbar vom Wertpapierbesitz profitieren soll[1031], darf der Arbeitgeber dem Arbeitnehmer den Wertpapierbesitz der Angehörigen verbieten. Trotz möglicher Beweisprobleme, da der Arbeitgeber häufig kaum feststellen kann, ob Familienangehörige als Strohmann handeln oder aus eigenem Interesse, kann eine Ethikrichtlinie vorsehen, daß nur der Wertpapierhandel ausgeschlossen wird, der „für Rechnung oder im Interesse" des Arbeitnehmers erfolgt[1032], bzw. vorsieht, daß Arbeitnehmer Familienangehörige nicht *„[...] veranlassen, solche Wertpapiere zu kaufen oder zu verkaufen"*[1033]. So eine differenzierende Regelung ist zulässig, da sie insbesondere mit § 14 Abs. 1 Nr. 1 WpHG überein stimmt, der den Handel mit Wertpapieren *„für einen anderen"* verbietet.

Zur Mitteilungspflicht ist anerkannt, daß der Arbeitnehmer gem. § 21 Abs. 1 S. 1 WpHG auch den Besitz mitteilen muß, wenn mehrere Familienmitglieder gemeinsam Wertpapiere besitzen und er die vorgegebene Stimmrechtbeteiligungsgrenze überschritten hat[1034].

Eine Ethikrichtlinie darf dagegen grundsätzlich keine Wertpapierverbote oder Mitteilungspflichten vorschreiben, wenn einzig der Angehörige die Wertpapiere besitzt und keine Veranlassung durch den Arbeitnehmer erkennbar ist. Es ist erneut die allgemeine Handlungsfreiheit des Angehörigen und dessen Eigentumsfreiheit gem. Art. 14 GG betroffen. Im Unterschied zum Arbeitnehmer besteht jedoch kein Arbeitsverhältnis, das einen näheren Bezug zum Arbeitgeber aufweist und den Eingriff rechtfertigen könnte. Nur ausnahmsweise können Einschränkungen gerechtfertigt sein, wenn besonders gewichtige Gründe des Arbeitgebers vorliegen, wie etwa bei Wirtschaftsjournalisten.

b. Mitbestimmung

Mit Mitbestimmungsrechten an Regeln, nach denen Mitarbeiter dem Unternehmen ihren Wertpapierbesitz angeben müssen, beschäftigte sich die Handelsblatt-Entscheidung des BAG[1035]. Die dort vereinbarte Ethikrichtlinie sah vor, daß Mitarbeiter – abhängig davon, in wie weit ihre Tätigkeit in einem Zusammenhang mit dem jeweiligen Unternehmen steht – ihren Wertpapierbesitz melden müssen. Zudem konnte die Meldung auch an einen Notar erfolgen, der die Informationen prüft und gegebenenfalls an die Unternehmensleitung weitergibt.

1031 Zum Begriff des Strohmanns nur Palandt/*Heinrichs*, BGB, Einf v § 164 Rn. 8.
1032 *Matzick*, S. 166.
1033 So in der Handelsblatt-Entscheidung des BAG vom 28.5.2002 (Fn. 332).
1034 Assmann/Schneider/*Koller*, WpHG, § 21 Rn. 9.
1035 BAG vom 28.5.2002 (Fn. 332).

Das BAG mußte in diesem Fall nicht entscheiden, ob Mitbestimmungsrechte bestehen, da es sich bei dem Betrieb einer Wirtschaftszeitung um einen Tendenzbetrieb handelt, so daß Mitbestimmungsrecht ohnehin gem. § 118 Abs. 1 Nr. 2 BetrVG ausgeschlossen waren. Dennoch deutete es an, daß die in der Richtlinie festgehaltenen Pflicht, Wertpapierbesitz anzuzeigen, das Ordnungsverhalten betrifft, da der Arbeitgeber mit der Einführung dieser Angaben einem „Koordinationsinteresse" Rechnung trägt und betriebliche Abläufe regelt – die Anzeigepflicht berührt zwar zunächst den privaten Bereicht des Wertpapierbesitzes, jedoch geht es bei der Anzeige um die unabhängige Berichterstattung und die Reputation der Wirtschaftszeitung. Daher liegt auch der erforderliche betriebliche Bezug vor.

Die Aussagen des BAG überzeugen: Soweit die Bestimmung zum Wertpapierbesitz in der Ethikrichtlinie zulässig ist, regelt der Arbeitgeber betriebliche Abläufe. Die Angaben betreffen das Ordnungsverhalten, so daß ein Mitbestimmungsrecht gem. § 87 Abs. 1 Nr. 1 BetrVG besteht. Gibt die Ethikrichtlinie ausschließlich die gesetzlichen Regelungen des WpHG wieder, ist ein Mitbestimmungsrecht gem. § 87 Abs. 1 1. Hlbs. BetrVG ausgeschlossen[1036]. Regelungen über den Wertpapierbesitz Dritter sind grundsätzlich unzulässig, so daß kein Mitbestimmungsrecht besteht.

Das BAG läßt in seiner Entscheidung offen, ob im Falle einer standardisierten Informationserhebung zudem ein Mitbestimmungsrecht gem. § 94 Abs. 1 S. 1 BetrVG besteht. Soweit der Arbeitgeber im Zusammenhang mit einer Ethikrichtlinie formularmäßig Informationen zum Wertpapierbesitz erfragt[1037], stellt das Formular einen Personalfragebogen i.S.d. § 94 Abs. 1 S. 1 BetrVG dar – der Betriebsrat muß dem Inhalt und dem Umfang zustimmen[1038].

Außerdem wird in der Literatur vertreten, daß ein Mitbestimmungsrecht gem. § 87 Abs. 1 Nr. 6 BetrVG besteht, soweit eine automatisierte Überwachung des betrieblichen Wertpapierhandels besteht[1039]. Mit Blick auf eine damit verbundene automatische Speicherung der Arbeitnehmerdaten ist dem zuzustimmen.

1036 *Eisenbeis/Nießen*, FS Leinemann, S. 697, 716; *Wisskirchen/Jordan/Bissels*, DB 2005, 2190, 2191.

1037 *Borgmann*, NZA 2003, 352, 356; *Wisskirchen/Jordan/Bissels*, DB 2005, 2190, 2192.

1038 Dazu *Fitting*, BetrVG, § 94 Rn. 6, 9 ff.; vergleichbar bejaht Richardi/*Thüsing*, BetrVG, § 94 Rn. 27 ein Mitbestimmungsrecht, soweit eine formularmäßige Erfassung der Vermögensverhältnisse der Arbeitnehmer zulässig ist.

1039 *Borgmann*, NZA 2003, 352, 356; *Wisskirchen/Jordan/Bissels*, DB 2005, 2190, 2192.

3. Nebentätigkeitsverbote

Ebenfalls in den Bereich der Interessenkonfliktsprävention gehört das Verbot, Nebentätigkeiten auszuüben, bzw. deren Anzeigepflicht. Wenn gleich der „ethische Gehalt“ solcher Regeln sich nicht auf den ersten Blick aufdrängt, handelt es sich bei derartigen Regelungen um einen typischen Bestandteil einer Ethikrichtlinie[1040].

a. Inhalte

Bei Regelungen über die Zulässigkeit einer Nebentätigkeit ist zu unterscheiden zwischen einem absoluten Verbot und einer Anzeigepflicht mit Genehmigungsvorbehalt. Soweit eine Ethikrichtlinie nur ein gesetzliches Nebentätigkeitsverbot wiedergibt, ist sie zulässig. Gesetzliche Regelungen liegen jedoch nur vereinzelt vor: Das Wettbewerbsverbot des § 60 HGB, das eigene Wettbewerbshandlungen des Arbeitnehmers verbietet, erfaßt nur solche Nebentätigkeiten, die dem Arbeitgeber Wettbewerb bereiten. Ein spezifisches gesetzliches Nebentätigkeitsverbot (mit Erlaubnisvorbehalt) folgt nur für die Elternzeit aus § 15 Abs. 4 BEEG[1041].

Das BAG führt in seiner Handelsblatt-Entscheidung[1042] folgendes zu Nebentätigkeitsregelungen aus:

Die Ausübung von *„Nebentätigkeiten der Redakteure [...] birgt [...] die Gefahr einer Interessenkollision in sich [...]. Die beabsichtigten Regeln sollen diese Gefahren verringern und es der Arbeitgeberin ermöglichen, ihnen auch aktiv durch die Gestaltung und die Überwachung der Arbeitsaufträge entgegenzutreten. Sie setzen an denjenigen persönlichen Verhältnissen der Redakteure an, aus denen eine Gefährdung der Objektivität und der Unabhängigkeit des Handelsblatts folgen kann. [...].“*

Diese Ausführungen verdeutlichen zunächst, daß auch ein Nebentätigkeitsverbot der Prävention von Interessenkonflikten dient. Dennoch mußte sich das BAG nicht mit der Zulässigkeit dieser Nebentätigkeitsregelung beschäftigen, da

1040 Siehe schon oben Beispielrichtlinie C. VIII.; außerdem auch DaimlerChrysler-Verhaltensrichtlinie (Fn. 93) S. 12; C. 3. der „Conduct Guidelines“ der Siemens AG (Fn. 248); Code of Conduct der Deutschen Bank (Fn. 123) S. 4.

1041 Dazu BAG vom 26.6.1997 – 8 AZR 506/95 – AP Nr. 22 zu § 15 BErzGG = EzA § 15 BErzGG Nr. 9 = NZA 1997, 1156; § 15 AbS. 4 des „Gesetzes zum Elterngeld und zur Elternzeit“ vom 5.12.2006, BGBl. I 2006, 2748 entspricht der Vorgänger-Norm § 15 AbS. 4 des BErzGG.

1042 BAG vom 28.5.2002 (Fn. 332); bestätigt durch BAG vom 27.1.2004 – 1 ABR 7/03 – AP Nr. 40 zu § 87 BetrVG 1972 Überwachung = EzA § 87 BetrVG 2001 Kontrolleinrichtung Nr. 1 = NZA 2004, 556.

Mitbestimmungsrechte des Betriebsrats gem. § 118 Abs. 1 Nr. 2 BetrVG ausgeschlossen waren. Richtigerweise müssen die betroffenen Grundrechte des Arbeitnehmers – entweder Art. 12 Abs. 1 GG oder Art. 2 Abs. 1 GG – mit der Unternehmerfreiheit des Arbeitgebers abgewogen werden[1043].

Aus Sicht des Arbeitnehmers können Nebentätigkeiten gerade in wirtschaftlich angespannten Zeiten der Existenzsicherung dienen, bezwecken aber auch eine Verbesserung des Lebensstandards[1044]. Damit sie in den Schutzbereich des Art. 12 Abs. 1 GG fallen, müßten sie von dem Begriff des Berufs erfaßt werden.

Ein Beruf ist jede auf Dauer angelegte Tätigkeit, die der Schaffung oder dem Erhalt einer Lebensgrundlage dient[1045]. Das Bundesverfassungsgericht hat zudem festgehalten, daß *„die Freiheit der Berufswahl [...] auch das Recht [umfaßt], zwei oder mehrere Berufe zu wählen und gleichzeitig nebeneinander auszuüben“*[1046]. Erforderlich ist eine gewisse Dauerhaftigkeit, so daß eine einmalige Tätigkeit oder eine Tätigkeit in einem unbedeutenden Ausmaß nicht ausreicht[1047].

Erfüllt die Nebentätigkeit nicht diese Voraussetzungen der Berufsdefinition, so unterfällt sie dennoch der allgemeinen Handlungsfreiheit, Art. 2 Abs. 1 GG[1048]. Als Auffanggrundgrundrecht greift Art. 2 Abs. 1 GG ein, wenn keine spezielleren Grundrechte vorgehen[1049]. Ebenso fällt die Nebentätigkeit eines ausländischen Arbeitnehmers in den Schutzbereich des Art. 2 Abs. 1 GG, da Art. 12 Abs. 1 GG ein „Deutschen-Grundrecht“ ist[1050].

1043 Art. 5 AbS. 1 S. 1 1. HlbS. GG ist jedoch nicht betroffen, da das Anzeigeverlangen nicht auf eine Meinung, sondern auf Tatsachen gerichtet ist, so auch *Ossenbühl/Cornils*, Nebentätigkeit und Grundrechtsschutz, S. 34.

1044 *Peter*, S. 39.

1045 BVerfG vom 18.6.1980 – 1 BvR 697/77 – BVerfGE 54, 301 = NJW 1981, 33 = DB 1980, 2222; BVerfG vom 11.6.1958 – 1 BvR 596 (Apothekenurteil) – BVerfGE 7, 377 = NJW 1958, 1035 = BB 1958, 641; v. Mangoldt/*Gerrit Manssen*, GG, Art. 12 Rn. 36.

1046 BVerfG vom 15.2.1967 – 1 BvR 569/62 – AP Nr. 37 zu Art. 12 GG = BVerfGE 21, 173 = NJW 1967, 1317; bestätigt durch BVerfG (Kammer) vom 13.1.1999 – 1 BvR 1909/95, 1 BvR 1918/95, 1 BvR 1957/95, 1 BvR 2136/95, 1 BvR 2138/95, 1 BvR 487/96, 1 BvR 993/96, 1 BvR 994/96 – NJW 1999, 1621 = JuS 2000, 181; *Bültmann/Niebler/Kohn*, Der Nebenverdienst, S. 18.

1047 Dreier/*Joachim Wieland*, Art. 12 Rn. 55 f.; v. Mangoldt/*Gerrit Manssen*, GG, Art. 12 Rn. 41; *Peter*, S. 40; *Pieroth/Schlink*, Rn. 812.

1048 Zur Anzeigepflicht und Art. 2 Abs. 1 GG etwa *Ossenbühl/Cornils*, S. 47 ff.

1049 Dreier/*Horst Dreier*, Art. 2 Rn. 30; v. Mangoldt/*Christian Starck*, GG, Art. 2 Rn. 13.

1050 *Peter*, S. 40; zu weiteren Einschränkungen v. Mangoldt/*Christian Starck*, GG, Art. 2 Rn. 148.

Auf Arbeitgeberseite ist seine unternehmerische Entscheidungsfreiheit betroffen, Art. 12 Abs. 1 GG. Neben einer Interessenkonfliktsprävention und der Vermeidung des Informationsmißbrauchs im Wettbewerb[1051] strebt der Arbeitgeber durch eine Beschränkung der Nebentätigkeiten auch an, die optimale Arbeitsleistung des Arbeitnehmers für sich zu sichern – er befürchtet durch eine Doppelbelastung eine Verschlechterung der eigentlichen Arbeitsleistung[1052].

Bei der Abwägung dieser widerstrebenden Interessen ist darauf zu achten, daß die Regelung der Ethikrichtlinie verhältnismäßig ist. Das BAG hält dazu fest, daß es „*bedenklich [erscheint], einem Angestellten jede, auch eine mit seinen vertraglichen Pflichten durchaus vereinbare Nebentätigkeit zu untersagen*"[1053]. Ein absolutes Nebentätigkeitsverbot ist danach regelmäßig nicht möglich[1054], denn obwohl es geeignet ist, die berechtigten Interessen des Arbeitgebers durchzusetzen, müßte es auch erforderlich, also von allen gleich geeigneten Mitteln das mildeste sein. Die Bedenken des Arbeitgebers müssen im jeweiligen Einzelfall den Eingriff in die Berufsfreiheit des Arbeitnehmers rechtfertigen. Daher muß der Arbeitgeber sich zumindest mit der konkreten Situation und dem Nebentätigkeitswunsch des Arbeitnehmers auseinandersetzen – durch ein absolutes Verbot erfüllt er diese Pflicht nicht.

Als milderes Mittel kommt eine Anzeigepflicht in Betracht. Sie ist gleichermaßen geeignet, da der Arbeitgeber die Nebentätigkeit immer noch verbieten kann. Zudem ist sie ein milderes Mittel, da sie nicht jede Form der Nebentätigkeit ausschließt. Der Arbeitgeber kann vielmehr im Einzelfall entscheiden, ob der Arbeitnehmer trotz Nebentätigkeit seiner Leistungspflicht aus dem Hauptarbeitsverhältnis ordnungsgemäß nachkommen kann.

Im Ergebnis ist daher ein absolutes Nebentätigkeitsverbot unzulässig. Möglich ist eine Regelung, die eine Anzeigepflicht vorsieht, so daß die Nebentätigkeit von einer Genehmigung abhängt[1055].

1051 *Bültmann/Niebler/Kohn*, S. 26; beispielhaft betont etwa das Programm der Bayer AG (Fn. 322) S. 20 ausdrücklich, daß die Mitteilungspflicht vor allem für Beschäftigungen in den Unternehmen gilt, „*mit denen Bayer in Geschäftsbeziehungen oder in einem Konkurrenzverhältnis*" steht

1052 *Bültmann/Niebler/Kohn*, S. 25; *Peter*, S. 47, 156.

1053 BAG vom 3.12.1970 – 2 AZR 110/70 – DB 1971, 581 = BB 1971, 397 = ArbuR 1971, 57.

1054 *Wisskirchen/Jordan/Bissels*, DB 2005, 2190; für Klauseln in (Formular-) Arbeitsverträgen *Bültmann/Niebler/Kohn*, S. 24; *Peter*, S. 47, 193.

1055 Für die grundsätzliche Zulässigkeit eines Genehmigungsvorbehalts spricht auch, daß das BAG für den Fall eines Arbeitgebers im öffentlichen Dienst in seinem Urteil vom 13.3.2003 – 6 AZR 585/01 – ABGE 105, 205 = AP Nr. 7 zu § 11 BAT = NZA 2003, 976 festgehalten hat, daß der Arbeitgeber die Erlaubnis erteilen muß, wenn keine Gefährdung berechtigter dienstlicher Interessen zu erwarten ist.

b. Mitbestimmung

Obgleich Mitbestimmungsrechte gem. § 118 Abs. 1 Nr. 2 BetrVG ausgeschlossen waren, hielt das BAG in der Handelsblatt-Entscheidung[1056] fest, daß „*die private Vermögensbildung der Redakteure und deren nebenberufliches Engagement [durch die Regelung ...] Teil des betrieblichen Geschehens [werden]. Dieses unterliegt der Regelungsbefugnis der Betriebsparteien.*“.

Soweit Ethikrichtlinien eine zulässige Anzeigepflicht von Nebentätigkeiten vorsehen und gegebenenfalls zusätzlich die Zulässigkeit der Nebentätigkeit von einer Genehmigung abhängt[1057], besteht ein Mitbestimmungsrecht des Betriebsrats gem. § 87 Abs. 1 Nr. 1 BetrVG. Der Arbeitgeber will mit dem Erlaubnisvorbehalt vor Aufnahme einer Nebentätigkeit im betrieblichen Interesse einer potentiellen Interessenkollision vorbeugen. Damit betrifft diese Regelung nicht nur das Arbeitsverhalten, sondern vielmehr das betriebliche Zusammenleben, also das Ordnungsverhalten im Betrieb.

IX. Meldepflichten / Whistleblowing

Wie bereits dargestellt[1058] besteht Uneinigkeit über die Bedeutung des Begriffs „Whistleblowing“. Im folgenden wird darunter das Verfahren verstanden, nach dem Mitarbeiter Verstöße gegen gesetzliche Vorschriften oder die unternehmensinterne Ethikrichtlinie an zuständige „Whistleblower-Stellen“ melden können (Meldemöglichkeit) oder müssen (Meldepflicht).

1. Betroffene Grundrechtspositionen

Sieht eine Ethikrichtlinie Regelungen zum Whistleblowing vor, ist zunächst Art. 5 Abs. 1 1. Hlbs. GG zugunsten des Arbeitnehmers zu beachten – allerdings in Form der negativen Meinungsfreiheit, die auch das Recht umfaßt, eine Meinung nicht zu äußern oder zu schweigen[1059]. Die Äußerung des Arbeitnehmers

---

1056 BAG vom 28.5.2002 (Fn. 332); bestätigt durch BAG vom 27.1.2004 (Fn. 1043).

1057 Für den Fall eines Arbeitgebers im öffentlichen Dienst hat das BAG in seinem Urteil vom 13.3.2003 (Fn. 1056) sogar festgehalten, daß der Arbeitgeber die Erlaubnis erteilen muß, wenn keine Gefährdung berechtigter dienstlicher Interessen zu erwarten ist; diese Grundsätze sprechen zusätzlich für die grundsätzliche Zulässigkeit eines Genehmigungsvorbehalts.

1058 Diese Definition schon oben unter § 2A.I.1.

1059 BVerfG vom 22.1.1997 – 2 BvR 1915/91 – BVerfGE 95, 173 = NJW 1997, 2871 = BB 1997, 694; Dreier/*Helmut Schulze-Fielitz*, Art. 5 Rn. 74; *Pieroth/Schlink*, Rn. 559 f.

„Ich (bin der Meinung und) teile mit, daß jemand gegen den Kodex verstoßen hat“ stellt als wertende Stellungnahme eine Meinung i.S.d. Art. 5 Abs. 1 1. Hlbs. GG dar. Obgleich der Arbeitnehmer keinen Einfluß auf die Form der Informationsweitergabe hat, da diese in der Ethikrichtlinie bereits vorgegeben ist (Hotline, Intranet, etc ...), erfüllt die Wortwahl und die persönliche Schilderung der Vorfälle die Voraussetzung des vom Bundesverfassungsgericht geforderten *„Elements der Stellungnahme“*[1060].

Außerdem hält das Bundesverfassungsgericht ausdrücklich fest, daß *„die Freiheit, seine Meinung nicht zu äußern [... auch vor der ...] Weitergabe von Tatsachen [schützt ...] Die Mitteilung einer Tatsache ist im strengen Sinne keine Äußerung einer „Meinung“, [so daß...] rein statische Erhebungen wie [im Rahmen einer Volkszählung] reine Tatsachenmitteilungen“* sind[1061]. Da der Arbeitnehmer im Falle des Whistleblowings einen Vorfall schildern muß, aus dem er einen Verstoß gegen die Richtlinie schlußfolgert, fällt diese Beschreibung in den Schutzbereich der Meinungsfreiheit.

Soweit eine Ethikrichtlinie daneben die Angabe persönlicher Daten bei der Anzeige verlangt[1062], ist neben der Meinungsfreiheit das allgemeine Persönlichkeitsrecht (Art. 1 Abs. 1, 2 Abs. 1 GG) in Form der informationellen Selbstbestimmung betroffen. Danach kann der Arbeitnehmer selber entscheiden, wann, wozu und wem gegenüber personenbezogene Daten offenbart werden[1063].

Für Whistleblowingklauseln greift auf der anderen Seite Art. 12 Abs. 1 GG des Arbeitgebers. Im Rahmen seiner Unternehmensorganisation bewegen ihn regelmäßig unterschiedliche Gründe zur Einführung einer Whistleblowing-Regelung: Nur wenn die Ethikrichtlinie Durchsetzungsmechanismen vorsieht, kann der Arbeitgeber die Öffentlichkeit davon überzeugen, daß die Ethikrichtlinie als „living paper“ nicht nur auf dem Papier existiert. Die Verbesserung des Betriebsklimas, weiterer Zweck einer Ethikrichtlinie, kann ebenso nur erreicht werden, wenn deren Einhaltung überwacht wird.

2. Meldemöglichkeit

Unproblematisch kann die Ethikrichtlinie ein Verfahren zur freiwilligen Fehleranzeige vorsehen und damit den Arbeitnehmern bloß die Möglichkeit bieten, Verstöße gegen die Ethikrichtlinie zu melden. Da keine Pflicht für die Arbeit-

---

1060 BVerfG vom 22.6.1982 (Fn. 982); dazu schon oben unter § 4C.VII.2.

1061 BVerfG vom 15.12.1983 – 1 BvR 209/83, 1 BvR 269/83, 1 BvR 362/83, 1 BvR 420/83, 1 BvR 440/83, 1 BvR 484/83 – BVerfGE 65, 1 = NJW 1984, 419 = DB 1984, 36.

1062 Zur Möglichkeit einer anonymen Fehlermeldung sogleich unter § 4C.IX.4.

1063 Dreier/*Horst Dreier*, Art. 2 Rn. 78.

nehmer begründet wird, liegt kein Eingriff in seine Grundrechte vor. Allerdings weist eine bloße Meldemöglichkeit den Nachteil auf, daß der Arbeitgeber die Verstoßmeldung ohne Verpflichtung nicht sicherstellen kann.

3. Meldepflicht

Um die Beachtung der Ethikvorgaben sicherzustellen, wird eine Ethikrichtlinie daher regelmäßig eine Meldepflicht vorsehen. Unter Berücksichtigung der betroffenen Grundrechtspositionen von Arbeitnehmer und Arbeitgeber ergibt sich für die zulässige Ausgestaltung dieser Klauseln folgendes:

Mit einer Fehleranzeigepflicht bezweckt der Arbeitgeber eine bessere Einhaltung der Ethikrichtlinie. Damit soll das Betriebsklima gefördert werden und mit Hilfe einer Whistleblowing-Regelung kann der Arbeitgeber auch die Öffentlichkeit von der Durchsetzung der Ethikrichtlinie im Unternehmen besser überzeugen. Dieses grundrechtlich geschützte Interesse des Arbeitgebers rechtfertigt im Grundsatz eine Anzeigepflicht innerhalb einer Ethikrichtlinie.

Die Rechtsprechung hält als Grenze des externen Whistleblowing in Form der Meldung von Gesetzesverstößen an Strafbehörden fest, daß der Arbeitnehmer nicht *„wissentlich oder leichtfertig falsche Angaben*" machen darf[1064]. Diese Grenze kann jedoch für die Meldung eines Verstoßes gegen eine betriebsinterne Ethikrichtlinie nur für die Regelungen gelten, die lediglich gesetzliche Verbote wiedergeben. Ansonsten kann der Arbeitgeber – unter den so gleich aufgezeigten Einschränkungen – sogar eine Meldepflicht für den bloßen Verdacht eines Verstoßes einführen.

Dabei ist jedoch zu beachten, daß – zur Wahrung der Grundrechte des Arbeitnehmers – die Verstoßanzeige für ihn „zumutbar" sein muß[1065]. Insofern zeigt sich doch ein bemerkenswertes Umdenken bezüglich ethischer Grundsätze: Galt früher der „Denunziant als größter Lump im Land", so wird heute eine Whistleblowing-Regelung als regulärer Bestandteil einer *Ethik*richtlinie verstanden. Dennoch kann dieser sprichwörtlichen Aussage entnommen werden, daß eine gewisse Hemmschwelle auf Seite des „verpetzenden" Arbeitnehmers bestehen kann und bei der Meldepflicht zu berücksichtigen ist. Eine Unterscheidung kann etwa insofern bestehen, als daß Arbeitnehmern, die andere Arbeitnehmer beaufsichtigen, eine Verstoßmeldung im Grundsatz eher zuzumuten ist als Arbeit-

---

1064 BAG vom 3.7.2003 (Fn. 300).

1065 *Kock*, MDR 2006, 673, 675; *Barthel/Huppertz*, AuA 2006, 204 sprechen in diesem Zusammenhang von „kulturellen Bedenken gegenüber einer Verpflichtung zum Verpfeifen bzw. Anschwärzen von Kollegen".

nehmern ohne eine Aufsichtsfunktion[1066]. Die Beaufsichtigung anderer Arbeitnehmer rechtfertigt ohnehin eine Berichterstattung über deren Leistungsverhalten – insoweit ist auch der Verstoß gegen die Ethikrichtlinie als Verhaltensbericht verstanden werden.

Daher muß eine Ethikrichtlinie differenzieren und darf nicht für alle Arbeitnehmer gleichermaßen pauschal eine Meldepflicht für jeden Verdacht vorschreiben. Vielmehr ist auf die Art der Tätigkeit und den Grad des Verdachtsmoments abzustellen: Erforderlich wird regelmäßig ein hinreichend begründeter Verdacht sein. Das schließt jedoch nicht aus, den Arbeitnehmern freiwillig die Möglichkeit zu geben, jeden möglich erscheinenden Verdacht zu melden.

4. Anonyme Verstoßmeldung?

Schließlich stellt sich in diesem Zusammenhang auch die Frage nach dem Erfordernis einer anonymen Fehlermeldung. Die Ethikrichtlinie kann einerseits vorsehen, daß personenbezogene Daten des Whistleblowers im Rahmen der Verstoßmeldung aufgenommen werden. Andererseits kann gerade die Anonymität der Anzeige als Form der „Whistleblower – Protection“ bedeutsam sein und so die Effektivität des Monitorings gewährleisten: Mitarbeiter haben häufig Angst vor dem Vorwurf der Illoyalität gegenüber Kollegen oder sogar vor Vergeltungsmaßnahmen[1067]. Da Unternehmen eine umfassende Fehleraufdeckung anstreben, versuchen sie durch die Möglichkeit der anonymen Meldung, Arbeitnehmer zur Anzeige zu bewegen.

Die Anonymität der Anzeige sieht bereits Sec. 301 Abs. 4 (B) SOA vor:

> *„(4) Complaints. – Each audit committee shall establish procedures for –*
> *(B) the confidential, anonymous submission by employees of the issuer of concerns regarding questionable accounting of auditing matters.“*

In der Literatur wird auf ein Spannungsverhältnis dieser Regelung zu einer Stellungnahme der Art.-29-Datenschutzgruppe[1068] hingewiesen[1069]. Gem. Art. 30

1066 BAG vom 18.6.1970 – 1 AZR 520/69 – BAGE 22, 375 = BB 1970, 1048; *Kock*, MDR 2006, 673, 675.

1067 *Berndt/Hoppler*, BB 2005, 2623, 2628; *Bürkle*, DB 2004, 2158, 2161; *Graser*, S. 261; *M. Kaufmann*, CR 2006, 642, 643; *Menzies*, SOA 2004, S. 68 f.; *Schönefeldt*, Personalführung 2005, 36.

1068 Datenschutzgruppe gem. Art. 29 der Richtlinie 95/46/EG; dazu im Internet unter: http://ec.europa.eu/justice_home/fsj/privacy/workinggroup/index_de.htm [zuletzt abgerufen am 21.3.2007].

1069 *Müller-Bonanni/Schell*, ArbRB 2006, 299, 300.

Abs. 1 d) der Richtlinie 95/46/EG[1070] soll diese Gruppe Stellungnahmen zu den auf Gemeinschaftsebene erarbeiteten Verhaltensregeln abgeben. In einer ihrer Stellungnahme zu Regelungen des Whistleblowings heißt es:

„Anonymity might not be a good solution, for the whistleblower or for the organisation, for a number of reasons: [...]
However, the Working Party is aware that some whistleblowers may not always be in a position or have the psychological disposition to file identified reports. [...]
The Working Party considers that Whistleblowing schemes should be built in such a way that they do not encourage anonymous reporting as the usual way to make a complaint."[1071]

Danach soll im Grundsatz eine nicht-anonyme Verstoßmeldung gefördert werden, vor allem um die Glaubwürdigkeit der Meldung zu stärken und weiterer Nachfragen zu ermöglichen. Dennoch fordert die Stellungnahme auch die Möglichkeit einer anonymen Anzeige.

Trotz der Vorteile der Anonymität wird in der Literatur aufgrund der Stellungnahme der Art.-29-Gruppe empfohlen, daß Arbeitgeber nicht auf die Anonymität der Datenweitergabe hinwirken sollen[1072]. Um eine Anzeige der Richtlinienverstöße aber überhaupt sicher zu stellen, scheint diese Empfehlung problematisch.

Zur Lösung dieses Konflikts ist eine Meldestelle einzuführen, die im Regelfall die Arbeitnehmerdaten aufnimmt, jedoch auch anonymen Hinweisen nachgeht. Damit werden einerseits die Empfehlungen der Art.-29-Gruppe erfüllt, aber zugleich können Arbeitnehmer zwischen einem anonymen Hinweis und einer Datenangabe wählen.

5. Meldeform

Jedoch kann der Arbeitgeber zwischen den gängigen Formen der Anzeige frei wählen, also ob etwa ein Hinweis per Telefon, Email/Brief erfolgen soll oder eine Maske im Intranet auszufüllen ist. Alle Maßnahmen greifen gleichermaßen

1070 Richtlinie 95/46/EG des Europäischen Parlaments und des Rates vom 24. Oktober 1995 zum Schutz natürlicher Personen bei der Verarbeitung personenbezogener Daten und zum freien Datenverkehr.

1071 „Opinion 1/2006 on the application of EU data protection rules to internal whistleblowing schemes in the fields of accounting, internal accounting controls, auditing matters, fight against bribery, banking and financial crime", 00195/06/EN, WP 117, zu finden unter: ec.europa.eu/justice_home/fsj/privacy/docs/wpdocs/2006/wp117_en.pdf

1072 *Müller-Bonanni/Schell*, ArbRB 2006, 299, 300.

intensiv in die Grundrechte des Arbeitnehmers ein, da es – abgesehen von der Frage der Anonymität – vielmehr um das ob und nicht das wie des Verpfeifens geht.

6. Mitbestimmung

Auch bezüglich der Mitbestimmung ist zu differenzieren, ob die Ethikrichtlinie ein Hinweisrecht oder eine Hinweispflicht vorsieht.

Regelt die Richtlinie etwa – wie im Fall Wal-Mart – eine Hinweispflicht, besteht ein Mitbestimmungsrecht gem. § 87 Abs. 1 Nr. 1 BetrVG, da ein bestimmtes Verfahren für die Verstoßmeldung vorgegeben wird und die betriebliche Ordnung betroffen ist[1073]. Das bestätigt das BAG, das für das bloße Verfahren bei formalisierten Krankengesprächen zur Aufklärung eines überdurchschnittlichen Krankenstandes ein Mitbestimmungsrecht annimmt[1074].

Anders ist es bei Regelungen, die ein bloßes Hinweisrecht an eine betriebsinterne Stelle umfassen. Sie ergänzen lediglich das Beschwerderecht des § 84 BetrVG insoweit, als der Arbeitnehmer auch solche Sachverhalte melden kann, die sich nicht unmittelbar nachteilig für ihn auswirken. Das bloße Angebot zur unternehmensinternen Kommunikation kann auch als unverbindlicher Verhaltensappell zur Meldung angesehen werden, da es nur die Möglichkeit bietet. Soweit der Arbeitgeber lediglich organisiert, daß betriebsinterne Stellen für die Entgegennahme solcher Beschwerden und Hinweise zuständig sind, liegt kein mitbestimmungspflichtiger Tatbestand vor.

Unabhängig von einer Meldepflicht oder einer bloßen Meldemöglichkeit ist der Betriebsrat stets bei der Einführung der Beschwerdestelle zu beteiligen. Das ergibt sich aus zwei jüngeren Urteilen zur Einrichtung einer Beschwerdestelle gem. § 13 AGG[1075]. Übereinstimmend halten die Urteile dafür folgende Grundsätze fest:

Soweit der Arbeitgeber – wie im Fall des ArbG Hamburg – ausschließlich die gesetzlichen Vorgaben des § 13 AGG vollzieht, liegt kein Mitbestimmungsrecht gem. § 87 Abs. 1 Nr. 1 BetrVG vor, da der schlichte Gesetzesvollzug keine Gestaltung der Ordnung des Betriebes ist und auch kein Arbeitnehmerverhalten in

---

1073 ArbG Wuppertal vom 15.6.2005 (Fn. 120); bestätigt durch LAG Düsseldorf vom 14.11.2005 (Fn. 120); *Eisenbeis/Nießen*, FS Leinemann, S. 697, 715; *Kock*, MDR 2006, 673, 675; *Simon/Kock*, Anm. zu ArbG Wuppertal vom 15.6.2005 (Fn. 120) DB 2005, 1800, 1801.

1074 BAG 8.11.1994 – 1 ABR 22/94 – AP Nr. 24 zu § 87 BetrVG 1972 Ordnung des Betriebes = EzA § 87 BetrVG 1972 Betriebliche Ordnung Nr. 21 = NZA 1995, 857.

1075 ArbG Hamburg vom 20.2.2007 – 9 BV 3/07 – BB 2007, 779; ArbG Frankfurt vom 23.10.2006 – 21 BV 690/06 – AiB 2007, 49.

Bezug auf eine bestimmte betriebliche Ordnung berührt wird[1076]. Richtet der Arbeitgeber jedoch eine Beschwerdestelle ein und räumt dieser zusätzliche weiterreichende Kompetenzen hinsichtlich der Aufklärung ein, wird davon die Ordnung des Betriebes betroffen, so daß ein Mitbestimmungsrecht gem. § 87 Abs. 1 1. Hlbs. BetrVG besteht[1077].

Insoweit findet der Rechtsgedanke des § 87 Abs. 1 1. Hlbs. BetrVG Berücksichtigung[1078]: Soweit lediglich eine gesetzliche Vorgabe wiedergegeben wird, steht dem Arbeitgeber kein Entscheidungsspielraum zu, so daß eine Beteiligung des Betriebsrats ausscheidet[1079]. Daher ist als Rückschluß für die Einrichtung einer Beschwerdestelle für Verstöße gegen die Ethikrichtlinie ebenso zu differenzieren:

Soweit das Unternehmen gesetzlich zur Einrichtung einer Beschwerdestelle verpflichtet ist – beispielsweise weil ausländisches Recht Whitsleblowingregelungen vorgibt – scheiden Mitbestimmungsrechte des Betriebsrats aus. Besteht hingegen keine gesetzliche Pflicht zur Einführung einer Meldestelle, ist der Betriebsrat gem. § 87 Abs. 1 Nr. 1 BetrVG zu beteiligen.

Vereinzelt wird auch der Betriebsrat als empfangszuständig für Verstoßmeldungen genannt. Dadurch wird aber kein Mitbestimmungsrecht begründet, da jeder Arbeitnehmer sich ohnehin im Rahmen der Sprechstunde des § 39 BetrVG und der Beschwerde nach § 85 BetrVG an den Betriebsrat wenden darf.

Entscheidend für Mitbestimmungsrechte ist, ob die Ethikrichtlinie eine bestimmte Form der Fehlermeldung vorsieht. Soweit technische Anlagen dazu bestimmt sind, das Verhalten der Arbeitnehmer zu überwachen, besteht gem. § 87 Abs. 1 Nr. 6 BetrVG bei deren Einführung ein Mitbestimmungsrecht. Erforderlich ist jedoch, daß die technische Einrichtung zumindest eine Teilfunktion der Überwachung, etwa die Datenerfassung, übernimmt und nicht nur als organisatorische Vorkehrung dient[1080].

Typischerweise sehen Ethikrichtlinien für die Verstoßanzeige eine Telefonhotline vor. Soweit die Anrufe bei dieser Hotline automatisch über eine EDV-Anlage erfaßt werden, besteht ein Mitbestimmungsrecht gem. § 87 Abs. 1 Nr. 6

1076 ArbG Hamburg vom 20.2.2007 (Fn. 1076).

1077 Insoweit hatte das ArbG Frankfurt vom 23.10.2006 (Fn. 1076) über den Einsatz einer Einigungsstelle zu entscheiden und daher nur darüber, daß Mitbestimmungsrechte nicht ausgeschlossen werden können.

1078 *Ueckert*, Anm. zu ArbG Hamburg vom 20.2.2007 (Fn. 1076), BB 2007, 780 f. erklärt § 87 Abs. 1 1. Hlbs. BetrVG sogar für unmittelbar anwendbar; das ArbG Hamburg läßt das hingegen offen.

1079 Dazu schon oben § 4C.I.1.

1080 *Fitting*, BetrVG, § 87 Rn. 217; Richardi/*Richardi*, BetrVG, § 87, Rn. 485.

BetrVG[1081]. Sieht eine Richtlinie dagegen keine technischen Vorkehrungen für die Meldung vor oder liegt kein selbständiges Erfassen oder Speichern der Daten vor, scheidet ein Mitbestimmungsrecht gem. § 87 Abs. 1 Nr. 6 BetrVG aus[1082].

D. Sanktionen

Regelmäßig sehen Ethikrichtlinien als letzten Punkt Sanktionen vor, die eintreten, wenn Mitarbeiter gegen die Vorschriften der Ethikrichtlinie verstoßen. Soweit eine Ethikrichtlinie verbindliche Verhaltensvorgaben für Arbeitnehmer statuiert, stellt sich die Frage, wie der Arbeitgeber auf einen Verstoß reagieren darf. Neben den Vorgaben, die das Arbeitsrecht dem Arbeitgeber bietet, ist die Zulässigkeit weiter reichender Sanktionen innerhalb einer Ethikrichtlinie fraglich.

I. Reaktionsmöglichkeiten des Arbeitgebers

1. Grundsatz: Arbeitsrechtliche Vorgaben

Statuiert die Ethikrichtlinie eine zulässige Verhaltenspflicht für den Arbeitnehmer, kann der Arbeitgeber auf einen Verstoß gegen diese Pflicht nach den Vorgaben des Arbeitsrechts reagieren, also etwa mit einer Abmahnung oder einer Kündigung. Insoweit kommt es nicht auf die konkrete Geltungsgrundlage der Ethikrichtlinie an, da sowohl Weisungen als auch der Inhalte des Arbeitsvertrags, einer Betriebsvereinbarung und eines Tarifvertrages gleichermaßen für Arbeitnehmer verbindliche Pflichten begründen.

2. Ethikrichtlinie als vorweggenommene Abmahnung?

In der Literatur wird diskutiert, ob der Arbeitgeber in der Ethikrichtlinie vorsehen kann, daß er den Arbeitnehmer, der gegen die Richtlinie verstößt, ohne vorherige Abmahnung kündigen darf – eine Ethikrichtlinie als „vorweggenommene

---

1081 ArbG Wuppertal vom 15.6.2005 (Fn. 120); zum Mitbestimmungsrecht bei der Erfassung von Telefongesprächen durch eine EDV-Anlage BAG vom 27.5.1986 – 1 ABR 48/84 – AP Nr. 15 zu § 87 BetrVG 1972 Überwachung = EzA § 87 BetrVG 1972 Kontrolleinrichtung Nr. 16 = NZA 1986, 643; Richardi/*Richardi*, BetrVG, § 87, Rn. 485; offengelassen von LAG Düsseldorf vom 14.11.2005 (Fn. 120); dazu *Kock*, MDR 2006, 673, 675; *Simon/Kock*, Anm. zu ArbG Wuppertal vom 15.6.2005 (Fn. 120) DB 2005, 1800, 1801; *Wisskirchen/Jordan/Bissels*, DB 2005, 2190, 2192.

1082 BAG vom 18.4.2000 (Fn. 889).

Abmahnung"[1083]. Eine Abmahnung sei entbehrlich, da der Arbeitgeber den Arbeitnehmer vor der Begehung des Verstoßes darüber informiert habe, daß ein Verstoß auch ohne Abmahnung zur Kündigung führen kann[1084]. Diese Information durch den Arbeitgeber erfülle die Funktionen einer Abmahnung. Die Möglichkeit durch eine Ethikrichtlinie die Abmahnung vor einer Kündigung zu ersetzen, ist jedoch im Ergebnis abzulehnen[1085]:

Grundsätzlich kann der Arbeitgeber nur im Falle einer außerordentlichen Kündigung ohne Abmahnung kündigen und dies nur, wenn die Fortsetzung des Arbeitsverhältnisses aufgrund eines schwerwiegenden Vertrauensverstoßes unzumutbar ist, vgl. § 626 BGB[1086]. Sieht eine Ethikrichtlinie etwa vor, daß der Arbeitnehmer den Arbeitgeber nicht bestehlen darf, kann der Arbeitgeber den Arbeitsvertrag mit dem Arbeitnehmer außerordentlich – und somit ohne Abmahnung – kündigen, da die Vertrauensgrundlage des Arbeitsverhältnisses zerstört ist und eine Fortsetzung der gemeinsamen Arbeit dem Arbeitgeber nicht zuzumuten ist. Dieser Sonderfall, in dem die Abmahnung ausnahmsweise entbehrlich ist[1087], gilt jedoch im Arbeitsverhältnis unabhängig davon, ob eine Ethikrichtlinie diese Kündigungsmöglichkeit vorsieht.

Dagegen erfordert jede verhaltensbedingten Kündigung – sei es aufgrund eines Verstoßes gegen Pflichten aus dem Arbeitsvertrag oder aus der Ethikrichtlinie – eine vorherige Abmahnung durch den Arbeitgeber[1088]. Mit der Abmahnung soll der Arbeitnehmer gewarnt werden: Konkret in Bezug auf eine bestimmte Vertragsverletzung soll ihm gezeigt werden, daß er durch sein Verhalten gegen

---

1083 *Schuster/Darsow*, NZA 2005, 273, 277; aA *Eisenbeis/Nießen*, FS Leinemann, S. 697, 719 f.; zum Begriff BAG vom 5.4.2001 – 2 AZR 580/99 – AP Nr. 23 zu § 99 BetrVG 1972 Einstellung = NZA 2001, 893 = BAGE 97, 276; auch *v. Hoyningen-Huene/Linck*, KSchG, § 1 Rn. 503; von der Gefahr einer fristlosen Kündigung im Falle eines Verstoßes spricht auch *Seiwert-Fauti*, Journalist 2005, 34, 35.

1084 Zur Entbehrlichkeit der Abmahnung, wenn der Arbeitgeber vor einer konkret befürchteten Pflichtverletzung abgemahnt hat KR/*Fischermeier*, § 626 BGB Rn. 266 m. w. N.

1085 *A. Birk*, DPL 2005, 200, 202.

1086 Palandt/*Weidenkaff*, BGB, § 626 Rn. 18.

1087 So sogar schon für den Diebstahl geringwertiger Sachen (Stück Bienenstich) BAG vom 17.5.1984 – 2 AZR 3/83 – AP Nr. 14 zu § 626 BGB Verdacht strafbarer Handlung = EzA § 626 nF BGB Nr. 90 = NZA 1985, 91.

1088 Ständige Rechtsprechung, nur BAG vom 16.9.2004 – 2 AZR 406/03 – AP Nr. 50 zu § 1 KSchG 1969 Verhaltensbedingte Kündigung = EzA § 1 KSchG Verhaltensbedingte Kündigung Nr. 64 = NZA 2005, 459; BAG vom 18.1.1980 – 7 AZR 75/78 – AP Nr. 3 zu § 1 KSchG 1969 Verhaltensbedingte Kündigung = EzA § 1 KSchG Verhaltensbedingte Kündigung Nr. 7 = ArbuR 1981, 221; BAG vom 19.6.1967 – 2 AZR 287/66 – AP Nr. 1 zu § 124 GewO = EzA § 134 GewO Nr. 1 = BAGE 19, 351 = NJW 1967, 2030.

vertragliche Pflichten verstößt und im Falle eines erneuten Verstoßes gekündigt werden kann[1089]. Diese Funktion kann eine vorweggenommene Abmahnung nicht erfüllen, da sie nicht auf den konkreten Vertragsverstoß Bezug nimmt. Es soll dem Arbeitnehmer jedoch möglich sein, nach der Abmahnung sein Verhalten für die Zukunft zu ändern[1090].

Bei Kündigungen gilt der Ultima-Ratio-Grundsatz[1091], so daß der Arbeitgeber erst als letzte Möglichkeit zur Kündigung greifen darf. Selbst wenn die Ethikrichtlinie Verhaltenspflichten des Arbeitnehmers bis ins kleinste Detail regelt, ist stets eine Abmahnung erforderlich, die auf das konkrete vertragswidrige Verhalten Bezug nimmt. Sonst könnte der Arbeitgeber in den Arbeitsvertrag immer alle möglichen Pflichten aufnehmen und das Institut der Abmahnung wäre überflüssig.

Im Ergebnis führt eine Ethikrichtlinie damit nicht zu einer Entbehrlichkeit der Abmahnung – der Arbeitgeber kann den Arbeitnehmer weiterhin nur unter Beachtung der gesetzlichen Vorgaben kündigen. Einzig wenn die Ethikrichtlinie Verhaltenspflichten vorgibt, deren Verstoß aufgrund eines krassen Vertrauensbruchs eine außerordentliche Kündigung rechtfertigen würde, kann der Arbeitgeber – ohne Abmahnung – außerordentlich kündigen.

3. Pflicht zur Versetzung?

Aus dem Ultima-ratio-Grundsatz könnte sich zudem eine Pflicht des Arbeitgebers ergeben, den Arbeitnehmer, etwa für den Bereich der Interessenkonfliktsprävention bei Wertpapierbesitz im Rahmen einer Ethikrichtlinie, zunächst auf eine andere Stelle umzusetzen, bei der der Arbeitnehmer nicht mehr mit den sensiblen Informationen in Berührung kommt[1092]. Kann der Arbeitgeber auf einen Verstoß gegen die Ethikrichtlinie mit einer Versetzung reagieren bzw. ist er sogar verpflichtet, die Versetzung einer Kündigung vorzuziehen?

Insoweit kann auf die Ausführungen des BAG zurückgegriffen werden, nach denen eine verhaltensbedingte Kündigung i.S.d. § 1 Abs. 2 S. 1 KSchG sozial ungerechtfertigt ist, wenn es dem Arbeitgeber zuzumuten ist, den Arbeitnehmer

---

1089 Daher gegen die Möglichkeit einer vorweggenommenen Kündigung *v. Hoyningen-Huene/Linck*, KSchG, § 1 Rn. 503.

1090 *v. Hoyningen-Huene/Linck*, KSchG, § 1 Rn. 503.

1091 BAG vom 16.9.2004 (Fn. 1089); dazu *v. Hoyningen-Huene/Linck*, KSchG, § 1 Rn. 203 ff.

1092 Insoweit dienen die Wertpapierregeln nur als Beispiel, zur Zulässigkeit der Einzelregelungen schon oben unter § 4C.VIII.2.

auf einem anderen freien Arbeitsplatz zu beschäftigen[1093]. Das Gericht hält fest, daß auch bei verhaltensbedingten Kündigungen Umsetzungs- und Versetzungsmöglichkeiten zu prüfen sind[1094]. Allerdings muß es sich um eine arbeitsplatzbezogene Pflichtverletzung handeln, und die Weiterbeschäftigung auf einem anderen Arbeitsplatz muß dem Arbeitgeber möglich und zumutbar sein[1095]. Dabei ist die Schwere des Pflichtverstoßes zu berücksichtigen[1096], da ein großer Vertrauensbruch eine Weiterbeschäftigung unzumutbar machen kann. Insoweit wird – beispielhaft auch für die Ethikrichtlinie – angeführt, daß für den Fall eines Verstoßes gegen ein Alkoholverbot eine Weiterbeschäftigung unzumutbar sein kann[1097].

Insgesamt ist schließlich die Prognose für die Zukunft maßgeblich, also ob zu erwarten ist, daß der Arbeitnehmer auf dem neuen Arbeitsplatz derartige Pflichtverletzungen unterläßt[1098]. Insoweit ist eine Prüfung des Einzelfalls erforderlich. Als Grundsatz gilt dabei, daß der Arbeitgeber bei Verhaltenspflichten, die nur für bestimmte Bereiche – etwa Interessenkonfliktsprävention – gelten, zunächst eine Versetzung in Erwägung ziehen muß: Sieht eine Ethikrichtlinie etwa ein zulässiges Wertpapierbesitzverbot vor[1099], kann der Arbeitgeber den Arbeitnehmer, der die Wertpapiere von Geschäftspartnern nicht abgibt, auf einen anderen freien Arbeitsplatz versetzen, soweit ein freier Arbeitsplatz vorhanden ist. Mangels Berührungspunkten mit den sensiblen Informationen besteht dann für die Zukunft keine weitere Möglichkeit eines Interessenkonflikts.

1093 BAG vom 6.10.2005 – 2 AZR 280/04 – AP Nr. 25 zu § 1 KSchG 1969 Personenbedingte Kündigung = EzA § 1 KSchG Verhaltensbedingte Kündigung Nr. 66 = NZA 2006, 431; bestätigt von ErfK/*Ascheid/Oetker*, KSchG, § 1 Rn. 295; *v. Hoyningen-Huene/Linck*, KSchG, § 1 Rn. 470.

1094 BAG vom 6.10.2005 (Fn. 1094); zuvor schon BAG vom 31.3.1993 – 2 AZR 492/92 – AP Nr. 32 zu § 626 BGB Ausschlußfrist = EzA § 626 BGB Ausschlußfrist Nr. 5 = NZA 1994, 409 = BAGE 73, 42; BAG vom 22.7.1982 – 2 AZR 30/81 – AP Nr. 5 zu § 1 KSchG 1969 Verhaltensbedingte Kündigung = EzA § 1 KSchG Verhaltensbedingte Kündigung Nr. 10 = NJW 1983, 700.

1095 BAG vom 6.10.2005 (Fn. 1094); zuvor schon BAG vom 31.3.1993 (Fn. 1095); ErfK/*Ascheid/Oetker*, KSchG, § 1 Rn. 295.

1096 Daher regelmäßig keine Versetzungspflicht bei Störungen im Vertrauensbereich, ErfK/*Ascheid/Oetker*, KSchG, § 1 Rn. 295.

1097 *v. Hoyningen-Huene/Linck*, KSchG, § 1 Rn. 470.

1098 BAG vom 6.10.2005 (Fn. 1094); ErfK/*Ascheid/Oetker*, KSchG, § 1 Rn. 295; *v. Hoyningen-Huene/Linck*, KSchG, § 1 Rn. 470.

1099 Zur Zulässigkeit der Wertpapierregelungen siehe oben unter § 4C.VIII.2.a.

II. Besondere Strafen in einer Ethikrichtlinie

Soweit die Sanktionen in der Ethikrichtlinie mit den arbeitsrechtlichen Reaktionsmöglichkeiten des Arbeitgebers (z.B. Abmahnung, Kündigung) übereinstimmen, wirken sie rein deklaratorisch. Schreibt eine Ethikrichtlinie hingegen besondere Sanktionen vor, die über die ohnehin arbeitsrechtlich vorgesehenen Mittel der Abmahnung oder Kündigung hinausreichen, stellt sich die Frage nach deren Zulässigkeit.

Zunächst verstärken diese Sanktionen die jeweilige Grundrechtsbetroffenheit für die Einzelregelung: Sieht eine Ethikrichtlinie zusätzlich zum Verbot einer Liebesbeziehung eine besondere Strafe im Falle eines Verstoßes vor, wird das allgemeine Persönlichkeitsrecht stärker beeinträchtigt.

Außerdem könnte das die Zulässigkeit einer Ethikrichtlinie, die lediglich Gesetzestext wiedergibt, beeinflussen: Schreibt eine Ethikrichtlinie beispielsweise vor, daß die Mitarbeiter Beamte nicht bestechen dürfen, handelt es sich um eine bloße Wiedergabe der §§ 333, 334 StGB[1100]. Sieht die Ethikrichtlinie besondere Sanktionen für Verstöße gegen diese Richtlinie vor, die über die vom Gesetz angeordneten Sanktionen hinausgehen (Freiheitsstrafe oder Geldstrafe, vgl. §§ 333, 334 StGB), ist die Sanktion der Ethikrichtlinie bei der Zulässigkeitsprüfung der Einzelregelung zu berücksichtigen.

Allerdings ist fraglich, ob die Ethikrichtlinie überhaupt noch andere Sanktionen vorsehen darf oder ob nicht vielmehr die gesetzlich vorgesehenen Sanktionen abschließend sind. Insoweit ist nach der jeweiligen Geltungsgrundlage zu differenzieren.

1. Sanktionen im Arbeitsvertrag

Der Grundsatz der Vertragsfreiheit führt dazu[1101], daß auch im Arbeitsvertrag eine Vertragsstrafe i.S.d. §§ 339 ff. BGB vereinbart werden kann[1102] – im Sinne einer vertraglichen Sicherung kann grundsätzlich jede Pflicht durch eine vertragliche Vereinbarung gesichert oder begründet werden[1103], insoweit ist die Vertragsstrafe ein aufschiebend bedingtes Leistungsversprechen[1104].

1100 Weitere Beispiele sind Maßnahmen des Arbeitsschutzes nach dem ArbSchG, Belästigungsverbote nach dem AGG oder Angaben zum Umgang mit Wertpapieren nach dem WpHG.

1101 Staudinger/*Rieble* (2004) Vorbem zu §§ 339 ff. Rn. 8.

1102 *Walker*, FS Kissel, S. 1205, 1210.

1103 Staudinger/*Rieble* (2004) Vorbem zu §§ 339 ff. Rn. 4.

1104 Staudinger/*Rieble* (2004) Vorbem zu §§ 339 ff. Rn. 1.

Allerdings kann sich etwas anderes ergeben, da eine Ethikrichtlinie regelmäßig einen standardisiert vorformulierten Vertragsbestandteil darstellt und damit einer Inhaltskontrolle nach §§ 307 ff. BGB standhalten muß. Insoweit könnte die Sanktion aufgrund der standardisierten Formulierung für alle Beschäftigten gem. § 309 Nr. 6 BGB unwirksam sein. Das BAG hält jedoch fest, daß *„in formularmäßigen Arbeitsverträgen [...] aus der angemessenen Berücksichtigung der im Arbeitsrecht geltenden Besonderheiten [...] die grundsätzliche Zulässigkeit von Vertragsstrafenabreden [folgt]"*[1105].

Begründet wird die Zulässigkeit der Vertragsstrafe im Arbeitsrecht damit, daß die Durchsetzung der Arbeitspflicht im Wege der Zwangsvollstreckung gem. § 888 Abs. 3 ZPO nicht möglich ist[1106]. Als Folge dessen könnten Vertragsstrafen inhaltlich auf die Erbringung der Arbeitsleistung begrenzt sein[1107]. Das BAG beschränkt die Zulässigkeit der Vertragsstrafen indes nicht auf Vertragsverstöße in Form einer Arbeitsverweigerung, sondern läßt Vertragsstrafen vielmehr insgesamt im Arbeitsverhältnis zu[1108]. Daher werden Sanktionsregelungen für Verstöße gegen die Ethikrichtlinie regelmäßig nicht zu deren Unwirksamkeit gem. § 309 Nr. 6 BGB führen.

Es bleibt die Möglichkeit einer Klauselunwirksamkeit gem. § 307 Abs. 1 BGB[1109]. Damit eine Vertragsstrafe „angemessen" ist, muß ein berechtigtes Interesse an der Sanktionierung durch den Arbeitgeber ersichtlich und die Vertragsstrafe der Höhe nach angemessen sein[1110]. Angemessen ist die Strafe nur, wenn sie den zu sanktionierenden Verstoß genau beschreibt und die Art und Höhe der Strafe festlegt.

Regelmäßig werden jedoch für Verstöße gegen Verhaltenspflichten die arbeitsrechtlichen Reaktionsmittel ausreichen. Für Ethikrichtlinien sind Vertragsstrafen daher nur für die Fälle denkbar, in denen eine Kündigung nicht die gewünschte Sanktionierungswirkung erreichen kann. Beispielsweise wenn der Arbeitnehmer bereits gekündigt wurde, also etwa für Wettbewerbsverbote oder Verschwiegenheitspflichten nach Beendigung des Arbeitsverhältnisses.

1105 BAG vom 4.3.2004 – 8 AZR 196/03 – AP Nr. 3 zu § 309 BGB = BAGE 110, 8 = NZA 2004, 727 = EzA § 309 BGB 2002 Nr. 1; zur Zulässigkeit von Vertragsstrafen in Formulararbeitsverträgen *Leder/Morgenroth*, NZA 2002, 952 f.

1106 BAG vom 4.3.2004 (Fn. 1106) m. w. N.; *von Koppenfels*, NZA 2002, 598; *Leder/Morgenroth*, NZA 2002, 952, 955.

1107 Insoweit wird zum Teil begrifflich differenziert: Eine Vertragsstrafe sichere die Arbeitsleistung, wohingegen die Betriebsstrafe die betriebliche Ordnung sichere, *Löwisch/Würtenberger*, JuS 1970, 261.

1108 BAG vom 4.3.2004 (Fn. 1106); ebenfalls für eine „nicht-differenzierende" Zulässigkeit von Vertragsstrafen im Arbeitsrecht *von Koppenfels*, NZA 2002, 598, 602.

1109 Erfk/*Preis*, BGB, § 310 Rn. 94; BAG vom 4.3.2004 (Fn. 1106).

1110 Erfk/*Preis*, BGB, § 310 Rn. 94.

Dieses bildet jedoch die absolute Ausnahme. Im Grundsatz hat das BAG zutreffend erkannt, daß *„Sanktionen für Verstöße des Arbeitnehmers gegen seine vertraglichen Verpflichtungen, die über die individualrechtlichen Möglichkeiten des Arbeitgebers hinausgehen, [...] nur als Betriebsbußen möglich"* sind[1111].

Soweit eine betriebsweit einheitliche Sanktion vorgesehen ist – die aufgrund der Erfassung aller Arbeitnehmer regelmäßig standardisiert sein wird – ist auch der Betriebsrat bei der Einführung einer Sanktionenregelung im Arbeitsvertrag zu beteiligen[1112].

2. Sanktionen per Direktionsrecht

Daneben stellt sich die Frage, ob der Arbeitgeber mit Hilfe des Direktionsrechts eine Ethikrichtlinie, die auch Sanktionen umfaßt, einführen kann. So wird in der Literatur als unkompliziertester Weg beschrieben, daß der Arbeitgeber eine Arbeitsordnung inklusive Sanktionen am Schwarzen Brett aushängen könnte[1113].

Allerdings dient das Direktionsrecht lediglich der Konkretisierung bestehender arbeitsvertraglicher Pflichten[1114]. Von einer bloßen „Konkretisierung" kann jedoch bei der Verhängung von Sanktionen im Falle einer Pflichtverletzung nicht gesprochen werden[1115]. Daher kann eine Ethikrichtlinie, deren Geltungsgrundlage das Direktionsrecht ist, keine weiter reichenden Sanktionen vorsehen[1116].

3. Sanktionen als Betriebsbuße

Soweit eine Ethikrichtlinie als Betriebsvereinbarung eingeführt wird, kann der Sanktionen-Teil der Ethikrichtlinie als Betriebsbuße verstanden werden. Unter Betriebsbußen sind von den Betriebspartnern vereinbarte Sanktionen für Verstö-

---

1111 BAG vom 17.10.1989 – 1 ABR 100/88 – AP Nr. 12 zu § 87 BetrVG 1972 Betriebsbuße = EzA § 87 BetrVG 1972 Betriebsbuße Nr. 8 = NZA 1990, 193 = BAGE 63, 169; bestätigt durch *Löwisch/Kaiser*, BetrVG, § 87 Rn. 47.

1112 *Walker*, FS Kissel, S. 1205, 1211; BAG 5.12.1975 – 1 AZR 94/74 – AP Nr. 1 zu § 87 BetrVG 1972 Betriebsbuße = EzA § 87 BetrVG 1972 Betriebliche Ordnung Nr. 1 = BAGE 27, 366 = DB 1976, 583.

1113 *Walker*, FS Kissel, S. 1205, 1209.

1114 Dazu schon oben unter § 3A.II.1.c.

1115 *Walker*, FS Kissel, S. 1205, 1209; gegen die Möglichkeit, einseitig eine Bußordnung zu erlassen auch BAG vom 25.2.1966 – 4 AZR 179/63 – BAGE 18, 172, 177 = AP Nr. 8 zu § 66 PersVG = BB 1966, 699.

1116 Daß das Weisungsrecht des Arbeitgebers nicht die Befugnis zur einseitigen Bußordnung umfaßt, hielt schon BAG vom 14.12.1966 – 4 AZR 18/65 – AP Nr. 27 zu § 59 BetrVG = DB 1967, 1181 = BAGE 19, 181 fest; auch *Fitting*, BetrVG, § 87 Rn. 79.

ße gegen die kollektive betriebliche Ordnung zu verstehen[1117]. Einigkeit besteht grundsätzlich über deren Zulässigkeit, wobei die genauen Voraussetzungen umstritten sind[1118].

Soweit der Betriebsrat die betriebliche Ordnung regeln darf, umfaßt dies auch die Befugnis, Vorkehrungen zu treffen, um diese Ordnungsregeln zu sichern – es besteht also eine „An-Kompetenz“[1119]. Daraus folgt jedoch auch, daß die Betriebsbuße nur Verstöße gegen die betriebliche Ordnung sanktionieren darf[1120]. Mit einer Betriebsbuße werden Verhaltensverstöße, die ein ordnungsgemäßes Zusammenleben im Betrieb sichern sollen, sanktioniert[1121]. Die Betriebsbuße hat also eine repressive, aber auch eine präventive Wirkung[1122]. Sie muß stets angemessen sein[1123].

Ein Grund, warum in einer Betriebsvereinbarung andere Sanktionen zulässig sind als im Arbeitsvertrag, liegt an der Gleichberechtigungsvermutung: Betriebsrat und Arbeitgeber stehen sich quasi gleichberechtigt gegenüber, wohingegen zwischen Arbeitnehmer und Arbeitgeber immer ein Machtgefälle besteht.

Soweit eine Ethikrichtlinie als Vereinbarung der Betriebspartner auch Sanktionen neben den arbeitsrechtlichen Reaktionsmöglichkeiten des Arbeitgebers vorsehen kann, kommen unterschiedliche Arten von Sanktionen in Betracht:

Möglich ist zunächst eine Geldstrafe[1124]. Daneben kann eine Ethikrichtlinie aber auch beförderungshemmende Sanktionen vorsehen[1125], wenn ein Arbeitnehmer sich unethisch im Sinne der Ethikrichtlinie verhält. Schließlich wird auch ein „Entzug von Vergünstigungen“ als zulässig anerkannt[1126]. Das BAG hat zudem eine schriftlich oder mündlich ausgesprochene förmliche Mißbilligung als Sanktion einer Betriebsbuße zugelassen[1127]. Allerdings müssen die Betriebs-

---

1117 *Fitting*, BetrVG, § 87 Rn. 76.

1118 *Fitting*, BetrVG, § 87 Rn. 76; GK-BetrVG/*Wiese*, § 87 Rn. 236.

1119 BAG vom 17.10.1989 (Fn. 1112); *Fitting*, BetrVG, § 87 Rn. 78; GK-BetrVG/*Wiese*, § 87 Rn. 237; *Löwisch/Kaiser*, BetrVG, § 87 Rn. 47.

1120 *Fitting*, BetrVG, § 87 Rn. 85.

1121 BAG vom 5.2.1986 – 5 AZR 564/84 – AP Nr. 12 zu § 339 BGB EzA § 339 BGB Nr. 2 = NZA 1986, 782; GK-BetrVG/*Wiese*, § 87 Rn. 244; *Fitting*, BetrVG, § 87 Rn. 78.

1122 *Walker*, FS Kissel, S. 1205

1123 GK-BetrVG/*Wiese*, § § 87 Rn. 259.

1124 *Walker*, FS Kissel, S. 1205.

1125 BAG vom 17.10.1989 (Fn. 1112); GK-BetrVG/*Wiese*, § 87 Rn. 244; *Walker*, FS Kissel, S. 1205.

1126 BAG vom 22.10.1985 – 1 ABR 38/83 – AP Nr. 18 zu § 87 BetrVG 1972 Lohngestaltung = EzA § 87 BetrVG 1972 Betriebliche Lohngestaltung Nr. 10 = NZA 1986, 299; DKK-*Klebe*, § 87 Rn. 57; *Fitting*, BetrVG, § 87 Rn. 88.

1127 BAG vom 14.12.1966 (Fn. 1117); *Fitting*, BetrVG, § 87 Rn. 88; *Walker*, FS Kissel, S. 1205.

partner gem. § 75 Abs. 1 S. 1 BetrVG das Persönlichkeitsrecht schützen: Eine Anprangerung am schwarzen Brett für alle Mitarbeiter, die gegen die Ethikrichtlinie verstoßen, ist daher unzulässig[1128]. Insgesamt ist eine Abwägung unter Berücksichtigung aller Umstände des Einzelfalls erforderlich.

Insoweit eignet sich einzig eine kollektive Vereinbarung für Sanktionen innerhalb einer Ethikrichtlinie. Unter einer kollektiven Vereinbarung ist in diesem Sinne auch ein Tarifvertrag zu verstehen. Insoweit ist die Vereinbarung einer Sanktion innerhalb einer Ethikrichtlinie als Tarifvertrag aber unproblematisch, da ein Tarifvertrag Arbeitgeberinteressen verfolgen darf[1129].

1128 BAG vom 21.2.1979 – 5 AZR 568/77 – AP Nr. 13 zu § 847 BGB = EzA § 847 BGB Nr. 3 = NJW 1979, 2532; DKK-*Klebe*, § 87 Rn. 57; *Fitting*, BetrVG, § 87 Rn. 90; GK-BetrVG/*Wiese*, § 87 Rn. 260; aA *Löwisch*/*Würtenberger*, JuS 1970, 261.

1129 Staudinger/*Rieble* (2004) Vorbem zu §§ 339 ff. Rn. 132; *Walker*, FS Kissel, S. 1205, 1218.

§ 5 Ergebnisse

Ethikrichtlinien in Unternehmen

Was der Mensch für Moral hält, darf er selber bestimmen. Daher sind Recht und Ethik im Grundsatz voneinander zu trennen. Dennoch ist es wichtig, daß der Staat rechtlich ein ethisches Minimum sichert: Soweit das Gesetz objektiv normiert, welche ethischen Grundsätze zu berücksichtigen sind, sichert es deren Einhaltung besser als eine bloß innerlich empfundene Verpflichtung des einzelnen, sich ethisch-korrekt zu verhalten. Dieser Grundsatz kann auf unternehmensinterne Ethikrichtlinien übertragen werden: Hält das Unternehmen schriftlich in Form einer Ethikrichtlinie seine ethischen Prinzipien fest, sichert es damit ein ethisch-einwandfreies Verhalten im Unternehmen besser, als bestünden diese Grundsätze bloß als nicht fixierte und lediglich allgemein anerkannte Ausprägungen der Unternehmenskultur.

Der US-amerikanische Sarbanes-Oxley Act verpflichtet an der New Yorker Börse gelistete Unternehmen zum Erlaß einer Ethikrichtlinie. Diese Pflicht gilt in Deutschland für die Unternehmen, die an der New Yorker Börse gelistet sind, und für die deutschen Tochterunternehmen US-amerikanischer, gelisteter Unternehmen. Für alle anderen Unternehmen in Deutschland besteht hingegen keine Pflicht zum Erlaß einer Ethikrichtlinie: Die Gemeinwohlpflichten des Grundgesetzes richten sich an den Staat und obwohl zahlreiche einfache Gesetze Gedanken des Gemeinwohls und des Arbeitnehmerschutzes statuieren, ergibt sich daraus keine Pflicht zum Erlaß einer Ethikrichtlinie. Dennoch kann der Arbeitgeber gesetzliche Pflichten durch die Einführung einer Ethikrichtlinie erfüllen, allerdings werden ihm regelmäßig kostengünstigere und weniger aufwendige Maßnahmen zur Erfüllung dieser Pflichten zur Verfügung stehen.

Obgleich eine gesetzliche Pflicht fehlt, steigt die Zahl der unternehmensinternen Ethikrichtlinien. Das kann einerseits auf eine Marktüblichkeit – hervorgerufen etwa durch den Sarbanes-Oxley Act – und andererseits auf ihre Vorteile, etwa eine Verbesserung des Unternehmensimages und des Betriebsklimas, zurückgeführt werden.

Geltungsgrundlagen der Ethikrichtlinie

Bei der Einführung der Ethikrichtlinie in ein Unternehmen in Deutschland gilt aufgrund des Territorialprinzips das BetrVG. Im Individualarbeitsrecht kann der Arbeitsvertrag für den Bereich des dispositiven Arbeitsrechts einem ausländischen Vertragsstatut unterstellt werden.

Folgende rechtstechnische Geltungsgrundlagen kommen für eine Ethikrichtlinie in Betracht:

- Möglich ist zunächst eine ausdrückliche Aufnahme in den Arbeitsvertrag oder ein Verweis auf die Ethikrichtlinie im Sinne einer Allgemeinen Vertragsbedingung.
- Zudem können einzelne Inhalte über das Direktionsrecht eingeführt werden.
- Sind die Arbeitnehmer mit der Einführung der Ethikrichtlinie einverstanden, ist eine Änderungsvereinbarung möglich.
- Unter Beachtung der gesetzlichen Vorgaben kann der Arbeitgeber eine betriebsbedingte Änderungskündigung aussprechen. Dabei kann eine gesetzliche Pflicht zum Richtlinienerlaß, etwa aus dem Sarbanes-Oxley Act, einen betrieblichen Grund darstellen.
- Theoretisch möglich, aber praktisch ungeeignet ist die Aufnahme der Ethikrichtlinie als betriebliche Übung oder über den allgemeinen arbeitsrechtlichen Gleichbehandlungsgrundsatz.
- Eine kollektive Einführung der Ethikrichtlinie als Vereinbarung mit den Tarifparteien ist sowohl als Tarifvertrag als auch als Sozialpartnervereinbarung in Form eines bloßen „gentlemen agreements" möglich.
- Außerdem kann der Arbeitgeber mit dem Betriebsrat eine Ethikrichtlinie als Betriebsvereinbarung abschließen. Insoweit sind die Grenzen der betrieblichen Regelungsmacht zu wahren.
- Schließlich kann auch eine Richtlinie mit dem Sprecherausschuß die Geltungsgrundlage der Ethikrichtlinie bilden.

Neben den zweiseitig einbezogenen Ethikrichtlinien gibt es Ethikrichtlinien als einseitige Willensbekundung des Arbeitgebers. Obgleich diese rechtstechnisch den Tatbestand einer Willenserklärung erfüllen, entsteht keine Verbindlichkeit: Es kommt kein Vertrag gem. § 151 BGB zustande, da die einseitige Ethikrichtlinie kein Angebot i.S.d. § 145 BGB darstellt und auch § 311 Abs. 1 2. Hlbs. BGB begründet weder direkt oder noch analog eine Verbindlichkeit.

Ebensowenig können auf den ersten Blick vergleichbar erscheinende rechtliche Konstellationen eine Verbindlichkeit der einseitigen Ethikrichtlinie begründen. Grundsätzlich kann eine Ethikrichtlinie auch nicht zur Konkretisierung von Generalklauseln herangezogen werden, da sie als Parteiwille nicht bei der Gesetzesauslegung zu berücksichtigen ist.

Eine Ausnahme ergibt sich aus dem Grundsatz des Vertrauensschutzes: Rechte des Arbeitnehmers können sich über § 242 BGB aus der Ethikrichtlinie ergeben, soweit der Arbeitgeber mit Erlaß der Ethikrichtlinie einen Tatbestand schafft, auf den der Arbeitnehmer schutzwürdigerweise vertrauen durfte. Dabei ist das Vertrauen um so schutzwürdiger je präziser die Formulierungen der Ethikrichtlinie ist. Daneben können Dispositionen des Arbeitnehmers die Schutzwürdigkeit seines Vertrauens stärken.

Als Parteiwille könnte die einseitige Ethikrichtlinie zudem bei der Vertragsauslegung berücksichtigt werden. Das hängt jedoch maßgeblich davon ab, ob *beide* Vertragsparteien, also nicht nur der Arbeitgeber als Verfasser der Richtlinie, sondern auch der Arbeitnehmer den Inhalt der Richtlinie bei Vertragsschluß kannten.

Schließlich sollte sich der Geltungsbereich der Ethikrichtlinie auf möglichst alle im Unternehmen Beschäftigten erstrecken. Neben den Arbeitnehmern empfiehlt sich daher gerade für leitende Angestellte entweder eine einzelvertragliche Vereinbarung oder eine Richtlinie mit dem Sprecherausschuß. Für Leiharbeitnehmer ist zunächst auf das Rangverhältnis von Direktionsrecht des Entleihers und dem Arbeitsvertrag des Verleihers abzustellen. Eine Ethikrichtlinie als Betriebsvereinbarung wird Leiharbeitnehmer regelmäßig nicht erfassen.

Wirksamkeitsanforderungen

In formeller Hinsicht ist zunächst auf die Sprachwahl der Ethikrichtlinie zu achten, da etwa aufgrund des Transparenzgebots des § 307 Abs. 1 S. 2 BGB die englische Originalfassungen einer Konzernmutter nicht zwangsläufig auch im Arbeitsvertrag des deutschen Tochterunternehmens wirksam ist. Abhängig von ihrem konkreten Inhalt kann für die Ethikrichtlinie auch eine Nachweispflicht gem. § 2 Abs. 1 S. 1 NachwG bestehen.

In materieller Hinsicht ist jede Einzelregelung innerhalb einer Ethikrichtlinie auf das Bestehen von Mitbestimmungsrechten des Betriebsrats zu untersuchen – unabhängig von ihrer jeweiligen Geltungsgrundlage. Keine Mitbestimmungsrechte bestehen, wenn die Ethikrichtlinie bloß den Inhalt einer gesetzlichen Regelung wiedergibt. Allerdings schließt der bloße Appellcharakter einer Ethikrichtlinie Mitbestimmungsrechte nicht aus.

Für alle Inhalte gilt, daß der Arbeitgeber keine Vorgaben für das Verhalten des Arbeitnehmers in seinem Privatbereich festlegen darf. Nur wenn Berührungspunkte zum Arbeitsverhalten bestehen, kann der Arbeitgeber darauf mit den arbeitsrechtlichen Mitteln reagieren. Daher ist eine Klausel, die Liebesbeziehungen der Mitarbeiter verbietet, unzulässig.

Eine Ethikrichtlinie kann auch Bekleidungsvorschriften enthalten. Soweit diese Vorgaben für alle Arbeitnehmer gelten, verstoßen sie nicht gegen das AGG. Ihre Zulässigkeit hängt allerdings von der angemessenen Berücksichtigung der Arbeitnehmergrundrechte ab.

Die Trennung von Privatbereich und Arbeitsverhalten setzt sich bei den Regelungen zum Umgang mit Drogen fort: Am Arbeitsplatz sind Drogenverbote regelmäßig zulässig, wenn ein besonderes Interesse des Arbeitgebers vorliegt, etwa aufgrund einer besonderen Gefahrgeneigtheit der Arbeit. Im Privatbereich sind Drogenverbote nur in Ausnahmesituationen zulässig, wenn ein Berührungspunkt zur Arbeitserbringung besteht. Als Konsequenz muß auch für Drogentests ein Arbeitgeberinteresse erkennbar sein, das die Persönlichkeitsrechte des Arbeitnehmers überwiegt.

Verschwiegenheitspflichten sind nur zulässig, soweit sie auf das Unternehmen individuell abgestimmt sind. Dabei sind der Sensibilitätsgrad der Information, die konkrete Tätigkeit des Arbeitnehmers und das Schutzinteresse des Arbeitgebers zu berücksichtigen.

Als Interessenkonfliktsprävention kann die Ethikrichtlinie Regelungen zum Umgang mit Geschenken vorsehen. Sie sind zulässig, soweit ein Bezug zur Arbeitsleistung besteht und damit das Interesse des Arbeitgebers an Korruptionsprävention das Arbeitnehmerinteresse überwiegt. Neben einem Annahmeverbot von Geschenken und einer Ablieferungspflicht kann auch ein Schenk-Verbot im Einzelfall durch das Arbeitgeberinteresse gerechtfertigt sein.

Zur Interessenkonfliktsprävention kann der Arbeitgeber zudem Regelungen zum Wertpapierbesitz vorgeben. Dabei sind aber erneut die Grundrechte des Arbeitnehmers zu berücksichtigen, die mit dem Arbeitgeberinteresse im Einzelfall abzuwägen sind. Insoweit kann der Arbeitgeber auch eine Anzeigepflicht für Nebentätigkeiten und ein Genehmigungsvorbehalt in seiner Ethikrichtlinie normieren.

Eine Ethikrichtlinie kann ein Verfahren festlegen, nach dem die Mitarbeiter Verstöße melden können. Normiert die Richtlinie hingegen eine Meldepflicht, hängt deren Zulässigkeit von der konkreten Tätigkeit des Mitarbeiters ab und davon, wie konkret der Verdacht des Verstoßes sein muß, damit die Meldepflicht greift.

Als Sanktionen im Falle eines Verstoßes gegen die Ethikrichtlinie stehen dem Arbeitgeber regelmäßig die arbeitsrechtlichen Reaktionsmöglichkeiten, etwa Abmahnung oder Kündigung, zur Verfügung. Die Ethikrichtlinie erfüllt nicht die Funktion einer Abmahnung und kann daher keine vorweggenommene Abmahnung darstellen.

Im Arbeitsvertrag kann der Arbeitgeber nur in Ausnahmefällen weiterreichende Sanktionen festhalten, wenn ein besonderes Interesse vorliegt, weil die arbeitsrechtlichen Sanktionsmöglichkeiten die gewünschte Sanktionswirkung nicht herbeiführen. Regelmäßig muß in diesen Fällen als Geltungsgrundlage eine Betriebsvereinbarung in Form einer Betriebsbuße mit dem Betriebsrat vereinbart werden.

Zudem bestehen Mitbestimmungsrechte für die folgenden Inhalte:

Norm	Mitbestimmungstatbestand	Beispielhafte Regelung in einer Ethikrichtlinie
§ 87 Abs. 1 Nr. 1 BetrVG	Betriebliches Zusammenleben, allerdings nur „Ordnungsverhalten" der Arbeitnehmer	- Verbot des „Turtelns" am Arbeitsplatz - Bekleidungsvorschriften - Drogenverbote/-tests - Verschwiegenheitspflichten - Regelungen zum Wertpapierbesitz - Anzeigepflicht von Nebentätigkeiten - Meldepflicht von Verstößen
§ 87 Abs. 1 Nr. 6 BetrVG	Verhaltens- und Leistungsüberwachung durch technische Einrichtung	- Verstoßanzeige an eine Telefonhotline, soweit automatische Anrufspeicherung - Standardisierte Datenerfassung im Rahmen einer Wertpapieranzeige
§ 87 Abs. 1 Nr. 7 BetrVG	Drogentest als Arbeitsschutz	- Drogen-/Alkoholtest im bestehenden Arbeitsverhältnis
§ 94 Abs. 1 S. 1 BetrVG	Personalfragebogen	- Formularmäßige Informationserhebung über Wertpapierbesitz
§ 95 Abs. 1 S. 1 BetrVG	Auswahlverfahren bei Einstellung	- Drogentest bei der Einstellung

Insgesamt kann festgehalten werden, daß stets eine differenzierende und auf das jeweilige Unternehmen abgestimmte Regelung zulässig ist, soweit die berechtigten Interessen des Arbeitgebers deutlich werden. Dagegen sind pauschale Verbote grundsätzlich unzulässig.

Literaturverzeichnis

Abeltshauser, Thomas E.	Der Einwendungsdurchgriff zwischen Rechtsgeschäftslehre und Vertrauenshaftung, ZIP 1990, 693
Achenbach, Hans / *Ransiek*, Andreas (Hrsg.)	Handbuch Wirtschaftsstrafrecht, 2004 [zitiert: Achenbach/Ransiek/*Bearbeiter*]
Annuß, Georg	Das Verbot der Altersdiskriminierung als unmittelbar geltendes Recht, BB 2006, 325
Ascheid, Reiner / *Preis*, Ulrich / *Schmidt*, Ingrid (Hrsg.)	Kündigungsrecht, 2. Auflage, 2004 [zitiert: APS/ Bearbeiter]
Assmann, Heinz-Dieter / *Schneider*, Uwe H. (Hrsg.)	Wertpapierhandelsgesetz, 4. Auflage, 2006 [zitiert: Assmann/Schneider/*Bearbeiter*, WpHG]
Bachner, Michael / *Lerch*, Sascha	Ethik- und Verhaltensrichtlinien, AiB 2005, 229
Badura, Jens	Ethische Beratung im Unternehmen – Konzepte im Vergleich, zfwu 3/3 (2002) S. 337
Badura, Peter	Schlußfolgerungen – Erfahrungen und Einsichten –, in: Sozialstaat, Die Krise seiner Ethik, 1983, S. 267
Bamberger, Heinz Georg / *Roth*, Herbert (Hrsg.)	Kommentar zum Bürgerlichen Gesetzbuch, Band 1, 2003 [zit.: Bamberger/Roth/*Bearbeiter*, BGB]
Bandehzadeh, Sara / Thoß, Stefan	Die nachträgliche Verlagerung des tatsächlichen Sitzes einer GmbH, NZG 2002, 803

Barthel, Thomas / *Huppertz*, Christiane — Ethik-Richtlinie – Arbeitsrecht und Datenschutz, AuA 2006, 204

Bassen, Alexander / *Jastram*, Sarah / *Meyer*, Katrin — Corporate Social Responsibility, zfwu 6/2 (2005) 231

Bauer, Jobst-Hubertus — Sprecherausschußgesetz mit Wahlordnung und Erläuterungen, 2. Auflage [zitiert: *Bauer*, SprAuG]

–. — Ein Stück aus dem Tollhaus: Altersbefristung und der EuGH, NZA 2005, 800

–. / *Arnold*, Christian — Auf „Junk" folgt „Mangold" – Europarecht verdrängt deutsches Arbeitsrecht, NZA 2006, 6

–. / *Göpfert*, Burkard / *Krieger*, Steffen — Allgemeines Gleichbehandlungsgesetz, 2007 [zitiert: *Bauer/Göpfert/Krieger*, AGG]

Baumgarten, Horst — Verfassungsbeschwerden gegen Entscheidungen der Gerichte für Arbeitssachen, ZTR 1990, 368

Baums, Theodor (Hrsg.) — Bericht der Regierungskommission Corporate Governance, 2001 [zitiert: *Baums*, Regierungskommission]

Bayer, Walter — Aktionärsklagen de lege lata und de lege ferenda, NJW 2000, 2609

Bepler, Klaus — Betriebliche Übung – Ein erweiterter Rechtsprechungsbericht, RdA 2004, 226

Becker, Friedrich / *Hillebrecht*, Wilfried (Begr.) — Gemeinschaftskommentar zum Kündigungsschutzgesetz und zu sonstigen kündigungsschutzrechtlichen Vorschriften, 8. Auflage, 2007 [zit: KR/*Bearbeiter*]

Becker, Thorsten — Die Haftung für den deutschen Corporate Governance Kodex, 2005 [zugl. Diss. Universität Mainz, 2005]

Benecke, Martina — Die „überflüssige Änderungskündigung" – ein Scheinproblem, NZA 2005, 1092

Bengelsdorf, Peter — Alkohol und Drogen im Betrieb, 2. Auflage, 2003 [zitiert: *Bengelsdorf*, Alkohol]

–. — Illegale Drogen im Betrieb, NZA-RR 2004, 113

Berkowsky, Wilfried — Der „doppelte Vorbehalt" bei der Änderungskündigung, BB 1999, 1266

–. — Die personenbedingte Kündigung – Teil 2

Berlit, Uwe — Koalitionsfreiheit und öffentlicher Dienst – Bemerkungen zur Grundrechtsfähigkeit der öffentlichen Arbeitgeber und ihrer Koalitionen, ZTR 1994, 143
Whistleblowing – ein integraler Bestandteil effektiver Corporate Governance, BB 2005, 2623

Berndt, Thomas /
Hoppler, Ivo

Bernreuther, Friedrich — Sachmangelhaftung und Werbung, MDR 2003, 63

Bertelsmann Stiftung (Hrsg.) — Die gesellschaftliche Verantwortung von Unternehmen,
im Internet unter: http://www.bertelsmann-stiftung.de/bst/de/media/xcms_bst_dms_15645__2.pdf
[zuletzt abgerufen am 21.3.2007]
[zitiert: *Bertelsmann*, Verantwortung]

Bettermann, Karl August — Verpflichtungsermächtigung und Vertrag zu lasten Dritter, JZ 1951, 321

Birk, Axel — Ethikrichtlinien und Whistleblowing, DPL 2005, 200

–. Ethikrichtlinien und betriebliche Mitbestimmung, DPL 2006, 23

Birk, Rolf — Das Nachweisgesetz zur Umsetzung der Richtlinie 91/522/EGW in das deutsche Recht, NZA 1996, 281

Birnbaum, Christian — Was sind die „im Arbeitsrecht geltenden Besonderheiten"?, NZA 2003, 944

Blomeyer, Wolfgang — Kündigung und Neuabschluß einer Betriebsvereinbarung über teilmitbestimmungspflichtige Sozialleistungen, DB 1985, 2506

Börsch, Michael — Die Planwidrigkeit der Lücke, JA 2000, 117

Bommermann, Ralf — Die Theorie der Wirksamkeitsvoraussetzung, 1992 [zugl. Diss. Universität Passau, 1992]

Bork, Reinhard — Allgemeiner Teil des Bürgerlichen Gesetzbuchs, 2. Auflage, 2006

Borgmann, Bernd — Ethikrichtlinien und Arbeitsrecht, NZA 2003, 352

Breitfeld, Anja / *Kleber*, Wibke — Betriebsrat kann Ethikregeln kippen, Personalmagazin 6/2005, 38

Brocker, Till — Unternehmensmitbestimmung und Corporate Governance, ZAAR-Schriftenreihe Band 7, 2006 [zugl. Diss. Ludwig-Maximilians-Universität München, 2006]

Brockhaus — Die Enzyklopädie: in 30 Bänden, 21. Auflage, 2006

Buck-Heeb, Petra — Kapitalmarktrecht, 2006

Bulla, Gustav-Adolf — „Vertrauensvolle Zusammenarbeit" von Arbeitgeber und Betriebsrat als Generalklausel des Betriebsverfassungsrechts, RdA 1965, 121

Bültmann, Herbert / Niebler, Michael / *Kohn*, Simone — Der Nebenverdienst, 6. Auflage, 2001

Bürkle, Jürgen — Weitergabe von Informationen über Fehlverhalten in Unternehmen (Whistleblowing) und Steuerung auftretender Probleme durch ein Compliance-System", DB 2004, 2158

Büssow, Thomas / *Taetzner*, Tobias — Sarbanes-Oxley Act 404: Internes Kontrollsystem zur Sicherstellung einer effektiven Finanzberichterstattung im Steuerbereich von Unternehmen – Pflicht oder Kür, BB 2005, 2437

Calliess, Christian / *Ruffert*, Matthias (Hrsg.) — EUV/EGV – Das Verfassungsrecht der Europäischen Union mit Europäischer Grundrechtscharta, 3. Auflage, 2007 [zitiert: Calliess/Ruffert/*Bearbeiter*, EGV]

Camastral, Claudia — Grundrechte im Arbeitsverhältnis, 1996 [zugl. Diss. Universität Zürich, 1995]

Canaris, Claus-Wilhelm — Die Vertrauenshaftung im deutschen Privatrecht, 1971

Coing, Helmut — Grundzüge der Rechtsphilosophie, 1969 [zitiert: *Coing*, Rechtsphilosophie]

–. — Das Verhältnis der positiven Rechtswissenschaft zur Ethik im 19. Jahrhundert, in Recht und Ethik (1970), S. 12 [zitiert: *Coing*, Ethik]

Conze, Peter — Fragerecht des öffentlichen Arbeitgebers und Offenbarungspflicht des Bewerbers bei der Vertragsanbahnung, ZTR 1991, 99

Creifelds, Carl (Begr.) — Rechtswörterbuch, 18. Auflage, 2004

Danielcik, Hans Peter — Aktiengesetz, 1937 [zitiert: *Danielcik*, AktG (1937)]

Däubler, Wolfgang / *Kittner*, Michael / *Klebe*, Thomas — Betriebsverfassungsgesetz, 10. Auflage, 2006 [zitiert: DKK-*Bearbeiter*]

–. — Ein Wolf im Schafspelz?, dbr 2005, 25

–. / *Bertzbach*, Martin (Hrsg.) — Allgemeines Gleichbehandlungsgesetz, 2006 [zitiert: Däubler/Bertzbach/*Bearbeiter*, AGG]

Deinert, Olaf — Neugestaltung der Arbeitsvertragsgrundlagen in Einrichtungen der evangelischen Kirchen über den 3. Weg, ZTR 2005, 461

–. — Vertragsgrundlage kirchlicher Arbeitnehmer und AGB-Recht, AiB 2006, 628

Depenheuer, Frank — Die Grundrechtsfähigkeit von juristischen Personen des öffentlichen Rechts und ihrer Arbeitgebervereinigungen, ZTR 1993, 364

Dette, Hans Walter — Venire contra factum proprium nulli conceditur, 1985 [zugl. Diss. Johannes Gutenberg-Universität Mainz, 1984]

Diehn, Thomas — AGB-Kontrolle von arbeitsrechtlichen Verweisungsklauseln, NZA 2004, 129

Dieterich, Thomas / *Hanau*, Peter / *Schaub*, Günter (Begr.) — Erfurter Kommentar zum Arbeitsrecht, 7. Auflage, 2007 [zitiert: ErfK/*Bearbeiter*]

Diller, Martin — Englisch im Betrieb und Betriebsverfassung, DB 2000, 718

–. / *Powietzka*, Arnim — Drogenscreenings und Arbeitsrecht, NZA 2001, 1227

Duden — Das große Wörterbuch der deutschen Sprache: in 10 Bänden, 3. Auflage, 1999

Dreier, Horst (Hrsg.) — Grundgesetz, 2. Auflage, 2004 [zitiert: Dreier/*Bearbeiter*]

Eich, Rolf-Achim — Tarifverträge und Sozialpartnerbeziehungen am Beispiel der chemischen Industrie, NZA 1995, 149

Eisenbeis, Ernst / *Nießen*, Christoph — Auf Kollisionskurz: Ethikrichtlinien nach US-amerikanischem Vorbild und deutsches Arbeitsrecht, Bewegtes Arbeitsrecht, Festschrift für Wolfgang Leinemann zum 70. Geburtstag, 2006, S. 697

Eisler, Rudolf — Kant-Lexikon, 1961

Emmerich, Volker — Kartellrecht, 10. Auflage, 2006

Endres, Gerhard L — „Wer besticht, fliegt" – Ethik und Verantwortung bei Shell, Personalführung 1999, 30

Engisch, Karl — Einführung in das juristische Denken, 9. Auflage, 1997

Faber, Ulrich — Die arbeitsschutzrechtlichen Grundpflichten des § 3 ArbSchG, 2004 [zugl. Diss. Universität Halle-Wittenberg, 2002/2003]

Fischermeier, Ernst — Die betriebsbedingte Änderungskündigung, NZA 2000, 737

Fitting, Karl (Begr.) — Betriebsverfassungsgesetz, 23. Auflag, 2006 [zitiert: *Fitting*, BetrVG]

Florig, Hans-Georg — Die Rechtsnatur und Abdingbarkeit betrieblicher Übungen, arbeitsvertraglicher Einheitsregelungen und Gesamtzusagen [zugl. Diss. Johann Wolfgang Goethe-Universität Frankfurt (Main), 1993]

Frölich, Armin — Eintritt und Beendigung der Nachwirkung von Tarifnormen, NZA 1992, 1105

Fuchs, Maximilian / *Marhold*, Franz — Europäisches Arbeitsrecht, 2. Auflage, 2006

Führ, Martin — Eigen-Verantwortung im Rechtsstaat, 2003 [zugl. Habil. Johann Wolfgang Goethe-Universität Frankfurt (Main), 2001/2002]

Gamillscheg, Franz — Betriebliche Übung, Festschrift für Marie Luise Hilger und Hermann Stumpf, 1983, S. 227

–. — Die Grundrechte im Arbeitsrecht, 1989 [zitiert: *Gamillscheg*, Grundrechte]

Gaul, Björn — Konsequenzen eines Betriebsübergangs für Kollektivvereinbarungen kirchlicher Rechtsträger, ZTR 2002, 368

Glossner, Ottoarndt — Das Standesrecht für den Schiedsrichter, Festschrift für Karlheinz Quack zum 65. Geburtstag am 2. Januar 1991, 1991, S. 709

Göbel, Elisabeth — Der Mensch – ein Produktionsfaktor mit Würde, zfwu 4/2 (2003) S. 170

Grabner-Kräuter, Sonja — Zum Verhältnis von Unternehmensethik und Unternehmenskultur, zfwu 1/3 (2000) S. 290

Graser, Daniela — Whistleblowing: Arbeitnehmeranzeigen im US-amerikanischen und deutschen Recht, 2000 [zugl. Diss. Ludwig-Maximilians-Universität, München, 1999]

Grötzinger, Martin / *Hohmann*, Rolf — Ethik-Richtlinien, Leitbilder mit Erfolg einführen, AuA 2006, 286

Grunewald, Barbara — Gesellschaftsrecht, 6. Auflage, 2005

Guckelberger, Annette — Die Drittwirkung der Grundrechte, JuS 2003, 1151

Habersack, Mathias — Vertragsfreiheit und Drittinteressen, 1992 [zugl. Diss. Universität Heidelberg, 1991]

Hartung, Aurica — Geheimnisschutz und Whistleblowing, 2006

Hefendehl, Roland — Corporate Governance und Business Ethics: Scheinberuhigung oder Alternative bei der Bekämpfung der Wirtschaftskriminalität?, JZ 2006, 119

Heilmann, Joachim / *Aufhauser*, Rudolf — Arbeitsschutzgesetz Handkommentar, 2. Auflage, 2005 [zit: Hk-ArbSchG/*Bearbeiter*]

Heinze, Meinhard — Rechtsprobleme des sog. echten Leiharbeitsverhältnisses, ZfA 1976, 183

Hempelmann, Gerrit — Die freiwillige Betriebsvereinbarung in Vergangenheit und Gegenwart, 1997 [zugl. Diss. Westfälische Wilhelms-Universität Münster, 1997]

Henkel, Heinrich — Einführung in die Rechtsphilosophie, 2. Auflage, 1977

Henssler, Martin / *Graf von Westphalen*, Friedrich (Hrsg.) — Praxis der Schuldrechtsreform, 2. Auflage, 2003

Henssler, Martin / *Willemsen*, Heinz Josef / *Kalb*, Heinz-Jürgen (Hrsg.) — Arbeitsrecht Kommentar, 2. Auflage, 2006 [zit: HWK/*Bearbeiter*]

Hergethund, Armin / *Mingau*, Katja — Beteiligungsverträge bei GmbH, DStR 2001, 1217

Hermanns, Ferdinand / *Kleier*, Ulrich F. — Grenzen der Aufsichtspflicht in Betrieben und Unternehmen, 1987

Hess, Harald / *Schlochauer*, Ursula / *Worzalla*, Michael / *Glock*, Dirk — Kommentar zum Betriebsverfassungsgesetz, 6. Auflage, 2003 [zitiert: HSWG/*Bearbeiter*, BetrVG]

Hettinger, Gerhard	Vom Standesrecht zum Berufsrecht, im Internet unter: http://www.rechtsanwaltskammer-muenchen.de/fileadmin/downloads/mitteilungen/2004_3_standesrecht.pdf [zuletzt abgerufen am 21.3.2007]
Hirsch, Bernhard / *Sandt*, Joachim	Der Beitrag deutscher Aufsichtsräte zu einer verantwortungsvollen Unternehmensführung deutscher Unternehmen, zfwu 6/2 (2005) 179
Höcker, Lorenz	Tarifvertrag und Betriebsvereinbarung in sozialen Angelegenheiten, RdA 1956, 17
Höffe, Otfried	Lehrbuch zur Ethik, 2. Auflage, 1999
Homann, Karl	Ethik und Ökonomik: Zur Theoriestrategie der Wirtschaftsethik, in: Vorteile und Anreize, 2002 [zitiert: *Homann*, Ethik]
–.	Globalisierung aus wirtschaftsethischer Sicht, in: Wirtschaftsethik der Globalisierung, 2005 [zitiert: *Homann*, Globalisierung]
Hopt, Klaus J.	Globalisierung der Corporate Governance, in: Wirtschaftsethik der Globalisierung, 2005, S. 81
Horcher, Michael	Internationale betriebliche Vereinbarungen, 2004 [zugl. Diss. Universität Mainz, 2003]
Horn, Norbert	Einführung in die Rechtswissenschaft und Rechtsphilosophie, 4. Auflage, 2007
Howald, Bert	Das Kommunikationsgrundrecht der Meinungsfreiheit und seine Kollision mit arbeitsvertraglichen Pflichten, 2004 [zugl Diss. Freie Universität Berlin, 2004]
v. Hoyningen-Huene, Gerrick / *Linck*, Rüdiger	Kündigungsschutzgesetz, 14. Auflage, 2007 [zitiert: *v. Hoyningen-Huene/Linck*, KSchG]

Hromadka, Wolfgang | Das Recht der leitenden Angestellten im historisch-gesellschaftlichen Zusammenhang, 1797 [zitiert: *Hromadka*, Leitende Angestellte]

–. | Zur betrieblichen Übung, NZA 1984, 241

–. | Die Änderungskündigung – eine Skizze, DB 2002, 1322

Huber, Wolfgang | Gerechtigkeit und Recht, 1996

Hüffer, Uwe | Aktiengesetz, 7. Auflage, 2006 [zitiert: *Hüffer*, AktG]

Hütten, Christoph / *Stromann*, Hilke | Umsetzung des Sarbanes-Oxley-Act in der Unternehmenspraxis, BB 2003, 2223

Hunold, Wolf | Die Rechtsprechung zum Direktionsrecht des Arbeitgebers, NZA-RR 2001, 337

Immenga, Ulrich / *Mestmäcker*, Ernst-Joachim (Hrsg.) | Gesetz gegen Wettbewerbsbeschränkungen, 3. Auflage, 2001 [zitiert: Immenga/Mestmäcker/*Bearbeiter]*

Jarass, Hans | Bindungswirkung von Verwaltungsvorschriften, JuS 1999, 105

Joussen, Jacob | Kirchliche Arbeitsvertragsinhalte beim Betriebsübergang, NJW 2006, 1850

Junker, Abbo | Internationales Arbeitsrecht im Konzern, 1992 [zugl. Habil. Westfälische Wilhelms-Universität Münster, 1992] [zitiert: *Junker*, Internationales Arbeitsrecht]

–. | Konzernweite „Ethikregeln" und nationale Betriebsverfassungen, BB 2005, 602

Kaiser, Dagmar | Sprecherausschüsse für leitende Angestellte, 1995

Kamanabrou, Sudabeh — Die Interpretation zivilrechtlicher Generalklauseln, AcP 202 (2002) 662

Kant, Immanuel — Metaphysik der Sitten, 1797, [herausgegeben von Karl Vorländer, 1954]

Kaufmann, Mario — Whistleblowing-Hotlines aus arbeits- und datenschutzrechtlicher Sicht – Lösungswege im Unternehmen, CR 2006, 642

Kaufmann, Stephanie — Die betriebsverfassungsrechtliche Zuordnung gewerbsmäßig überlassener Leiharbeitnehmer, 2004 [zugl. Diss. Universität Leipzig, 2003] [zitiert: *S. Kaufmann*, Leiharbeitnehmer]

Keller, Ulrich — Die ärztliche Untersuchung des Arbeitnehmers im Rahmen des Arbeitsverhältnisses, NZA 1988, 561

Kempen, Otto Ernst / *Zachert*, Ulrich — Tarifvertragsgesetz, 4. Auflage, 2006 [zitiert: Kempen/Zachert/*Bearbeiter*, TVG]

Keßler, Rainer — Die Kirchen und das Arbeitsrecht, 1986 [zugl. Diss. Johann Wolfgang Goethe-Universität Frankfurt (Main), 1986]

Kettler, Gero — Vertrauenstatbestände im Arbeitsrecht, NZA 2001, 928

Kirchner, Hildebert / *Butz*, Cornelie — Abkürzungsverzeichnis der Rechtssprache, 5. Auflage, 2003

Klein, Hans — Rechtsqualität und Rechtswirkung von Verwaltungsnormen, Festgabe für Ernst Forsthoff, 1967, S. 163

Kleine-Cosack, Michael — Berufs- und Fachanwaltsordnung für Rechtsanwälte – Satzungsförmiges Berufsrecht in Ergänzung der BRAO, NJW 1997, 1257

Kluge, Friedrich — Etymologisches Wörterbuch der deutschen Sprache, 24. Auflage, 2002

Klumpp, Steffen — Diskontinuität und ihre Folgen für das Antidiskriminierungsrecht, NZA 2005, 848

Knop, Carsten — Wertevorrat für die Globalisierung, FAZ vom 6.12.2006, Nr. 284, S. 22

Kocher, Eva — Unternehmerische Selbstverpflichtungen zur sozialen Verantwortung, RdA 2004, 27

–. — Rechtliche Instrumente, insbesondere zur Durchsetzung und Umsetzung von Codes of Conduct im deutschen Recht, in: Codes of Conduct, Köpke, Ronald/Röhr, Wolfgang (Hrsg.), 2003, S. 150 ff. [zitiert: *Kocher*, Rechtliche Instrumente]

Kock, Martin — Einführung einer Ethikrichtlinie im Unternehmen, MDR 2006, 673

–. — Unternehmensethik: Einführung, Inhalte und Mitbestimmung des Betriebsrats, ArbRB 2006, 116

Kohtes, Paul J. — Unternehmenskultur zwischen Ethik und Ökonomie, FAZ vom 10.10.2005, Nr. 235, S. 22

Kollmer, Norbert Franz — Arbeitsschutzgesetz, 2005 [zit: Kollmer/*Bearbeiter*, ArbSchG]

Köndgen, Johannes — Selbstbindung ohne Vertrag, 1981 [zugl. Habil. Eberhard-Karls-Universität, Tübingen, 1979/80]

Konzen, Horst — Arbeitsrechtliche Drittbeziehungen – Gedanken über Grundlagen und Wirkungen der „gespaltenen Arbeitgeberstellung", ZfA 1982, 259

Köpke, Ronald / *Röhr*, Wolfgang — Codes of Conduct, 2003

Körner, Marita — Neue Betriebsratsrechte bei atypischer Beschäftigung, NZA 2006, 573

Kolle, Tina / *Deinert*, Olaf	Liebe ist Privatsache, AuR 2006, 177
Kopp, Ferdinand O. / *Ramsauer*, Ulrich	Verwaltungsverfahrensgesetz, 9. Auflage, 2005 [zitiert: Kopp/*Ramsauer*, VerwVfG]
von Koppenfels, Katharina	Vertragsstrafen im Arbeitsrecht nach der Schuldrechtsmodernisierung, NZA 2002, 598
Kraft, Alfons / *Wiese*, Günther / *Kreutz*, Peter / *Oetker*, Hartmut / *Raab*, Thomas / *Weber*, Christoph / *Franzen*, Martin (Hrsg.)	Gemeinschaftskommentar Betriebsverfassungsgesetz, 8. Auflage, 2005 [zitiert: GK-BetrVG/*Bearbeiter*]
Krause, Rüdiger	Sarbanes-Oxley Act und deutsche Mitbestimmung, WM 2003, 762
Kreutz, Peter	Grenzen der Betriebsautonomie, 1979 [zugl. Habil. Johannes Gutenberg-Universität, Mainz, 1978]
Kröher, Michael O.R.	Good Company Ranking, Manager Magazin 2/2007, S. 78
Kropff, Bruno / *Semler*, Johannes (Hrsg.)	Münchener Kommentar zum Aktiengesetz, 2. Auflage, 2004 [zitiert: MüKoAktG/*Bearbeiter*]
Krüger, Hildegard	Grenzen der Zumutbarkeit aus Gewissensgründen im Arbeitsrecht, RdA 1954, 365
Küchenhoff, Günther	Betriebsverfassungsgesetz, 1954 [zitiert: *Küchenhoff*, BetrVG (1954)]
Kulick, Holger	Langfristiges Denken ist noch nicht ausgereift, SPIEGEL-ONLINE – 13.12.2002, im Internet bestellbar unter: http://www.spiegel.de/wirtschaft/0,1518,226884,00.html [zuletzt abgerufen am 21.3.2007]

Kunz, Olaf	Gesamt- und Konzernbetriebsrat, AuA 2000, 360
Kunze, Otto	Zum Stand der Entwicklung des Unternehmensrechts, ZHR 144 (1980) 100
Lakies, Thomas	Das Weisungsrecht des Arbeitgebers (§ 106 GewO) – Inhalt und Grenzen, BB 2003, 364
Lanfermann, Georg / *Maul*, Silja	Auswirkungen des Sarbanes-Oxley Acts in Deutschland, DB 2002, 1725
Lange, Knut Werner	Corporate Governance in Familienunternehmen, BB 2005, 2585
Larenz, Karl / *Wolf*, Manfred	Allgemeiner Teil des bürgerlichen Rechts, 9. Auflage, 2004
Leder, Tobias / *Morgenroth*, Sascha	Die Vertragsstrafe im Formulararbeitsvertrag, NZA 2002, 952
Lehmann, Jürgen	Multinationale Unternehmen zwischen Ethik und Geschäft, Festschrift für Helmut Ridder, 1989, S. 211
Leisinger, Klaus M.	Whistleblowing und Corporate Reputation Management, 2003
Leipold, Dieter	BGB I: Einführung und allgemeiner Teil, 3. Auflage, 2004
Lemke, Michael / *Mosbacher*, Andreas	Ordnungswidrigkeitengesetz, 2005 [zitiert: *Lemke/Mosbacher*, OWiG]
Lendi, Martin	Rechtsethische Anforderungen an Ingenieure, Festschrift für Josef Kühne, 1984, S. 19
Lenk, Hans / *Maring*, Matthias	Gemeinwohlorientierung als Aufgabe für Ethik und Recht, Festschrift für Josef Kühne, 1984, S. 35

Linde, Klaus / *Lindemann*, Viola	Der Nachweis tarifvertraglicher Ausschlussfristen, NZA 2003, 649
Löwisch, Manfred / *Würtenberger*, Thomas	Vertragsstrafe und Betriebsstrafe im Arbeitsrecht, JuS 1970, 261
–.	Kommentar zum Sprecherausschußgesetz, 2. Auflage, 1994 [zitiert: *Löwisch*, SprAuG]
–. / *Kaiser,* Dagmar	Betriebsverfassungsgesetz, 5. Auflage, 2002 [zitiert: *Löwisch/Kaiser*, BetrVG]
–. / *Rieble*, Volker	Tarifvertragsgesetz, 2. Auflage, 2004 [zitiert: *Löwisch/Rieble*, TVG]
Lutz, Roman	Produktivitätseffekt betrieblicher Zusatzleistungen, Zeitschrift für Arbeitsmarktforschung 2005, 30
Lutter, Marcus	Theorie der Mitgliedschaft, AcP 180 (1980) 84
Mahnhold, Thilo	Compliance und Arbeitsrecht, 2003 [zugl. Diss. Universität Frankfurt (Main), 2003]
Maier, Götz A. / *Mehlich*, Tobias	Das Ende des richterlich entwickelten arbeitsrechtlichen Gleichbehandlungsgrundsatzes? DB 2007, 110
V. Mangoldt, Hermann / *Klein*, Friedrich / *Starck*, Christian	GG Kommentar Band 1, 5.Auflage, 2005 [zitiert: v. Mangoldt/*Bearbeiter*, GG]
Marquardt, Ina	Genetische Analysen an Beschäftigten auf der Grundlage des Entwurfes des Arbeitsschutzrahmengesetzes, 1999 [zugl. Diss. Universität Hannover, 1998]
Martens, Klaus-Peter	Rechtsgeschäft und Drittinteressen, AcP 177 (1977) S. 113

Matzick, Christiane — Arbeitsrechtliche Maßnahmen zur Vermeidung bzw. Sanktionierung von Interessenkollisionen bei Wirtschaftsjournalisten, 1996 [zugl. Diss. Universität Bielefeld, 1995]

Maulshagen, Almut / *Höner*, Martin — Wirtschaftsstraftaten im eigenen Unternehmen begegnen, AuA 2007, 82

Maurer, Hartmut — Allgemeines Verwaltungsrecht, 16. Auflage, 2006

Mayer, Gunnar — Das außerdienstliche Verhalten von Arbeitnehmern, 2000 [zugl. Diss. Christian-Albrechts-Universität Kiel]

McKinsey&Company (Hrsg.) — Global Investor Opinion Survey, im Internet unter: http://www.mckinsey.com/clientservice/organizationleadership/service/corpgovernance/pdf/globalinvestoropinionsurvey2002.pdf [zuletzt abgerufen am 21.3.2007]
[zitiert: *McKinsey&Company*, Global Investor Opinion]

Medicus, Dieter — Allgemeiner Teil des BGB, 9. Auflage, 2006

Menzies, Christof (Hrsg.) — Sarbanes-Oxley Act, 2004 [zitiert: *Menzies*, SOA 2004]

–. (Hrsg.) — Sarbanes-Oxley und Corporate Compliance, 2006 [zitiert: *Menzies*, SOA 2006]

Meyer, Uwe — Ethikrichtlinien internationaler Unternehmen und deutsches Arbeitsrecht, NJW 2006, 3605

Michels, Petra — Vom Leiden an der Business Ethik, Personalmagazin 7/2004, 74

Mohn, Reinhard — Die neuen Aufgaben heißen Führung und Geleit, FAZ vom 8.10.2005, Nr. 234, S. 45

Molitor, Karl	Außertarifliche Sozialpartnervereinbarungen, Festschrift für Eugen Stahlhacke, 1995, S. 339
Müller, Bernd / *Preis*, Francisca	Arbeitsrecht im öffentlichen Dienst, 6. Auflage, 2006
Müller, Michael	Whistleblowing – Ein Kündigungsgrund?, NZA 2002, 424
Müller-Bonanni, Thomas / Schell, Jan	Datenschutzrechtliche Aspekte sog. „Whistleblower Hotlines", ArbRB 2006, 299
Neuner, Jörg	Privatrecht und Sozialstaat, 1999 [zugl. Habil. Ludwig-Maximilians-Universität, München, 1999]
Neuvians, Nicole	Die arbeitnehmerähnliche Person, 2002 [zugl. Diss. Ruhr-Universität, Bochum, 2001]
Nipperdey, Hans Carl	Gleicher Lohn der Frau für gleiche Leistung, RdA 1950, 120
Notz, Andreas	Zulässigkeit und Grenzen ärztlicher Untersuchungen von Arbeitnehmern, 1991 [zugl. Diss. Universität Mannheim, 1990]
Oellrich, Claus	Der Beitrag des Bundesarbeitsgerichts zur Methode der Gesetzesauslegung, 1966, [zugl. Diss. Rheinische Friedrich-Wilhelms-Universität Bonn, 1966]
Oetker, Hartmut	Dynamische Verweisungen in Allgemeinen Geschäftsbedingungen als Rechtsproblem, JZ 2002, 337
–.	Die Ausprägung der Grundrechte des Arbeitnehmers in der Arbeitsrechtsordnung der Bundesrepublik Deutschland, RdA 2004, 8
Ohlendorf, Bernd / *Bünning*, Birte	Ethik-Richtlinien – Mitbestimmung nach BetrVG, AuA 2006, 200

Ossenbühl, Fritz — Zur Außenwirkung von Verwaltungsvorschriften, Festgabe aus Anlaß des 25jährigen Bestehens des Bundesverwaltungsgerichts, 1978, „Verwaltungsrecht zwischen Freiheit, Teilhabe und Bindung", S. 433 ff. [zitiert: *Ossenbühl*, FS BVerwG]

–. / *Cornils*, Matthias — Nebentätigkeit und Grundrechtsschutz, 1999

Osterkamp, Thomas — Juristische Gerechtigkeit, 2004 [zugl Diss. Humboldt-Universität Berlin, 2004]

Ottenschläger, Madlen — „Jetzt kommt die Moral", Die Zeit, Nr. 49, 1.12.2005, Sonderbeilage, S. 20

Otto, Harro — Die Haftung für kriminelle Handlungen in Unternehmen, Jura 1998, 409

Pahlke, Armin — Der „Dritte Weg" der Kirchen im Arbeitsrecht, NJW 1986, 350

Palandt, Otto (Hrsg.) — Bürgerliches Gesetzbuch, 66. Auflage, 2007 [zitiert: Palandt/*Bearbeiter*, BGB]

–. — Bürgerliches Gesetzbuch, 61. Auflage, 2002 [zitiert: Palandt/*Bearbeiter*, BGB, 2002]

Pappi, Franz Urban (Hrsg.) — Wirtschaftsethik, 1989

Paul, Walter — Die Bedeutung der Unternehmenskultur für den Erfolg eines Unternehmens und ihre Bestimmungsfaktoren, DB 2005, 1581

Pauly, Holger — Bindung des Architekten an seine Honorarschlußrechnung? MDR 1999, 649

Peter, Doreen — Nebentätigkeiten von Arbeitnehmern, 2006 [zugl. Diss. Universität Göttingen, 2005]

Pfohl, Gerhard — Arbeitsrecht des öffentlichen Dienstes, 2002

Pichler, Martin — Korruptionsprävention als Change-Prozess, W & W 9/2005, 8

Picker, Eduard — Antidiskriminierung im Zivil- und Arbeitsrecht, ZFA 2005, 167

Pieroth, Bodo — Rückwirkung und Übergangsmandat, 1981 [zugl. Habil. Universität Heidelberg, 1981]

–. / *Schlink*, Bernhard — Grundrechte Staatsrecht II, 21. Auflage, 2005

Pietzcker, Jost — Selbstbindung der Verwaltung, NJW 1981, 2087

–. — Neuordnung des anwaltlichen Berufsrechts, NJW 1988, 513

Piper, Henning / *Ohly*, Ansgar — Gesetz gegen den unlauteren Wettbewerb, 4. Auflage, 2006 [zitiert: *Piper/Ohly*, UWG]

Pohl, Manfred — Die unterschätzte Unternehmenskultur, FAZ vom 8.8.2005, Nr. 182, S. 12

Precklein, Tizia-Berit — Prüfungsmaßstab bei der Änderungskündigung, 1995 [zugl. Diss. Universität München, 1994]

–. — Betriebsbedingte Kündigung zwischen dringenden betrieblichen Erfordernissen und unternehmerischer Entscheidungsfreiheit – Grundsätzliches und Alltägliches zur Gretchenfrage des Kündigungsschutzes, NZA 1997, 625

–. — Individualarbeitsrecht, 2. Auflage, 2003

–. — Verbot der Altersdiskriminierung als Gemeinschaftsgrundrecht – Der Fall „Mangold“ und die Folgen, NZA 2006, 401

Quinkert, Norbert — Auf die eigenen Stärken besinnen, FAZ vom 6.9.2005, Nr. 207, S. 19

Raab, Thomas — Der kollektive Tatbestand als Voraussetzung der Mitbestimmung des Betriebsrats in sozialen Angelegenheiten, ZfA 1991, 31

–. — Austauschverträge mit Drittbeteiligung, 1999 [zugl. Habil. Johannes Gutenberg-Universität Mainz, 1998]

Raiser, Thomas — Unternehmensziele und Unternehmensbegriff, ZHR 144 (1980) 206

Rebmann, Kurt / *Säcker*, Franz Jürgen / *Rixecker*, Roland — Münchener Kommentar zum Bürgerlichen Gesetzbuch, 4. Auflage, 2005 [zitiert: MüKoBGB/*Bearbeiter*]

Rech, Heribert — Die Nachwirkung freiwilliger Betriebsvereinbarungen, 1997 [zugl. Diss. Universität Bonn, 1997]

Regelin, Frank Peter / *Fisher*, Raymond — Zum Stand der Umsetzung des Sarbanes-Oxley Act aus deutscher Sicht, IStR 2003, 276

Reuter, Dieter — Die Grenzen des Streikrechts, ZfA 1990, 535

Richardi, Reinhard — Die arbeitsrechtliche Bedeutung der christlichen Dienstgemeinschaft für die Arbeitsverhältnisse kirchlicher Mitarbeiter, ZfA 1984, 109

–. — Die Grundordnung der katholischen Kirche für den kirchlichen Dienst im Rahmen kirchlicher Arbeitsverhältnisse, NZA 1994, 19

–. / *Wlotzke*, Otfried (Hrsg.) — Münchener Handbuch zum Arbeitrecht, 2. Auflage, 2000 [zitiert: MüArbR/*Bearbeiter*]

–. (Hrsg.) — Betriebsverfassungsgesetz mit Wahlordnung, 10. Auflage, 2006 [zit: Richardi/*Bearbeiter*, BetrVG]

Rieble, Volker — Bindungswirkung einer nicht-prüfbaren Architektenschlußrechnung?, BauR 1989, 145

–. Arbeitsmarkt und Wettbewerb, 1996 [zugl. Habil. Albert-Ludwigs-Universität Freiburg, 1995/1996]

–. Umweltschutz durch kollektives Arbeitsrecht – insbesondere durch Tarifvertrag und Koalitionsvereinbarung, ZTR 2000, 1

–. Betriebliche versus tarifliche Unkündbarkeit, NZA 2003, 1243

–. Mitbestimmung zwischen Legitimationslast und Modernisierungsdruck, ZAAR-Schriftenreihe Band 1, 2004, S. 9 [zitiert: *Rieble*, ZAAR]

–. / *Schul*, Asusa — Arbeitsvertragliche Bezugnahme auf Betriebsvereinbarungen, RdA 2006, 339

–. / *Zedler*, Marc Alexander — Altersdiskriminierung in Tarifverträgen, ZfA 2006, 273

–. Sprache und Sprachrisiko im Arbeitsrecht, Festschrift für Manfred Löwisch, 2007, S. 229

Rieth, Lothar — Deutsche Unternehmen, Soziale Verantwortung und der Global Compact, zfwu 4/3 (2003) S. 372

Riggert, Rainer — Die Selbstbindung der Rechtsprechung durch den allgemeinen Gleichheitssatz (Art. 3 I GG), 1993 [zugl. Diss. Albert-Ludwigs-Universität Freiburg, 1992]

Rittner, Fritz — Zur Verantwortung des Vorstandes nach § 76 Abs. 1 AktG 1965, Festschrift für Ernst Gessler, 1971, S. 139

Rittner, Thomas — AGB – Kontrolle kirchlicher Arbeitsvertragsrichtlinien?, NZA 2005, 447

Rohde-Liebenau, Björn — Whistleblowing – Beitrag der Mitarbeiter zur Risikokommunikation, 2005

Ryffel, Hans — Recht und Ethik heute, Festschrift für Helmut Schelsky, 1978, S. 507

Säcker, Franz-Jürgen — Die Regelung sozialer Angelegenheiten im Spannungsfeld zwischen tariflicher und betriebsvereinbarungsrechtlicher Normsetzungsbefugnis, ZFA-Sonderheft 1972, 41

–. / *Oetker*, Hartmut — Grundlagen und Grenzen der Tarifautonomie, 1992

Sangenstedt, Hans Rudolf — Der Honoraranspruch des Architekten und Ingenieurs, ZAP Fach 5, 95 (1996)

Sauer, Olaf C. — „Whistleblowing" – notwendiger Bestandteil moderner Personalpolitik?, DÖD 2005, 121

Savaète, Eugen — Treu und Glauben im Arbeitsrecht, AuR 1955, 263

Schäfer, Carsten — Vertragsschluß unter Einbeziehung von Allgemeinen Geschäftsbedingungen gegenüber Fremdmuttersprachlern, JZ 2003, 879

Schäffer, Utz — Zum Verhältnis von Unternehmensethik und Controlling, zfwu 5/1 (2004) 55

Schack, Axel — Gruppenarbeit in der chemischen Industrie: Gemeinsame Hinweise des Bundesarbeitgeberverbandes Chemie und der IG Chemie-Papier-Keramik, NZA 1996, 923

Schapp, Jan — Freiheit, Moral und Recht, 1994

Schibel, Roland — Unterlassene Vergütungsvereinbarungen und die Bindung an die eigene Schlußrechnung, BB 1991, 2089

Schiek, Dagmar — Gleichbehandlung der EU – Umsetzung im deutschen Arbeitsrecht, NZA 2004, 873

–.	Europäisches Arbeitsrecht, 2. Auflage, 2005 [zitiert: *Schiek*, EU]
Schilling, Wolf Ulrich	Shareholder Value und Aktiengesetz, BB 1997, 373
Schlachter, Monika	Mitbestimmung bei der Einführung von „Ethikregeln" in transnationalen Wirtschaftseinheiten, Festschrift für Reinhard Richardi, 2007, S. 1067
Schlegelberger, Franz (Hrsg.)	Aktiengesetz, 1937 [zitiert: *Schlegelberger*, AktG 1937]
Schleusener, Aino / *Suckow*, Jens / *Voigt*, Burkhard	Kommentar zum Allgemeinen Gleichbehandlungsgesetz, 2007 [zitiert: Schleusener/Suckow/Voigt, AGG]
Schmeer, Bert	Leistungsabhängige Vergütung bei unterschiedlichen Unternehmenskulturen, Personalführung 1995, 832
Schmidt, Karsten	Die Vereinsmitgliedschaft als Grundlage von Schadensersatzansprüchen, JZ 1991, 157
–.	Gesellschaftsrecht, 4. Auflage, 2002
Schmidt-Leithoff, Christian	Die Verantwortung der Unternehmensleitung, 1989 [zugl. Habil. Universität Freiburg, 1986/1987]
Schmittner, Konrad	Meinungsfreiheit und Arbeitsverhältnis, AuR 1968, 353
Schneider, Wolfgang	Arbeitgebermoral im Betrieb, AiB 2006, 10
Schöne, Steffen	Die Novellierung der Gewerbeordnung und die Auswirkung auf das Arbeitsrecht, NZA 2002, 829
Schönefeldt, Ute	Whistleblowing als neues Instrument im Ethik-Management, Personalführung 2005, 36

Schönke, Adolf / *Schröder*, Horst	Strafgesetzbuch, 27. Auflage, 2006 [zitiert: Schönke/Schröder/*Bearbeiter*, StGB]
Schüller, Lysann	Ethische Prinzipien für Richterinnen und Richter: Brauchen wir schriftliche Verhaltensstandards in Deutschland?, SchlHA 5/2006, 145
Schünemann, Wolfgang B.	Generalklausel und Regelbeispiele, JZ 2005, 271
Schüppen, Matthias	To comply or not to comply – that`s the question! Existenzfragen des Transparenz- und Publizitätsgesetzes im magischen Dreieck kapitalmarktrechtlicher Unternehmensführung, ZIP 2002, 1269
Schüren, Peter / *Hamann*, Wolfgang	Arbeitnehmerüberlassungsgesetz, 3. Auflage, 2007 [zitiert: Schüren/Hamann/*Bearbeiter*, AÜG]
Schuster, Doris-Maria / *Darsow*, Ingebjörg	Einführung von Ethikrichtlinien durch Direktionsrecht, NZA 2005, 273
Schwark, Eberhard (Hrsg.)	Kapitalmarktrechts-Kommentar, 3. Auflage, 2004 [zitiert: Schwark/*Bearbeiter*, WpHG]
Schwarze, Roland	Praktische Handhabung und dogmatische Einordnung des Nachweisgesetzes, ZfA 1997, 43
Seiwert-Fauti, Udo	Kodex gegen Korruption, Journalist 2005, 34
Sendler, Horst	Unmittelbare Drittwirkung der Grundrechte durch die Hintertür?, NJW 1994, 709
Senge, Lothar (Hrsg.)	Karlsruher Kommentar zum Gesetz über Ordnungswidrigkeiten, 3. Auflage, 2006 [zitiert: KK OWiG – *Bearbeiter*]
Seul, Jürgen	Das Recht des Architekten, 2002
Singer, Reinhard	Das Verbot widersprüchlichen Verhaltens, 1993 [zugl. Diss. Universität München, 1992] [zitiert: *Singer*, Verbot]

–. Neue Entwicklungen im Recht der Betriebsübung, ZfA 1993, 487

–. Wann ist widersprüchliches Verhalten verboten? – Zu den Rechtsfolgen der form- und grundlosen Eigenkündigung eines Arbeitnehmers, NZA 1998, 1309

Spirolke, Matthias / *Regh*, Thomas – Die Änderungskündigung, 2004

Staudinger – Kommentar zum Bürgerlichen Gesetzbuch, Neubearbeitung 1998 ff. [zitiert: Staudinger/*Bearbeiter*]

Steding, Rolf – Zulässigkeit und Begrenzung des Einsatzes der GbR und des Vereins für wirtschaftliche Tätigkeit, NZG 2001, 721

Steger, Ulrich / *Brellochs*, Jochen / *Amann*, Wolfgang – Konzerninterne Corporate Governance – Problematik und Mechanismen –, Der Aufsichtsrat 2/2006, 4

Stelzl, Bernhard – Codes of Conduct, AiB 2004, 149

Stoffels, Markus – Statusvereinbarungen im Arbeitsrecht, NZA 2000, 690

–. AGB-Recht, 2003

Streinz, Rudolf – Europarecht, 7. Auflage, 2005

–. (Hrsg.) – Vertrag über die Europäische Unison und Vertrag zur Gründung der Europäischen Gemeinschaft, 2003 [zitiert: Streinz/*Bearbeiter*, EGV]

Strenger, Christian – Corporate Governance und Anteilseigner, insbesondere institutionelle Anleger, Handbuch Corporate Governance, 2003, S. 697

Strobel, Frank — Was bringt ein unternehmensweiter Ethik-Kodex?, Der Schweizer Treuhänder 2001, 413

Taubert, Thomas — Neuregelungen im Berufsbildungsrecht, NZA 2005, 503

Taupitz, Jochen — Die Standesordnung der freien Berufe, 1991 [zugl. Habil. Universität Göttingen, 1989]

Tessin, Claus — Verletzung der Aufsichtspflicht bei Kartellverstößen, BB 1987, 984

Thüsing, Gregor — Der Dritte Weg – seine Grundlagen und seine Zukunft, ZTR 1999, 298

–. — Die Entwicklung des US-amerikanischen Arbeitsrechts in den Jahren 1997 und 1998, NZA 1999, 635

–. — Die Entwicklung des US-amerikanischen Arbeitsrechts in den Jahren 1999 und 2000, NZA 2001, 939

–. — Der Fortschritt des Diskriminierungsschutzes im Europäischen Arbeitsrecht – Anmerkungen zu den Richtlinien 2000/43/EG und 2000/78/EG, ZfA 2001, 397

–. — Das Arbeitsrecht in der Kirche – Ein Nachtrag der aktuellen Entwicklungen, NZA 2002, 306

–. — Was sind die Besonderheiten des Arbeitsrechts?, NZA 2002, 591

–. — Inhaltskontrolle von Formulararbeitsverträgen nach neuem Recht, BB 2002, 2666

–. — Zu den Grenzen richtlinienkonformer Auslegung, ZIP 2004, 2301

–.	Inhaltskontrolle kirchlicher Arbeitsvertragsrichtlinien, ZTR 2005, 507
–.	Arbeitnehmerüberlassungsgesetz, 2005 [zitiert: *Thüsing*, AÜG]
–.	Kirchliches Arbeitsrecht, 2006 [zitiert: *Thüsing*, Kirche]
–. / *Lambrich*, Thomas	AGB-Kontrolle arbeitsvertraglicher Bezugnahmeklauseln – Vertragsgestaltung nach der Schuldrechtsreform –, NZA 2002, 1361
–. / *Wege*, Donat	Sozialauswahl nach neuem Recht, RdA 2005, 12
von Tiling, Christian	Die Regelungen des Dritten Weges im System des weltlichen Arbeitsrechts, NZA 2007, 78
von Tiling, Peter	Neues Recht für kirchliche Arbeitsverhältnisse in Niedersachsen, RdA 1979, 103
Triskatis, Claudiana	Schriftform der Änderungskündigung, DPL 2005, 307
Trommer, Ulrike Sophia	Der Markt als moralische Instanz, Mitbestimmung 10/2006, 22
Ulmer, Peter	Der Einfluß des Mitbestimmungsgesetzes auf die Struktur von AG und GmbH, 1979 [zitiert: *Ulmer*, MitbestG]
–. (Hrsg.)	Gesetz betreffend die Gesellschaften mit beschränkter Haftung, 2005 [zitiert: Ulmer/*Bearbeiter*, GmbHG]
Ulrich, Peter	Integrative Wirtschaftsethik, 3. Auflage, 2001
Voss, Axel	Würdige Instanz, Journalist 11/2006, 28

Vossenkuhl, Wilhelm — Die Möglichkeit des Guten – Ethik im 21. Jahrhundert, 2006

Walker, Wolf-Dietrich — Rechtsverhältnisse bei der gewerbsmäßigen Arbeitnehmerüberlassung und Schadensersatzansprüche des Entleihers wegen Schlechtleistung, AcP 194 (1994), 295

–. — Zur Zulässigkeit von Betriebsbußen, FS Kissel, 1994, S. 1205

Wallner, Franz X. — Die ordentliche Änderungskündigung des Arbeitgebers, 2001 [zugl. Diss. Universität Passau, 2000]

Waltermann, Raimund — Rechtsetzung durch Betriebsvereinbarung zwischen Privatautonomie und Tarifautonomie, 1996 [zugl. Habil. Westfälische Wilhelms-Universität Münster, 1993/1994]

–. — Die betriebliche Übung, RdA 2006, 257

Wank, Rolf — Die Auslegung von Gesetzen, 2. Auflage, 2001

Wannagat, Georg / *Eichenhofer*, Eberhard / *Wenner*, Ulrich (Hrsg.) — Sozialgesetzbuch, 2006 [zitiert: Wannagat/*Bearbeiter*]

Weber, Angela — Die Schweigepflicht des Betriebsrats, 2000

Weber, Ehrich — Direktionsrecht und Änderungskündigung bei Veränderungen im Arbeitsverhältnis, BB 1996, 2246

Weber, Ulrich — Gesellschaftliches Engagement erhöht den Gewinn, FAZ vom 18.8.2005, Nr. 187, S. 12

Weber-Rey, Daniela — Whistleblowing zwischen Corporate Governance und Better Regulation, AG 2006, 406

Wege, Donat — Religion im Arbeitsverhältnis, 2006 [zugl. Diss Bucerius-Law-School, Hamburg, 2006]

Weischedel, Wilhelm — Recht und Ethik, 2. Auflage, 1959

Wendeling-Schröder, Ulrike — Autonomie im Arbeitsrecht, 1994 [zugl. Habil Johann Wolfgang Goethe-Universität, Frankfurt am Main, 1991]

Westermann, Harry — Die unternehmerische Leitungsmacht des Vorstandes der Genossenschaft nach geltendem und zukünftigem Genossenschaftsrecht im Vergleich zur Leitungsmacht des Vorstandes, Festschrift für Rudolf Reinhardt, 1972, S. 359

Westermann, Harm Peter — Das neue Kaufrecht einschließlich des Verbrauchsgüterkaufs, JZ 2001, 530

Weyand, Joachim — Die tarifvertragliche Mitbestimmung im Bereich der Arbeitsorganisation, AuR 1991, 65

Wickert, Ulrich — Ethics in Business 2006, 2005

Wiebe, Andreas — Die elektronische Willenserklärung, 2002 [zugl. Habil Universität Hannover, 2001]

Wiedemann, Herbert — Tarifvertragsgesetz, 7. Auflage, 2007 [zitiert: Wiedemann/*Bearbeiter*, TVG]

Wiese, Günther — Adressaten und Rechtsgrundlagen des innerbetrieblichen Persönlichkeitsschutzes von Arbeitnehmern, ZfA 2006, 631

Wisskirchen, Gerlind / *Jordan*, Christopher / *Bissels*, Alexander — Arbeitsrechtliche Probleme bei der Einführung internationaler Verhaltens- und Ethikrichtlinien (Codes of Conduct / Codes of Ethics), DB 2005, 2190

–. / *Körber*, Anke / *Bissels*, Alexander — „Whistleblowing" und „Ethikhotlines", BB 2006, 1567

–. — Arbeitsrechtliche Fallstricke bei Verhaltens- oder Ethikrichtlinien, Personalführung 2006, 62

Witt, Carsten — Die betriebsverfassungsrechtliche Kooperationsmaxime und der Grundsatz von Treu und Glauben, 1987 [zugl. Diss. Universität Mannheim, 1986]

Wolf, Manfred — Ist Flirten am Arbeitsplatz verboten? FAZ vom 16.7.2005, Nr. 163, S. 49

Wollgast, Kay — Geltung, Wirkung und Nachwirkung von Betriebsvereinbarungen, 1999 [zugl. Diss. Universität Hamburg, 1997/98]

Wolter, Henner — Die Wirksamkeit der Theorie der Wirksamkeitsvoraussetzung – Zu den Schwierigkeiten der Harmonisierung von Kollektiv- und Individualrecht, RdA 2006, 137

Yang, Jia Lynn — New rules for do-good funds, Fortune 2007, No.2, S. 63 ff.

Zachert, Ulrich — Sozialpartnervereinbarungen – ein Modell für die Zukunft?, Festschrift für Peter Hanau, 1999, S. 137

Zedler, Marc Alexander — Das Verbot der Altersdiskriminierung als allgemeiner Grundsatz des Europarechts: Anmerkung zu EuGH, Urteil vom 22.11.2005, C-144/04 – Mangold/Helm, GPR 2006, 151

Zimmer, Mark — Was bringt das Jahr 2007 im Arbeitsrecht? AuA 2007, 8

Zippelius, Reinhold / *Würtenberger*, Thomas — Deutsches Staatsrecht, 31. Auflage, 2005

–. — Juristische Methodenlehre, 10. Auflage, 2006

Schriften zum Arbeitsrecht und Wirtschaftsrecht

Herausgegeben von Abbo Junker

Band 1 Christoph-N. Lerche: Der Europäische Betriebsrat und der deutsche Wirtschaftsausschuß. Eine vergleichende Analyse der betrieblichen Mitwirkung der Arbeitnehmer vor dem Hintergrund der Globalisierung der Märkte. 1997.

Band 2 Christian Walter Mecke: Zur rechtlichen Verbindlichkeit kollektiver Vereinbarungen in England. 1997.

Band 3 Katja Francke: Die betriebliche Mitwirkung der Arbeitnehmer in Belgien. Unter Berücksichtigung vergleichender Aspekte zum deutschen Betriebsverfassungsrecht. 1997.

Band 4 Christian Schulze: Die Zulässigkeit einstweiliger Verfügungen gegen Betriebsänderungen. 1998.

Band 5 Stefan Miersch: Die Rechtsfolgen mitbestimmungswidriger Maßnahmen für das Arbeitsverhältnis. Eine zivilrechtsdogmatische Untersuchung. 1998.

Band 6 Heike Wegner: Internationaler Verbraucherschutz beim Abschluß von Timesharingverträgen: § 8 Teilzeitwohnrechtegesetz. 1998.

Band 7 Julia Wichmann: Dienstleistungsfreiheit und grenzüberschreitende Entsendung von Arbeitnehmern. 1998.

Band 8 Johann-Volker Peter: Société par actions simplifiée (S.A.S.). Die Vereinfachte Aktiengesellschaft in Frankreich, eine Rechtsform für die Kooperation von Unternehmen. 1999.

Band 9 Sylvia Schnelle: Der Europäische Betriebsrat in Spanien. Zugleich eine Einführung in das spanische Recht der Arbeitnehmervertretung. 1999.

Band 10 Viktoria Bornhagen: Die Zumutbarkeit als Rechtsgedanke im Arbeitsrecht. 1999.

Band 11 Thorsten Schacht: Der Übereilungsschutz beim arbeitsrechtlichen Aufhebungsvertrag. Arbeitnehmerschutz bereits de lege lata? 2000.

Band 12 Marcus Hellmann: Immobilienkauf nach spanischem Recht. 1999.

Band 13 Nicolaus Johannes Ehinger: Die juristischen Personen des öffentlichen Rechts als herrschende Unternehmen. 2000.

Band 14 Alexander Lentz: Das kollektive Arbeitsrecht der Republik Südafrika. Eine Untersuchung mit Bezügen zum deutschen Recht. 2000.

Band 15 Michaela Brunssen: Der Arbeitgeberverbandswechsel. Tarifrechtliche und arbeitskampfrechtliche Konsequenzen. 2000.

Band 16 Morten Petersenn: Das Recht des Grundstückskaufs in Südafrika. 2000.

Band 17 Stefan Krüger: Die umwandlungsrechtliche Haftungsregelung bei der Betriebsaufspaltung und ihre Analogiefähigkeit. 2001.

Band 18 Jürgen Kitzinger: Der GmbH-Geschäftsführer zwischen Arbeits- und Gesellschaftsrecht. Im Blickpunkt: Zuständigkeit der Arbeitsgerichte. 2001.

Band 19 Anja Ruge: Die Lohnersatzansprüche ehemaliger Zwangsarbeiter gegen deutsche Industrieunternehmen. 2001.

Band 20 Michael Knoll: Die Sozialauswahl im Arbeitsrecht. 2001.

Band 21 Britta Albrecht: Mediation im Arbeitsrecht. Individualarbeitsrecht und Betriebsverfassungsrecht. 2001.

Band 22 Annusch Barten: Das System der Arbeitnehmervertretung in Frankreich. 2001.

Band 23 Diane Westera: Der Wiedereinstellungsanspruch nach wirksamer Kündigung. 2001.

Band 24 Kristin Doerlich: Die Tariffähigkeit der Gewerkschaft. Eine Analyse der Mächtigkeitsrechtsprechung des Bundesarbeitsgerichts im Lichte neuerer Erfahrungen. 2002.

Band 25 Tina Witten: Vertragsgestaltung und Gesetzesbindung im Recht der Zeitarbeit. 2002.

Band 26 Martin Hellfeier: Die Leistungszeit im Arbeitsverhältnis. Eine Untersuchung zum Fixschuldcharakter der Arbeitspflicht und zu den Folgen ihrer Nichterfüllung. 2003.

Band 27 Almut Maulshagen: Betriebliche Arbeitskampfregelungen. 2003.

Band 28 Maren Band: Tarifkonkurrenz, Tarifpluralität und der Grundsatz der Tarifeinheit. 2003.

Band 29 Manuela Schulz: Der Bereitschaftsdienst in öffentlich-rechtlich organisierten Krankenhäusern. Eine rechtliche Bewertung. 2003.

Band 30 Felix Benedikt: Die Kürzung von Tariflöhnen zur Sanierung. Eine verfassungskonforme Auslegung des § 3 III TVG entsprechend § 626 BGB. 2003.

Band 31 Tim Kaden: Individuelle Bündnisse für Arbeit und Günstigkeitsprinzip. 2003.

Band 32 Simone Kreiling: Die Erstreckung betrieblicher und betriebsverfassungsrechtlicher Tarifnormen auf Außenseiter. 2004.

Band 33 Carsten Beck: Betriebliche Mitbestimmung und Kündigungsschutz. Die Funktionen betrieblicher Mitbestimmung im und deren Einfluß auf den Kündigungsschutz nach dem KSchG. 2004.

Band 34 Jost Eder: Die Regelungsabrede als Alternative zur Betriebsvereinbarung bei der Gestaltung materieller Arbeitsbedingungen. 2004.

Band 35 Christian Pfab: Wirkungsweise und Reichweite tarifvertraglicher Öffnungsklauseln. 2004.

Band 36 Julia Amlang: Die unternehmerische Entscheidungsfreiheit bei „betriebsbedingten Kündigungen" im europäischen Rechtsvergleich. Kündigung aus wirtschaftlichen Gründen in Deutschland, Frankreich, Spanien, Großbritannien und Schweden. 2005.

Band 37 Alida Milthaler: Das Fragerecht des Arbeitgebers nach den Vorstrafen des Bewerbers. 2006.

Band 38 Doreen Peter: Nebentätigkeiten von Arbeitnehmern. Interessenkollisionen von Arbeitgebern und Arbeitnehmern. 2006.

Band 39 Julia V. C. Bartlog: Das Verhältnis von Gesetz und Tarifvertrag. 2006.

Band 40 Michael Fuhlrott: Der geschädigte Arbeitnehmer. Zur Verfassungsmäßigkeit des Ausschlusses von Schmerzensgeld in der Unfallversicherung sowie zur Herleitung der Haftung bei Eigenschäden im Hinblick auf das Verschuldensprinzip. 2006.

Band 41 Femke Reinecke: Leistungsbestimmung des Arbeitnehmers. 2006.

Band 42 Maria M. Bausback: Der Bestandsschutz des Arbeitsverhältnisses auf europäischer und internationaler Ebene. Entwicklungen vom Mittelalter bis zur Gegenwart. Teil 1 / Teil 2. 2007.

Band 43 Jens Günther: AGB-Kontrolle von Arbeitsverträgen. Analyse der deutschen Rechtslage nach der Schuldrechtsreform und vergleichende Betrachtung des österreichischen Kontrollsystems. 2007.

Band 44 Claudiana Triskatis: Ethikrichtlinien im Arbeitsrecht. 2008.

www.peterlang.de

Wolf R. Böhnisch / Gerhard Reber / Gerlinde Leichtfried / Doris Hechenberger (Hrsg.)

Werteorientierte Unternehmensführung in Theorie und Praxis

Band 1

Frankfurt am Main, Berlin, Bern, Bruxelles, New York, Oxford, Wien, 2007.
335 S., zahlr. Abb. und Tab.
ISBN 978-3-631-55126-4 · br. € 56.50*

Unternehmen stehen mehr denn je vor der Herausforderung, zur grundsätzlichen Paradoxie Gemeinsamkeit versus Unterschiedlichkeit Stellung zu beziehen und eine Balance zu finden. Ein in Wissenschaft und Praxis viel diskutierter Ansatz, diesem Dilemma zu begegnen, ist es, Unternehmensführung im Rahmen einer gemeinsamen Wertebasis aktiv zu gestalten. Diese Publikation dokumentiert die Bearbeitung des Themas der *Werteorientierten Unternehmensführung* durch Studierende gemeinsam mit PartnerInnen aus Wissenschaft und Praxis (Firmenvertreter und Unternehmensberater). Wissenschaftliche Beiträge zur Wertediskussion in Gesellschaft, Wirtschaft und Organisationen beziehen sich u. a. auf Themen wie Wirtschaftskriminalität, Gesundheit und Selbststeuerung. Fallstudien inklusive Lösungsansätzen von Studierenden und Wissenschaftler setzen das Thema Werte in den Kontext der Unternehmenspraxis.

Aus dem Inhalt: Beiträge zur Wertediskussion in Gesellschaft, Wirtschaft und Organisationen · Wissensdialog – Wirtschaftskriminalität und Werte · Ethik und Management. Oder: Anständige Entscheidungen in zwingend (?) unanständigen Bedingungen · Zur Ursache von Wirtschaftskriminalität und ihre Folgen für Gesellschaft und Unternehmen · Werte und Verhalten · Was Unternehmen „wandelfähig" macht · Werte als Basis für das Gelingen von Selbststeuerung · Gesundheit als Wert im Arbeitsleben: intimer Bereich, Privatangelegenheit oder Gegenstand der Unternehmensführung · u.v.m.

Frankfurt am Main · Berlin · Bern · Bruxelles · New York · Oxford · Wien
Auslieferung: Verlag Peter Lang AG
Moosstr. 1, CH-2542 Pieterlen
Telefax 0041 (0) 32/376 17 27

*inklusive der in Deutschland gültigen Mehrwertsteuer
Preisänderungen vorbehalten

Homepage http://www.peterlang.de

Printed by
CPI books GmbH, Leck

FSC
www.fsc.org
MIX
Papier | Fördert gute Waldnutzung
FSC® C083411

Kolibri 360 GmbH
Ferdinand-Jühlke-Straße 7
99095 Erfurt, Deutschland
produktsicherheit@kolibri360.de